정권교체기의 정부조직 개편

하 태 수

도서출판 대영문화사

머리말

정부조직 구조 개편이 왜 중요한가?

정부조직 구조란 행정을 담는 그릇이다. 물을 네모난 그릇에 담으면 네모 모양이 되고 둥근 그릇에 담으면 둥근 모양이 되듯이, 행정도 어떤 그릇에 담느냐에 따라 그 모양이 달라지고, 궁극적으로 국민들에게 전달되는 서비스도 달라진다.

무릇 조직의 구조는 분업화의 원리와 부서화의 원리 등에 따라 결정되는데, 정부조직 구조도 마찬가지다. 정부가 국민들에게 제공하는 공익 또는 (준)공공재 관련 행정서비스 전체를 분업화의 원리에 따라 여러 가지 세부 업무로 나누고, 그중에서 비슷한 업무들을 한 부서의 업무로 묶어서 부, 처, 청, 위원회 같은 하나의 중앙행정기구로 만든다. 이 과정에서 어떤 업무가 어떤 기구로 편입되는가에 따라 세부 행정의 최종적인 모습이 달라질 수 있다. 예를 들어, 한 업무가 A라는 기구에 편입되면 그 조직 내에서 주된 업무로 취급되어 예산이나 인력을 비교적 쉽게 확보할 수 있고, 그 서비스를 받는 국민들도 좀 더 많은 보조금이나 지원금을 받을 수 있지만, B라는 기구에 편입되면 우선순위가 낮은 업무로 취급되어 예산이나 인력 배당 과정에서 어려움을 겪고 관련 국민들도 혜택을 거의 못 받을 수도 있다. 그렇기 때문에 조직 개편 시기가 오면 업무를 담당하는 공무원, 그 업무에 관련된 이익단체와 학자들, 국회의원을 비롯한 정치인들이 모두 관심을 가지고 어떻게든 자신들에게 유리한 쪽으로 개편 결과를 도출하기 위해 다양한 노력을 한다.

국민들에게 전달되는 행정서비스는 여러 가지 변수의 영향을 받는다. 그렇기 때문에 '조직구조가 행정에서 제일 중요하다' 혹은 '조직구조는 행정서비스에 몇 퍼센트의 영향을 미친다'고 말하기는 어렵다. 그러나 조직구조는 행정이 펼쳐지는 판(arena)이기 때문에 그 어떤 변수보다도 근원적이고 우선적인 영향을 미친다고 말할 수 있다.

정부조직 구조 개편에 대해 그동안의 연구는 어떠했나?

정부조직 구조가 차지하는 중요도에 비해 그동안 행정학계의 관심은 부족했다. 대한민국의 1세대 행정학자들은 기구 개편과 관련해서 여러 연구를 발표했지만, 1970년대 중반 이후부터는 이 주제와 관련된 연구들이 거의 발표되지 않았다. 대신 각 정권 마지막 연도에 학회 세미나에서 행정을 크게 몇 개 분야로 나눠 각 분야에서 기구 개편이 어떻게 되었으면 좋겠다는 식으로 개편 제안을 하는 정도가 대부분이었다. 심사를 받고 논문으로 발간된 연구들이 있었으나 매우 드물었다. 그리고 이런 경향은 저자가 아는 한 정치학계에서도 마찬가지다.

계량적 방법을 사용하는 주류 방법론으로 다루기 어려운 한계가 있는 점, 행정학자와 정치학자들이 이 주제를 서로 자기 주제가 아닌 상대방의 주제라고 생각할 수 있는 점, 막상 분석을 하려고 하면 내부 참여자가 아닌 이상 내막을 알기 어려운 점 등등이 이 주제를 분석하기 어렵게 만들었을 것이다.

필자의 지적 여정

필자는 2003년에 대학교에 임용되어 조직론 관련 과목을 강의하기 시작했는데, 한두 해 강의 후 정부조직 구조 관련 연구들이 매우 취약함을 알게 되었다. 조직론의 다른 분야는 현실 정부 행정을 대상으로 한 연구들이 많아 강의 자료로 쓸 것이 많은데 반해, 조직구조 분야는 미국에서 나온 원론적인 이론들을 제외하면 사실상 학생들에게 강의할 수 있는 현실 행정에 관한 자료들이 거의 전무했다.

그래서 필자가 직접 이 주제를 연구해야겠다고 생각하고 달려들었는데 막상 시작하려니 어디에서 어떻게 시작해야 할지 막막했다. 어떻게 접근할까 고민하면서 또 한두 해를 보냈고, 2007년 후반쯤에서야 연구의 출발점을 결정했다. 그것은 바로 저자가 20대 초반 학부생일 때 읽었던 『한국행정론』(박동서)이 제시한 "인, 구조, 환경" 행정의 3대 변수였다. 이것을 택한 이유와 계기는 여러 가지이지만 독자들께 밝히고 싶은 것은 다음 두 가지다.

첫째, 고(故) 박동서 교수님의 짧은 글이다. 필자가 박사학위를 마치고 귀국한 것이 2001년 여름인데 그 해 가을에 방청객으로 참석했던 서울행정학회에서 "후배 학자들이 행정을 연구할 때 권력에 좀 더 많은 관심을 갖기를 바란다"는 박동서 교수님의 당부 글을 읽었다. 이후 원로 교수님의 당부 말씀이니까 기억하고 있자는 마음으로 잊지 않고 있었는데, 강의하면서 정부조직 구조 문제에 당면하자 그 말을 새삼 되새기게 되었다. 정부조직 개편은 정권교체기에 새로 들어서는 정권과 물러가는 정권 사이에 그리고 여당과 야당 사이에 최대 권력 투쟁 쟁점이기 때문에 박동서 교수님께서 강조했던 권력 문제 중 하나가 바로 이것일 수 있다는 생각이 강하게 들었다.

둘째, 필자가 박사학위 논문을 작성할 때 사용했던 역사적 신제도주의 이론이다. 필자가 박사학위 과정 공부를 할 때인 1998~2001년 즈음은 역사적 신제도주의 이론이 크게 발전되지 않아서 여러 글에서 경로의존(path dependence) 이론이 많이 적용되었다. 그런데 필자가 막상 박사학위 논문을 작성하다 보니 경로의존 논리만으로는 행정이나 정책 현상을 설명하기 매우 어려웠다. 경로라는 것은 결국 그것을 떠받치는 지지 세력(행위자)이 있어야 유지되는 것이지 그들이 없다면 금세 없어질 수밖에 없는 것이었다. 그리고 그 세력은 어느 날 갑자기 생겨나는 것이 아니라 오랜 세월에 거쳐 차근차근 형성되는 것이기 때문에 분석에서 다루는 조직구조를 넘어서서 역사 같은 좀 더 큰 환경을 살펴볼 필요가 있었다. 또한 세력들이 벌이는 권력 투쟁도 혁명 상황이 아니고서는 일정한 제도적 제약 하에서 전개되기 때문에 제도들이 가하는 제약도 살펴볼 필요가 있었다. 즉, 정부조직 구조 개편 연구는 시야를 좁게 그것에만 한정해서 안 되고 그것을 바꾸기 위해 혹은 지키기 위해 투쟁하는 세력들(행위자)까지 살펴봐야 하고, 나아가 그 사람들과 세력이 형성되어온 역사를 살펴봐야 하며, 그들 간의 권력 투쟁이 전개되는 제도의 장도 살펴봐야 어느 정도 제대로 된 설명을 할 수 있겠다는 생각에 이르렀다. 그리고 필자가 중요하다고 생각한 "세력(행위자), 제도, 거시적 환경" 세 가지가 결국 박동서 교수님이 『한국행정론』에서 제시했던 행정의 3대 변수 "인, 구조, 환경"과 크게 다르지 않음을 깨닫게 되었다.

이후 2008년 가을에 정부조직 구조 개편을 분석하는 데 필요한 분석틀에 관한 글을 처음 썼고, 2009년부터 각 정권별로 논문을 쓰기 시작했다. 김대중 정권 출범기의 정부조직 개편을 가장 먼저 분석했고, 2016년 여름에 이승만 정권 출범기의 정부조직 개편을 마지막으로 다뤘다. 이승만 정권, 2공화국 정권, 박정희 3공화국 정권, 박정희 유신정권, 전두환 정권, 노태우 정권, 김영삼 정권, 김대중 정권, 노무현 정권, 이명박 정권, 박근혜 정권 등 11개 정권에 대해 11편의 논문을 썼다. 그리고 이번에 이 논문들을 수정한 후 하나의 책으로 엮었다. 책의 끝부분에는 11개 정권을 대상으로 역사의 흐름에 대한 종합적인 논평을 추가했다. 각 정권의 세부 내용에 관심이 없거나 전체적인 윤곽을 먼저 파악하고 싶은 독자들은 제13장의 역사 흐름에 대한 해석을 먼저 읽어보기 바란다.

사회과학 지식의 주관성과 객관성

필자가 대학원 학생 시절 주위 분들로부터 알음알음 배운 글 쓰는 방법 중 하나가 가능하면 객관적으로 보이게 쓰라는 것이다. '나는'이라는 주어를 쓰지 말라는 것이 대표적인 예다. 불가피하게 '나는'이라는 주어를 써야 하는 상황에서는 문장을 영어의 수동태식 문장처럼 표현하라는 것이다. 가능하면 많은 독자의 동의나 수긍을 얻어내기 위한 글쓰기 기술이라고 생각한다. 계량적 방법을 사용한 논문이 많이 발표되는 이유 중의 하나도 그런 글에 대해서는 심사자들이 큰 이의를 제기하기 어렵기 때문일 것이다.

그런데 생각해봐야 할 점은 행정학 연구 주제들 중에서도 계량적 방법으로 접근하기 어려운 것이 제법 많다는 것이고, 그중에는 사회적 중요성이나 의미가 큰 것이 많다는 것이다. 연구자들 특히 연배가 낮고 승진을 해야 하는 소장파 교수님들 입장에서는 이런 주제 대신 학술지 게재가 상대적으로 용이한 주제들을 다루는 것이 좀 더 안전한 방법이다. 글을 쓰면 사회적 관심이 크니 이런저런 비판을 많이 받을 텐데, 연구 방법은 객관성을 확보하기 어려우니, 게재 실적도 못 올리면서 비판만 잔뜩 받을 위험이 있으니 말이다.

필자가 보기에 정부조직 구조 개편도 이런 주제 중의 하나다. 객관성을 확보하기가 매우 어렵다. 계량적 방법을 적용하기가 거의 불가능하고, 질적 연구를 한다고 하더라도 정부조직 개편 작업에 직접 참여한 학자가 아닌 한 권력층 내부에서 논의되던 정보를 얻을 수 없다. 외부의 제3자적 입장에서 얻을 수 있는 정보라고는 국회 회의록, 언론 보도, 회고록 등 소위 '한 번 걸러진' 자료들뿐이다.

이처럼 정부조직 개편에 대한 분석이 객관성을 확보하기 어렵고, 분석을 하면 그 결과가 불가피하게 주관적 성격을 띨 수밖에 없음에도 불구하고 필자는 이 주제가 한 번쯤은 누군가에 의해 본격적으로 연구되어야 한다고 생각했다. 앞서 밝혔듯이 정부조직 구조는 행정을 담는 그릇이고 행정에 근원적인 영향을 미치는 중요한 주제이기 때문에 행정의 변화를 제대로 이해하기 위해서는 비록 주관적이라고 할지라도 정부조직 구조의 변화를 이해하고 있을 필요가 있다.

이런 이유들 때문에 필자의 주관성이 이 책 곳곳에 스며들어 있다. "어떤 자료나 정보 혹은 단초에 근거해서 필자는 이러이러하게 본다"는 방식이 자주 사용되었다. 다만 반증가능성(falsification)은 활짝 열어두고자 한다. 글을 쓴 시점에서 보지 못했던 새로운 정보나 단서가 발견되거나 기존의 정보나 단서에 근거해서라도 다른 해석이 좀 더 타당하다는 독자들의 충고가 있다면 진지하게 고려할 것이고, 수긍을 하면 기꺼이 수정할 것이다. 초판을 쓰는 지금은 '대한민국 정부조직 개편을 이렇게 해석하는 학자가 있구나' 하는 정도로 받아들여지기를 바란다.

2017년 1월
플로리다 주 탤러해시에서
하태수

감사의 글

집필 과정 내내 탈고를 하면 제일 먼저 드는 기분이 홀가분함일 것이라 생각했다. 그러나 막상 끝내고 보니 두려움이 가장 크게 밀려온다. 지금까지 쓰느라 힘이 들었다면 앞으로는 냉정한 평가를 받아야 하는 더 힘든 과정이 펼쳐질 것으로 생각되기 때문이다. 그래도 긴 여정의 한 단계가 끝난 지금이 필자가 현재의 위치에 도달할 수 있도록 도와주신 분들께 감사의 말씀을 드릴 수 있는 가장 좋은 기회라고 생각한다.

필자는 지방 소도시에서 작은 과수원 농사를 하는 집의 막내로 태어났다. 초등학교 4학년 겨울방학 때 아버님이 돌아가셔서 어렵게 중학교와 고등학교를 마쳤다. 어려운 환경에서 공부만이 살 길이라고 생각하고 열심히 했는데 아쉽게도 1차로 지원했던 대학교에 합격하지 못했다. 재수를 할 형편도 못 되어 일찍 군대에 다녀와 취업을 해야겠다고 생각하던 차에 청주대학교 행정학과의 김우식, 한석태 교수님께서 친히 필자의 모교를 방문해 4개년 장학생 제도를 소개해주셨다. 하늘이 주는 기회라고 생각하고 즉석에서 청주대학교 행정학과로 진학했다. 이후 두 교수님은 필자가 졸업을 하고 대학원에 입학할 때까지 변함없는 지도를 해주셨다. 당시 4년 동안 등록금과 매월 생활비를 지원해준 청주대학교와 진심으로 지도를 해주신 두 교수님께 심심한 감사의 말씀을 올린다. 그리고 20대 초반에 같은 처지로 만나 쉰 살을 바라보는 지금까지 30년을 마치 혈육처럼 가깝게 지내는 청주대학교 청석헌 선후배 동문들께도 감사의 마음을 전한다.

학부 졸업 후 우여곡절 끝에 서울대학교 행정대학원 석사과정에 입학했고, 1996년 1월 석사학위 논문 지도교수이자 지금까지 인생의 큰 스승인 정용덕 교수님의 조교가 되었다. 이후 정용덕 교수님께서는 필자가 석사학위 취득, 박사과정 입학, 영국 유학길에 오르기까지 정신적으로 그리고 경제적으로 큰 도움을 주셨다. 투박한 시골 학생이 오늘날 대학교 교수로 살아갈 수 있는 것은 정용덕 교수님의 지도가 없었다면 불가능했을 것이다. 공부를 좀 더 잘해서 보답하고 싶은데 그렇지 못한 것 같아서 항상 죄송할 따름이다. 얼마나 더 할 수 있을지 모르겠지만 정년퇴임하는 날까지 쉬지 않고 노력하겠다는 약속을 드리며 심심한 감사의 말씀을 올린다.

1998년 여름 외환위기 직후 국내 전반에 걸쳐 구조조정이 한창일 때 영국 유학길에 올랐다. 당시 수원팔달로터리클럽에서 장학생으로 추천을 해주셔서 어려운 시기에 상당한 액수의 장학금을 받을 수 있었다. 로터리클럽에 추천해주신 정용덕 교수님과 로터리클럽 국제본부에 추천해주신 수원팔달로터리클럽 관계자분들께 심심한 감사의 말씀을 올린다. 박사학위 지도교수인 영국 엑스터대학교(University of Exeter) 정치학과의 윅스(Stephen Wilks) 교수님 또한 필자가 잊을 수 없는 은인이다. 학교 보직을 수행하는 바쁜 와중에도 필자를 성실히 지도해주셔서 비교적 빠른 시간에 학위를 마칠 수 있었다. 특히 필자를 ORS 장학생으로 추천해주셔서 경제적으로 큰 걱정 없이 공부에 집중할 수 있게 해주셨다. 심심한 감사의 말씀을 올리며, 건강한 은퇴생활을 즐기시길 기원한다.

2003년 3월 현재의 직장인 경기대학교 행정학과에 임용되었다. 임용 후 조직론 관련 과목들을 주로 강의했고, '정부조직구조론'이란 과목을 개설해 이 책의 시초가 된 강의를 했다. 신임 교수가 기존에 없던 과목을 개설함에도 불구하고 동의하고 지켜봐주신 경기대학교 행정학과의 선배 교수님들께 심심한 감사의 말씀을 올린다. 교수로 근무하면서 미국에서 두 번 연구년을 보냈다. 2009~2010년에 캘리포니아대학교 버클리(UC Berkeley)에서 공부했고, 2016년 여름부터 플로리다주립대학교(FSU)에 머물며 이 책을 쓰고 있다. 두 번 모두 차분한 환경에서 안정적으로 공부를 할 수 있었다. 방문학자로 초빙을 해준 캘리포니아대학교 버클리, FSU 관계자분께 감사의 마음을 표한다. 충남대학교 김종성 교수님도 이 책과 관련해 빼놓을 수 없는 은인이다. 필자가 이 작업을 중도에 중단하려는 유혹에 빠졌을 때 많은 용기를 주고 기대를 표명해주셨다. 믿어주고 기대하는 사람이 주위에 있다는 것이 얼마나 큰 힘이 되는지 그때 절실히 느꼈다. 감사드린다. 그리고 에피소드를 일일이 쓸 수는 없지만 청주대학교 손희준 교수님을 비롯해 행정학계의 여러 교수님들이 필자에게 소중한 도움을 주셨다. 필자는 이분들의 도움을 영양분으로 해서 오늘에 이르렀다. 이번 기회에 심심한 감사의 마음을 표한다.

이 책을 쓰는 과정에서 임혜경 박사와 경기대학교 대학원 박사과정의 황설화, 장보웅, 나현민 석사가 바쁜 시간을 쪼개 세세한 도움을 주었다. 심심한 감사를 표하며, 앞으로 왕성한 학문 활동을 하길 기원한다. 필자는 2004년 3월에 결혼을 했는데 또래 친구들보다 늦은 편이어서 부인과 자식들에 대한 마음이 애틋하다. 특히 중학교 교사로 재직해 본인도 힘든데 항상 너그럽게 마음을 써주는 아내 문주현에게는 말로 표현하기 어려울 정도의 고마움을 느낀다. 평생 빚만 지고 살 것 같아 더욱더 미안하다. 남편으로서 열심히 살겠노라고 약속하며 항상 건강하기를 바란다. 그냥 바라보기만 해도 좋은 하승주, 하승진은 필자에게 삶의 활력소, 에너지의 원천, 존재의 이유다. 건강하고 밝게 자라주길 간절히 기도한다.

끝으로 출판계의 어려운 사정에도 불구하고 흔쾌히 이 책을 출간해 준 대영문화사 임춘환 사장님을 비롯한 임직원 여러분께도 심심한 감사를 드린다.

차례

제 1 장 정권 출범기 정부조직 개편 분석틀

제 1 절 민주주의 정체에서의 정부조직 구조 개편*

민주주의 정치 체제라면 수년 단위로 정권이 교체되고 변동 폭은 다소 차이가 있으나 자연스럽게 정부조직 구조가 개편된다. 선거에서 승리한 정파가 선거 과정에서 자신들이 제시했던 공약을 실천하기 위해 정책 집행 장치인 행정부 조직구조를 바꾸는 것이다. 그렇기 때문에 새롭게 편제되는 중앙정부 조직구조는 새 정권의 의도를 100% 구현하고 있을 것이라 예상되고, 또 그렇게 하는 것이 그 정권을 선택한 국민 다수를 위해서도 바람직하다. 그러나 현실을 보면 이런 예상은 자주 빗나가고 만다. 새 정권의 의도가 100% 반영되는 경우는 거의 없고, 심지어 새 정권이 출범하고 몇 달이 지나도록 이렇다 할 기구 개편이 없는 경우도 있다.

정부조직 구조 개편을 이해하고 분석하기 위해 여러 가지 이론적 노력이 있었다. 엘리트론 시각은 정부를 일원체로 간주하고 중립적 입장에서 공익 극대화에 최선인 정부개편안을 제시하고 '이렇게 개혁되어야 한다'는 식으로 당위론을 제시하는 경향이 강하다. 그리고, 다원주의 시각은 관련 행위자들 사이의 밀고 당기는 정치 과정에 초점을 맞추는 경향이 강하고, 합리적 선택 신제도주의는 정부구조 개편

* 이 장의 1절은 하태수(2008)를 수정 · 보완한 것이다.

을 둘러싼 관련 행위자들의 합리적 계산에 초점을 맞추는 경향이 강하다. 그런데 이런 시도들은 각기 초점을 맞추는 측면에서는 강한 설명력을 갖고 있지만, 정부조직 구조 개편의 여러 측면을 있는 그대로 보면서 종합적으로 분석하기에 한계가 있다. 많은 시도가 관련 행위자들의 움직임, 행위자들의 행동반경 및 가능한 대안들의 경계를 규정하는 제도적 맥락, 그리고 이 양자를 둘러싸고 있는 거시적 환경 세 가지 중에서 어느 하나에만 초점을 맞추고 나머지 요소들은 설명에서 제외한다. 정부조직 구조 개편을 좀 더 타당하고 현실감 있게 설명하기 위해서는 적어도 행위자, 제도적 맥락, 거시적 환경 세 가지 측면을 모두 고려하는 새로운 이론적 시각이 필요하다.

1 행위자(들): 제한된 합리성과 정치적 타협

정권 교체 후 전개되는 정부조직 구조 개편을 보면 선거에서 승리해 정권을 획득한 측의 행위자들은 주어진 제도적 제약 하에서 자기들이 생각하고 있는 특정 대안이 가장 합리적이라고 생각하며 자신들의 대안을 다른 정파들에게 설득시켜 최종안으로 결정하려고 한다. 선거에서 패배했거나 물러가는 정파의 행위자들도 그들이 생각하고 있는 특정 대안을 합리적이라고 생각해 여권 측 행위자들이 수용해주길 바라면서 고수한다. 최종적으로 결정되는 정부조직 구조는 대부분 어느 한 측의 생각을 100% 반영하기보다 정파들 사이에 벌어진 정치적 타협의 산물이다.

1) 행위자들의 제한된 합리성

현실의 인간은 제한된 합리성을 가지고 있다. 주류 경제학자들이 가정하는 것처럼 도구적 수준의 합리성도 완벽하지 않고 가치적 차원의 합리성은 더욱더 완벽하지 않다(Simon, 1955; Forester, 1984; Caplan, 2001; Jones, 2001, 2003). 그 결과 어떤 특정 쟁점과 관련해 각 행위자는 자신들이 가지고 있는 아이디어와 대안이 합리적이라고 생각하지만 기껏해야 부분적 혹은 당파적 합리성(Lindblom, 1965: 29, 66-74, 98-101; Lindblom, 1979: 518)을 내포하고 있는데 불과하다. 그래서 같은 쟁점에 대해서도 각각의 행위자들은 문제를 서로 다르게 정의하고, 상이한 대안을 제시하는 것이다. 이런 과정에서 행위자들이 사회 및 정치구조에서 점하고 있는 지위는 그들의 생각에 많은 영향을 끼친다. 예를 들면 이익집단, 여당 국회의원, 야당 국회의원, 대통령, 관료들은 각기 나름대로 합리적으로 행동을 하지만 각자의 입장에서 추구하는 목표가 다르기 때문에 동일한 쟁점에 대해 상이한 의견을 갖게 되는 것이다(Moe, 1989: 269-285).

이러한 합리성 제약은 행위자의 수준이 개인에서 정당 같은 집합적 행위자로 격상될수록 더욱더 심해진다. 아무리 합리적인 개인이더라도 단체의 구성원으로서 자기가 맡은 역할을 충실히 수행하게 되면 순수한 개인 차원의 합리성을 고수하기보다는 집단사고에 빠져 조직의 논리에 따라 쟁점을 인식하고 대안을 제시하는 경향이 강해진다(Whyte, 1952; Janis, 1972; March & Olsen, 1989). 그러면서 개인 차원일 때보다 더욱더 편향된 의견을 가지게 되고, 결국 상이한 단체에 속한 행위자들 간의 의견 차이는 더욱더 커진다.

2) 정부조직 구조 개편에 적극적으로 참여하는 행위자들

정부조직 구조는 행정을 담는 그릇이고 국민들에게 전달되는 행정서비스에 근원적 영향을 미치기 때문에 정부조직 구조 개편에 관심을 갖고 있는 사람은 매우 많다. 가장 먼저 선거에서 승리해 향후 몇 년 동안 국정을 담당해야 할 정파의 핵심 인물들은 행정의 도구 집합인 정부조직 구조 개편에 강한 관심을 가질 것이고, 기구 개편으로 승진 기회나 업무 권한 등이 변하게 될 공무원들과 정부로부터 보조금이나 지원금을 받는 시민사회의 각종 이익단체가 첨예한 관심을 가질 것이다. 나아가 물러나는 정권에 몸담았던 핵심 인물도 자신들이 추진했던 정책의 지속성 여부 때문에 정부조직 구조 개편에 관심을 가질 것이고, 만년 야당 신세를 면하지 못하는 소수 정파의 핵심 인물도 자신들의 정치 권력 확대 기회를 포착하고자 정부조직 구조 개편에 관심을 가질 것이다.

한국의 중앙정부 조직구조는 「정부조직법」이라는 법률로 규정되어 있다. 그렇기 때문에 정부조직 구조 개편에 관심을 갖고 있는 모든 행위자가 공식적인 개편 과정에 참여하는 것은 아니다. 공식적인 개편 과정에 참여하는 행위자들은 법률을 개정할 수 있는 권한을 가지고 있는 여당과 야당의 국회의원들이고, 법률이 통과되어 행정부로 이관되면 시행 여부를 결정하는 대통령이다. 정부조직을 관리하는 정부기구가 정권을 대표해서 「정부조직법」 개정안을 제출하는 경우에는 그 기구의 장관, 차관, 담당국장은 국회에 출석해 발언을 하는 정도로 참여한다. 공무원들과 시민사회의 이익단체들은 「정부조직법」 개정안 마련 과정에 의견을 제시하거나 압력을 행사해 간접적으로 영향을 미칠 수는 있지만, 최종적인 「정부조직법」 개정안 처리 과정에는 참여하지 못한다.1)

국회의원의 경우에도 수백 명이나 되는 의원이 모두 적극적으로 참여하는 것이 아니다. 공식적으로는 국회에서 정부조직을 담당하는 위원회 소속 의원이 주된 행위자들이다. 그러나 현실에서는 「정부조직법」 개정안을 관련 위원회에 상정한 후 여당과 야당 간에 정치적 협상이 전개되기 때문에 그 협상에 참여하는 인물이 좀 더 중요한 행위자들이다. 여당과 야당은 협상에 나가는 대표들을 선정한다. 통상 여·야가 2 : 2 혹은 3 : 3으로 협상을 벌이기 때문에 각 당은 2~3명의 대표를 선정한다. 보통 각 당의 원내대표, 정책위의장, 정부조직 구조 분야 전문가인 국회의원 1명이 협상단으로 선정된다. 국회의 의석 분포가 양당 체제인 경우에는 4~6명이 협상을 하고, 3당 체제인 경우에는 6~9명이 협상에 참여한다. 그리고 이 협상대표들 사이에서 협상이 타결되지 않는 경우에는 여·야의 대표(총재)가 직접 나서서 최종 협상을 전개하기도 한다.

정권 출범기에 대통령(당선자)은 정부조직 구조 개편 과정에서 가장 중요한 행위자다. 임기 동안 행정부 조직을 통솔해 자신이 생각한 국정 과제들을 실행하고 그 결과에 따라 각종 선거에서 평가를 받아야 하기 때문에 누구보다도 정부조직 구조에 관심이 많다. 대통령이 정부조직 구조 개편과 관련해 정리된 대안을 가지고 있는지 여부, 자신의 대안을 고수하려고 하는 의지의 강도 등이 개편 과정에 큰 영향을 미친다. 대통령과 여당의 생각이 일치하는 경우에는 국회에서 여·야 간 타협된 내용이 최종안으로 결정되어 시행되지만, 대통령과 여당의 생각이 다른 경우에는 대통령이 여·야 간 타협안에 대해 또 다른 요구를 할 수 있다. 이런 경우 대통령은 또 다른 거부점이 되기 때문에 분석 대상이 하나 더 늘어나게 된다.

---

1) 이런 이유로 이 책에서는 공무원과 이익단체를 분석 대상 행위자에서 제외한다. 이들이 아무리 강한 요구를 하더라도 국회 협상 과정에 반영되지 않는 한 최종 결정에 영향을 미치지 못하기 때문이고, 만약 국회 협상 과정에 반영된다면 국회의원들의 주장을 살펴보는 과정에서 충분히 고려될 수 있기 때문이다.

3) 여 · 야 참여자들의 상호작용 양태

대통령 선거에서 승리한 여당이 국회에서 「정부조직법」 통과에 필요한 과반수 의석을 확보하고 있고 「헌법」과 「국회법」에 의해 법률안 통과의 기준이 재적의원 과반수 출석에 과반수 찬성이라면 여당은 야당과 협상을 할 필요가 없다. 다수결 원칙에 의거해 유권자들로부터 위임받은 정치 권력을 행사해서 새로 출범하는 정부의 조직구조를 결정하면 되는 것이다. 이 경우에는 대통령과 여당이 의견을 조율하기만 하면 특별히 문제될 것은 없다.

그러나 대통령 선거에서 승리한 여당이 국회 과반수 의석을 확보하고 있더라도 「헌법」이나 「국회법」에 여 · 야 간 합의 처리를 규정하는 조항이 있다면 여당은 야당(들)과 타협을 할 수밖에 없다. 그리고 만약 야당이 이런 조항을 자신들의 정치적 이익 극대화 쪽으로 악용한다면 정치적 협상은 더욱더 길어진다.

여당이 단독으로 국회 과반수 의석을 차지하지 못한 상황이라면 어떤 전략이 좀 더 유리한지 고민을 해야 한다. 만약, 과반수에 부족한 의석 수를 군소정당 소속 국회의원이나 무소속 국회의원들을 끌어들여 보충할 수 있다면 이들과 최소 승자연합을 구성하는 것이 정치적으로 유리한 전략이다(Riker, 1962: 47; Hershey, 1973; Hardin, 1976). 위상이 약한 부처의 장관 자리 한두 개를 양보하는 선에서 정치적 손실을 최소화할 수 있기 때문이다. 과반수에 부족한 의석 수가 군소정당 소속 국회의원과 무소속 국회의원들을 끌어들여 보충할 수 있는 정도를 넘거나 그렇게 할 수 있더라도 정치적으로 양보해야 할 손실이 큰 경우에는 의석 수를 많이 확보하고 있는 주요 야당과 협상을 하는 것이 더 좋은 전략이다. 협상 과정에서 상당 수준 양보를 해야 한다면 주요 야당과 타협을 하고 「정부조직법」 이외에 다른 안건까지 묶어서 통과시키거나, 정권 초기에 야당과 좀 더 우호적인 관계를 맺는 등의 정치적 수확을 거두는 것이 더 낫기 때문이다.

4) 정치적 타협의 종류

여당과 야당 사이에 전개되는 정치적 협상과 최종 타협은 문제 풀기, 분배 협상, 긍정적 조정 세 가지로 구분된다(Scharpf, 1997: 125).

(1) 문제 풀기

이것은 협상이 타결되면 양측의 전체적 후생이 증가하고 양측의 이해관계가 일치해 분배 측면에서도 별 문제가 일어나지 않는 경우다. 타협에 도달하기 위해 남아 있는 유일한 문제는 전체적인 후생을 극대화할 수 있는 방법을 찾는 것이다. 연합정권, 공동 투자, 부처 간 정책 결정 등이 대표적인 예다. 좋은 해법을 찾기 위한 노력이 성공하기 위해서는 상호 신뢰, 최대한의 공개, 좋은 의사소통 기술 등이 필요하다(Scharpf, 1997: 130-132).

(2) 분배 협상

이것은 협상이 타결되면 전체적 후생은 증가하지만 이득 보는 사람과 손해 보는 사람들 사이에서 비용과 혜택의 분배를 놓고 조정이 필요한 경우다. 손해 보는 사람에게 보상금이 주어지고 손해 보는 측이 이것을 받아들일 때 비로소 협상이 타결된다. 이것은 다시 일괄 거래 협상과 쟁점 연계 협상으로 구분할 수 있다.

일괄 거래는 복수의 쟁점에 대한 협상을 동시에 진행해 한 측이 한 쟁점에서 양보하면, 상대측은 다른 쟁점에서 양보해 서로 우선적으로 원하는 이득을 취하는 방법이다. 예를 들면, 산업정책과 환경정책에 대한 협상을 동시에 진행해 한 측은 산업정책에서 원하는 바를 얻고, 상대 측은 환경정책에서 원하는 바를 얻는 것이다.

쟁점 연계는 쟁점이 하나이거나 쟁점이 여럿이라도 양측 모두 특정 쟁점에 대해서는 좀처럼 양보하지 않으려 하는 경우 양측이 자기가 주장하는 바를 끝까지 고집한다면 협상이 타결될 수 없기 때문에 그 쟁점에서 양측 모두 자기들의 당초 입장을 크게 변경하지 않는 범위 내에서 양보함으로써 타협에 도달하는 것이다(Scharpf, 1997: 126-130).

(3) 긍정적 조정

이것은 협상이 타결되어도 전체적 후생이 증가한다는 보장이 없고, 비용과 혜택의 분배에서도 갈등이 있는 경우다. 문제 풀기나 분배 협상보다 타협에 도달하기가 더 어렵다. 타협에 도달하기 위해서는 먼저 분배 문제를 해결한 후 후생 증가 문제를 해결하는 식으로 단계를 나눠서 접근하는 것이 바람직하다(Scharpf, 1997: 132-135).

2 제도적 맥락

제도에 대한 개념 정의와 범위는 이론적 시각에 따라 상이하다.[2] 이 책은 「정부조직법」 개정안 통과를 둘러싸고 여러 행위자가 상호작용하는 상황을 분석하는 것이기 때문에 합리적 선택 신제도주의 입장과 같이 공식적인 게임의 규칙들을 핵심적인 제도로 본다. 특히 거부점 이론에 의해 「정부조직법」 개정안 통과 절차에 존재하는 거부점들과 각 거부점에서 거부권을 행사할 수 있는 거부권자들에 초점을 맞춘다.[3]

1) 거부권

거부점 및 거부권자의 분포는 각국의 「헌법」 및 통치 체제, 심지어 같은 나라 안에서도 정책 영역에 따라 차이가 나고, 이와 같은 거부점 분포의 차이가 정책 결정에 큰 영향을 미친다(Hammond & Miller, 1987; Birchfield & Crepaz, 1998; Haverland, 2000; O'Reilly, 2005). 먼저 거부점의 분포는 통치 체제, 즉 내각책임제냐 대통령제냐에 따라 큰 차이를 보인다(Weaver & Rockman, 1993: 11-19, 449). 영국처럼 한

---

2) 합리적 선택 신제도주의는 학자들마다 미묘한 차이를 보이지만 행위자들의 교환 내지 협력을 규율하는 공식적인 게임의 규칙을 제도로 본다(Shepsle, 1989: 139; Weingast, 2002: 661). 사회학적 신제도주의는 의도적 설계의 산물이 아니라 인간 행동의 결과물인 문화 · 상징 · 의미 체계 등을 제도로 본다(Powell & DiMaggio, 1991: 8; Scott, 1994: 60; Scott, 1995: 33). 역사적 제도주의는 논자에 따라 제도에 대한 정의가 다양하지만 절충적 입장에서 공식적 규칙과 비공식적 규범 모두를 제도로 본다(Hall, 1986: 19; Thelen & Steinmo, 1992: 6; Immergut, 1998: 18).

3) 거부권 이론가들이 말하는 거부점(veto point)이란 「헌법」상 거부권을 행사할 수 있는 대통령을 지칭하는 것뿐만 아니라, 법률안이 법률로 제정되기 위해서 반드시 통과해야 하는 일련의 절차에서 각 단계를 의미한다(Immergut, 1990; Birchfield & Crepaz, 1998; Baker, 2000; Haverland, 2000; Bonoli, 2001; O'Reilly, 2005; Koß, 2007). 거부권자(veto player)는 이런 각각의 거부점에서 법률안 통과를 저지할 수 있는 실질적인 힘을 가지고 있는 행위자를 말한다(Tsebelis, 1999). 현대 민주국가에서는 통상 국회에 복수의 정파가 존재하는데 이들이 각각의 거부점에서 법률안 통과를 막을 수 있다면 거부권자가 되는 것이다. 단 거부권자는 공식적인 교섭단체 혹은 정당과는 다른 개념이다. 공식적 교섭단체 혹은 정당이라고 하더라도 의석 수가 적어서 법률안 통과를 저지할 수 없다면 거부권자가 아니다. 반면 동일한 교섭단체나 정당에 속하지만 서로 경쟁적인 관계에 있는 파벌들이 실질적으로 법률안 통과를 저지할 의도와 힘을 가지고 있다면 거부권자로 봐야 한다. 물론 정당의 기강(party discipline)이 강해 소속 의원이나 파벌이 당론(party line)을 어길 수 없다면 그 정당은 하나의 거부권자로 봐야 한다.

개 정당이 의회 다수를 차지하는 내각책임제에서는 의회 다수당이 의회와 행정부를 장악하기 때문에 대통령제와 달리 수상이 별개의 거부점으로 작용하지 않는다. 의회에서 통과된 법률안은 대부분 행정부에서 그대로 시행된다. 또한 다수당은 과반수 의석을 확보하기 때문에 2/3 찬성이 필요한 안건을 제외하면 의회는 사실상 거부점이 될 수 없고, 야당도 거부권자가 될 수 없다.[4] 한편 대통령제에서는 대통령이 독자적인 선거에 의해 선출되기 때문에 별도의 거부점으로 작용한다. 아무리 국회에서 통과된 법률안이라도 대통령은 자기의 정치적 입장에 따라 거부권을 행사할 수 있다. 하지만 의회가 재의결하면 거부권 행사가 무의미해진다.

거부점의 분포는 같은 통치 체제를 채택한 나라들 사이에서도 레짐 유형에 따라 차이를 보이기도 한다(Immergut, 1990; Weaver & Rockman, 1993: 19; Baker, 2000). 의원내각제에서도 비례대표제를 사용하는 나라들과 영국처럼 소선구제만을 사용하는 나라 간, 다당연합 정부가 자주 구성되는 나라와 단일정당 정부가 지배적인 나라들 간에는 큰 차이가 있다(Weaver & Rockman, 1993: 8, 18). 예를 들어 미국과 한국은 동일하게 대통령제를 채택하고 있지만 미국의 거부점 분포와 한국의 거부점 분포는 차이가 있다. 미국 의회는 상원과 하원 양원으로 구성되어 있고, 연방대법원이 위헌 심판도 수행한다. 반면 한국 국회는 단원제이고, 대법원과 다른 별도의 헌법재판소가 위헌 심판을 수행한다. 미국은 의회에서 상임위원회를 제외하고도 거부점이 두 개이고 사법부에서 하나이지만, 한국은 국회에서 상임위원회를 제외하면 거부점이 하나이고 사법부에서 두 개다(송의달, 2000: 87－124; 최명·백창재, 2000: 293－360, 491－499).

비록 공식적인 의사 결정 절차에 따라 거부점의 분포가 같다고 하더라도, 그것을 둘러싼 사회적 조건과 정책 문제의 본질에 따라 정책 영역별로 사실상의 거부권자가 상이해질 수 있다(Weaver & Rockman, 1993: 36－40, 447). 예를 들어, 정상조직(peak organization)이 존재하는 등 사회조직 수준이 높은 정책 영역에서는 거부권자가 상대적으로 적지만 사회조직 수준이 낮은 정책 영역에서는 이해관계 갈등이 세분화되어 동일 정당 내 파벌들이 거부권자로 작용하는 등 사실상의 거부권자가 많아질 가능성이 높다.

4) 물론 연합정권형 내각책임제라면 연정에 참여한 정당들이 복수의 거부권자다.

2) 한국의 법률안 통과 절차

한국의 경우 법률안이 국회에 접수되면 국회의장은 소관 상임위원회를 정하고 그 상임위원회에 법률안을 이관한다. 이후 상임위원회 위원장은 법률안을 안건으로 상정하고 심사를 시작한다. 통상적으로 상임위원회 내에 구성된 법률심사소위원회에 먼저 심사를 의뢰한다. 법률심사소위원회는 보통 5~8명의 여·야 국회의원으로 구성되는데, 이들이 상임위원회 전체 회의에 앞서 넘겨받은 법률안을 집중 토론한다. 이후 다시 상임위원회 전체회의로 법률안이 넘어가고 합의나 표결로 통과 여부를 결정한다. 소관 상임위원회에서 통과된 법률안은 본회의로 넘어가기 전에 법제사법위원회로 넘어간다. 법제사법위원회는 해당 법률안이 법령으로서 근본적인 문제를 가지고 있는 것은 아닌지, 기존 법령들과의 충돌이 모두 해소되었는지 등을 검토해서 통과시킨다. 이후 법률안은 국회 본회의에 회부된다. 국회 본회의에서는 제안자의 취지 설명, 해당 상임위원회 위원장의 심사보고, 마지막 대체 토론(찬반 토론) 등을 거친 후 합의나 표결로 통과를 결정한다. 국회를 통과한 법률안은 행정부로 이송되어 대통령의 재가를 받아 시행된다. 이 단계에서 대통령은 법률안에 대해 거부권을 행사할 수 있고, 국회는 이에 대해 재적의원 과반수 출석에 출석의원 2/3 찬성으로 재의(override)할 수 있다. 이 중 어느 한 단계에서라도 보류되거나 표결에서 부결되면 해당 법률안은 그 단계에서 즉시 폐기되거나 계류되다가 국회 임기 만료와 동시에 폐기된다.[5)]

「정부조직법」 개정안이 이런 절차를 통과해야 하기 때문에 국회에서 각 정당이 차지하는 의석 분포, 대통령과 국회, 대통령과 여당과의 관계 등을 세심하게 살펴볼 필요가 있다. 앞의 행위자 부분에서 잠시 언급한 것처럼 여당이 국회의 과반수를 확보하고 있는지, 과반수를 확보하고 있지 않은 상황이라면 최소 연합 구축은 용이한 상황인지, 아니면 제1야당과 협상을 하는 것이 나은 상황인지 등을 분석해야 한다. 여당 국회의원이 비록 제한적으로라도 합리적이라면 주어진 의석 분포에 따라 자신들에게 가장 유리한 쪽으로 권력 투쟁 전략을 채택할 것이기 때문에 그들의 움직임을 이해하려면 국회 의석 분포를 가장 먼저 분석할 필요가 있다.

---

5) 「국회법」 제57조, 제85조에 의해 소위 심사가 장기화될 때 상임위원장의 직권 상정, 상임위원회 심의가 장기화될 때 국회의장의 직권 상정이 가능하지만 두 경우 모두 막대한 정치적 반발을 감수해야만 한다.

3 거시적 환경

1) 국제 관계

거시적 환경 중에서 가장 먼저 고려해야 할 것은 국제 관계다. 한국의 경우 특히 그렇다. 한 나라가 처한 고유한 국제적 환경은 해당 국가의 정치 행정에 큰 영향을 미친다. 예를 들어 영국에서 지방분권이 일찍 정착될 수 있었던 이유 중의 하나는 잠재적 외부 침입자들이 멀리 있고 바다에 의해 자연스럽게 보호받고 있어 중앙정부가 상비군을 보유할 필요가 없었기 때문이다. 중앙 통치자가 상비군을 갖고 있지 않았으니 지방 호족들에 대한 영향력이 약할 수밖에 없었고, 이 틈을 노려 지방의 실력자들은 자연스럽게 자기 주변 지역을 통치할 수 있었던 것이다. 그리고 이런 전통이 누적되어 현대 지방자치의 기초가 된 것이다. 그러나 강대국으로 둘러싸였던 프랑스에서는 항상 외세의 침입 위험이 있어 중앙정부가 상비군을 보유해야만 했고, 그 결과 지방 호족들은 중앙 통치자로부터 자율성을 확보하기 어려웠다. 그리고 이런 전통이 누적되어 중앙집권적 통치가 정착된 것이다(Tilly, 1990).

한국의 경우 역사적으로 외적의 침입이 많았고, 최근 100년 동안에도 일제 총독부와 미군정 같은 외세의 통치를 받았다. 그리고 이후에도 북한, 미국, 일본, 소련, 중국 등 주변국들과의 관계로부터 나라 안보와 경제가 큰 영향을 받고 있다. 중앙정부 조직은 한 나라의 생존과 번영을 책임지는 최후의 보루이기 때문에 국제 관계로부터 영향을 받지 않을 수가 없다. 이런 이유에서 「정부조직법」 개정에 대한 분석은 국제 관계의 영향을 반드시 포함해야 한다.

2) 역사적 환경

「정부조직법」 제・개정 과정에 참여하는 세력(행위자들)은 어느 시점에서 갑자기 형성되는 것이 아니다. 한국의 주요 정당들은 1945년 해방 직후 신탁통치 찬반 시점에서의 행적을 들추면서까지 정당성 경쟁을 벌이고, 더 심하게는 집안 조상들의 일제 강점기 때 행적까지도 문제 삼는다. 아무리 짧게 잡아도 1960년대 초반부터 시작된 본격적인 경제 성장 시작 시점까지는 거슬러 올라가 자신들의 뿌리와 정체성을 구성한다. 이런 식으로 오늘날의 정치 세력은 최소 50년 이상의 시간에 걸쳐 형성된 것이다. 대통령 후보는 전임 대통령과 차별화하기 위해 정당 이름을 바꾸는 등 정치적 수사를 구사하기도 하지만 정치 권력의 본질적 성격은 쉽게 바뀌지 않는다. 그렇기 때문에 「정부조직법」 개정을 분석하려면 역사적 환경을 반드시 살펴봐야 한다.

역사적 환경을 분석해야 하는 또 다른 이유는 각 정치 세력이 자신들이 제시한 대안이 역사적 흐름에 비춰볼 때 정당하다고 주장하기 때문이다. "우리나라가 지금까지 어떠어떠한 역사의 흐름을 거쳐 왔기 때문에 새로 출범하는 정권은 어떠어떠한 일을 해야 할 필요가 있고, 그런 일들을 하기 위해 어떠어떠한 정부조직 구조가 가장 적합하다"고 주장한다. 그런데 문제는 정치 세력들이 가진 부분적 · 당파적 합리성 때문에 우리나라의 역사 흐름에 대한 해석이 상이하고, 그에 따른 정책 처방과 정부조직 구조 처방도 다르다는 점이다. 현재 시점에서 충돌하는 정책 처방과 정부조직 구조 처방을 충분히 이해하기 위해서는 그들 사고의 전제가 된 역사관을 반드시 살펴봐야 한다.

3) 당대의 지배적 사상

「정부조직법」 개정이 전개되는 시점에서 지배적인 시대의 철학도 「정부조직법」 개정에 의미 있는 영향을 미친다. 영국의 예를 들면 제2차 세계대전 직후부터 1970년대까지는 사회주의 복지국가가 지배적 패러다임(paradigm)이었다. 그러다보니 당시의 보수당은 우파 정책을 폈음에도 불구하고 오늘날의 노동당 정책보다도 훨씬 더 좌파 성향이 강한 정책들을 폈다. 그러나 시간이 흘러 1980년대부터 시장주의가 지배적 패러다임이 되자, 이번에는 노동당의 정책이 1960년대 보수당의 정책보다 더 시장친화적 성향을 보였다. 이런 현상은 한국에서도 예외일 수가 없다. 해당 시점에서 전 세계적으로 어떤 사상의 조류가 강하다면 새로 들어서는 한국 정권도 국제적 낙오자라는 비판을 피하기 위해 그 사상 조류를 어느 정도 수용할 수밖에 없다. 이런 이유에서 당대의 지배적 사상도 「정부조직법」 개정 분석에 포함될 필요가 있다.

4 분석틀 구성

이상 논의한 내용들을 토대로 분석틀을 구성해 보면 다음과 같다. 정권 교체 직후 벌어지는 정부조직 구조 개편을 위한 「정부조직법」 개정을 분석하려면 가장 먼저 이 과정에 참여하는 행위자(혹은 정치 세력)를 파악해야 한다. 여당 협상 대표, 야당 협상 대표, 여당과 야당 대표, 대통령 등이 주된 행위자라고 할 수 있다. 다음으로는 행위자들 사이의 정치적 상호작용에 영향을 미치는 의사 결정 규칙, 즉 제도적 맥락을 파악해야 한다. 거부점들의 분포에 따라 행위자들 사이의 상호작용과 최종 해법의 내용이 달라진다. 다음으로는 각 행위자들을 둘러싸고 있는 거시적 환

표 1-1 분석 항목과 내용

분석 항목	내용
행위자	대통령 당선자, 여당 협상 대표, 야당 협상 대표 등
제도적 맥락	의사 결정 규칙, 국회 의석 분포, 거부점
거시적 환경	국제환경, 역사적 환경, 당대의 지배적 사상
정치적 협상	문제 풀기, 일괄 거래, 쟁점 연계, 긍정적 조정

그림 1-1 정부조직 구조 개편 분석틀

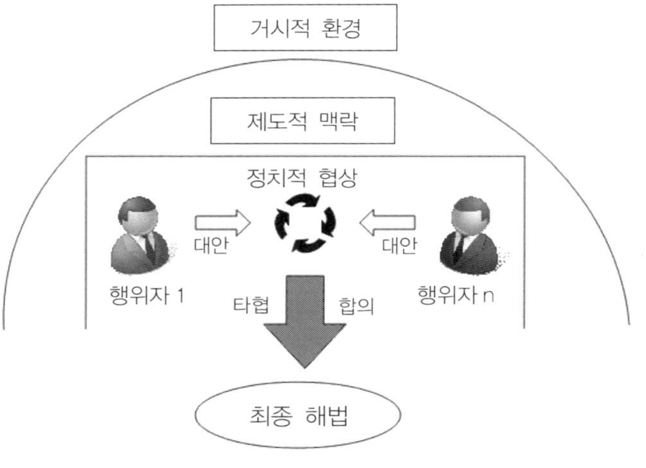

경, 즉 국제 관계, 역사적 환경, 당대의 지배적 사상 등을 파악해야 한다. 이런 거시적 환경들은 각 행위자가 정부조직 구조 개편 대안을 마련하는 과정에 큰 영향을 미칠 것이다. 끝으로 행위자들 사이에 벌어지는 정치적 타협을 분석해야 하는데 정치적 타협은 문제 풀기, 일괄 거래, 쟁점 연계, 긍정적 조정 네 가지로 구분할 수 있다. 이상의 내용은 <표 1-1>과 같이 정리할 수 있으며, 알기 쉽게 표현하면 [그림 1-1]과 같다.

제 2 절 권위주의 정체에서의 정부조직 구조 개편

정치 체제가 민주적이지 않고 권위주의적인 상황에서는 민주주의 체제일 때보다 정부조직 구조 개편 수요가 더 강하다. 통상 권위주의 체제는 기존 체제에 대해 누적되었던 불만이 폭발해 군사쿠데타나 혁명으로 등장하는 것이기 대문에 기존의 사회구조를 바꾸려 하고, 그에 앞서 정부조직 구조를 개편하려 하기 때문이다.

1 행위자

반정부 군사쿠데타, 정권에 의한 친위쿠데타, 시민사회 세력에 의한 반정부 혁명 등은 대부분 소수의 지도자에 의해 막후에서 조종된다. 일사불란한 의사 결정이 정치적 거사의 성공 열쇠 중 하나기 때문에 핵심 지도자들 사이에서 서열이 명료하게 정의되어 있는 경우가 많다. 이런 지도부는 정치적 거사가 성공하면 권력 전면에 나서 정부조직이나 사회 개혁을 주도하기 시작하는데, 최고 권력자의 생각이나 대안이 막대한 영향을 미친다. 만약 최고 권력자가 정부조직 구조 개편에 대해 사전에 상세한 대안을 준비하지 않은 경우에는 주위 참모들의 의견을 참고하기도 하겠지만 그것은 핵심 권력층 내부 상황이기 때문에 외양상으로는 최고 권력자의 의지로 간주하는 것이 적절하다.

그러나 대등한 몇몇 세력이 연합해 정치적 사변을 일으켰다면 각 세력 지도자

사이의 서열이 명확하게 정해지지 않은 경우가 많다. 이런 경우에는 정치적 거사가 성공한 후 각 세력이 조금이라도 더 정치적 지분을 차지하기 위해 권력 투쟁을 벌이기 때문에 정부조직 구조 개편이 일사불란하게 진행되지 않을 가능성이 높다. 그 세력들 사이에 정치적 협상이 벌어지거나, 권력 투쟁의 여러 국면에서 최고 권력자가 바뀌면서 정부조직 구조가 여러 번 개편될 수도 있다. 그렇지만 이런 경우에도 권위주의 정치 체제 하에서 정부조직 구조 개편이 전개되기 때문에 외양상으로는 권위주의 정권이 정부조직 구조에 대해 확고한 생각을 가지고 있지 못해 이런저런 시도를 해보는 것으로 간주하는 것이 적절하다.

2 제도적 맥락

비정상적 정치적 거사가 성공하면 새로 권력을 잡은 세력은 통상 기존 정치 체제를 무력화한다. 대통령이나 수상 등 기존 행정수반을 체포한 후 퇴임시키고, 국회를 해산하거나 혹은 권한을 정지시키며, 기존 정당들을 해산하고, 기존 정치인들의 피선거권을 금지한다. 그 후에는 국회를 대신하는 임시적 비상기구들을 만든다. '~혁명위원회' '~비상회의' 같은 이름을 가진 기구들이 대표적인 예다. 이후 새 정치 세력은 이런 비상기구를 통해 법률적 효력을 가지는 비상법률들을 제정해 여론의 지지를 얻으려 노력하고, 정상적 정치 체제로 복귀한 후 자신들이 집권하는 데 필요한 정당을 설립하고, 선거를 실시해 민주주의 체제로 돌아간다.

비상기구 내에서 전개되는 법률안 제정은 대부분 만장일치로 처리된다. 표결 전 내부 논의 과정에서는 다양한 의견이 오가지만 최고 권력자가 최종적으로 의사를 결정한 후에는 비상기구 위원들이 만장일치로 처리한다. 즉, 거부점이 하나밖에 없는 구조다. 내부 논의를 통해 입안된 대안에 대해 최고 권력자가 동의하기만 하면 비상기구에서는 반대나 타협적 수정 없이 통과된다.

다만 정치적 거사를 단행한 세력들 간에 권력 투쟁이 심하게 벌어지는 경우에는 합의에 도달하기가 어려워 법률안 제정이 지연되거나, 한 번 통과된 법률안이 여러 번 번복될 가능성도 있다. 그러나 이런 경우라도 각각의 법률안을 처리할 때에는 다수결 방식보다 만장일치 방식이 사용된다. 즉, 공식적 거부점은 하나다. 권력 투쟁을 거쳐 도달된 최종 결정은 비상기구 내에서는 반대되거나 수정되지 않는다. 다만 최종 결정에 도달하는 과정에서 사실상의 거부권자들 사이에 이견이 오가면서 결정이 지연될 수 있고, 비상기구에서 통과된 후에도 또다시 거론되어 또 다른 결정 과정을 거쳐 먼저 통과된 내용이 수정될 가능성은 있다. 그러나 정치적 격변기에 벌어지는 권력층 내부의 권력 투쟁은 외부자들이 알기 어렵기 때문에 외양적으로는 비상기구가 결정을 여러 번 번복하는 것으로 나타난다.

3 거시적 환경

권위주의 정권의 경우에도 거시적 환경으로부터 가해지는 압력은 무시하기 어려울 것이다. 오히려 정권에 대해 정치적 지지 기반이 불안정하기 때문에 민주주의 체제의 정권들보다 더욱더 민감하게 거시적 환경에 적응하려 할 수도 있다.

국제 관계는 특히 중요한 변수다. 세계 역사에 한 나라에서 일어났던 정치적 거사가 주변국들의 개입으로 실패한 사례가 많은 것처럼 정치적 거사는 국제 관계에 적응하지 못하면 최종적으로 실패할 가능성이 높다. 그렇기 때문에 가급적 정치적 사변을 성공시켜 새로 권력을 잡은 정파(政派)는 자기 나라를 둘러싼 나라들과의 관계 개선에 많은 노력을 할 것이고, 그 여파로 정부조직 구조도 영향을 받을 것이다.

역사적 환경도 매우 중요한 변수다. 정치적 거사가 성공하기 위해서는 국민들에게 그것이 왜 필요했던가를 설명해야 하고, 그러기 위해서는 역사 전개에 대한 해석과 앞으로 나아가고자 하는 방향을 제시해야 한다. 기존 체제가 왜 잘못되었고, 앞으로는 그 문제들을 어떻게 고쳐나갈 것이며, 그 일을 할 사람들은 자신들밖에 없다는 점을 제시하는 과정에서 집중적으로 역사관을 제시한다. 그리고 그런 역사관을 정부조직 구조에 반영한다.

당대의 지배적 사상도 무시할 수 없는 변수다. 새로운 사회를 만들기 위해 분연히 일어선 세력이 당대에 전 세계적으로 지배적인 사상과 동떨어진 가치를 추구한다면 정치적 거사는 성공할 가능성이 낮다. 새 정치 세력은 가급적 당대의 지배적 사상과 일맥상통하는 가치를 새 시대의 구호로 내세울 가능성이 높고, 그렇지 않은 경우에도 최소한 외양적으로는 당대의 지배적 사상과 충돌하지 않는 가치를 내세울 것이다. 그리고 그런 가치를 정부조직 구조에 구현하기 위한 시도를 할 것이다.

4 분석틀 구성

이상 논의한 내용들을 토대로 분석틀을 구성해 보면 다음과 같다.

행위자와 관련해서는 정치적 사변을 주도한 핵심 지도자들을 중점적으로 살펴봐야 한다. 권력 서열이 명료하게 정의되어 있으면 권력 정점에 있는 1~2명을 분석해야 하고, 몇몇 세력이 연합해 거사를 한 경우라면 각 세력의 지도자를 분석해야 한다. 다만 이들의 전문적 능력이 부족한 경우 지도자들이 참여를 허용한 소수의 전문가가 유의미한 활동을 할 수도 있다.

제도적 맥락 측면에서는 정치적 거사 후에 설치된 비상기구들을 중점적으로 살펴봐야 한다. 통상 '~혁명위원회' '~비상회의' 같은 명칭을 가지고 있다.

거시적 환경 측면에서는 민주주의 체제에서와 마찬가지로 국제 관계, 역사적 환경, 당대의 지배적 사상을 중점적으로 살펴봐야 한다. 이상의 내용은 <표 1-2>와 같이 정리될 수 있으며, 알기 쉽게 표현하면 [그림 1-2]와 같다.

의사 결정은 대부분 비상기구 내에서 권위적으로 이뤄진다. 여러 세력이 연합한 경우 지도자들 사이에 협상이나 타협이 있을 수 있지만 외부로 드러나지 않을 가능성이 높아 외면상으로는 권위적 결정으로 비춰질 것이다.

표 1-2 분석 항목과 내용

분석 항목	내용
행위자	핵심 지도자 1~2명, 참여가 허용된 소수의 전문가들
제도적 맥락	비상기구(~혁명위원회, ~비상회의)
거시적 환경	국제환경, 역사적 환경, 당대의 지배적 사상
의사 결정	비상기구 내 권위적 결정

그림 1-2 권위주의 정체에서의 정부조직 구조 개편 분석틀

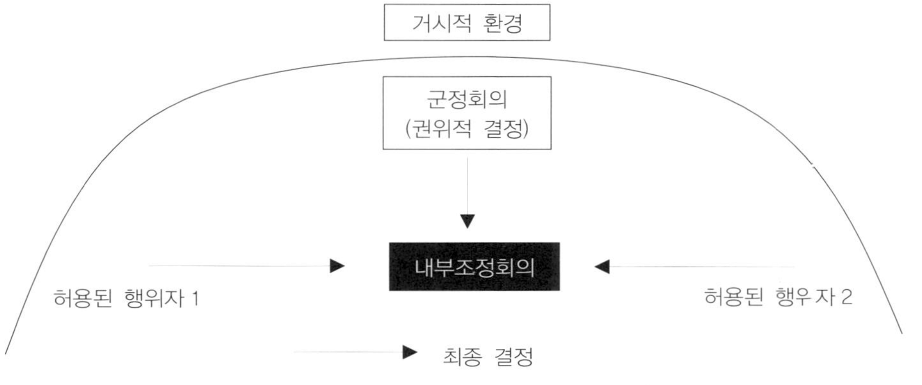

제 2 장 이승만 정권 출범기*

제 1 절 들어가며

이승만 정권 출범기에 있었던 정부조직 설치는 사실상 대한민국 초대 정부를 세우는 작업이었다. 1919년 3 · 1운동 이후 국내 및 국외에서 임시정부들이 많이 세워졌고, 이후 중국 상하이(上海)에서 통합 대한민국 임시정부가 세워졌지만, 정부기구는 완전하게 구성되지 못했다. 상하이 임시정부는 국민들의 총선거에 의해 구성된 것이 아니었고, 재정도 국민들을 대상으로 한 조세 징수가 아닌 기부금에 의존했기 때문에 크게 부족해서 필요 최소한의 기구로만 운영되었다.

1948년에 있었던 정부기구 설치는 대한민국 최초로 제대로 된 정부기관을 설립하는 것으로 그 역사적 의의가 대단한 일이었다. 우리 역사상 군주가 없는 국민의 선거에 의한 공화제 정부를 처음 세우는 일이고, 35년간의 일제 식민지 치욕과 3년간의 미군정 통치에서 벗어나 우리 자신의 정부를 구성하는 감격적인 일이었다. 그러나 이에 대해 지금까지는 부정적 비판이 많이 제기되었다. 첫째, 초대 이승만 정권의 정부기구가 일제의 잔재로부터 벗어나지 못했다는 것이다. 해방 후 미군정에서 친일 경력 관료들이 청산되기는커녕 지속적으로 근무했고 이승만 정권에서도

* 이 장은 하태수(2016)를 수정 · 보완한 것이다.

계속적으로 근무했기 때문에 정부조직 또한 일제의 영향으로부터 벗어나지 못했다는 것이다. 둘째, 초대 대통령인 이승만이 권력욕에 사로잡혀[1] 남북 북단을 초래하면서 남한 단독정부를 세웠고, 장기 집권 의도에서 정부조직 구조를 비민주적으로 설계했다는 것이다. 셋째, 정부조직이 졸속적으로 만들어졌다는 것이다.

그러나 이 책에서는 조금 다른 견해를 제시하고자 한다. 일제 강점기 관료 경력을 가진 사람들이 해방 후에도 척결되지 않고 군과 경찰 같은 억압기구에 많이 근무했던 것은 사실이다. 하지만 이들이 정부조직 구조 전반에 대해 막대한 영향을 미쳐서 이승만 정권의 초대 정부조직 구조를 일제 강점기 때와 유사하게 만든 것은 아니다. 오히려 1948년에 편제된 이승만 정권의 초대 정부조직 구조는 일제 강점기 조선총독부, 제2차 세계대전 당시 일본 본국 정부, 제2차 세계대전 후 미군정 시절의 일본 정부, 해방 후 미군정 당시의 남조선 과도정부, 1947년 당시 미국 본국 정부, 1947년 당시의 중화민국 국민당 정부 등 그 어느 것과 비교해도 독창적이다.[2] 이승만 정권의 어떤 부처 명칭이 조선총독부의 무슨 과 명칭과 같다고 해서 '그 과(課)가 해방 후에 확대되어 어떤 부처가 되었다'라는 식으로 해석하는 것은 문제가 있다. 새로 설치된 부처의 주된 기능이 무엇인지 보고 주된 기능이 조선총독부의 해당 과와 정말 유사한 경우에만 그렇게 해석해야 한다. 단순히 명칭만 같고 다른 기능이 많이 추가되어 실제로는 주요 기능이 달라졌다면 일제 강점기 때 조선총독부 기구가 유지 확대된 것이라고 해석하는 것은 적절하지 않다. 그렇게 해석한다면 현재의 한국 정부기구도 미국, 일본, 영국, 프랑스 정부기구를 본뜬 것이지, 우리가 독자적으로 만든 것은 거의 없을 것이다. 부, 처, 청 등 중앙정부 기구의 성격을 결정할 때에는 최소한 내부 보조기관, 예를 들면 국(局)이 어떻게 편제되었는지 살펴보고, 그들의 주된 비중이 무엇인지를 기준으로 판단해야 한다.

또한 초대 정부조직 구조에서 있을 수 있는 비민주성에 대해서는 부정하지 않지만, 그것이 만들어지게 된 원인이나 당시의 상황에 대한 설명을 제공해서 이승만 정권의 초대 정부조직 구조에 대해 현재까지 제기되어온 다소 편향된 해석을 재고하고 초대 정부 수립이 갖는 의의를 찾아보고자 한다. 몇 가지로 정리하면 다음과

1) 미국 CIA 문서에 의하면 이승만은 "권력욕을 채우기 위해 독립운동을 했다"(민족문제연구소, 2012a).

2) 창조성(originality) 판단 기준은 요소들을 조합(combination)하는 방식, 즉 편집(editology) 방식이다(김정운, 2014). 기존의 재료들을 사용하더라도 새로운 편집 방식을 사용한다면 독창적인 것이다.

같다.

우선 남북 분단은 이승만이 권력욕에 사로잡혀 획책한 것이라기보다 당시 소련의 국제 정치 전략에 대응하는 과정에서 생겨난 결과물 성격이 강하다. 다음으로 장기 집권은 이승만이 아닌 다른 인물이 대통령이 되었어도 나타났을 가능성을 배제할 수 없다.[3] 독립 초기에 나라의 기틀을 잡기 위해서는 일정 기간 정책의 일관성이 필요하고, 특히 국민 다수가 고등교육을 받지 못한 상황에서는 카리스마적 리더의 일관성 있는 통치가 꼭 나쁜 것만은 아니기 때문이다. 마지막으로, 집권 말기에 부정선거를 자행하는 등 부정한 방법으로 지나친 장기 집권을 꾀한 것은 역사에 용서받지 못할 죄이지만 그렇다고 해서 사후의 결과를 바탕으로 10년도 전에 만들어진 정부조직 전체를 처음부터 그런 부정적 의도로 만들어진 것이라고 평가하는 것은 불균형적인 해석이라고 생각된다. 설치 시점에서 정부기구가 어떤 의의를 가지고 있었는지 살펴볼 필요가 있다.

졸속적 입안에 대한 비판도 재고할 필요가 있다. 입안 과정의 외양은 그렇지만 당시 국정 과제들을 고려할 때 편제된 정부조직 구조의 내용은 비교적 적절했다. 또한 국정 과제들에 대한 구상이 매우 구체적이었기 때문에 정부기구 설치가 신속하게 처리되었다는 이유만으로 졸속이라고 비판하는 것은 과도하다. 나아가 당시의 국제 정치 상황을 고려해 보면 하루라도 빨리 정부를 출범해야 한다는 당시 이승만의 주장도 어느 정도 타당하게 보인다.

제 2 절 행위자

1948년 초대 정부 구성 과정에서 압도적 영향력을 행사한 행위자는 이승만 개인이다. 어떤 정당도 아니고 여타 독립운동가 출신 명망가 정치인도 아니다. 여기에서는 해방 후 이승만이 어떻게 그런 입지를 확보하게 되었는지 그리고 다른 인물들은 왜 그렇지 못했는가를 살펴본다.

---

3) 예를 들면, 서재필도 이승만과의 서신에서 건국 후 10년 정도는 나라의 기틀을 잡기 위해 권위주의적 통치가 필요하다고 주장했다. 만약 미군정의 의도대로 서재필이 집권을 했다면 그도 10년 정도는 장기 집권을 추진했을 가능성이 높다.

1 이승만 대통령

이승만은 1945년 귀국 당시에는 임시정부 세력보다 국내의 정치적 지지 기반이 훨씬 약했다. 그는 국내에서 거의 잊힌 존재였다. 미국 정보 당국이 1940년대 초부터 다양한 통로로 한국의 유력한 지도자를 파악했는데, 이승만이 거론되는 경우는 거의 없었을 정도였다(이준식, 2013: 134). 그러나 1948년 초 쯤에는 독보적인 존재가 되었다.[4)]

그가 2년 반이라는 짧은 기간에 이런 입지를 확보한 이유는 첫째, 뛰어난 정치적 능력이다. 그는 상황 변화 파악, 기회 포착 및 활용, 위기 극복 등에서 당대의 어느 정치인보다도 뛰어났다.[5)] 둘째, 화려한 학벌이다. 그는 조지워싱턴대학 학부에 특별생으로 편입해 졸업한 후, 프린스턴대학교 정치학 박사 학위와 하버드대학교 석사 학위를 동시에 취득했다.[6)] 당시 아이비리그대학을 졸업했다는 사실은 교육을 제대로 받지 못한 대다수 한국인으로부터 존경을 받는 강력한 근거가 되었다. 셋째, 독립운동 경력이다. 이승만은 59세(1934년)가 되어서야 결혼을 했을 정도로 평생을 독립운동으로 보냈다.[7)] 넷째, 일제 강점기에 독립운동가들 사이에서 대표

4) 심지어 김구조차도 "통일된 대한민국의 최초 대통령은 이승만 박사가 되어야 한다"고 주장할 정도였다(김명섭·김석원, 2009: 71).

5) 그는 구한말에는 비교적 일찍 기독교로 개종을 했고(1899년), 선교사 인맥의 도움으로 미국에서 유학을 했으며, 미국에 가서는 당시 미국과 일본의 친한 관계를 의식해서 반일운동을 강하게 하지 않으면서 식민지 근대화론에 동조하는 듯했고, 일본의 진주만 공격 후에는 미국이 일본과 싸우게 되자 입장을 변경해 대일항전의 투사가 되었고, OSS와 상하이 임시정부가 가까워졌을 때에는 반소 정신이 아주 강한 맥아더에게 반소노선을 제시하면서 접근했다. 해방 후 신탁통치 국면에서는 반탁이면서도 미국의 지원을 잃지 않으려고 두 달 동안 활동을 자제하면서 하지(John R. Hodge)와 정면 대결을 피했고, 1946년 말 미국이 좌우합작 정책을 추진하면서 김규식을 대통령으로 옹립하려고 하는 위기 국면에서는 독립촉성회를 선동해 자신의 지지 기반을 확고히 한 후 미국 워싱턴으로 건너가 하지를 좌익에 우호적인 인물이라고 정면 공격했다(민족문제연구소, 2012a).

6) 당시 조선에 와 있던 미국인 선교사들은 교세 확장을 위해 조선인 목사를 절실히 필요로 했다. 이승만은 이것을 간파하고 '목회자가 되겠다'는 약속을 하고 이 선교사들의 지원을 받아 이 대학교에 특별생으로 편입했다(민족문제연구소, 2012a). 1907년에 하버드대학교 석사과정에 입학했으나 석사를 마치지 못했다. 이 석사학위는 나중에 프린스턴대학교에서 박사학위를 받을 즈음 하버드에 요청해 계절학기로 한 과목을 수강한 후에 받은 것이다. 그는 일찍이 미국인들과 딜(deal)을 할 줄 아는 인물이었다(민족문제연구소, 2012a). 1908년 프린스턴대학교 박사과정에 입학하는 것도 장로교회의 도움이 컸다. 석사학위도 없이 박사과정에 입학했고, 게다가 2년 안에 학위를 준다는 파격적인 약속까지 받았다(민족문제연구소, 2012a).

적인 외교통으로 활동한 경력 및 이 시기에 구축해 놓은 국제적 네트워크다. 다섯째, 세계 최강대국으로 부상하던 미국을 일찍이 19세기 후반부터 알아보고 미국 중심 외교에 집중한 점이다. 여섯째, 1945년 이후 냉철하고 현실적인 국제 정치 안목으로 미국 정부와 불편한 관계를 감수하면서까지 최종적 결과인 반탁·반공·남한 단독정부를 예견하고 일관되게 주장한 점이다.[8] 일곱째, 강력한 집권 욕구 및 국가의 기틀을 세워야겠다는 사명 의식이다. 여덟째, 뛰어난 웅변술이다. 이승만은 높은 학식과 구한말 만민공동회 때부터 다져진 연설 능력을 가지고 있었다. 이승만 박사의 유세가 있다고 하면 수많은 군중이 모여들었다. 반면 김규식 같은 사람은 대중연설을 좋아하지 않았고 심지어 대중 선동으로 경멸하기까지 했다. 김구도 서당 이후 계속 학업을 이어가지 못해 군중에게 감동을 주는 연설을 할 능력은 갖추지 못했다(이정식, 2006: 60-61). 아홉째, 상대적으로 넉넉했던 정치자금이다.[9]

2 상하이 임시정부 출신 인사들

김구를 비롯한 상하이(上海) 임시정부(이하 임정) 출신 인사들은 의미 있는 영향력을 행사하지 못했다. 이들은 해방 후부터 1946년까지 당시 남한 지역 정국에서 숫자와 정당성 측면에서 최대 정치 세력이었다. 그러나 반탁운동을 계기로 미국 및 미군정과 관계가 나빠졌고,[10] 국내 우익계에서도 이승만에게 주도권을 뺏겼다.[11]

---

7) 결혼을 늦게 했다고 해서 평생 성직자 같은 금욕 생활을 한 것은 아니다. 1920년에는 46세의 나이에 22세의 여대생(Nodie Kim)과 미국 여행을 다녀 당시 미국의 「맨법(Mann Act)」 위반으로 샌프란시스코에서 기소되기도 했다(민족문제연구소, 2012a).

8) 이승만은 미국보다도 먼저 소련의 전략을 간파하고 정면 돌파를 주장하면서 미국의 전략을 줄곧 비판해 왔다. 결국에는 미국이 이승만의 주장과 같은 노선을 채택했다(이정식, 2006: 66-67).

9) 그는 돈을 가진 자가 정치 헤게모니를 쥔다는 것을 아주 잘 알고 있었다. 1913년에 하와이에 도착해 권력 투쟁 끝에 당시 미주 지역 최대 독립자금 조달처였던 '하와이국민회'를 장악했고, 이후 이 단체 공금을 횡령해 자기 재산으로 만들었다. 상하이 임시정부 초대 대통령으로 추대된 후에는 '독립자금'에 대한 통제권을 확보해, 외교 활동을 빙자해 미국의 고급 호텔과 레스토랑을 돌면서 흥청망청 썼다(민족문제연구소, 2012a).

10) 1949년 12월 29일 모스크바 3상회의에서 한반도에서 5년간 신탁통치가 결정된 후 김구를 포함한 임시정부 국무회의는 전 국민적 반탁운동 전개 방침을 결정했다. 그리고 1946년 1월 2일 임시정부 내무부는 "전국 행정청 소속의 경찰 기구급 한인 직원은 전부 본 임시정부의 지휘 하에 예속케 함"이라는 내용의 국자 1호를 발표했다. 이것은 사실상 임시정부가 미군정으로부터 행정권

김구는 이승만에 비해 세밀한 조절 능력이 부족하고, 경직적일 정도로 비타협적이고, 현실 정세 파악 능력이 떨어졌다. 급기야 1947년 중·후반부터는 신익희·조소앙 같은 임정 세력의 거물들이 한독당에서 이탈하기까지 했다. 결정적으로 김구와 한독당은 1948년 5·10 총선거에 불참을 선언했는데, 이 때문에 임정 계열 인사들은 무소속으로 출마할 수밖에 없었다.[12] 선거 후 임정 계열 무소속 소장파 의원들은 의회 내에서 한 세력을 형성하고 「헌법」 제정 과정에서 한민당과 제휴해 대통령의 권한을 제한함으로써 이승만의 권력을 제약하려 했지만, 한민당이 이 전략에서 벗어나 이승만에게 굴복하는 바람에 이마저도 이루지 못했다.

3 흥사단 계열 인사들

미군정기 남한 지역에서 어느 정도 영향력을 행사하던 또 다른 세력은 흥사단 계열 인사들이었는데 이들도 「헌법」과 「정부조직법」 제정에는 의미 있는 영향을 미치지 못했다.[13] 이들은 미군정기 동안 도산우파와 도산좌파로 갈렸는데,[14] 도산우파(당적으로는 한민당)가 고위직으로 미군정에 많이 참여했다(김운태, 2001: 5-7). 조선총독부 출신 관료들이 미군정에 많이 참여한 것으로 알려졌지만 사실 미군정 민정장관과 남조선과도정부 각 부·처의 장을 역임한 인물 22명 가운데 조선총독부 관료 출신은 3명에 불과했고, 각 부·처의 차장급도 25명 중 4명에 불과했다. 오히려 장·차관급 고위직의 60% 이상은 조병옥, 오천석, 오정부, 이대위, 이용설 등 미국 유학파인 흥사단계 인물이었다.[15]

을 접수하겠다는 것을 시사하는 것이었다. 하지 미군정 장관은 임시정부의 이 포고령을 미군정에 대한 쿠데타로 인식했다(KBS, 2013a).

11) 김구는 1945년 11월 23일 귀국 이후 반공 노선의 이승만과 연대하기보다는 임시정부의 좌우합작 노선을 유지하고자 인공(박헌영) 측과 합작을 추진했다. 그러나 박헌영이 임시정부를 부정하는 성명을 발표하고 1946년 1월 3일에는 소련의 지시를 받고 반탁에서 찬탁으로 돌아서자, 김구의 정치적 입지는 크게 손상되었다(KBS, 2013a).

12) 김구는 선거 이후에도 한독당 소속으로 당선된 인사를 제명하기까지 했다(신병식, 2000: 66; 박명림, 2009: 185-186).

13) 흥사단에 대한 좀 더 자세한 설명은 장규식(2011: 245-246)을 참고할 것.

14) 도산좌파는 통일 우선으로 김붕준과 오기영이 대표적 인물이다.

15) 흥사단계가 미군정청에 대거 발탁될 수 있었던 이유에 대해서는 장규식(2011: 253-257)을 참고할 것.

흥사단계 인물들은 일제 강점기 때 이승만과 경쟁하고 대립했다. 이승만은 해방 후 남한의 현실을 감안해 '동원정치,' '개국 초 강력한 중앙집권의 필요성,' '국가의 경제 개입'을 주장했지만, 이들은 '자유주의,' '민주주의,' '지방자치,' '경제 자율'을 추구했다.[16] 이들은 해방 후에도 이승만과 대립했다. 심지어 1948년 6월에는 '독립협회확대준비회'를 발기하고 서재필 추대운동을 벌이며 이승만의 집권을 막기도 했다. 이런 배경으로 인해 이승만은 자신의 정치적 지위가 공고해진 후에 흥사단계 인사들을 중용하지 않았고, 그 결과 이들은 초대 정부 구성에 아무런 영향을 미치지 못했다(장규식, 2011: 248, 257－258).

4 한민당 인사들

한민당 인사들은 이승만의 정치적 위상에 눌려 「헌법」과 「정부조직법」 제정 과정에서 자신의 영향력을 거의 발휘하지 못했다. 이들은 같이 한민당을 구성했던 도산우파의 지원과 탄탄한 물적 기반으로 미군정기에 당세를 키울 수 있었지만, 정부 수립 과정에서 이승만과 갈등했고, 결정적으로 친일파라는 약점 때문에 이승만을 이길 수 없었으며, 초대 정부 구성에도 의미 있는 영향을 미치지 못했다(신병식, 2000: 76; 양동안, 2002: 220－221).

5 헌법기초전문위원 유진오와 윤길중

헌법기초전문위원회 전문위원으로 활동하던 유진오[17] 역시 「정부조직법」 제정에 영향력을 행사하지 못했다. 그는 당대 최고의 공법학자라는 위상으로 인해 「헌법」 초안을 작성했으나, 이승만이라는 벽에 부딪혀 자신의 안이 최종적으로 채택되게 만들지 못했다. 더욱이 「정부조직법」 초안 작업은 윤길중이 주도적으로 작성했기 때문에 헌법기초위원회에서 전문위원에 불과했던 그가 이승만이나 국회의원들을 제치고 정부조직 구조에 의미 있는 영향을 미쳤을 가능성은 거의 없다.

16) 도산우파와 이승만의 비교에 대해서는 장규식(2011: 267－271)을 참고할 것.
17) 유진오는 서울 출생으로 1906년에 태어나 1987년에 사망했다.

윤길중[18] 역시 정부조직 구조에 큰 영향을 미치지 못했을 것으로 보인다. 그는 일제 강점기 때 고등고시 합격 후 군수, 조선총독부 상무국 사무관으로 근무하고 해방 후에 국민대학교 교수로 근무하는 등 지적 능력이 높았지만, 1948년 당시 32세에 불과한 그가 헌법기초위원(국회의원)도 아닌 전문위원 신분으로 며칠 후면 초대 대통령으로 선출된 것이 거의 확실시되던 이승만 국회의장의 뜻과 다른 내용을 독자적으로 「정부조직법」 초안에 포함시킬 정도의 힘은 갖지 못했을 것이다.

제 3 절 제도적 맥락

1 초대 국회 선거 및 의석 구성

초대 국회의원 총선거는 1948년 5월 10일에 실시되었다. 남한 지역 200개 선거구 중 4·3사태 여파로 선거가 불가능했던 제주도 2개 선거구를 제외하고 198개 선거구에서 실시되었다. 좌익과 중도파 대부분, 우파 중 상하이 임정 계열 인사들은 불참했고, 이승만을 받드는 대한독립촉성회(이하 독촉), 대한독립촉성회 산하단체인 청년조선총동맹, 이승만 직계 성격이 강한 대동청년단(단장 지청천), 한민당, 조선민족청년단, 조선민주당, 여자국민당, 서북청년회, 민족통일총본부, 대한독립노동총연맹 등이 주요 정치 세력으로 참여했다.

선거 결과 무소속 85명, 독촉 55명, 한민당 29명, 대동청년당 12명, 조선민족청년당 6명, 기타 11명이 당선되었다.[19] 숫자상으로 이승만 추종자들이 많이 당선되었지만 당파적 유대가 불확실해 원내 지배 세력이 되지 못했고, 오히려 29명만 당선된 한민당이 강한 단결력을 기반으로 원내에서 제법 영향력이 있는 정파가 되었다(양동안, 2002: 218－219). 1948년 5월 31일 중앙청 홀에서 제헌국회 개원식이 열렸는데, 이승만이 198명 중 188표를 얻어 국회의장으로 당선되었고, 신익희와 김동

18) 윤길중은 함경남도 출생으로 1916년에 태어나 2001년에 사망했다.

19) 무소속 당선자 중 상당수는 상하이 임정 계열 인사들이다. 이들은 당선 후 김구와 김규식을 현실 정치와 연결하기 위해 부단히 노력했다(조한성, 2015: 332). 무소속 의원들은 지역별로 보면 경남이 17명으로 가장 많았고, 경기 16명, 경북 11명 순이었다(http://info.nec.go.kr/).

원은 부의장으로 선출되었다. 이승만 추종자들이 국회 다수를 점했고, 이들에 대해 이승만이 카리스마적 리더십을 행사하고 있었기 때문에 이승만은 다른 정파의 견제를 받지 않고 자기 의중대로 정부조직 구조를 결정할 수 있게 되었다.

2 「헌법」 제정

1948년 6월 2일 헌법기초위원 30명이 선출되었고, 6월 3일에는 헌법기초전문위원 10명이 위촉되어 바로 그날부터 「헌법」 기초 작업이 시작되었다.[20] 6월 22일까지 16차에 걸친 회의를 통해 '전문, 10장, 102조'로 구성된 「헌법」안이 완성되어, 6월 23일에 초안이 국회 본회의에 제출되었고, 7월 12일에 통과되어, 7월 17일에 공포되었다.[21]

유진오 교수의 주도로 작성된 초안은 '내각책임제 정부, 양원제 국회, 농지 개혁, 주요 기업의 국영화' 등을 주요 내용으로 하고 있었지만, 당시 대통령으로 당선될 것이 거의 확실시되던 이승만의 주장으로 '내각책임제 요소가 일부 가미된 대통령중심제, 단원제 국회, 농지 개혁, 주요 기업의 국영화'로 수정되었다. 다음 단계인 국회 본회의 심의에서 '내각책임제 대 대통령제', '양원제 국회 대 단원제 국회', '국가 통제를 규정한 경제 조항', '근로자의 권익 보호 조항', '대통령의 긴급명령권' 등을 둘러싼 논쟁이 있었지만 이승만, 독촉 계열 의원들, 한민당 소속 의원들의 조속한 통과 주장 때문에 30여 건의 수정안이 7월 6일에 모두 철회되었다.[22] 주요 내용을 살펴보면 다음과 같다.

1) 국호 '대한민국' 채택

신익희가 주도했던 행정연구회는 '한국'을, 유진오 1안은 '조선민주공화국'을, 유진오 2안은 '한국'을, 한민당과 시국대책협의회(대표 김규식·여운형)는 '고려공

20) 헌법기초위원회는 무소속 14명, 독촉 7명, 한민당 5명, 기타 4명으로 구성되었고, 헌법기초전문위원회는 유진오, 고병국, 임문환, 권승렬, 한근조, 노진설, 노용호, 차윤홍, 김용근, 윤길중으로 구성되었다(김종성, 2015: 3651, 3658).

21) 국회속기록 제1회-제32차(부록).

22) 국회속기록 제1회-제26호.

화국'을, 이승만은 '대한민국'을 제안했다. 6월 3일 헌법기초위원회에서 표결이 있었는데, 대한민국이 17표를 받아 1등을 했다.[23)]

2) 대통령중심제 정부

「헌법」 초안 작성 과정에서 이승만은 1948년 6월 15일과 21일 두 번이나 국회의장 자격으로 헌법기초위원회에 출석해 내각책임제 초안을 대통령중심제 안으로 바꾸도록 압력을 가했다. "민중이 대통령을 선출한 이상 모든 일을 잘하든 못하든 대통령이 책임져야 한다. 그렇지 않다면 사리에 맞지 않다. 대통령은 군주같이 앉혀 놓고 수상이 모든 일에 책임을 진다면 비민주적이다"라고 주장하면서, "의원내각제 「헌법」이라면 어떤 직책도 맡지 않고 민간에 남아서 국민운동이나 하겠다"고 한민당 인사들을 협박했다(조석준, 1966: 121). 그러자 한민당 소속 헌법기초위원들과 당 간부들은 6월 21일 밤 김성수의 집에서 헌법안을 내각책임제에서 대통령제로 수정했고, 6월 22일 헌법기초위원회 회의에서 이 수정안을 최종안으로 채택했다.[24)] 국회 본회의 심의 과정에서 몇몇 의원이 대통령제 정부에 반대 의견을 제기했지만 대체 토론에서 26 : 17의 비율로 대통령제 찬성 의견 발언이 많이 나왔다. 대통령 제안 채택 이후 유진오는 "국무총리는 대통령이 임명하고, 국회의 승인을 받아야 한다. 국무위원은 국무총리의 제청으로 대통령이 임명한다"로 수정해 국회의 권한을 조금이라도 강화해 보려 했지만, 국회는 이승만의 뜻에 따라 국무위원 임명에서 국무총리의 제청권을 없애버린 채 의결해 대통령의 권한을 강화했다(유영익, 2006a: 128-131).

---

23) 고려공화국 7표, 조선공화국 2표, 한국 1표(유영익, 2006a: 121-122).

24) 이승만의 협박에 한민당 인사들이 굴복한 것이다. 당시 한민당은 미군정 3년간 여당으로서 권력을 남용해 민심으로부터 이반되기 시작하고 친일파 집단이라는 비판을 받았는데, 자신들이 정권을 잡더라도 정당성을 확보하려면 반드시 독립운동 지도자인 이승만을 대통령으로 옹립해야만 했다. 다른 한편으로 한민당은 정부 형태에서 이승만 뜻을 받아주면, 이승만이 장차 내각 구성 시 당수 김성수를 국무총리로 기용하는 등 다수의 한민당 인사를 내각에 기용해 줄 것이라고 기대했었다(실제로는 이 기대도 전혀 충족되지 않았지만). 그래서 한민당은 대통령중심제에 우선을 두면서도 내각책임제적 요소를 상당히 가미한 절충형의 정부 형태를 가진 헌법 초안을 만들어 이승만의 동의를 얻어냈다(조석준, 1966: 122; 양동안, 2002: 219-220).

3) 단원제 국회

헌법기초위원회는 6월 10일 회의에서 찬성 12, 반대 10으로 양원제 국회를 채택했다. 유진오는 보수적인 참의원이 민의원 활동을 견제하게 하려는 의도를 가지고 있었다. 그러나 국회 본회의 심의에서 이승만은 "빨리 정부를 세워야 하는데 참의원 선거를 할 시간이 없다, 참의원 신설은 국가 재정에도 부담을 준다, 양원제로 해봤자 양원 간에 수준 차이가 없을 것"이라고 주장했고, 자기 의견과 다른 의견들이 나오면 일단 정부를 수립하고 나중에 바꾸자고 하면서 논의를 봉쇄하고, 자신의 의견대로 신속하게 처리해 나갔다(유영익, 2006a: 123).

3 대통령과 부통령 선거

1948년 7월 20일에 정·부통령 선거가 있었는데, 이승만이 196표 중 180표라는 압도적 득표로 대통령에 당선되었다. 부통령으로는 133표를 얻은 이시영이 당선되었다. 이승만과 이시영은 1948년 7월 24일에 정·부통령으로 취임했다(이상호, 2008: 123).

4 「정부조직법」 제정 경위

「정부조직법」은 「헌법」 제정이 거의 마무리되어 가던 1948년 7월 8일에 초안 작성이 시작되었다. 초안 작성에 관여한 국회의원과 전문위원은 「헌법」 초안 작성 인물들과 동일했다. 윤길중 전문위원이 주도적으로 초안 작업을 했고, 단 6일 만인 7월 14일에 국회 본회의에 상정되었다. 그리고 "신속히 처리하자"는 이승만의 주장 때문에 제대로 된 토론과 수정이 없이 이틀 만인 7월 16일에 통과되었다(조석준, 1966: 124－125; 조석준, 1967: 134; 김종성, 2015: 36－51).

표 2-1 「헌법」과 「정부조직법」 제정 일지 비교

	「헌법」	「정부조직법」
6월 3일	초안 작성 시작	
6월 23일	국회 본회의 상정	
7월 8일		초안 작성 시작
7월 12일	국회 본회의 통과	
7월 14일		국회 본회의 상정
7월 16일		국회 본회의 통과
7월 17일	「헌법」 공포	
7월 20일	대통령·부통령 선거	

5 제도적 맥락 요약

이처럼 「헌법」과 「정부조직법」 제정의 제도적 맥락을 살펴보면 두 법령의 제정 과정에서 가장 큰 영향력을 행사한 행위자는 이승만임을 알 수 있다. 이승만은 두 건의 국회 본회의 심의 단계에서 “신속한 정부 출범의 중요성”을 주장하면서 원안대로 통과시켰고, 「헌법」 초안 작성 과정에서는 심지어 정치적 협박으로 자신의 뜻을 관철했다.

「정부조직법」 법률안 제정 과정에서는 「헌법」의 경우보다 더 심해 아예 이렇다 할 이견조차 표출되지 않았고 처음부터 이승만의 의견대로 작성되었다. 한민당이 「헌법」 제정 과정에서 이승만과 다른 생각을 가졌었지만 그의 위세에 굴복했고, 이후에는 이렇다 할 이의 제기가 없었다. 여러 의원이 질의 형식으로 몇몇 이의를 제기했지만 이승만의 의견에 밀려 모두 철회하고 말았다. 당시 여러 정파가 존재하기는 했지만 대부분 이승만의 카리스마적 리더십을 추종하는 상황이라서 이승만이 국회와 행정부 모두에서 압도적으로 우위를 점했다. 즉, 거부점과 거부권자가 사실상 이승만 혼자밖에 없는 상황이었다.

제 4 절 거시적 환경

1장에서 언급한 것처럼 국제 관계, 역사적 환경, 당대의 지배적 사상 같은 거시적 환경 요소들은 정부조직 구조 개편에 참여하는 행위자들의 생각에 영향을 미친다. 다만 행위자들은 제한되고 당파적인 합리성을 가지고 있기 때문에 동일한 거시적 환경 요소들에 대해서도 상이하게 해석하고 상이하게 대처한다. 그런데 이 장의 1절과 2절에서 살펴봤듯이 1948년 남한에서는 어떤 정치 세력도 아직 공고하게 자리 잡지 못했고, 이승만 개인이 다른 정치인이나 정치 세력보다 훨씬 강한 독보적 위상을 차지하고 있으면서, 「헌법」과 정부조직 구성에 압도적인 영향력을 행사했다. 그래서 여기서는 당시의 국제 관계, 역사적 환경, 당대의 지배적 사상을 나열식으로 제시하기보다 이승만의 국정 과제 인식에 영향을 미친 요소들을 중점적으로 분석함으로써 이승만이 왜 당시에 그렇게 행동하고 결정했는지를 살펴보고자 한다.

먼저 당시 이승만이 머릿속에 그리고 있던 우선적 국정 과제들을 파악하고, 그가 왜 이런 우선순위를 설정하게 되었는가를 거시적 환경 요소들을 중심으로 살펴본다.

1 이승만의 국정 과제

이승만이 처음으로 자신의 집권 구상 혹은 국정 과제 인식을 공표한 것은 1904년에 저술한 『독립정신』이란 책이다. 그는 여기서 미국 헌법 체계의 국민 기본권 조항들을 소개하고, 세계 각국의 정체를 비교·논평했으며, 미국의 대통령제가 세상에서 제일 선미한 제도라고 주장했다. 그리고 우리나라의 독립보전책으로 "① 국민들을 기독교도로 교화시켜 정치 변혁의 토대를 마련할 것, ② 서양 문명국의 정치제도와 법률을 일체로 받아들여 내정을 개혁하고 문명부강을 이룰 것, ③ 대외적으로는 만국공법에 따라 공명정대한 중립외교를 전개해 국제적으로 한국의 독립을 보장받을 것" 등 세 가지를 제시했다. 한국의 정신, 제도, 외교를 완전히 서구화, 기독교화할 것을 주장한 것이다. 다만 당시 조선 백성의 수준을 고려할 때 미국식 민주주의는 아직 시기상조이기 때문에 '입헌군주제'가 현실적인 정치 체제라고 주장했다(유영익, 2006a: 106; 양승태 · 전재호, 2007: 247; 최연식 · 정지혜, 2013: 28).

이승만의 국정 과제 인식이 표현된 둘째 문건은 3 · 1운동 직후인 1919년 4월 14일~16일 미국 필라델피아에서 서재필과 함께 한인유학생 대회를 주최한 후 발표한 「한국인의 목표와 열망」이라는 결의문이다. 주요 내용은 "① 가급적 미국의 정체를 모방한 정부를 갖기를 원하되, 백성들의 교육 수준을 감안한다. 앞으로 10년간 정부에 권력을 집중할 필요가 있다. ② 백성의 교육 수준이 향상되고 자치 경험이 축적되면 그들을 정부의 여러 업무에 참여시켜야 한다. ③ 당장 백성에게 향(鄕)과 도(道)의 입법의원을 선거할 보통선거권을 주어야 한다. 도의원들은 국회의원을 선거한다. 국회의원들은 행정부와 동격의 권력을 가지면서, 백성에게만 책임지고, 국법을 제정하는 유일한 권한을 행사한다. ④ 행정부는 대통령, 부통령, 내각 각료로 구성한다. 대통령은 국회의원들에 의해 선출되며, 내각 각료, 도지사, 외국에 파견되는 사절을 포함한 정부의 주요 관리들을 임명하는 권한을 갖는다. 외국과 조약을 체결하는 권한도 갖는다. ⑤ 종교의 자유를 인정한다. ⑥ 세계 만방과 자유롭게 통상한다. ⑦ 국민교육을 믿는다. 정부의 업무 중 가장 긴절한 것이 국민교육이다. ⑧ 과학적으로 근년에 개량된 위생법을 믿는다. 통치자는 국민의 건강을 제일로 고려해야 한다. ⑨ 언론과 출판의 자유를 믿는다" 등이다(유영익, 2006b: 97-98).

셋째 문건은 이승만이 임시정부 대통령 시절 당시 미국에 있던 구미위원부 위원장 김규식과 공동으로 발표한 「대한공화국헌법요강」이다. 주요 내용은 "① 공화제, ② 의회주의, ③ 귀족 특권 폐지, ④ 상비군 대신 민병대 조직, ⑤ 독립된 사법부 설치, ⑥ 국민교육은 특별히 장려, ⑦ 사회의 풍속과 기강을 엄격 단속, ⑧ 교회와 국가의 완전 분리" 등이다(유영익, 2006b: 98-99).

넷째 문건은 이승만이 1946년 2월 25일 미군정 민주의원(남조선대한민국대표민주의원) 의장으로 선출된 후인 3월 19일에 공식적으로 채택한 「민주의원 임시정책대강」이다. 「헌법」 제정과 가장 근접한 발표라 그런지 대부분의 내용이 「헌법」 조항들로 제정되었다. 정부조직 편제 구상에도 가장 큰 영향을 미쳤을 것으로 짐작되는 문건이다. 주요 내용은 <표 2-2>와 같다(유영익, 2006b: 102-104).

표 2-2 민주의원 임시정책대강

- 전 국민의 정치・경제・교육적 평등의 원칙을 바탕으로 한 독립국가와 평등(균등)사회 건설
- 보통선거에 의한 국민의회 건립(선거권 만 20세, 피선거권 만 25세)
- 진정한 민주적 헌법을 제정해 언론, 집회, 종교, 출판 및 정치운동의 자유 보장
- 자유를 애호하는 모든 나라와 우호 관계를 긴밀히 하며 또 상호간의 통상을 평등호혜 원칙에 따라 행하되 어느 나라에게나 특혜를 주지 않음.
- 어느 일개국(一個國)이나 기개국(幾個國)으로써 우리 주권을 침해하지 못하도록 방비할 것
- 적당한 육・해군으로 육・해・공의 국방군을 설치함.
- 일본이 한국에 실시하던 법률과 제도는 모두 폐기
- 적산 및 반역자 재산은 공・사유를 막론하고 몰수
- 모든 몰수 토지는 농민의 경작 능력에 따라 재분배
- 대지주의 토지도 동일한 원칙에 따라 재분배(현 소유자에 대해서는 적당히 보상)
- 재분배된 토지에 대한 대가는 국가에 장기적으로 분납
- 경제와 산업을 재건하고, 중요한 일용품을 속히 생산하기 위해 계획경제 실시
- 주요한 중공업・광산・삼림・공익시설・은행・철도・통신・수리・어업・전기・운수기관 국영화
- 소비자, 판매자, 생산자에 대한 공정한 복리를 보장하기 위해 모든 상업 및 산업적 기업에 대한 국가 감독 제도 제정
- 사영(私營) 전당포와 고리대금업 금지
- 건전한 통화제도 확립
- 모든 중요한 생활필수품은 적당한 시기까지 가격을 통제하고 배급제도를 실시함.
- 징세제도를 제정해 가난한 노동자와 농민으로부터 세금을 걷지 않고, 영세 농지에 대한 과중한 과세를 철폐
- 상속세의 제도를 고도의 누진율로 정함.
- 국가의 부담으로 의무교육제도 실시
- 국가 부담으로 민족문화 발양
- 모든 노동자와 고용인을 위해 실업보험과 사회보장제도를 제정
- 최저임금을 제정
- 14세 미만 소아의 고용을 금함.
- 모든 부녀와 16세 미만 소아는 6시간 이하, 장정 노동자는 8시간 이하 노동제도를 확립
- 의약의 국가통제를 실시하고 모든 노동자, 농민, 노동자의 복리를 위해 적당한 공공후생 시설을 설치
- 임산부에 대한 의료상 원조와 사회적 보조를 실시

2 이승만의 국정 과제 인식에 영향을 미친 거시적 환경

1) 국제 관계의 영향: '신속한 정부 수립'과 '국방군 설치' 구상

이승만이 「헌법」과 「정부조직법」 제정 과정에서 신속하게 정부를 수립해야 한다고 여러 차례 주장한 것과 국방군 설치를 강조한 것은 북한 지역에서 매우 신속

하게 진행되고 있던 소련의 북한 점령정책과 관련이 깊다. 스탈린은 소련군이 한반도에 진주한 직후인 1945년 9월 20일 연해주 군관구와 제25군 군사평의회에 전문을 보내 "북한 지역에 단독정부를 수립하라"고 지시를 내렸다.[25)]그 후 소련 군정 치스티아코프(Ivan M. Chistiakov) 대장은 1945년 10월 8일~10일에 '북조선5도인민위원회연합회의'를 개최하면서 "북한을 독자적인 정치·경제 단위로 분리해서 북한의 행정과 경제를 관리할 최고 기구를 만들고, 그 산하에 10개의 중앙 행정부서를 만들어 소련 점령군 사령부가 지휘하는 시스템을 만들 것"이라고 선언하고, '조선공산당 북조선분국', '북조선5도행정국', '북조선중앙은행' 등을 창설했다. 1946년 1월 초에는 신탁통치를 반대하던 우익 인사들을 제거했고, 2월 초에는 '북조선임시인민위원회'를 설립했으며, 3월 5일에는 북조선임시인민위원회 명의로 무상몰수식 토지 개혁까지 실시했다. 소련의 이런 방침은 계속 진행되어 1947년 11월부터 '임시헌법제정위원회'를 조직하고 「헌법」 제정에 박차를 가해, 1948년 2월 10일에 조선임시헌법 초안을 발표했다. 또한 1948년 2월 8일에는 북한 지역에서 정식 정부가 수립되기 이전임에도 불구하고 50만 명 규모의 '조선인민군'이 창군되었다.

반면 미국은 제2차 세계대전 말기에 한반도에 국력을 집중할 수가 없었다. 당시 미국은 일본이 점령하고 있던 남태평양 지역의 섬들을 점령하면서 북상하고 있었는데 일본 본토에 가까이 오자 일본의 저항이 더욱더 강해져 진공(進攻) 속도가 느려졌다. 그래서 소련에게 북쪽으로부터 일본을 공격해달라고 도움을 요청했고, 이에 호응해 소련이 한반도에 들어오기 시작한 것이다. 그런데 소련의 진공 속도가 미국의 예상보다 훨씬 빨라 조금만 더 지체하면 한반도 전체가 소련의 수중으로 떨어질 것 같은 우려스러운 상황이 전개되었다. 그래서 8월 14일에 부랴부랴 소련에 38선을 제시해 소련의 남하를 38선에서 저지했다. 미군이 일본의 항복 직후인 8월 16일에 한반도에 진주하지 못하고 9월 8일이 되어서야 들어온 것도 당시 미국의 국력이 한계에 달했기 때문이다. 이러한 미국의 국력 한계 사정은 제2차 세계대전 이후에도 크게 바뀌지 않았다. 해방 직후에는 소련과 공동으로 신탁통치를 실시

25) 소련은 1945년 8월 8일에 대(對)일본 선전포고를 하고 6일 만에 북한 지역을 점령했으며, 8월 27일에 병력 배치를 완료했다. 소련이 이렇게 신속하게 북한에 들어간 것은 러일전쟁 이후 한반도에서 상실한 영향력을 회복하기 위해서였다. 한반도에서 멀리 있던 미국과 달리 한반도와 영토를 맞대고 있는 소련으로는 한반도에 교두보를 확보해놓는 것이 국제 정치적으로 매우 중요한 일이었다(KBS, 2013a).

하려 했고, 그것이 여의치 않자 중도우파 김규식과 중도좌파 여운형을 내세워 좌우 합작을 추진하려고 했다. 더욱이 1947년 3월 12일 내전 중이던 그리스를 지원하는 책임을 영국으로부터 넘겨받으면서 그리스와 터키에 대한 집중적인 지원을 발표하고(트루먼 독트린), 중국에서 전개된 국공내전에서 공산당이 승기를 잡아가자, 미국은 남한 지역을 자유진영으로 유지하는 정책을 투입되는 막대한 돈에 비해 효과는 의심스러운 비효율적인 것으로 판단했다(KBS, 2013a). 그래서 미국은 일본만 확실히 지키고 남한에서는 빠지기로 결정하고 한반도 문제를 유엔으로 넘겨버렸다. 당시 이승만은 이러한 국제 정세를 국내의 누구보다도 빨리 간파하고 하루라도 일찍 정부를 세워야 어떻게든 미국과 소련을 상대로 외교를 하고, 미국을 한반도에 잡아둘 수 있다고 생각했다(양동안, 2002: 209; 김인걸 외, 2004: 78-80; 이정식, 2006: 47-49, 72; 차상철, 2009: 108).

2) 역사적 환경의 영향: 친미 · 친기독교 노선

이승만은 이미 한일 강제병합 이전부터 우리나라가 미국을 최우방으로 삼아야 한다고 주장했고, 러시아는 강하게 배격했다. 그는 배재학당 졸업 후 바로 만민공동회 활동을 했는데, 당시 활동의 주된 목적은 아관파천(俄館播遷) 이후 일어난 러시아의 이권 찬탈을 막는 것이었다. 해방 후에도 소련을 극도로 배척한 이유는 공산주의가 싫어서인 까닭도 있지만 19세기 말에 형성된 러시아에 대한 극도의 부정적 이미지 때문이기도 했다. 일본에 대해서는 처음에는 큰 반감을 갖지 않았지만 러일전쟁 이후 침략 야욕이 드러나자 반일 입장을 취했다. 구한말에 이승만이 보기에 순수하게 조선 사람들을 도와주는 외세는 미국에서 온 기독교 선교사들뿐이었다(박명수, 2008: 105). 그래서 기독교로 개종하는 것과 친미 노선이 중요하다고 주장한 것이다.

3) 역사적 환경의 영향: '대통령중심제 정부' 및 '강한 대통령직' 구상

이승만이 1904년에 집필한 『독립정신』에서는 당시 조선의 현실을 고려해 입헌군주제를 주장하다가, 1919년 4월 필라델피아에서 발표한 결의문에서는 대통령제를 주장하는 것을 보면 '군주제 폐지, 공화정 중 대통령중심제 정부'라는 의견은 한일 강제병합 후에 형성되었을 것으로 보인다.[26] 한일 강제병합 후에는 국가가 없어졌기 때문에 상대적으로 마음 편하게 공화정을 주장할 수 있었을 것이다. 게다가 3·1운동이 일어나는 1919년 즈음이면 자신의 정치적 위상과 인지도도 이전에 비해 크게 높아졌기 때문에 자신이 직접 최고 권력자가 되어야겠다는 생각도 자연스럽게 들지 않았을까 생각된다.[27] '강한 대통령직' 견해를 갖게 된 가장 큰 이유는 당시 한국인들의 낮은 의식 수준, 특히 낮은 교육 수준이었다. 상기 결의문뿐만 아니라 서재필과 왕래한 서신 등 다른 곳에서도 이 이유와 권력 집중의 필요성이 반복적으로 언급되었다(유영익, 2006b: 99－101). 또한 1925년 3월 상하이 임시정부 대통령직에서 탄핵당했던 경험은 그로 하여금 강한 대통령직의 필요성을 더욱더 절감하게 만들었을 것이다.[28] 그는 의원내각제 정부에서는 정치 세력들의 이합집산에 의해 정치가 불안정해질 가능성이 높고, 대통령중심제 정부에서도 대통령의 권한이 약하면 정치가 쉽게 불안정해질 위험이 있다는 생각을 확고하게 굳혔을 것이다.

---

26) 어린 시절 과거 응시, 자신도 왕족의 후손이란 점 등을 고려할 때 한일 강제병합 이전까지는 군주제 폐지를 주장하기 어려웠을 것이다.

27) 1919년 3·1운동 후 국내외(서울, 평양, 블라디보스톡, 길림, 상하이)에서 여러 종류의 임시정부가 수립되었는데, 당시 미국에 머물고 있던 이승만은 거의 모든 임시정부에서 행정수반 혹은 2인자로 추대되었다. 1919년 9월에는 국내외 여러 임시정부가 통합되어 한국 역사에서 첫 공화제 정부인 '대한민국 임시정부'가 상하이에 설립되었는데, 여기서도 이승만은 초대 대통령으로 추대되었다(고정휴, 2005: 133; 이준식, 2013: 124－125).

28) 그는 1920년대 초 임정 대통령으로 추대되었음에도 불구하고 주로 미국에 거주하면서 미국 위주의 외교에 심혈을 기울였는데 정작 본인이 공언했던 성과를 올리지 못했다. 그러자 상하이와 베이징에 있던 독립운동가들은 미국과 영국이 일본의 조선 지배에 동의한 1921년 워싱턴 군축회의 이후 이승만에 대해 크게 실망하기 시작했고, 이런 분위기를 배경으로 1925년 3월 안창호 계열의 서북파와 여운형 등 상하이파 고려공산당이 임정의 주도권을 장악한 후 이승만을 탄핵하고, 이승만이 주도하던 구미위원부에 대해서도 폐지령을 내렸다(유영익, 2008: 7－8). 임정 주요 인사들과 이승만이 반목하게 된 결정적인 계기는 이승만의 독단적인 독립자금 운용 때문이다. 이승만은 1920년 12월 28일 상하이에 도착했다. 이때는 청산리 전투에서 패배한 일본군이 간도지역에서 조선인 민간인들을 대량 학살하던 시기였다. 그래서 임정 인사들은 일본에 대한 대응책을 놓고 갑론을박하고 있었다. 그런데 이승만은 1921년 초에 전쟁 준비는 국민들에게 맡기고, 독립군 부대에 들어가는 돈마저 줄였다. 그리고 독립자금을 자신의 외교 활동에서 집중 소비했다. 그런데 이런 외교 활동이 기대했던 효과를 보지 못한 것이다(민족문제연구소, 2012a).

4) 역사적 환경의 영향: '국가의무교육 제도 도입' 구상

이승만은 구한말부터 여러 차례에 걸쳐 국민들의 낮은 의식 수준, 특히 낮은 교육 수준을 이유로 공화정 도입 또는 완전한 민주주의 등이 시기상조라고 밝혀왔기 때문에 국민들의 전반적인 수준을 높일 수 있는 정책을 우선시하지 않을 수 없었을 것이다. 보통선거권 도입, 정치운동의 자유 보장, 언론·출판·집회·결사의 자유를 보장한다고 했지만 그것들이 제대로 작동하기 위해서는 먼저 국민들의 의식 수준을 높여야 했기 때문에 의무교육 제도 도입 구상은 어찌 보면 당연한 것이었다.

5) 지배적 사상의 영향: '토지 분배' 및 '각종 사회정책(사회보장 제도)' 도입

토지를 재분배하고 각종 사회보장 제도를 도입하려 한 것은 해방 후의 시대적 사상과 당시 전개된 정치적 경쟁 때문이다. 해방 이전의 문건들에서는 언급하지 않다가 1946년에 갑자기 언급하는 것은 해방 후 시점에서 전반적으로 가난했던 국민들의 지지를 얻고 결국 여러 정파 간 경쟁에서 이겨 정권을 획득하고 나아가 공산주의를 막아내기 위함이었다. 북한이 이미 1946년 3월 5일에 토지재분배[29]를 실시했기 때문에 이승만도 당시 첨예한 사회 문제였던 이 쟁점을 무시할 수 없었을 것이다. 더불어 당시 상황에서는 굉장히 진보적인 실업보험제, 최저임금제, 부녀자 및 소아 노동 규제, 임산부에 대한 의료원조 제도를 도입하려고 한 것도 중도 성향이던 임정 세력 및 좌파 세력과 정치적으로 경쟁하는 것을 의식했기 때문이다.[30] 현실적으로는 이런 공공서비스를 제공할 수 없다 하더라도, 정치적 경쟁을 위해 최소한 도입 천명이라도 해놓을 필요가 있었다(강만길, 2007: 477).

6) 지배적 사상의 영향: '경제 분야 정책' 구상

일용품을 속히 생산하기 위한 계획경제 실시, 주요 공업시설에 대한 국유화, 상업에 대한 국가 감독, 고리대금업 금지, 건전한 통화 제도 도입 같은 경제 분야 정

29) 북한의 토지재분배는 '무상몰수, 무상분배' 원칙으로 실시되었다. 20여일 만에 전격적으로 완료했다(KBS, 2013a).

30) 당시 임정 세력은 건국강령으로 '노동자보호법 제정, 8시간 노동제, 노동운동의 자유, 노년공·소년공·여공의 보호'를 제시했고, 조선인민혁명당은 '노동운동의 자유 보장'을 제시했다(강만길, 2007: 477).

책들은 미군정기 당시 남한이 당면했던 여러 경제 문제가 어떤 형태로든 해결되어야 한다는 시대적 요청에 대한 대처였다. 전시 통제경제 체제의 해체에 따른 해방 후 생산 활동 일시 정지와 극심한 위축,[31] 투기 활동 성행, 패전 당시 일본의 조선은행권 남발 및 식량 수집자금 방출, 미군정의 통화 남발, 북한 지역민의 월남과 해외동포의 귀환 등으로 인한 인구 증가, 식량 부족, 실업률 증가, 극심한 물가 폭등[32] 문제 등을 신속하게 해결하기 위해서는, 궁극적으로는 자유민주주의 체제를 지향하더라도, 단기적으로 정부가 시장에 개입하는 통제경제, 계획경제를 실시하지 않을 수 없었다(강만길, 2007: 475; 양승태·전재호, 2007: 265－267). 이념적 명분보다는 발등에 떨어진 불을 먼저 꺼야 한다는 것이 당시의 시대적 요청이었다. 심지어 당시에는 미군정도 1946년 5월부터 쌀, 석탄, 석유 같은 주요 물자를 대상으로 강력한 통제정책을 실시했다(교과서포럼, 2008: 139).

제 5 절 선행 정부들과 초대 정권의 정부조직 구조 비교

1장에서 제시한 분석틀에 따르면 이 절에서는 행위자들 사이에 전개된 정치적 협상과 타협 결과를 다뤄야 하는데, 1절과 2절에서 살펴본 바처럼 초대 정부조직 구성 과정에서는 이런 협상과 타협이 사실상 없었다. 그래서 여기서는 그 대신에 초대 정부조직 구조가 이전에 존재하는 일제 강점기 조선총독부 및 미군정기 남조선과도정부와 어느 정도나 유사한지 살펴보고자 한다. 개별 정부기구의 유사성은 하위 기능들의 조합을 기준으로 논의할 것이다.

31) 한·일 간 경제 연계가 끊어지고, 남북 분단으로 남북 간 분업 및 물류 흐름이 붕괴되었다(교과서포럼, 2008: 138). 남한만의 생산액은 1939년에 5억 2,793만 5천 원이었는데, 1946년에는 1억 5,219만 2천 원으로 감소했다(강만길, 2007: 475).

32) 1945년 8월 물가지수를 100으로 설정할 때 1947년 물가지수는 무려 2,295에 달했고, 1936년을 100으로 설정하면, 40,203에 달했다(강만길, 2007: 475).

1 정부구조의 전체적 성격

초대 정부조직은 11부 4처 2위원회 1원으로 18개 기구로 구성되었다. 독립국 정부가 아니었던 조선총독부도 16개(8국 8소속기관)이었고, 임시적 성격이 강했던 미군정기 남조선과도정부도 19개(13부 6처)였던 것을 감안하면, 18개 기구는 새로 출범하는 독립국의 중앙정부 치고는 많은 숫자는 아니었다. 외양적으로는 경비 절감을 위한 행정간소화 결과라고 보이지만(조석준, 1967: 135), 그것을 넘어 가급적 정부기구를 적게 만들고 동시에 대통령의 권한을 강화하려고 한 이승만의 생각이 반영된 것으로 보인다. 이승만은 일찍이 상하이 임정 대통령이었을 때에도 정부기구를 가능한 한 적게 만들면서 상대적으로 대통령의 권한은 강하게 하려 했던 전력이 있고(고정휴, 2005: 144−145), 이후에도 강력한 중앙집권 및 대통령 권한 강화가 필요함을 역설했었다. 장관 인선 시 부통령이나 국무총리와 일절 상의하지 않는 것 역시 이런 해석을 뒷받침해준다(신병식, 2000: 76; 양동안, 2002: 220−221). 행정자원을 다루는 중앙총괄기관 4개(총무처/공보처/법제처/기획처)를 계선기관이 아니라 참모기관으로 설치한 것,[33] 고시위원회, 감찰위원회, 심계원을 대통령 직속 기관으로 설치한 것 역시 대통령 권한 강화 차원으로 보인다.

2 내무부

내무부는 내부를 지방국/치안국/건설국으로 편제했다. 여러 기구에 분산되어 있던 지방 기능과 치안 기능을 통합하고, 치안 기능을 부 수준에서 국 수준으로 한 단계 낮추고,[34] 토목 기능을 부 수준에서 국 수준으로 축소 통합해 만들었다.[35] 남조선과도정부의 경무부와 토목부 조직을 축소 통합했다는 점에서 경비 절감을 위

33) 이 기구들은 대통령이 정부관료제의 계선기구들을 통솔할 때 지렛대로 사용할 수 있는 것들이다.

34) 법률 제정 과정에서 치안부 독립 설치안이 제기되었지만 수용되지 않았다. 경찰국가화의 우려, 미군정기 동안의 급속한 팽창에 대한 공포와 반감, 특정 정치인이 경찰을 장악할 경우에 대한 대비 등이 치안부 독립의 반대 이유였다(조석준, 1967: 136).

35) 토목 기능을 건설처로 독립기구화하는 제안이 있었지만 부결되었다. 주요 이유는 국무총리 소속기관이 지나치게 비대해질 수 있다는 우려와 각 부가 담당하는 건설 업무에 대해 부당하게 개입할 수 있다는 우려 때문이었다(조석준, 1967: 136).

한 행정간소화 산물인 측면을 부정할 수 없지만(조석준, 1967: 135), 그것 외에도 중앙정부 정책의 효과적인 지방 침투, 지방 기능과 치안 기능의 통합으로 경찰력을 이용한 중앙집권적 지방 지배, 신생 독립국의 경제 활성화를 위한 전국적 차원의 인프라 구축 등의 의도가 있었을 것으로 보인다.

조선총독부와 남조선과도정부에서는 이런 기능들의 조합을 가진 선례가 없다. 일제 강점기에 지방 관련 기능은 총독관방 지방과와 지방관리양성소에 의해 수행되었다. 그렇지만 치안 기능은 경무국에 의해 수행되었다.[36] 경무국은 내부를 위생과/보안과/경제경찰과/경비과로 편제했었다. 미군정기 남조선과도정부에서는 지방 관련 기능을 수행하는 부·처급 기구는 없었다. 치안 기능은 조선총독부와 마찬가지로 경무부에 의해 수행되었으나, 그 내부가 공무국/교육국/수사국/통신국 편제로 치안 중심의 편제였던 조선총독부 경무국과 크게 다르다. 또한 조선총독부 경무국에 비해 지방조직이 확대되고, 도지사 권한으로부터 독립되고, 문화·경제·위생 사무를 다른 기관에 이관하는 변화도 겪었다. 나아가 경찰교육 강화, 여자 경찰 설치, 감식 업무 강화 같은 민주화 조치들도 취했다. 토목 기능이 부급 기구로 확대되었던 이유는 미군에 의한 도로 이용 필요성, 일제 말기 도로 방임으로 인한 황폐 극복, 1946년 여름 대홍수로 인한 도로 및 구조물 유실, 많은 실업자과 이재민을 취로사업에 동원할 수 있었기 때문이다(조석준, 1967: 124-126). 이렇게 볼 때 이승만 정권의 내무부는 조선총독부, 남조선과도정부의 기구들과 거리가 먼 새로운 기구다.

3 외무부

외무부는 내부를 정무국/통상국/조약국/조사국/정보국으로 편제했다. 독립국으로 출발하면서 기본적으로 필요한 부처를 신설하는 것으로 다른 어떤 나라를 모방한 것이라고 보기 어렵다. 일제 강점기 시절 외교 업무는 일본 본국 정부가 수행했기 때문에 조선총독부는 유사한 기구를 가지고 있지 않았다. 남조선과도정부는 '외

36) 조선총독부에서는 국(局)이 중앙정부 수준의 기구였기 때문에 조선총독부와 비교할 때에는 국급 기구를 이승만 정부의 부·처급 기구와 비교한다.

무처'라는 기구를 가지고 있었지만 그 당시 외교 업무는 미국 본토 정부가 수행했기 때문에 이승만 정권의 외무부와 질적으로 달랐다.

4 국방부

국방부는 내부를 제1국/제2국/제3국/제4국/항공국/육군본부/해군본부로 편제했다. 이승만이 임시정책대강에서 "적당한 육・해군으로 육・해・공 국방군을 설치한다"는 구상을 밝힌 바 있고, 독립국으로 출발하면서 국방 관련 기구를 설치하는 것은 당연한 일이며, 북한의 조선인민군 창설에 대비해야 한다는 현실적으로도 급박한 이유가 있었기 때문에 설치되었을 것으로 보인다. 조선총독부에서는 유사한 기구가 없었다. 남조선과도정부에서는 '통위부'[37]가 있었지만 이 기구는 국내 치안 유지를 1차적 임무로 했다는 점에서 차이가 있다. 미군정기에 한국을 군사적으로 방어하는 것은 1차적으로 미국의 책임이었다.

5 재무부

재무부는 내부를 이재국/사세국/회계국/세관국/전매국으로 편제했다. 이승만은 임시정책대강에서 건전한 통화 제도 확립, 사영 전당포와 고리대금업 금지, 징세 제도 정비, 노동자와 농민 면세, 영세 농지에 대한 과중한 과세 철폐, 상속세에 누진율 적용 등을 밝혔기 때문에 이런 구상들을 실현하기 위해 재무부를 설치한 것으로 보인다. 또한 의무교육 제도 시행과 민족문화 발양에 소요되는 정부 재원을 마련하기 위한 의도도 반영되었을 것으로 보인다.

국가 재정 기구는 식민지 정부에도 필수불가결하기 때문에 조선총득부도 유사 기구를 가지고 있었다. 다만 내부 보조기관들의 주된 기능이 달랐다. 일제 강점기에는 수탈(재정 확보)이 주목적이었기 때문에 정부조직이 사업을 해서 돈을 버는 '전매' 관련 보조기관이 많았다.[38] 남조선과도정부도 유사 기구인 재무부를 가지고

37) 미군정 역시 미군정의 잠정적 성격, 남북 분단 상태 등을 고려해 국방부로 하지 않고 일부러 통위부로 한 것이다(조석준, 1967: 125, 134).

있었다. 이 시기에는 남한 지역의 경제 안정 및 독립국으로 가기 위한 경제 토대 조성이 강조되어 내부가 국고국/이재국/사계국/중앙은행국/회계국/회계검사국/전매국으로 편제되었다. 재정, 금융, 통화, 감사 기능을 모두 포괄하는 이승만 정부 재무부보다 훨씬 더 강한 기구였다. 조선총독부 및 남조선과도정부의 재무 관련 기구는 이승만 정부의 재무부와 똑같지는 않아도 어느 정도는 유사한 것으로 판단된다.

6 심계원

회계검사 기구인 심계원은 대통령 직속 기구로 설치되었다. 대통령 권한 강화를 추구한 이승만의 의도가 강하게 반영된 것으로 보인다. 심계원은 조선총독부와 남조선과도정부에서는 선례를 찾을 수 없다. 조선총독부에서는 총독관방 회계과/감찰과, 남조선과도정부에서는 재무부 회계국/회계검사국으로 모두 부처 형식의 기구였다. 별도의 대통령 직속기구로 설치되고, 명칭도 유사한 것으로 봐서는 「중화민국 헌법」의 영향을 받은 것으로 보인다. 5권 분립을 채택한 「중화민국 헌법」에서는 심계 기능이 행정원의 부나 처가 아니라 행정원과 별도로 설치된 감찰원 소속 하에 있었다.

7 법무부와 법제처

법무부는 내부를 법무국/검찰국/형정국/조사국으로 편제했고, 법제처는 내부를 행정법제국/경제법제국/법제조사국으로 편제했다. 법무행정과 행형 기능을 법무부로 통합하고, 법제 업무를 별도 기관으로 분리했으며, 사법부도 따로 떼어낸 체제다. 정부 수립 후 거의 확실시되던 업무량 증가, 정부조직법안 입안에 참여한 전문위원들의 자기 영역 챙기기 때문에 이렇게 되었을 수 있지만(조석준, 1967: 140), 이승만이 임시정책대강에서 밝힌 일제의 법률과 제도 일체 폐기 구상, 새로 도입할 각종 경제 및 사회 분야 정책들을 법적 측면에서 지원하기 의도도 상당 정도 영향

38) 내부에 전매사업과/전매세무과/전매연구소/전매제약공장/전매인쇄공장/사계과/세무과/관리과/이재과/세무관리양성소 등이 편제되어 있었다.

을 미쳤을 것으로 보인다.

조선총독부는 법제국(형사과/민사과/총무과), 재판소(고등법원/고등법원검사국/지방법원/검사국/지부), 형무소(감독/감옥분감) 체제였다. 법무행정을 담당하는 법제국과 사법부 역할을 하는 재판소, 행형 기능을 수행하는 형무소를 각각 별도의 기구로 설치한 체제다. 사법부 독립은 이승만 정부 체제와 같지만, 법제 기구가 별도로 없는 점, 행형 기능과 법무행정 기구가 분리되어 있는 점은 크게 다르다. 남조선과도정부는 사법부(총무/변호사/법원/검찰/형정/감찰/소청/법률기초/법률조사) 하나로 통합해 이승만 정부 체제와 크게 달랐다.

8 문교부

문교부는 내부를 보통교육국/고등교육국/과학교육국/문화국/편수국으로 편제했다. 이승만이 여러 차례 국민들의 낮은 교육 수준을 큰 문제로 지적했던 점, 임시정책대강에서도 의무교육제도 도입과 민족문화 발양을 천명했던 것이 영향을 미쳐 이렇게 편제되었을 것으로 보인다. 조선총독부는 유사한 기구로 학무국(사회과/편수과/연성과/학무과/중견청년양성소)을 가지고 있었지만, 일제 강점기 때 교육 목표는 한국 사회 지배와 초급 기술 노동자 양성이었기 때문에 이승만 정부의 교육부와는 편제가 많이 달랐다. 남조선과도정부는 유사 기구로 문교부(고등교육국/보통교육국/교화국/편수국/성인교육국/관상국)를 가지고 있었다. 이 편제는 조선총독부 학무국보다는 이승만 정부 문교부 편제와 비슷한 점이 많다. 이승만 정부가 성인교육국과 관상국을 없애고 과학교육국을 신설한 것을 제외하고는 유사하다.

9 농림부 및 상공부

농림부는 내부를 농정국/양정국/축정국/산림국/농촌지도국으로 편제했고, 상공부는 내부를 상무국/무역국/광무국/수산국/전기국/공업국으로 편제했다. 신생독립국이 경제 자립을 달성하는 데 필요한 토지 재분배 구상, 경제와 산업 재건 구상,

생필품에 대한 가격 통제 및 배급제 실시 구상, 모든 상업 및 산업적 기업에 대한 국가 감독 구상, 광산・전기・중공업 분야 주요 기업들에 대한 국영화 구상 등을 실현하기 위해 이런 체제가 만들어졌을 것이다.

조선총독부는 산업 관련 기구들을 '농상국,' '광공국'으로 편제했다. 일제 강점기 때는 자원 수탈과 군수공업이 주 관심이었기 때문에 광업 기능과 공업 기능을 광공국 한 기구가 담당하면서 내부에 보조기관들이 많았고(경광화학과/철광과/광산과/기획과/노무과/토목과/산림과/전기과/연료과/연료선광연구소/착암양성소/임업기술연구소), 상품의 시장 거래 관련 기능은 우선순위를 낮게 봐 농업 관련 기구와 통합하고(농상국), 보조기관의 순서도 농업 관련 보조기관보다 낮게 처리한 것으로(양정과/농무과/상무과/수산과/경지과/농업자료과/농업토목기술원양성소) 보인다. 전반적으로 보면, 이승만 정부의 농림부와 상공부 내부 편제는 조선총독부의 농상국, 광공국에 존재하던 내부 보조기관들을 재편한 것으로 보인다. 다만 무역 기능은 조선총독부가 아니라 남조선과도정부의 영향을 받은 것으로 사료된다.

남조선과도정부는 산업 관련 기구들을 '농무부', '상무부'로 편제했다. 미군정 시기에는 수탈과 군수공업 기능이 없어졌기 때문에 광공부가 사라졌고, 대신 독립국으로서 경제 자립을 꾀하기 위해 식량 생산을 담당할 농무부(농산국/수산국/농업경제국/산림국), 국제 경제에 편입되어 수출 및 수입을 담당할 상무부(광무국/상무국/무역국/공무국/감사국/특허국)를 설치한 것으로 보인다. 조선총독부에서 찾아볼 수 없었던 무역국과 특허국이 처음 설치되었는데 무역국은 승계되었으나 특허국은 승계되지 않았다.

10 사회부

사회부는 내부를 보건국/후생국/노동실/주택국/부녀국으로 편제했다. 1919년 결의문의 국민 건강에 대한 강조, 임시정책대강의 실업보험, 최저임금, 부녀자 및 소아 보호, 임산부에 대한 원조 구상 등을 실현하기 위해 설치된 것으로 보인다. 조선총독부는 국(局)급의 유사 기구를 설치하지 않았고, 경무국 위생과라는 보조기관만 1개 가지고 있었다. 남조선과도정부는 '보건후생부'(구호국/주택국/의무국/예방의약국/치의무국/수의국/약무국/간호사업국/생정국/부녀국)와 '노동부'(노동기획국)로 관련 기구를 대폭 확대했다. 미군정이 구호행정을 자신들의 제1의 역할로 인식하고 있었고, 해방 후 한국 사회의 낮은 위생 상태, 피난민·귀환민 등으로 인한 전염병 발생 위험 상승, 미군을 안전하게 보호해야 할 필요성 등 때문에 보건후생부를 크게 신설한 것으로 보인다(조석준, 1966: 114; 조석준, 1967: 123). 노동부는 미군정기에 활발해진 노동운동에 대응하기 위한 기구였던 것으로 보인다. 당시 노동단체[39]는 주로 국영기업체나 적산기업체의 종업원들로 구성되었기 때문에 정부가 노동 분쟁의 한 당사자였고, 노동쟁의 대상도 기업주나 자본가가 아니라 정치·경제 일반을 놓고 좌우익 간 이념 대립 성격이 강해서 미군정청이 적극적으로 대응했다(조석준, 1967: 124; 강만길, 2007: 481－482). 이승만 정권은 남조선과도정부의 보건후생부와 노동부를 축소 통합해 사회부를 설치한 것으로 보인다. 미군정 초기에 활발했던 노동운동이 이승만 정권 출범기에는 다소 약해진 점,[40] 노동계를 대표해 당선된 의원들이 노동부 존치를 관철할 만한 영향력이 없었던 점, 외래약품의 배포와 구호 수요가 미군정 초기보다 약해진 점 등이 기구 축소의 원인이었을 것이다(조석준, 1967: 135; 강만길, 2007: 482). 더불어 가급적 기구 숫자를 줄이고자 한 이승만의 오랜 생각도 일정 수준 영향을 미쳤을 것이다.

11 교통부

교통부는 내부를 육운국/해운국/시설국/공전국/경리국/자재국으로 편제했다. 임시정책대강에서 밝힌 '경제와 산업의 재건'을 위해서는 교통이라는 사회간접자본 구축이 필요했을 것이고, 다른 한편으로 '철도 및 운수기관에 대한 국영화' 업무를 담당할 기구도 필요해 교통부가 신설된 것으로 보인다. 내부 편제를 근거로 판단하면 이승만 정권은 해운을 중시한 조선총독부, 항운을 중시하면서도 육·해·공 3

39) 미군정기 노동운동조직은 좌익계의 전평, 우익계의 대한노총으로 크게 양분되었다. 두 조직 모두 노동운동 조직을 넘어 정치조직으로 활동했다. 전평은 창립 초기부터 건국준비위원회가 선포한 조선인민공화국 지지, 신탁통치 지지, 1946년 9월 총파업 등을 계기로 미군정과 적대 관계를 분명히 했다. 반면 대한노총은 출발부터 반공·반탁 정치노선을 분명히 했다(강만길, 2007: 481－482).

40) 미군정은 한반도 문제를 유엔으로 가져가면서 전평을 불법화하고, 1947년 8월부터 좌익계 사회단체원들을 대대적으로 검거하기 시작했다(강만길, 2007: 482).

운 균형을 추구한 남조선과도정부와 달리, 육운 중심의 수송정책을 채택했다. 조선총독부에서는 유사 기구로 '교통국'과 소속기관 '철도국'이 있었다. 그러나 내부 편제를 기준으로 판단해 보면 그 성격이 크게 다르다. 총독부 교통국은 내부에 항공과/운수과가 있기는 했지만 해사과/항만과/고등해원양성소/해원양성소/보통해원양성소 등 해운 관련 하부기관이 많았다. 철도국은 산하 출장소로 별도 기구였다. 이승만 정부는 해운 관련 보조기관을 대폭 축소하고, 철도국도 해체한 후 육운국과 다른 보조기관으로 재조직했다. 전반적으로 조선총독부 편제와 많이 다르다고 볼 수 있다. 남조선과도정부는 유사 기구로 '운수부'를 편제했다. 이 기구는 내부에 철도운수국/해상운수국/공로운수국/비행운수국을 두어 육·해·공 3운의 균형을 맞추지만 항공 관련 보조기관을 2개로 두는 등 항공 교통을 조금 더 강조한 측면이 있다. 이승만 정부는 항공 관련 보조기관을 없애고 육운 관련 기관을 강화했다.

12 체신부

체신부는 내부를 우정국/전무국/보험국/경리국으로 편제했다. 1919년 결의문이나 1946년 임시정책대강에서 특별한 언급이 없었던 것으로 보아 국내 정보유통 담당 기구란 성격을 그대로 유지한 것으로 보인다. 조선총독부는 유사 기구로 체신국(공무과/회계과/저금보험과/통신과/체신이원양성소/간이보험양성소)을 가지고 있었고, 남조선과도정부는 유사 기구로 체신부(우정국/전무국/저금보험국/재정국/자료국/체신학교)를 가지고 있었다. '체신'이라는 기구의 명칭이 변화 없이 유지되었고, 우정/전무/보험이라는 세 가지 기능의 조합도 큰 변화 없이 유지되었기 때문에 세 시기의 기구는 거의 같은 것으로 판단된다.

13 기획처

기획처는 내부를 예산국/경제계획국/물동계획국/물가계획국으로 편제했다. 임시정책대강에서 언급된 '경제와 산업 재건' 및 '중요한 일용품을 속히 생산하기 위한 계획경제 실시'를 위해 경제계획국이 설치된 것으로 보인다. 또한 임시정책대강에서 별도로 언급된 '중요 생필품에 대한 가격통제' 및 '배급 제도 실시'를 위해 물동계획국과 물가계획국이 설치된 것으로 생각된다. 다만, 예산국은 부(部)들의 예산 쟁탈전 와중에서 제3자적 입장을 유지하기 위해 참모기관인 기획처에 배치된 것으로 보인다(조석준, 1967: 137).

조선총독부는 국(局)급 유사 기구를 설치하지 않고 광공국 기획과 정도만 가지고 있었다.[41] 일제는 제2차 세계대전 말기 전쟁물자 총동원 정책을 폈기 때문에 광공국 기획과를 운영한 것으로 보인다. 이승만 정권이 추구한 경제·산업 재건 목표, 생필품 생산 및 공급 안정 목표는 조선총독부의 전쟁물자 동원 목표와 거리가 멀다.

남조선과도정부는 유사 기구로 중앙경제위원회(분석서/조사연구서/통계서), 물가행정처(감찰서/행정서), 식량행정처(식량배분처/식량자료서)를 가지고 있었다. 중앙경제위원회는 군정장관 직속으로 농무·상무·재무·운수부 장관, 경제전문가 등 11명의 위원으로 구성되고 10개의 여타 위원회가 직접 보고하게 하는 미국식 관리 방식이 반영된 독특한 방식의 조직이었다. 물가행정처와 식량행정처는 해방 후 남한 지역의 살인적인 인플레이션 문제와 식량 부족 문제를 해결하기 위한 기구였다. 해방 직후 유입 인구 급증으로 인한 식량 부족, 식량 매점매석, 식량 가격 앙등 및 이로 인한 타 물가 인플레이션 등은 가장 시급한 민생 문제였다(조석준, 1967: 127, 130-131). 전반적으로 보면 이승만 정부는 위원회 조직을 참모기관인 처(處)로 바꾸고, 별도 기관이었던 물가행정처와 식량행정처를 통합·축소했다.[42] 조직편제 차원에서 새로운 기구를 신설한 것이다.

41) 조선총독부 1943년 1월 현재 조직 편제에는 기획부(제1과/제2과/제3과)가 있으나(조석준, 1967: 155), 1945년 8월 현재 조직 편제에는 조직 개편으로 인해 기획부가 없고 광공국 기획과만 존재한다(김석준, 1996: 222). 지금까지 1945년 8월 현재 시점으로 논의를 해왔기 때문에 여기서도 이것을 따른다.

42) 당시 남한 지역의 경제는 1946년까지 극도의 혼란을 겪었으나, 1947년부터는 생산이 회복되고 경제 전반이 다소 안정되어 갔다(교과서포럼, 2008: 139). 이런 배경도 물가행정처와 식량행정처의 축소 통합에 어느 정도 영향을 미쳤을 것이라 생각한다.

14 공보처

공보처는 내부를 공보국/출판국/통계국/방송국으로 편제했다. 이것은 임시정책 대강의 언론 및 출판의 자유 구상을 담당하게 하고, 정부의 제반 정책을 널리 홍보함으로써 정권의 지지 기반을 공고히 하기 위한 정치적 목적에서 설치된 것으로 보인다.

조선총독부는 국(局)급 유사 기구를 설치하지 않았고, 총독관방 정보과 정도로만 가지고 있었다. 이 보조기관은 총독의 시정 방침을 내외에 알리고, 군(軍)과 긴밀한 연락 하에 전투 의식을 고취하고, 총독부의 인지기관이 되어 조선의 산업 상황과 민심 동향을 살폈으며, 도서와 영화에 대한 검열 기능을 담당했다. 당시 방송 관련 업무는 방송협회가 담당했다(조석준, 1967: 132). 이승만 정권의 공보처는 정보과의 공보 기능을 유지하면서, 전투 의식 고취와 민심 동향 파악 기능을 폐지하고, 방송 통제 기능[43]을 추가한 것이라고 볼 수 있다.

미군정은 남한에 진주한 후에 제2차 세계대전 때 마닐라에서 활동하던 심리전 파견대를 중심으로 조선총독부 정보과를 접수했고, 점차적으로 공보국, 공보부로 규모를 확대했다. 남조선과도정부 공보부(여론국/공보국/방송국/출판국/연락사업국)의 주요 목적은 한국 사회의 여론 파악과 미군정 방침을 한국 사회에 주입하는 것이었다. 여론국은 여론의 수집과 분석이 주요 기능이었고, 공보국은 보도자료 및 선전물 배포가 주요 기능이었다. 방송국과 출판국은 언론매체에 대한 검열 및 감독을 담당했다. 그럼에도 불구하고 미군정기에는 언론이 많이 민주화되어, 언론기관들이 일제 강점기보다 많이 증가했다(박수현, 2010: 374-387). 이승만 정부는 공보 기능은 그대로 두었지만, 여론국과 연락사업국은 폐지하고, 통계국을 신설했다.[44]

---

43) 방송 통제 기능 확보는 뒷날 정부의 정치 개입 수단으로 악용되는 부정적 측면이 있다(조석준, 1967: 140).

44) 통계국이 국정 홍보를 담당하는 공보처 소속으로 있는 것으로 봐서는 계획경제 시스템이 다소 불완전한 것으로 생각된다. 제대로 된 국가계획이 수립되고 집행이 성공하기 위해서는 통계 정보가 필수불가결하기 때문에 미군정기 중앙경제위원회 기획서처럼 통계기관을 기획기구 소속으로 만들어야 했는데, 이 시기는 그렇지 않기 때문이다.

15 총무처와 고시위원회

이승만 정권은 공무원 인사를 담당하는 기구로 총무처(인사국/상훈국/경리국)와 고시위원회를 설치했다. 조선총독부는 유사 기구로 총독관방 인사과를 가지고 있었다. 남조선과도정부는 유사 기구로 인사행정처(총무서/고시서/보임관/직제서/조사서/훈련서/은상서)를 가지고 있었는데, 이 기구는 미국식 인사관리 방식을 도입했다(조석준, 1967: 130). 이승만 정부는 인사행정 기능을 중국식 주권분립 제도의 영향을 받아 총무처와 고시위원회로 분리한 것으로 보이며, 이로 인하 조선총독부 인사과 및 남조선과도정부 인사행정처로부터는 멀어졌다. 미군정기에 도입된 미국식 인사관리 방식도 계승되지 않았다(조석준, 1967: 140).

16 감찰위원회

이승만 정권은 공무원 통제를 담당하는 기구로 감찰위원회를 설치했다. 미군정기에 극심했던 공무원 부패 문제에 대응하기 위해 감찰 기능을 총무처에 통합하지 않고 별도 기관으로 설치한 것이다(조석준, 1967: 140). 조선총독부는 유사 기구로 총독관방 감찰과를 가지고 있었고, 남조선과도정부는 유사 기구로 관재처 감찰서를 가지고 있었다. 이승만 정부는 중국 국민당 정부가 제정한 「중화민국 헌법」의 영향을 받아 감찰위원회를 설치했다. 초대 대통령으로 당선될 것이 확실하던 이승만은 대통령의 공무원 통제력을 강화하기 위해 조선총독부와 남조선과도정부의 감찰 관련 보조기관보다 위상이 큰 대통령 직속기구로 감찰위원회를 설치했다.

제6절 결과 및 함의

1948년 이승만 정권 출범 시기의 정부조직 편제는 이승만이라는 개인의 압도적 영향력 하에서 진행되었다. 당시 주요 세력이나 개인으로 꼽을 수 있는 행위자들

중에 정부조직 편제에 이승만만큼 의미 있는 영향을 미친 사람은 없다. 최종 결과물인 대한민국 초대 정부조직 편제는 일제 강점기 조선총독부, 미군정기 남조선과도정부 등 선행 정부들과 많이 다르고 당시의 미국, 일본 정부조직과도 일정 수준 차이를 보인다.

행정학계 선행 연구들은 대부분 '경로의존' 논리를 긍정한다. 즉, 대한민국 초대 정부조직 편제가 조선총독부 기구들과 '상당히 유사'하다고 본다. 미국이 일본에 대한 승자였음에도 불구하고, 한국에 진주한 미군은 일제 강점기의 통치기구를 없앤 것이 아니라 남한 지역의 질서 유지를 최우선시해서 일제 조선총독부 조직과 인력을 거의 그대로 유지·사용했고, 그 뒤에 들어선 이승만 정권도 친일 경력을 가진 인사들을 대부분 재임용하는 바람에 그런 결과가 초래되었다는 것이다(김운태, 1992: 294-296; 김석준, 1996: 265-266, 445-446; 강혜경, 1998; 238-248; 김종성, 2015: 36-59).

그러나 부·처 급 기구의 국(局)급 보조기관 조합을 기준으로 보면 이승만 정부의 초대 정부기구는 조선총독부 및 남조선과도정부 기구와 많이 다르다. 경로의존 논리는 설명력이 약하다. 이승만 정권의 정부기구가 조선총독부 혹은 남조선과도정부 기구를 '거의 그대로' 혹은 '상당 정도' 유지한 경우가 없는 것은 아니지만, 그렇지 않은 경우가 훨씬 더 많았다. 18개 부·처 기구 중 조선총독부 기구가 거의 그대로 유지된 것은 체신부 1개에 불과하고, 상당 정도 유사한 것도 재무부, 농림부, 상공부, 공보처 4개 정도에 불과하다. 나머지 13개(72.2%) 기관은 유사하다고 보기 어렵다. 간혹 조선총독부 조직 편제에서 동일한 명칭의 과(課)급 부서 정도가 존재하는 경우가 있지만 기관의 전반적인 기능을 보면 같은 기구로 보기 어렵다. 남조선과도정부와 비교해도 거의 그대로 유지된 기구는 체신부 1개에 불과하고, 상당 정도 유사한 것도 재무부, 문교부, 농림부, 상공부, 사회부, 공보처 6개 정도에 불과하다. 나머지 11개(61.1%) 기구는 유사하지 않다.

이런 결론을 토대로 몇 가지 함의를 도출할 수 있다. 첫째, 이승만 정권 출범기 행정에 관한 '경로의존' 논리는 그 현상이 나타나는 대상을 구체적으로 명시하면서 좀 더 한정적으로 사용될 필요가 있다.[45] 경찰·군 같은 억압기구들의 인사 측면에서는 선행 연구들이 밝혀낸 것처럼 친일 경력자들이 대다수 재임용되어 경로의

45) 예를 들어, 인사, 조직문화, 정책 내용 중 어느 영역인지 명확하게 할 필요가 있다.

존이 존재했지만, 중앙정부기구 조직 편제에서는 일제 강점기 때 형성된 경로가 계속된다고 보기 어렵다.

둘째, 초대 「정부조직법」이 초안 작성부터 국회 본회의 의결까지 며칠밖에 걸리지 않은 사실과 관련해서, 초대 정부조직이 '졸속으로 제정되었다'고 비판받을 수도 있지만, '확실한 사전 준비가 있었기 때문에' 그럴 수 있었던 측면도 있다. 「정부조직법」 제정에 가장 큰 영향을 미친 사람은 이승만 국회의장인데, 그는 당시에 현직 국회의장이면서 동시에 가장 유력한 초대 대통령 후보였다. 그런데 그는 이미 20세기 초부터 장래 우리나라 정부의 정체와 주요 정책 방향에 대해 고민해 왔고, 늦어도 1946년 3월 즈음에는 집권 후 시행할 국정 과제들에 대한 구상을 마쳤다. 이처럼 집권 후 시행할 정책들을 명확히 결정해 놓았기 때문에 그것들을 집행할 체제인 정부조직 편제를 비교적 쉽게 결정했을 수 있다.

셋째, 이승만 정권은 편집적 창의력을 발휘해 정부조직 구조를 편제했다. 이승만 정권은 일제 강점기 조선총독부 조직, 제2차 세계대전기 일본 정부조직,[46] 1947년 현재 일본의 미군정 정부,[47] 미군정기 남조선과도정부, 1947년 현재 미국 정부조직,[48] 1947년 현재 중화민국(훗날 대만) 정부조직[49] 중 어느 하나를 집중적으로 모방하지 않았다. 생각하고 있던 국정 과제들을 추진하기 위해 여러 정부조직 구조를 참고하되 당시의 한국 실정에 맞는 독창적인 정부조직 구조를 짠 것이다. 최소한 정부조직 측면에서만큼은 경로의존 비판에서 벗어나 우리 초대 정부에 대한 자부심을 가질 필요가 있다.

---

46) 1944년 7월 22일부터 1945년 4월 7일까지 집권했던 일본 고이소(小磯國昭) 내각의 정부는 외무성, 내무성, 대장성, 육군성, 해군성, 사법성, 문부성, 후생성, 대동아성, 농상성, 군수성, 운수통신성, 내각서기, 법제국으로 편제되어 있었다.

47) 1947년 현재 일본에 있었던 미군정 정부조직은 외무성, 내무성, 대장성, 사법성, 문부성, 후생성, 농림성, 상공성, 운수성, 전신성, 노동성, 물가청, 복원청, 행정조사부, 건설원, 지방재정위원회, 배상청, 내각관방, 내각법제국으로 편제되어 있었다.

48) 1947년 현재 미국 연방정부 조직은 농무부, 상무부, 국방부(육군부, 공군부, 해군부), 내무부, 법무부, 노동부, 국무부, 재무부, 보훈부로 편제되어 있었다.

49) 중화민국은 국부인 쑨원(孫文)이 3권분립 체제의 결함을 보완하기 위해 5권분립 체제를 채택했다. 행정원, 입법원, 사법원 외에 고시원과 감찰원을 추가했다. 행정원에는 외교부(1912), 재정부(1925), 법무부(1928), 교육부(1928), 경제부(1930), 국방부(1946), 경정서(1946), 역정서(1947), 신문국(1947), 몽장위원회(1912), 교무위원회(1926), 국립고궁박물관(1925), 중앙은행(1928) 등을 두었다(https://ko.wikipedia.org/wiki/중화민국. 2016.9.13. 검색).

제3장 제2공화국 출범기*

제1절 들어가며

제2공화국은 이승만 정권의 장기 독재와 부정선거 자행에 대해 학생들이 분연히 저항한 4·19 의거를 통해 성립되었다. 그렇기 때문에 이승만 정권에서 누적된 사회 문제들을 해결하기 위해 대규모 정부조직 개편을 추진하고, 나아가 혁명 수준의 사회 개혁을 실시할 것으로 예상되었다. 그러나 이 시기의 정부구조 개편은 의외로 소폭에 그쳤고 사회 개혁도 크게 실시되지 못하다가 출범 9개월 만인 1961년 5월 군부 쿠데타에 의해 붕괴되고 말았다.

2공화국 정부조직에 초점을 맞춘 선행 연구들은 거의 없는 실정이다. 단명한 정권이고 한국 현대사에 주목할 만한 업적을 남기지도 않았기 때문에 학자들의 주목을 끌지 못한 것으로 생각된다. 그러나 역사의 흐름이라는 것은 선(先)이 없이는 후(後)가 있을 수 없고, 모색·준비기가 없는 도약기가 있을 수 없다. 가난과 부패에 시달리던 1950년대에서 고도의 경제 성장을 실현하는 1960~70년대로 전환되는 것을 제대로 이해하기 위해 장면 정권기도 상세하게 살펴볼 필요가 있다. 공(功)은 공대로 과(過)는 과대로 무슨 일이 있었는지 살펴보고, 이 시기에 있었던 모색과

* 이 장은 하태수(2014)를 수정·보완한 것이다.

변화들이 후세에 미친 영향은 무엇인지 살펴볼 필요가 있다.

제 2 절 행위자

1 허정 과도 정권기의 행위자와 협상

1960년 4월 초부터 부정선거를 규탄하는 전국적 소요가 일어나기 시작했고 4월 21일에는 당시 부통령이던 장면이 이승만의 하야를 유도하기 위해 부통령직에서 사퇴했다.[1] 4월 25일에 서울시장을 역임한 허정이 외무장관으로 입각하고, 4월 26일에 이승만 대통령이 하야하면서 허정 과도정권(1960.4.27.~7.28)이 성립되었다.

허정 과도정권기의 주요 행위자는 민주당 구파다. 자유당은 국회 의석을 많이 차지하고 있었지만 4·19 의거로 인해 자숙했고, 민주당 신파는 국회 의석이 적어 독자적인 목소리를 낼 수 없었다. 민주당 구파와 자유당 의원들은 '내각책임제로의 개헌, 정부조직은 내각제 실현에 필요한 최소 폭으로 개편'에 합의했다. 당시 자유당 의원들은 4·19 의거 직후 정치적 생존을 위해 민주당 의견을 들어주지 않을 수 없는 상황이었는데, 민주당 구파가 내각책임제를 제안한 것이다.[2] 민주당 신파 의원들은 장면이라는 걸출한 후보가 있어서 대통령제 유지를 내심 원했지만 국회 내 의석 수가 적었기 때문에 유의미한 영향력을 행사할 수 없었다.[3]

허정 과도정권기의 개헌과 정부조직 개편은 여·야 정치 세력이 큰 줄기에 대해서는 합의하고 세부적으로 좀 더 좋은 대안을 찾는 '문제 풀기' 협상 상황이었다. 의사 결정의 속도를 높이기 위해 정치적 협상에 참여하는 행위자들이 좁혀졌다. 4

1) 이승만이 대통령직에서 하야하면 부통령인 장면이 대통령직을 승계하는데 이승만이 이런 상황을 수용할 가능성이 매우 낮았다. 장면은 자신이 부통령으로 있는 한 이승만이 대통령직에서 하야하지 않을 것이라고 생각해 먼저 부통령직에서 사퇴한 것이다.

2) 민주당은 대한민국 개국 이래 줄곧 내각책임제를 추진해 왔다. 1948년 「헌법」 제정 때 내각책임제를 하려다가 이승만의 반대로 대통령제로 물러났고, 1952년 발췌개헌 때도 처음에는 야당이 내각책임제를 하자고 하다가 타협안인 발췌개헌으로 물러났다(이병규, 2003: 195–196).

3) 민주당 신파는 본래 "새 국회에서의 개헌"을 주장했지만, 4월 28일 장면 민주당 대표 최고위원이 "개헌 후 국회 해산에 동의한다"는 입장으로 바꿨다(이병규, 2003: 178).

월 27일에 열린 국회 운영위원회에서 자유당 4인, 민주당 4인, 무소속 1인 총 9명으로 하는 '개헌기초위원회'를 구성하기로 하고, 구체적 인선은 각 정당에 일임했다. 자유당은 이재학·박세경·정운갑·이형모 4인을, 민주당은 엄상섭·정헌주·조재천·윤형남 의원 4인을, 무소속은 황호현 의원을 각각 기초위원으로 선출했다. 허정 과도정부의 행정부 인사들은 개헌안의 제안 및 기초 과정에 전혀 참여하지 못했다. 그 밖에 한태연·박일경 교수가 외부 인사로 참여했다.4)

개헌기초위원회는 4월 29일 엄상섭 위원을 위원장으로 호선하고5) 개헌 일정에 합의했다. 5월 10일까지 개헌안 기초, 국회 제출 후 30일간 공고, 6월 10일에 본회의에 상정하고 1주일 이내에 표결로 끝내기로 했다. 6월 15일에 국회에서 개헌안에 대해 기명투표가 실시되었는데 재적의원 218명 중 총 투표자 211명, 찬성 208명, 반대 3명으로 개헌안이 통과되었다(이병규, 2003: 178-180, 189).

이 시기 정부조직 개편은 여러 누적된 사회 문제를 해결하기 위한 종합적인 개편이 아니라, 일단 내각책임제 실시에 필요한 임시방편적 최소 범위 개편으로 추진되었다. 정부조직 개편의 대안을 탐색하기 위한 별도의 기구나 협상체도 꾸려지지 않았다. 개헌기초위원회가 정부조직 개편까지 겸했다.6) 개헌과 마찬가지로 정부조직 개편 역시 '문제 풀기' 협상 상황이었다. 목표는 이미 여·야 간에 합의되었고, 그 목표를 달성하기 위한 최선의 대안을 찾기 위해 다소 실무적인 협상만 남은 상황이었다.

2 장면 정권기의 행위자

1960년 7월 29일에 국회의원 총선거가 실시되었고 새로운 「헌법」에 의거해 압도적 제1당이 된 민주당의 장면 정권이 들어섰다. 이 시기의 주요 행위자는 장면 총리와 윤보선 대통령 두 명의 개인 행위자와 민주당 신파와 구파라는 정치 세력

4) 그렇지만 이들은 일반 국민들의 뜻을 개헌 과정에 반영시키는 데 역부족이었다. 전형적인 예가 국민들이 강하게 원하던 반민주행위자 및 부정축재자 처벌에 대한 부분이 개헌 대상에서 제외된 점이다(이병규, 2003: 191).

5) 그러나 엄상섭 위원장이 중도에 사망하는 바람에 정헌주 위원이 위원장으로 활동했다.

6) 1960년 5월 27일 국회 본회의 결정 사항(국회사무처, 1960a: 4).

이다. 물론 4월의 시위 정국을 주도하던 학생·교수 세력의 지도자들도 무시할 수 없는 행위자였지만 「정부조직법」 개정 과정에는 참여할 수 없었다.

허정 과도정권기에 임시방편적 최소 범위의 정부조직 개편만 있었기 때문에 장면 정권은 사회 문제 해결을 위한 본격적인 정부조직 개편을 추진할 것으로 기대되었다. 그렇지만 현실에서는 정부조직 개편이 사실상 없었다. 정치 리더십 문제와 집단사고의 병폐 때문에 이런 결과가 초래되었다.

장면 총리는 가톨릭 종교의 영향을 강하게 받아서 그런지 해결해야 할 문제들이 산적해 있던 당시의 시대적 상황에 맞지 않게 지나치게 이상주의적이고 자유방임적 민주주의 입장을 견지했다. "국민이 열망하는 자유를 한 번 실컷 주어보자"고 했다. 억눌려 살면서 쌓였던 울분을 한번 마음껏 발산해야 사회가 가라앉을 수 있다고 보았다. 또한 세월이 지나 혁명의 열기가 가라앉으면 국민들이 무절제한 자유가 어떤 폐해를 가져오는지 스스로 자각하게 될 것이고, 그 후에야 비로소 진정한 민주주의가 가능할 것이라고 보았다(이용원, 1999: 178-179). 6·25 전쟁이 끝난 지 채 10년도 안 되었고, 당시까지만 해도 국력이 더 강했던 북한이 호시탐탐 노리고 있던 상황을 고려하면 너무나 순진한 생각이었다.

윤보선 대통령 역시 상황을 냉철하게 파악하고 나라의 운명을 걱정하는 큰 지도자는 아니었다. 그는 민주당 구파라는 정파의 당파적 이익을 위해 쉼 없이 장면 총리와 충돌했고, 설상가상으로 내각책임제 하에서의 대통령직을 제대로 이해하지도 못하고 대통령제 하의 대통령처럼 내각과 장관들 위에 군림하려고 들었다. 조속한 사회 안정을 위해 국무총리에게 힘을 실어주는 명예로운 후견자 같은 국가원수라기보다는 자신을 행정수반으로 착각하고 내치 분야에서 권력을 행사하려고 한 과오를 범했다.

여당인 민주당 국회의원들도 집단사고의 문제를 여실히 보여줬다. 당시의 상황에서 정부가 어떤 문제를 우선적으로 해결해야 할 것인지를 고민하기보다는 어떻게 하면 자기 파벌의 정치적 이익을 조금이라도 더 확보할 수 있을지에 몰두했다. 파벌 수장인 장면과 윤보선이 편협한 생각으로 인해 국가의 앞날을 내다보지 못했으면 소속 의원들이라도 제대로 시대 상황을 파악했어야 했는데 이들마저 집단사고에 빠져 상황을 더욱 악화시켰다.

제3절 제도적 맥락

1 허정 과도정권기

1958년 5월 2일에 치러졌던 국회의원 선거 결과는 자유당이 125석, 민주당이 79석, 통일당이 2석, 무소속이 26석이었다. 자유당이 총 232석의 과반수 의석을 차지했다.[7] 4·19 직후에도 자유당은 여전히 과반수 의석을 차지하고 있었다. 다만 이들은 4·19 의거라는 민심의 이반을 파악하고 자신의 정치적 생존을 위해 민주당에 주도권을 넘긴 상황이었기 때문에 제2당인 민주당이 주도권을 행사하는 정국이었다.

2 장면 정권기

1960년 7월 29일에 제5대 국회 민의원과 참의원 선거가 치러졌다. 총 233석 중 민주당이 171석, 자유당이 2석, 사회대중당 4석, 한국사회당이 1석, 통일당이 1석, 기타 단체가 1석, 무소속이 53석을 차지했다.[8] 참의원에서는 총 58석 중 민주당이 31석을 차지했다(심지연, 2001: 129). 제4대 국회와 비교해 무소속 의석이 크게 늘어났는데, 구 자유당 의원들이 시대적 상황 때문에 무소속으로 출마한 결과다.

그런데 선거 후 제1당인 민주당이 구파와 신파로 분열되었다.[9] 구파는 1960년

7) 중앙선거관리위원회 선거통계시스템 역대 선거정보.

8) 중앙선거관리위원회 선거통계시스템 역대 선거정보.

9) 두 파벌은 민주당 성립 때부터 존재했었다. 구파는 구 한민당이 뿌리이고, 신파는 정부관료 출신들이 많았던 자유당 탈당파가 뿌리였다. 두 파벌의 대결이 최초로 심화된 것은 1959년 11월 26일에 있었던 제4대 대통령 후보 지명전이었다. 극심한 내홍을 겪으면서 구파 조병옥이 대통령 후보가 되고, 신파 장면이 부통령 후보로 지명되었다. 이후 1960년 초 조병옥이 사망하자, 구파는 대통령 선거 기간에 서울에 머물면서 사실상 선거에 참여하지 않았고, 신파만 전국을 누비면서 장면을 부통령으로 당선시키기 위해 노력했다. 감정의 골이 깊어진 두 파벌은 1960년 7월 29일 국회의원 선거 과정에서도 선거지휘본부를 별도로 차렸다(이용원, 1999: 133−134). 국회의원 선거 후 구파 윤보선이 대통령으로 선출되었는데, 그가 국무총리에 또다시 구파 김도연을 지명하면서 두 파벌은 건널 수 없는 다리를 건넜다. 애초에는 신파 장면을 국무총리로 지명하기로 사전 합의

8월 31일 '구파동지회'라는 민의원 원내 교섭단체를 등록했다. 가입 의원은 86명이었고, 원내총무는 유진산 의원이었다. 신파는 '민주당'이라는 명의로 별도 교섭단체를 등록했다. 가입 의원은 95명이었다(이용원, 1999: 145-150). 두 파벌 소속 의원 숫자가 민주당 민의원 숫자보다 많은 것은 일부 의원들이 두 파벌에 이중으로 가입했기 때문이다.

두 파벌은 장면 정권 출범 후 장관직 배분 등을 통해 통합될 수 있는 기회가 있었지만, 장면 총리의 신파 위주의 장관 인선과 리더십 부족 때문에 균열을 좁히지 못했고,[10] 결국 1960년 11월 8일에 구파가 '신민당'을 창당해 분당하는 사태까지 이르렀다.[11] 그 결과 1961년 5월 3일 현재 신민당(구파)은 60석, 민주당(신파)은 131석을 보유하게 되었다(심지연, 2001: 144). 그런데 설상가상으로 민주당(신파)조차도 통합을 유지하지 못하고 또다시 분열되고 말았다. 신파 내부에서 소장파 의원들이 '신풍회'라는 모임을 만들어 마치 야당처럼 행동했다. 또한 신민당이 분당할 때 민주당으로 갈아탄 합작파 의원들도 '정안회'라는 모임을 만들어 당내 야당을 자처했다(심지연, 2001: 143-145).

이처럼 장면 정권이 들어선 이후 민주당이 국회에서 압도적 의석을 차지해 야당의 견제 없이 정부조직 개편을 순조롭게 추진할 수 있는 여건이 조성되었지만, 민주당 신·구파 간 극심한 분열과 신파의 추가적 분열을 둘러싼 정쟁으로 인해 정부조직 개편은 전혀 의제로 다뤄지지 못했다. 과도정권기에는 국회의원 선거 후 새로 구성되는 정권이 대대적인 정부조직 개편을 할 수 있도록 하기 위해 개편을

했으나, 윤보선이 약속을 어기고 김도연을 지명했던 것이다(심지연, 2001: 130-141).

10) 1960년 8월 20일 구파는 장면 내각에 들어가지 않고 '구파민주당'이라는 별도 원내교섭단체를 구성하자고 결의했다. 익일인 8월 21일 청와대에서 신·구파 4자회담이 열렸다. 윤보선·장면·곽상훈·유진산이 참석했다. 여기에서 신구파 각 5명, 무소속 2명으로 내각을 구성하기로 합의했다. 단, 구파는 별도의 교섭단체를 두며, 원하면 내각에 파견한 장관을 소환한다는 단서를 붙였다. 그러나 신파 모임에서 반발에 직면한 장면은 구파의 장관소환권과 별도 교섭단체 구상을 수용할 수 없다고 선언했다. 그리고 8월 23일에 신파 10명, 구파 1명(정헌주 교통), 무소속(박제환 농림, 오천석 문교) 2명으로 구성된 각료진을 발표했다(이용원, 1999: 138-140).

11) 1960년 9월 12일 개각으로 구파 의원 5명이 장관으로 입각했으나, 윤보선 대통령은 장면이 구파에게 실속이 없는 빈탕 장관(국방·교통·보사) 자리만 주었다고 불만을 터뜨렸다. 게다가 구파 장관들을 청와대로 불러 장면 내각의 정책과 배치되는 성명을 불쑥 발표하기도 했다. 심지어 1961년 3월 23일 오후 8시 청와대에서 전날 있은 횃불데모 대책을 논의할 때, 윤보선 대통령은 장면에게 총리직 사임을 요구하기도 했다. 신·구파 대결, 장면-윤보선 대결이 극에 달했다(이용원, 1999: 151-158). 신민당의 공식적인 출범은 1961년 2월 20일이다.

미뤘는데, 정작 새 정권이 구성된 이후에는 여당 내 파벌 싸움 때문에 개편이 시작도 되지 못했다.

제 4 절 거시적 환경

1 국제 관계

장면 정권은 1950년대 말 이후 변화되기 시작한 미국-일본-한국 삼국 관계로부터 영향을 받았다. 미국의 아이젠하워 정권은 1957년부터 대한 원조액을 감소시키기 시작했고, 1960년 1월에 미·일안보조약을 개정해 일본에 동북아 반공망 구축의 한 몫을 맡기고, 1960년 3월에 한국 대사를 불러 노골적으로 한·일 관계 개선을 촉구했다. 6·25 전쟁을 통해 전후 부흥과 1955~56년 고도 성장을 누린 일본도 자국 상품과 자본의 해외 진출을 위해 한국과의 국교 정상화를 꾀했다. 장면 정부 또한 경제 개발을 정권의 제1과제로 정하고, 경제 개발에 소요될 돈을 얻기 위해 한·일 국교정상화를 중시했다. 그 결과 1960년 9월 5일 한·일회담 개최 방침을 확정하고, 10월 25일에 한·일회담을 시작했다.12) 그러나 일본이 북한 카드를 가지고 지연작전을 쓰는 바람에 회담은 지지부진했고, 한국 내에서도 반대 여론이 심해 큰 진전이 없었다. 당시 장면 정권은 청구권 금액으로 12억 달러를 주장했고, 일본은 8억 달러를 제시했다(이용원, 1999: 240-244). 한편 제2공화국 정권은 미국 일변도의 외교에서 벗어나 다변화 외교를 추구하기도 했다. 호주·캐나다·유럽·중남미 여러 나라와 적극적으로 외교 관계를 구축하려고 시도했다(안해균, 1980: 189).

12) 1960년 9월 6일 일본 외무 장관이 한국 정부 수립 후 최초로 한국을 방문했다.

2 역사적 환경

장면 정권은 이승만 정권의 장기 독재가 잉태하고 심화시킨 문제들을 해결해야 하는 역사적 사명을 띠고 있었다.

첫째, 경제 문제가 가장 시급했다. 1950년대 미국의 밀·면화 같은 농산물 원조는 워낙 기반이 약했던 한국에 도움을 준 것이 사실이지만 다른 한편으로는 한국 농촌 경제에 큰 타격을 주었다. 많은 농민이 수지타산을 맞추기 어려워 농업을 포기하고 도시로 이주했는데, 이들은 고스란히 도시의 실업자가 되었다(박은화, 2012: 149). 그런데 설상가상으로 1957년을 고비로 미국의 원조가 줄어들었고,[13] 이것은 경기 불황을 더욱더 심화시켰다. 1957년 보건사회부 조사에 의하면 세대당 월 생계비는 4만 509환이었는데, 노동자의 평균 임금은 2만 153환에 불과했다. 국민들은 생필품 부족으로 고생했고, 당시 노동자의 1/3 이상이 결핵 등 만성 질환에 시달렸다.[14] 게다가 실업률은 1959년 23.4%, 1960년 23.7%로 상당히 높은 수준이었다(김정남, 2009: 14). 경제성장률도 낮아 1960년에는 인구성장률(2.7%)에도 못 미치는 2.3% 정도에 불과했다(안해균, 1980: 188). 국제수지도 큰 폭의 적자를 기록하고 있었다.[15] 반면 북한은 공산국가들의 도움을 받아 한국전쟁 이후 3년 만에 전후 복구를 마치고, 1956년부터는 천리마운동이라는 5개년개발계획을 세워 경제 성장을 실현하고 있었다. 1960년 현재 북한 경제는 세계 50위였는데 반해 남한 경제는 101위에 불과해 남북 격차가 컸다. 그대로 방치하면 남한 내에서 북한을 동경하는 공산주의 혁명이 일어날 위험이 있었다(민족문제연구소, 2012b).

둘째, 군대 개혁도 시급하게 처리해야 할 문제였다. 대한민국 군대는 6·25 전쟁을 거치면서 세계 4위 인력 규모로 급성장했지만 내부에서는 파벌 간 알력과 계급 부조화 문제가 심각했다.[16] 창군 과정에서 입대 순으로 계급을 부여해 계급이

13) 1957년 3억 8,300만 달러였던 미국의 원조는 1958년 3억 2,100만 달러, 1959년 2억 2,200만 달러로 줄어들었다(출처: http://www.kdemocracy.or.kr/friend/history－50－1.asp).

14) http://www.kdemocracy.or.kr/friend/ history－50－1.asp

15) 1960년 수출 116.1백만 달러, 수입은 377.8백만 달러(안해균, 1980: 188).

16) 대한민국 출범 시 국군은 육군과 해군을 합해 5만 정도에 불과했고, 6·25 전쟁 발발 즈음에 10만 명 수준이었다. 그러나 6·25 전쟁이 끝난 1954년에는 65만 명에 이를 정도로 급속히 확대되었다. 군 상층부는 ① 광복군 혹은 중국 정규군, ② 일본군 장교 및 하사관, ③ 만주군, ④ 이북 피난민 출신 네 부류로 구분되었다. 1946년 조선경비대 시절에는 광복군 출신이 주류였으나, 이

군 입대 이전 경력과 조화되지 않는 경우가 많았고, 장성급 장교와 영관급 장교들 사이의 연령 차이가 적어 진급 적체 문제가 매우 심각했다. 게다가 일부 그위 장성은 1950년대 말에 부정축재로 정치자금을 제공하고, 부정투표 과정에 협조하는 비리를 저지르기도 했다(김세중, 2003: 75-81). 이승만은 헌병총사령부(사령관 원용덕)와 특무대(대장 김창룡)를 시켜 정적을 감시했고 정치자금을 군비에서 조달했기 때문에 이승만이 퇴임했을 때 군은 상당한 후유증을 앓고 있었다. 능력과 연공서열보다 말 잘 듣는 젊은 장군들이 승진해 인적 구성이 뒤틀렸고, 정치자금 조달 때문에 부정부패도 구조화되어 있었다(이용원, 1999: 231).

셋째, 사이비 언론(인) 문제도 시급히 해결해야 할 문제였다. 4·19에서 언론이 큰 역할을 했기 때문에, 언론은 어느 때보다도 강한 권력을 누렸다. 허정 과도정부는 1960년 7월 1일 「신문 및 정당 등의 등록에 관한 법률」을 제정해 언론사 설립을 허가제에서 등록제로 바꿨다. 또한 공보실을 폐지하고 「국가보안법」과 「선거법」에 삽입되어 있던 언론통제 조항도 삭제했다. 그 결과 일간신문은 1959년 41종에서 1961년 115종으로, 일간통신은 14개에서 274개로, 주간신문은 105개에서 485개로, 월간지는 352개에서 464개로 급증했다. 언론인은 1961년에 160,000명 정도였다.[17] 신문망국론이 거론될 정도로 사이비 언론(인) 문제가 심각했었다(안해균, 1980: 195-196; 이용원, 1999: 187-192).

3 당대의 지배적 사상

4·19 이후 한국 사회를 지배했던 열망은 친일분자 척결, 통일, 노동자 권익 향상 등이다.

첫째, 친일분자를 척결하라는 열망이 거세게 일어났다. 이승만 정권 말기에 친

승만 정권 출범 이후에는 이들이 김구 세력으로 간주되어 뒷전으로 밀려났다. 이승만은 일본군 출신을 국방부 참모총장에 임명했다. 그러나 1952년 부산 정치파동 때 일본군 출신들이 말을 잘 안 듣자, 이제는 정일권·백선엽 같은 만주군 출신들을 우대했다. 게다가 정일권과 백선엽을 교대로 중용하면서 충성경쟁을 부추겨 정일권의 함경도파와 백선엽의 평안도파 사이에 알력이 생겼다(이용원, 1999: 230-231).

17) 참고로 2011년 말 현재에도 신문·방송·인터넷매체의 언론인 통합 숫자는 51,924명에 불과했다(한국언론진흥재단 조사분석팀 자료).

일 경력을 가진 경찰들이 부정선거에 깊숙이 개입했기 때문에 4·19 이후에는 친일분자 척결이 강하게 제기되었다. 1960년 4·19일 현재 전국 경찰관 33,000명 가운데 사복경찰관의 20%, 정복경찰의 10%, 총경의 70%가 일본 경찰 출신이었다(김정남, 2009: 13).

둘째, 1950년대에 억눌려 있던 남북통일론이 고개를 들었다. 분단된 지 얼마 안 돼 북에 친척이 있는 사람들이 많아서 통일 요구가 강했다. 당시 북한은 혁신계와 학생들을 부추기는 제안을 끊임없이 발표했고, 혁신계는 남북교류운동·중립화통일론을 강력하게 주장했다. 특히 서울대생 300여 명은 1960년 11월 18일 민족통일연맹을 결성해 통일 논의를 급진화했다(안해균, 1980: 189; 이용원, 1999: 212-219; 박은화, 2012: 137).

셋째, 노동운동도 굉장히 활발한 움직임을 보였다. 노동쟁의 건수는 1958년 50건, 1959년 109건에서 1960년 218건으로 급증했다. 특히 교원노조 운동이 사회적으로 관심을 끌었다. 교원들은 이승만 정권이 3·15 부정선거를 앞두고 교육계에 저지른 여러 가지 만행에 대한 반응, 제자들은 독재 권력에 항거해 싸웠는데 자신들은 아무 일도 못했다는 자기 반성 등으로 강하게 일어섰다. 1960년 7월 17일 한국교원노동조합총연합회가 결성되었고, 전국적으로 19,883명의 교사가 가입했다(이용원, 1999: 180-182).

제 5 절 정부조직 개편

1 허정 과도정부기 「헌법」 개정

4·19 직후 자유당 의원들과 민주당 구파 의원들은 '의원내각제로의 개헌'과 '의원내각제를 실시하기 위한 필요 최소 규모의 정부조직 개편'에 합의했다. 1장에서 제시한 문제 풀기 협상에 가까운 상황이기 때문에 더 나은 해법을 찾기 위한 탐색이 주로 진행되었고 결과는 다음과 같았다.

먼저 대통령과 관련해서 첫째, 행정수반이 대통령에서 국무총리로 변경되었다.

둘째, 대통령 유고 시 대행하는 순서가 부통령에서 참의원의장, 민의원의장, 국무총리 순으로 바뀌었다. 셋째, 대통령 선출 방식이 국민의 직접선거에서 국회 양원합동회의 간접선거로 바뀌었고, 대통령의 정당 가입이 불가능해졌다. 넷째, 대통령의 권한 중 비상사태 시 법률에 준하는 효력을 갖는 비상조치를 취할 수 있는 권한과 공무원 임면권이 폐지되었다. 다섯째, 법률에 따라 하던 사면·감형·복권 명령권과 계엄선포권이 국무원 의결을 따르도록 변경되었다.

다음으로 국무원과 관련해서는 첫째, 국무원 구성원이 대통령과 국무위원에서 국무총리와 국무위원으로 변경되었다. 둘째, 국무원의 민의원에 대한 연대책임이 신설되었다. 셋째, 국무총리 지명은 대통령이 하되, 민의원 동의를 거치게 했고, 잘 안 될 때에는 민의원이 선출할 수 있도록 변경되었다. 넷째, 국무위원(장관)의 임명권자가 대통령에서 국무총리로 변경되었고, 대통령은 확인만 하도록 변경되었다. 다섯째, 국무총리와 국무위원의 과반수를 국회의원으로 보하게 했다. 여섯째, 민의원이 국무원 불신임을 결의할 때, 국무원이 10일 이내에 민의원 해산을 결정할 수 있게 했고, 민의원 해산을 결정하지 않으면 국무원이 총사직하도록 변경되었다. 또한 민의원이 조약 비준에 대한 동의를 부결하거나, 차년도 예산안을 법정 기일 내에 의결하지 않으면 국무원 불신임 결의로 간주하게 했다. 일곱째, 국무총리는 국무회의를 소집하고 의장이 되도록 하고, 행정각부를 지휘할 수 있게 되었다. 여덟째, 국무총리 궐위 시 국무원은 총사직하지만, 후임 총리가 선임될 때까지는 직무를 계속 수행하도록 했다.

2 허정 과도정부기 정부조직 개편

정부조직 개편은 「헌법」 개정과 같은 시기에 추진되었다. 주요 내용을 보면 첫째, 행정각부 지휘감독 및 행정처분 중지·취소 권한이 대통령에서 국무총리로 넘어갔다. 둘째, 행정기관의 종류 중에서 실(室)이 폐지되고, 처(處)와 위원회(委員會)가 신설되었다. 셋째, 국무회의에 부의될 안건을 총괄 조정하는 권한이 외무부 장관에서 국무총리로 변경되었다. 넷째, 국무원 사무를 담당하는 하위 기관들이 '공보실(공보국/선전국/방송관리국), 사무국, 고시위원, 인사위원' 체제에서 '국무원사

표 3-1 허정 과도정부기 「정부조직법」 개정 주요 내용

<table>
<tr><th colspan="2">항목</th><th>개정 전</th><th>개정 후</th></tr>
<tr><td colspan="2">행정각부
지휘감독</td><td>– 대통령</td><td>– 국무총리가 국무회의 의결에 따라</td></tr>
<tr><td colspan="2">행정기관</td><td>– 원, 부, 실, 청, 비서실, 국, 과</td><td>– 원, 부, 처, 청, 위원회, 비서실, 국, 과</td></tr>
<tr><td colspan="2" rowspan="2">국무원
조직</td><td>– 수석국무위원(외무부 장관)이 국무회의에 부의할 안건을 총괄하고 조정</td><td>– 국무총리가 국무원 의장, 소집, 의사 정리, 사무 지휘 감독
– 국무원은 국무회의 결의에 의해 권한 행사 국무위원은 의장에게 의안을 제출하고, 국무회의 소집을 요구</td></tr>
<tr><td>– 공보실, 수석국무위원이 지휘 감독, 공보국・선전국・방송관리국
– 사무국: 수석국무위원이 지휘감독, 서무, 공무원의 자격・고시・전형・상훈사무, 공무원 복무・신분・보수에 관한 일반사무
– 고시위원, 공무원고등전형위원
– 인사위원: 공무원 임용・복무・신분・보수</td><td>– 국무원사무처: 총무국・인사국・법제국・공보국・방송관리국
– 사무처장 1인, 차장 2인
– 사무처장은 국무위원
– 공안위원회 신설</td></tr>
<tr><td rowspan="4">행정
각부</td><td>공통</td><td>– 각 부에 차관 1인</td><td>– 각 부에 정무차관 1인, 사무차관 1인</td></tr>
<tr><td>내무부</td><td>– 지방국・치안국・토목국・통계국</td><td>– 지방국・토목국・통계국
– 업무 중 치안・소방 삭제 치안국 삭제, 국무원 공안위원회 신설</td></tr>
<tr><td>법무부</td><td>– 법무국・검찰국・형정국
– 법제실: 제1국・제2국</td><td>– 법무국・검찰국・형정국
– 법제실이 폐지됨.</td></tr>
<tr><td colspan="3">다른 부는 변화 없음.</td></tr>
<tr><td colspan="2">감사기구</td><td>감찰원, 대통령 소속</td><td>감찰위원회, 국무총리 소속</td></tr>
</table>

무처, 공안위원회' 체제로 바뀌고, 국무원사무처 내부에 '총무국/인사국/법제국/공보국/방송관리국'이 설치되었다. 다섯째, 행정각부 차관이 기존 1명에서 정무차관 1인과 사무차관 1인으로 확대되었다. 여섯째, 내무부 업무에서 치안과 소방이 폐지되고 치안국이 삭제되었다. 대신 국무원 밑에 공안위원회가 신설되었다. 일곱째, 법무부 법제실이 폐지되고, 국무원사무처 법제국이 신설되었다. 여덟째, 감사기구

인 대통령 소속 감찰원이 국무총리 소속 감찰위원회로 변경되었다.

이 시기의 변화 중 특히 주목해야 할 내용은 '내무부 치안국이 폐지되고 국무원에 공안위원회가 신설된 것'과 '법무부 법제실이 폐지되고 국무원 사무처 법제국이 신설된 것'이다. 경찰조직은 이승만 정권에서 부정선거를 주도한 문제가 있었고, 친일파들이 많이 남아 있어 여론의 주요 비판 대상이었기 때문에 정권이 직접 관리하기 위해 국무원사무처로 이관한 것으로 보인다. 법제실은 정부 전 부처에 관련되는 참모(staff) 성격이 강한 업무이기 때문에 내각책임제 실시에 앞서 법의 집행을 관장하는 법무부에서 떼어내 내각 전반을 관장하는 국무원사무처 소속으로 이관한 것으로 보인다.

3 장면 정권기의 정부조직 개편

장면 정권기에는 「정부조직법」 개정을 통한 정부조직 개편은 없었고, 하위 수준의 정부조직 개편만 있었다. 1960년 12월 28일 국무원령으로 부흥부 산하에 국토건설본부를 설치하는 조치가 취해졌다(이용원, 1999: 21). 장면 정권은 경제 문제를 해결하려는 의도로 1961년 2월부터 국토건설사업을 전국적으로 추진했는데 이것을 위한 조직 정비 차원에서 실무 수준의 정부조직을 개편한 것으로 보인다.18)

4 논의만 되고 실현되지 않은 개편 내용

앞의 4절에서 논의된 거시적 환경들이 가하는 변화 압력들에 대응하기 위해서는 최소한 '일본과의 국교 정상화 및 미국 원조 감소에 대비한 외무 관련 조직 개

18) 국토건설사업은 경제개발 5개년계획을 통한 장기적 경제 개발에 앞서 우선 단기적으로 경기를 부양하기 위한 한국판 뉴딜사업이었다. 장면 정권은 1960년 11월 28일 '국토건설사업계획'을 발표했는데, 이 계획에는 소양강댐 · 춘천댐 · 남강댐 건설, 농지 개간, 수자원 개발 같은 사업이 포함되었다. 장면 국무총리가 직접 국토건설본부장을 맡았을 정도로 총리의 관심의 지대했다. 기획부장에는 장준하가 임명되었고, 다른 부장 자리에도 당대 최고 엘리트들이 영입되었다. 그리고 병역을 마친 30세 미만 대졸자를 건국 후 최초로 일반공무원으로 공채해 국토건설 추진요원으로 임명했고, 3년 후에는 이들을 모두 지방의 군수로 발령을 낼 계획이었다(이용원, 1999: 18-23).

편', '경제 개혁을 위한 경제부처 개편', '군대 개혁을 위한 국방 관련 조직 개편', '언론 관리를 위한 공보 행정기구 개편', '친일분자 척결을 위한 경찰 개혁', '통일 요구를 수용하기 위한 남북 관계 관리기구 개편', '노동운동 관리를 위한 노동 행정기구 개편' 등이 필요했다.

그런데 현실에서는 경제기구 개편과 공보행정 기구 개편을 제외하고는 대부분 국회에서 논의조차 되지 않았다. 허정 과도정부기에 가장 많이 제기되었던 논의는 경제 관련 기구들의 개편이었다. '부흥부 부흥위원회와 산업개발위원회를 통합해 국무원에 새 경제심의기구를 두는 것', '외자청을 부흥부의 내국으로 통합하는 것', '외자청만을 존속시키고 부흥부를 폐지하는 것', '예산 취급 기구를 국무원 직접기관으로 하는 것', '기상 관계 기관을 강화해 기상청을 신설하는 것', '해무청을 폐지해 그 사무를 상공부와 교통부에 이관하는 것', '교통부의 기구를 행정본부와 현업기관으로 분리하고 철도청을 신설하는 것', '교통부와 체신부를 통합하는 것' 등이 논의되었다. 공보 행정 분야에서는 '방송관리에 관한 것', '선전사무 강화에 관한 것' 등이 논의되었다. 그 밖에 허정 과도정부기에 논의되었던 내용들은 국방 분야에서 '국방부 지리연구소에 관한 것', '병사행정 사무의 귀속에 관한 것' 등이었고, 행정관리에 관련해 '행정조직 관리에 관련된 중앙행정기관으로서 「정부조직법」에 그 규정이 없는 기관들에 대한 새로운 규정을 삽입하는 것', '외청에도 차관을 두는 것' 등도 논의되었다(국회사무처, 1960b: 10). 거시적 환경이 가하는 압력을 처리하기 위한 외무 관련 기구 개편, 군대 개혁을 위한 국방 기구 개편, 경찰 개혁, 남북 관계 관리기구 개편, 노동행정 기구 개편 등은 논의조차 되지 않았다. 4·19 직후 국회의원들은 시대 상황 인식에서 큰 한계가 있었다.

더욱더 아쉬운 점은 논의된 내용들조차 논의에 그치고 말았다는 것이다.[19] 당시 자유당과 민주당 구파 의원들은 새 정권이 출범한 후에 다시 처리하기로 합의했는데, 정작 새 정권이 출범한 후에는 압도적 제1당인 민주당이 세력 분열과 정쟁에 빠져 이런 문제들을 처리하지 못했고, 급기야 5·16 군사쿠데타로 정권조차 붕괴되고 말았다.

19) 그나마 다행인 점은 이런 내용이 1961년 5·16 쿠데타 직후부터 1963년 12월 3공화국 출범 직전 시기까지 진행되는 일련의 「정부조직법」 개정 과정에서 모두 다뤄졌다는 것이다.

제 6 절 결과 및 함의

4·19 직후 허정 과도정권과 장면 정권은 역사 전개의 맥락에 조응하지 못하고 정부조직을 소폭으로만 개편했다. 내각책임제 실시에 대비해 국무원 조직을 정비·보강하고, 각 부에 복수차관제를 도입하는 정도에 그쳤다. 당시의 시대적 임무였던 경제 문제 해결, 군대 개혁, 언론 개혁, 노동운동 관리, 친일분자 척결 및 통일 요구 관리 등에 필요한 조직 개편은 수행하지 못했다. 4·19 직후 정치 공황 상태에서 정치 세력은 자신들의 정치적 생존 혹은 새 정권 창출에만 급급했고, 새 정권 출범 후에는 집단사고에 빠져 편협한 파벌 이익만 추구했을 뿐 당대에 시급했던 과제들을 다루지 않았다. 1장에서 언급한 행위자들의 제한된 합리성이 너무나도 적나라하게 드러났다.

그럼에도 불구하고 이 시기에 긍정적 측면이 전혀 없었던 것은 아니다. 장면 정권은 기대에는 미치지 못했지만 사회 혼란이 점차 안정되자 경제 개발을 차곡차곡 준비했다. 1961년 봄 즈음에 시위가 많이 감소했고 사회가 다소 안정을 되찾았다. 민주당(신파)과 신민당(구파)의 갈등도 1961년 4월경부터 다소 약화되기 시작했다(이용원, 1999: 179, 186). 부정부패도 전임 이승만 정권 때보다 훨씬 감소했다.[20] 상황이 안정되자 수입대체화 전략을 주로 하는 '경제개발 5개년계획'도 작성했고, 단기적 경기 부양을 위한 국토건설사업도 추진해 경제 개발을 위한 첫걸음을 내디뎠다. 4·19 이후에 제기되어 논의된 정부조직 개편 내용도 5·16 쿠데타 직후부터 1963년 말까지 전개된 「정부조직법」 개정 과정에서 씨앗이 되었기 때문에 전혀 의의가 없었다고 보기는 어렵다.

---

20) 심지어 사회 개혁을 기치로 등장한 5·16 군사정권 때보다도 낮았다. 장면 정권기에는 부패로 처벌받은 여당 정치인이 한 명도 없었던 반면, 군사정권기에는 공화당 창당을 둘러싸고 워커힐 파친코 사건이 일어나는 등 여러 건의 부패 스캔들이 발생했다.

제 4 장 박정희 제3공화국 정권 출범기*

제 1 절 들어가며

1961년 5 · 16 쿠데타 이후에 전개된 정부조직 개편은 한국 현대사 전개에 엄청난 영향을 미친다. 비교 정치경제학 관점에서 보면 한국은 정부 주도 방식으로 경이로운 경제 성장을 실현한 나라인데 바로 그러한 성장을 주도한 발전국가(the developmental state)의 제도적 기초가 이 시기에 편제되었다(Haggard & Cheng, 1987: 111).[1] 이와 관련해 여기서는 몇 가지 항목을 좀 더 상세히 살펴보고자 한다. 첫째, 박정희 정권은 '정말로 하면 된다는 군인 정신으로 무(無)에서 유(有)를 창조한 것인가?' 아니면 '당시까지 역사적으로 축적되어 온 유산에 기폭제 역할을 한 것인가?', 둘째, '군부는 쿠데타 이전에 정부조직 개편안을 확정짓고 쿠데타 직후부터 경제 성장에 뛰어든 것인가?' 아니면 '이렇다 할 준비가 없이 쿠데타 후에 발견적

---

* 이 장은 하태수(2010a)를 수정 · 보완한 것이다.

1) 경제 성장을 위해 국가(the State)가 시장에 개입한다는 발전국가의 핵심 내용은 19세기 리스트(Friedrich List, 1789~1846)의 경제발전 단계론에서 시작되고, Gerschenkron(1962)의 경제적 후진성 논의로 계승되었지만, 발전국가라는 개념의 구체적 요소들을 포함하는 이론적 모형을 제시한 연구는 Johnson(1982)이다. 이후 Amsden(1989), Wade(1990), Woo(1991), Onis(1991), Castells(1992), World Bank(1993), Wu(1994), Johnson(1995), Chibber(1999, 2002) 등이 발전국가론을 발전시켰다.

(heuristic)으로 접근했는가?', 셋째, '정부조직 개편 대안들의 아이디어 원천은 어디이고 그것의 전달자들은 누구인가?', 넷째, '참고로 삼은 나라가 있다면 그 나라 정부조직과는 얼마나 유사하고 상이한가?', 다섯째, 결과적으로 군부는 쿠데타 후에 '정부조직을 거의 다시 짰는가?' 아니면 '기존 체제를 일부만 수정하고 말았는가?', 여섯째, '정부조직 전반을 유사한 정도로 개편했는가?' 아니면 '영역별로 상이한 정도로 개편했는가?' 만약 영역별로 차이가 났다면 '그렇게 된 이유는 무엇인가?' 이런 항목들을 충분히 논의하고 이해해야 비로소 1960년대 박정희 정권과 경제 성장에 대해서도 제대로 이해할 수 있고, 한국 현대사 전개에 대해서도 좀 더 심층적인 이해가 가능할 것이다.

제 2 절 행위자

1 군부 엘리트

1) 군부 엘리트들의 장기 집권 전략과 제한된 합리성

1950년대 말~1960년 초 시기에 한국 사회에서 가장 먼저 미국 유학 혜택을 받았던 세력은 군 장교들이다. 미국은 6·25 전쟁 이후 한국 군대를 선진화하기 위해 군 장교들에게 가장 먼저 유학 기회를 제공했다. 5·16 쿠데타는 당시 한국 사회에서 실력은 최고 수준이었지만 군조직 내의 진급 적체 문제[2]와 부패[3]에 환멸을 느낀 장교들과 사상 문제로 소외되었던 한 장군이 권력 탈취 기회를 노리고 있다가[4]

2) 1950년대 후반에 소령에서 중령으로 진급하는 데 8년이 걸렸다(장창국, 1984: 133-150). 당시 군 진급 적체의 첫 희생자 집단은 육사 5기와 8기였다. 김종필을 비롯한 5·16 주동 장교들이 육사 8기였다(임혁백, 1995: 292).

3) 헨더슨(Gregory Henderson)이라는 학자가 "한국 역사상 가장 체계적인 부패가 1950년대 한국군에서 발생했다"고 주장할 정도로 6·25 이후 한국 군대 내부의 부패는 꽤나 심각했었다(Clifford, 1994: 91 재인용).

4) 박정희와 김종필은 이미 1960년 3·15 부정선거를 전후해서 쿠데타 거사를 모의하기도 했다(안해균, 1983: 4).

4·19 이후에 전개된 사회 혼란을 계기로 권력을 탈취한 사건이다.[5] 이들은 쿠데타 성공 후 장기 집권을 확보하는 문제에 당면했다. 당시 쿠데타 지도부는 미국 케네디 정권으로부터 인정을 받지 못했고, 국민들 역시 일시적으로 사회 혼란을 극복하기 위해서는 몰라도 장기적으로는 군사정부를 지지할지 의문이었다.

당시 한국의 사회 상황을 고려할 때 국내의 지지와 미국의 승인[6]을 동시에 확보할 수 있는 최선의 방법은 자본주의적 경제 성장을 추진하는 것이었다. 그런데 당시 군 장교들은 경제 성장에 필요한 정책들을 입안하고 집행할 수 있는 능력을 갖추지 못했다. 그들이 미국 유학에서 배운 것은 조직관리나 예산의 합리적 사용을 위한 기획관리 기법 정도였다. 그간의 경력에서도 경제 분야의 전문성을 축적할 수 있던 기회는 거의 없었다. 박정희 등 소위 만주군 출신들이 만주국에 근무하면서 일본제국의 대동아공영권 운영 전략의 일부로 만주국 군대가 도로와 댐 등 사회간접자본 건설[7] 등 경제에 개입하는 것을 목격했지만 직접 담당자는 아니었다. 건국 후 한국군에서도 박정희·김종필 등 쿠데타 핵심 인물들은 주로 정보·작전 관련 부서에서 근무했기 때문에 경제 성장에 필요한 경험을 쌓을 수 없었다.[8]

---

5) 5·16의 본질은 권력에 굶주린 군부 내의 불만 소외 세력에 의해 주도된 쿠데타다(Janowitz, 1964: 63-66; 강민, 1983: 351; Lim, 1985: 69-70; 최장집, 1985: 198; 임혁백, 2000: 15).

6) 당시 미국은 쿠데타 승인의 조건으로 세 가지를 제시했다. 첫째, 군사정부가 민간 대의제 정부를 복구시킬 것, 둘째, 한국군에 대한 UN 사령부의 작전통제를 받아들일 것, 셋째, 재정·경제 개혁을 시행할 것(Lim, 1985: 69).

7) 만주국은 일본의 중국 침략 전초기지였다. 당시 일제는 무기 생산을 위해 제철공장이 필요했고, 제철공장을 위해 석탄광산이 필요했으며, 석탄 채굴과 수송을 위해 전기와 도로가 필요했고, 전기를 위해 댐을 건설했다.

8) 박정희는 1917년생이다. 해방 때 28세였고 계급은 중위에 불과했다. 김종필은 1926년생으로 해방 때 19세에 불과했다. 훗날 포항제철의 신화를 이룩한 박태준도 1928년생으로 6세 때부터 일본에서 자라기는 했지만 해방 때에는 17세에 불과했고, 와세다(早稻田)대학에 입학만 한 상태였다. 박정희가 만주국 신경군관학교, 일본 육군사관학교 등에서 군사교육 이외에 일본의 정치·경제·역사 등에 대해 교육받았지만(이정식, UC Berkeley Seminar), 이런 교육만으로 한 나라를 통치할 수 있는 설계도를 마련할 수는 없었을 것이다. 만주국 보병 제8사단에서 장교로서 근무한 것은 채 1년도 안 된다(1944. 12. 23.~1945. 8. 15). 그것도 중국 팔로군 토벌을 주된 임무로 하는 부대에서 근무했다. 해방 후 한국군에서도 포병·작전정보·수송·군수 분야에서 근무했다. 수송과 군수가 군대에서는 그래도 경제 활동과 연관이 깊은 분야이기는 하지만, 그 정도의 경험으로 경제 성장 전략 전반을 구상하기는 역부족이다. 이준식(2009: 245-246)에 의하면 박정희는 메이지유신(明治維新)에 대해 개인적으로 공부를 많이 한 후 이것을 참고하려고 했다. 그러나 5·16 쿠데타 이후에 저술한 『국가와 혁명과 나』에서 메이지유신을 본받아야 할 모형으로 제시하면서 그가 내세운 경제 전략은 국가와 재벌의 양 세력이 주도적 역할을 해야 한다는 정도였다. 정부조직

사정이 그렇다 보니 군부 지도자들은 자신들의 부족한 경제 측면 능력을 보충하기 위해 민간 경제전문가들에게 의존하지 않을 수 없었다. 일제 시대·미군정·제1공화국을 거치면서 공공관료제에서 경력을 쌓은 경제관료들과 기업 운영의 경험을 쌓은 민간기업가들의 도움이 불가피했다. 쿠데타 이후 관료 숙정을 통해 기존 공무원들의 10%에 해당하는 33,000명 정도를 해임하고 그 자리에 군 장교들을 대거 임명하면서도 경제관료들은 그대로 두었고(조석준, 1968b: 223-225), 쿠데타 이후 부정축재자로 체포한 기업인들도 은행 지분만 몰수하고 '나라 경제 성장에 전념한다'는 각서를 받고 며칠 만에 풀어주었다.9)

2) 군사정부 엘리트들의 응집성과 권력의 공고성

군사 쿠데타가 성공하기 위해서는 거사에 참여한 군인들 사이에 명령 체계가 일사불란하게 정비되어 있어야 하기 때문에 성공한 쿠데타 지도부는 앨리슨(Allison) 제1모형처럼 사실상 단일 행위자로서 의사를 결정할 가능성이 높다. 그러나 5·16 쿠데타 이후에 들어선 국가재건최고회의는 그렇지 않았다.

쿠데타 직후에는 권력이 아직 박정희 중심으로 일원화되지 않았다. 쿠데타에 참여한 군 세력은 동질성이 강한 단일 집단이 아니었고 뚜렷한 이념적 지향을 공유하지도 않았다. 그래서 쿠데타에 성공한 후 군부 내에서 상이한 목소리들이 나타났다. 쿠데타 직후부터 1963년 말까지 총 16차례의 반혁명사건이 일어났는데 이것은 그들 사이에 권력 투쟁이 그만큼 치열했다는 증거다. 이런 과정을 거치면서 박정희와 뜻을 달리하는 이질적 분파들이 차례차례 제거되었다(최완규, 1988: 121; 이준식, 2009: 244, 251). 박정희는 쿠데타 직후에는 국가재건최고회의 부의장이었다가 1961년 7월 군부 내 권력 투쟁을 통해 장도영 의장을 제거하고 비로소 최고회의 의장이 되었다. 또한 1963년 3월에는 박정희와 경상도 출신 장교들에 불만을 품고

을 어떻게 설계할 것인지에 대해서도 구체적 아이디어가 없었다.

9) 그렇다고 이 경제관료들과 민간 기업가들이 경제 발전 방법을 확실하게 숙지하고 있던 것도 아니다. 이들 또한 일제 시기에는 중하위 계급 공무원에 불과했고, 기업인들은 일제가 인정해준 영역, 즉 전체 한반도 경제의 한 구석에서만 활동했다. 그렇다보니 어렴풋이 불확실한 정도의 지식과 능력을 갖춘 것이 전부였다. 미군정, 제1공화국에서도 사회 혼란·여건 미비 등으로 충분한 시행착오를 겪지 못했다. 즉, 1961년 이후에도 계속 시행착오를 겪어야 하는 입장이었다. 그러나 그 정도에 불과하더라도 군부보다는 앞서 있었다.

있던 북한 지역 출신 세력을 몰아냈다.[10] 게다가 제2공화국의 윤보선 대통령이 1962년 3월 21일에 사임하는 바람에, 그 이후에야 비로소 대통령 권한대행 자리를 차지할 수 있었다.[11]

2 군부가 허용한 행위자들

기존 정당들과 정치인, 당시의 주요 민간사회 세력으로 생각해 볼 수 있는 대지주·노동자·농민은 개정 과정에 의미 있는 영향력을 행사하지 못했다. 우선 기존 정당과 정치인들은 초헌법적 정치 상황에서 국회가 해산되어 입법권을 행사할 수 없었기 때문에 「정부조직법」 개정 과정에 자신들의 의견을 투입시킬 제도적 통로가 없었다. 1961년 5·16 직후부터 1962년 말까지 모든 집회와 정치 활동이 금지되었고, 기존 정당은 해산되었다. 1963년 1월 1일부터 정치 활동 재개가 허용되었으나, 그것을 규제하는 「정치활동정화법」·「정당법」 등은 정치 활동이 금지되었던 시기에 제정되었다. 또한 정치 활동 재개 이후에도 제3공화국이 출범하기 직전까지 장면 등 269명의 기존 정치인은 정치 활동을 금지당했다.[12] 대지주·노동자·

10) 소위 '알래스카 토벌작전'으로 사건의 핵심 내용은 박정희가 경상도 출신 장교들만 요직에 임명하니까 쿠데타에 동참했던 함경도 출신 및 그들과 가까웠던 장교들이 불만을 품고 박정희를 제거하려다가 역으로 제거당한 것이다. 이 사건으로 인해 김동하 국가재건최고회의 외무국방위원장, 박임항 건설부 장관, 박창암 혁명검찰부장 등 32명이 구속되었다(중앙일보, 2009.11.23).

11) 윤보선 대통령이 쿠데타 이후에도 유임한 것은 정치적으로 군부에 부담을 주는 측면도 있었고, 도움을 주는 측면도 있었다. 정치적 부담이란 아무리 상징적인 자리라도 대통령이라는 자리를 군부가 차지하지 못한데서 비롯되는 권력 장악의 불완전성이었다. 정치적 도움이란 윤보선이 주한 미국대사와 주한미군 사령관의 쿠데타 진압 요청을 거부한 것, 유임으로 국민들에게 다소의 안도감을 준 것, 군 내부의 반혁명군 출현 가능성을 낮춘 것, 우방국들이 혁명정부를 승인하게 만든 점 등이다(안해균, 1983: 22-23; 이혁섭, 1996: 78). 그가 사임한 이유는 박정희 의장이 1962년 3월 16일 자신의 반대에도 불구하고 구 정치인을 제재하는 「정치활동정화법」을 공포했기 때문이다. 「정치활동정화법」은 민정 이양 시 실시될 선거에서 야당 경쟁자를 제거하기 위한 조치였다(Lim, 1985: 71).

12) 이로 인해 1963년 이후에는 1963년 2월 26일 창당된 민주공화당 이외의 야당들은 크게 위축될 수밖에 없었다. 한편 「정부조직법」은 1962년까지 대부분 정비되었고, 1963년에는 단 2회의 개정만 있었을 뿐이다. 또한 정치 활동 재개 이후 대부분의 정당들은 민정 이양 문제에 초점을 맞추었고, 민주공화당과 국가재건최고회의 사이에 권력 쟁탈전이 전개되었기 때문에, 민주공화당도 「정부조직법」 정비 과정에는 큰 영향을 미치지 못했다(안해균, 1983: 15-18).

농민 세력은 미군정과 제1공화국을 거치면서 세력이 극도로 약해졌기 때문에 「정부조직법」 개정 과정에 전달할 자신들의 입장을 형성하기조차 어려웠다. 4·19를 전후해 학생과 노동자단체들이 잠시 활성화되기도 했지만, 쿠데타 직후 발표된 혁명위원회 포고와 최고회의령에 의해 활동이 금지되거나 해산되었다. 1961년 5월 31일 사회단체 재등록이 실시되었고, 1961년 8월에는 「노동자의 단체활동에 관한 임시조치법」, 9월에는 「집회에 관한 임시조치법」 등이 제정되었다. 따라서 사회 세력들의 활동이 크게 제약받을 수밖에 없었다.[13]

군부 이외에 「정부조직법」 개정 과정에 의견을 표명했을 가능성이 높은 행위자들은 민간인 경제관료들[14]과 민간인 기업가들[15]이었다. 경제 분야는 군부가 장기집권을 위해 가장 절실하게 업적을 증명해야 하는 분야였기 때문에 오랜 경험을 축적한 민간인 관료와 기업가들의 도움을 받지 않을 수 없었다.

1) 민간인 경제관료들

1950년대 후반 이승만 정권의 부흥부가 경제개발계획을 입안하기 시작할 때부터 1960년대 초 군사정부 시기를 거쳐 제3공화국 초까지 경제부처의 장관을 역임한 인물들 중 상대적으로 임기가 길었던 사람들의 이력을 보면 대부분 일제 강점기에 일본에서 유학한 후 조선식산은행(산업은행의 전신)과 조선은행(한국은행 전신) 등에서 경제계 경력을 시작했고, 정부 수립 후에 한국은행·재무부·부흥부 등에서 중간 이상 계급으로 공직 생활을 시작했다. 일제 강점기에 조선인들이 정책결정권을 행사할 수 있는 일본 본국 정부나 조선총독부 고위직에 임용되기 힘들었기

13) 이 시기 사회단체들은 적극적 활동보다는 차후를 대비하며 조직 정비에 시간을 보냈다(안해균, 1983: 10, 18). 군정회의가 사회단체들로부터의 투입을 인정하지 않은 또 다른 이유는 객관적 입장을 유지하기 위해서였다(조석준, 1968b: 229).

14) 군사정부는 쿠데타 직후에는 부패한 관료보다는 민간 지식인들을 신뢰하고 의지하려고 했으나, 민간 지식인들이 가지고 있는 비현실성 문제를 인식하고부터는 직업 관료들에게 더 많이 의존했다(안해균, 1983: 22). 조석준(1968b: 228)에 의하면 경제기획원·건설부·농촌진흥청·노동청·철도청 등이 민간인 관료들의 의견을 토대로 설치된 기구다.

15) 군사정부 시기에 한국경제인협회·중소기업협동조합·상공회의소 같은 경제단체들이 조직되었지만 경제정책은 정부의 일방적 결정 혹은 경제 엘리트 관료와 개별 기업가들의 비공식적 접촉관계 하에서 결정되어, 적어도 군사정부 시기에는 경제단체들의 영향력이 강했다고 보기 어렵다(안해균, 1983: 19).

때문에 이 정도의 이력을 가진 사람들이 1950년대 후반 이후 최고의 경제관료 후보군이라고 볼 수 있다.

표 4-1 민간인 경제관료들

이름 (출생 연도)	이력
황종률 (1909년)	규슈제대(九州帝大) 졸업. 외자구매처 3대 처장. 1963년 재무부 장관
김유택 (1911년)	규슈제대 졸업 후 조선은행 이사. 제13대 재무부 장관(1961.6.~1961.7). 부총리 겸 제1대 경제기획원 원장(1961.7.~1962.3). 제4대 경제기획원 원장(1962.7.~1963.2). 부총리 겸 제1대 경제기획원 장관
송인상 (1914년)	1935년부터 조선식산은행 근무. 재무부 이재국장(1949년). 한국은행 부총재(1952년). 제3대 부흥부 장관 겸 경제조정관(1957년). 초대 기획기관 수장으로 사실상 최초의 제대로 된 다년도개발계획의 입안을 주도. 제9대 재무부 장관(1959년)
태완선 (1915년)	1936년~43년 조선식산은행 근무. 1951년부터 상공부 산업재건위원회 위원 및 상공부 정책위원회 위원. 부흥부 산업개발위원회 고문. 부흥부 정무차관. 부흥부 장관. 1961년 5월 상공부 장관. 1971년 건설부 장관. 1972년~1974년 경제기획원 장관 등
김세련 (1917년)	보성전문학교 상과 졸업 후 조선은행 입사. 1962년 한국산업은행 총재. 1962년 재무부 장관
* 박정희 대통령(1917년생)	
천병규 (1918년)	오사카(大阪) 상과대학 졸업. 1942년에 조선은행 입사. 1950년 한국은행 초대 도쿄 지점장. 1956년 한국은행 부총재. 1959년 재무부 차관. 1961년 재무부 장관. 1962년 6·10 화폐 개혁 주도
박충훈 (1919년)	도시샤(同志社) 고등상업학교 졸업. 상공부 무역국장. 국방부 경리국장. 상공부 차관. 1963년 상공부 장관. 1967년 부총리 겸 경제기획원 장관
김학렬 (1923년)	주오대(中央大) 졸업. 1950년 제1회 고등고시 행정과에 합격. 재무부 관료. 1961년 재무부 사세국장, 예산국장, 경제기획원 조정관으로 승진. 1962년 경제기획원 부원장보. 1969년 경제기획원장. 3공 때 '정치는 이후락, 경제는 김학렬'이라는 소리를 들음.

* 출처: www.chosun.com 인물 검색.

장관급 경제관료들이 이처럼 일본 배경을 가졌다면 실무급에서는 1962년 6월 이후 미국에 매우 협조적인 경제관료들이 등장했다. 군사정권은 1962년 6월에 화폐 개혁을 단행했다. 기존의 10환을 1원으로 하는 것이었는데 목적은 지하경제 자금을 동원해 경제 개발에 쓰기 위한 것이었다. 그러나 막상 하고 보니 지하경제는 얼마 안 되었고, 경제는 대혼란을 겪어야만 했다. 중소기업 가동률이 45%로 내려갈 정도였다. 이것을 계기로 미국은 군사정권에 모든 경제정책을 미국과 사전에 협의할 것을 요구했고, 이후 미국에 협조적인 경제관료들이 등장했다. 그리고 이들은 1962년 11월 26일부터 1차 경제개발 5개년계획 3년차분부터 수정하기 시작했다. 미국은 비밀리에 대규모 산업화 전략을 포기할 것, 수출증대정책으로 전환할 것 두 가지를 요구 사항으로 전달했다(민족문제연구소, 2012b).

일각에서는 이들이 미국에서 교육을 받아 자유주의 경제학 사고 방식을 갖고 있었고, 1964년부터 추진된 수출 지향 성장 전략이 자유주의 경제사상의 영향을 받은 것이라는 주장(Hwang, 1996: 308)이 있지만, 당시의 정황을 종합적으로 고려해 보면 설득력이 낮다. 당초의 수입대체산업화 전략보다는 무역(수출)을 강조하기 때문에 상대적으로 자유주의적이라고 볼 여지는 있지만, 인위적인 환율 조정[16]과 정부가 수출 기업들에게 유인을 제공하는 것 등은 전형적인 정부의 시장 개입이고 발전국가의 대표적인 정책 수단이다. 더 나아가 미국의 케네디 정권이 국제개발처(USAID)를 설치하고 배후에서 한국 경제를 성장시키기 위한 계획을 입안하고, 경제개발계획 수정을 거부하는 박정희 군사정권[17]을 채찍과 당근을 쓰면서 통제한 것부터가 시장자유주의와 상당한 거리가 있다(민족문제연구소, 2012b).[18] 당시 전 세계적 냉전 구도 하에서 북한에 압도적 열세를 보인 남한의 공산화를 막기 위한 미국 케네디 정권의 거대 프로젝트의 일부였던 것이다. 박정희 군사정권의 어설

16) 당시 미국은 기존 환율 '1달러 : 133원'이 너무 낮다고 보고, '1달러 : 300원' 정도로 올리라고 권고했다. 그러나 박정희 군사정권은 환율을 올릴 경우 수입물가가 높아져 국내 물가가 인상될 우려가 있었기 때문에 가급적 환율을 올리지 않으려고 했다. 최종적으로는 1964년 5월 5일에 '1달러 : 255원'으로 개정되었다. 미국은 환율 조정 후 한국 사회의 혼란을 막기 위해 '환율안정금'이라는 지원을 제공했다. 1천만 달러와 식량 지원 25만 톤이었다(민족문제연구소, 2012b). 환율이 시장에 의해 결정된 것이 아니라 철저히 한 · 미 양국 정부의 협상에 의해 인위적으로 조정되었고, 더 나아가 미국은 부작용을 막기 위해 보완 조치까지 취했다.

17) 박정희 대통령은 중공업 육성 의지가 강했다. 이 시기에 미국의 압력을 받아 중공업을 포기했지만 1960년대 후반부터는 다시 본색을 드러냈다. 그리고 이 시기에는 미국파 경제학자들을 노골적으로 무시했다. 당시 미국에서 교육을 받은 경제학자들은 비교 우위를 가진 노동집약적 산업 위주의 경제 성장을 주장했는데 박정희는 이 의견을 무시하고 중화학공업화를 추진했다(Clifford, 1994 : 48-50, 59).

18) 이런 견해를 뒷받침하는 또 다른 반증은 자유시장 패러다임의 핵심 요소로 꼽히는 「공정거래법」 제정이다. 1963년에 시멘트 · 제분 · 제당 3분 파동이 일어났을 때 공정거래법 제정이 정부 일각에서 제기되었지만 이 법률은 전두환 정권이 들어설 때까지 제정되지 못했다(김미경 · 라휘문 · 정용덕, 1998; 하태수, 2004).

픈 계획을 미국이 개입해 좀 더 체계적인 발전국가 시스템으로 완성도를 높여준 것이다.

2) 민간 기업가들

민간 기업가들은 민간인 경제관료들 못지않게 정부조직 개편 등에 영향을 미쳤을 가능성이 높다. 기업가들은 일본 기업들과 연줄을 갖고 있어서 제3공화국 때 일본을 통한 수출 중심의 경제 성장 전략을 추진할 때 큰 영향을 미쳤다(Chibber, 1999: 312-317). 당시 주요 기업인들은 박정희 의장보다 나이가 많아 일제 강점기 때 이미 기업 운영 경험을 쌓은 상태였다.[19] 또한 일제 식민국가가 구축했던 발전국가적 국가-기업 협조 체제를 직·간접적으로 경험해서 그것이 완전 시장자유경쟁 체제보다는 신속한 경제 성장에 유리하다는 점을 체득했고, 일본 정·재계에도 광범위한 인적 연줄망을 구축해 놓았다. 제2공화국에서 큰 역할을 한 화신그룹 설립자 박흥식[20]과 박정희 정권에서 큰 역할을 한 삼성그룹 설립자 이병철은 당시

19) Lim(1985: 105)은 1950년대 한국 자본가들을 3부류로 구분했다. 첫째, 삼양·화신그룹처럼 일제 강점기 때 사업을 시작한 자본가들. 둘째, 동양주조·선경·한국화약그룹처럼 일제 강점기 때 일본 회사에 참여했다가 해방 후 적산 불하 과정에서 기업을 인수한 자본가들. 셋째, 삼성·럭키·쌍용그룹처럼 해방 후 사업을 시작한 자본가들. 이들은 일제 강점기와 연관이 없는 것처럼 주장하지만 사실은 비록 규모는 작을지라도 그때 이미 사업을 시작했다.

20) 한국전쟁과 5·16 쿠데타를 계기로 박흥식의 사업이 크게 축소되었다는 점(구글 위키백과, 2009. 11.27. 검색)을 봐서는 그가 쿠데타 이후 박정희 정권에 큰 영향을 미쳤을 가능성은 높지 않다. 그럼에도 불구하고 여기서 그를 특별히 언급하는 이유는 1960년대 초 상황에서 일제 강점기에 사업을 시작했던 민간 경영인들이 한·일 국교정상화 이전에 한국과 일본의 가교 역할을 하면서 경제뿐만 아니라 정치에도 큰 영향을 미쳤다는 점을 예시하기 위해서다. 장면은 일제 강점기에 친일 행위를 많이 했다. 그는 가톨릭 사제로 성공한 후인 1930년대 말부터 일제의 조선 수탈에 적극적으로 동조했다. 1936년에 동성상업학교 교장이 되어 해방 때까지 근무했고, 1938년부터 국민정신총동원조선연맹 위원에 선임되어 명동천주교회를 이 조직에 가입시켰다(구글 위키백과, 2009.11.25. 검색). 그런 그가 1961년에 총리로 취임하자 일본 이케다(池田勇人) 정권(1960.6.19.~1964.11.9.)은 기다렸다는 듯 고사카 젠타로(小坂善太郎) 외무상을 서울로 보내 국교정상화를 위한 양국 접촉을 시작했다. 그런데 이때 장면은 외무 장관이 아니라 대표적 친일 기업가였던 박흥식을 일본에 보내 오히라(大平正芳) 관방상와 국교문제를 협의하게 했다(Lee, 1985: 45-47; 구글 위키백과, 2009.11.27. 검색). 박흥식은 일찍부터 조선총독부와 밀착해 사업을 확장하다가 중일전쟁·태평양전쟁 등을 계기로 본격적인 친일 활동을 벌인 기업가다. 그는 1930년대 후반부터 국민정신총동원조선연맹의 이사를 맡았고, 1944년에는 조선비행기공업주식회사, 1945년에는 조선비행기공업학교를 설립하기도 했다. 박정희라는 개인이 친일파로 일본과 굴욕적으로 손을 잡은 원조이고, 그가 욕을 먹으면서도 이런 선택을 했기 때문에 한국 경제가 급속히 발전할 수 있었다

민간 기업가들의 대표적 인물이다.

삼성그룹 창업자인 이병철은 군사정부에 일본과 수교, 수입대체산업화 전략 대신 일본 종합무역상사를 통한 수출주도산업화 전략 채택, 한국경제인협회(전국경제인연합회 전신)[21] 설립 등과 관련해 군사정권에 많은 의견을 제시했다.[22] 그는 1961년에 전경련 설립을 주도해 정권과 재계의 연결고리 역할을 하면서 정부의 정책에 상당한 영향을 미쳤다. 그는 일제 강점기 때 와세다(早稻田)대학을 중퇴하고 1936년에 협동정미소 1938년에 삼성상회를 설립했으며, 해방 후 1950년대 중반에는 제일제당과 제일모직을 설립했다. 두 회사를 설립할 때 필요한 기계 설비를 일본에서 수입했고, 기계를 운영하기 위해 일본인 기술자들을 국내에 초빙하기도 했다. 국교정상화 이전이기 때문에 일제 강점기에 구축한 일본 내 인맥을 이용했다. 일본과 관련된 이런저런 정책 제안을 할 수 있었던 것도 이러한 개인적 경력과 인맥이 없었다면 불가능했을 것이다(Castley, 1992: 209; Clifford, 1994: 37, 40, 54). 당시 주요 민간 기업가들을 살펴보면 <표 4-2>와 같다.

표 4-2 민간 기업가들

기업명	창업자 (출생 연도)	세부 내용
두산그룹	박승직 (1864년)	1890년 박승직상점 시작. 1916년 화장품 제조 판매. 1933년 소화기린맥주의 주주로 참여했다가, 해방 후 아들 박두병이 인수해 동양맥주 설립. 1946년에는 상호를 두산상회로 바꿈.

고 평가하는 것은 옳지 않다. 반민족 친일 경력으로 따지면 장면이 박정희보다 더했으면 더했지 덜하지 않았고, 일본과 손을 잡아 경제 성장을 꾀한다는 전략도 미국의 동아시아 구상에 의해 1950년대 후반부터 논의되었던 것이다. 참고로 제2공화국 9개월 동안 임명된 장관 35명 중 20명(65%)이 친일 경력을 가지고 있었다(이윤섭, 2009). 선행 시기와 단절적으로 구분해서 대부분의 공과(功過)를 박정희와 당시 군부 인사들에게 돌리는 것은 옳지 않다. 당시 상황에서는 일본 그리고 그 뒤에 있는 미국과 손을 잡고 경제 성장을 추구하는 것이 가장 현실성 있고, 성공 가능성 높은 전략이었다. 단 박정희를 대표로 하는 군부 세력이 다른 세력들보다는 좀 더 강한 추진력을 보유했었던 것이다.

21) 한국경제인협회는 부정축재 처리 대상자들이 자기들의 이익을 보호하기 위해 1961년 7월에 경제재건촉진회로 설립하고, 후에 한국경제인협회로 개칭한 조직이다. 이 단체는 기간산업 건설에 적극 참여하고, 민간외자도입사절단의 역할을 수행하는 등 활발한 활동을 전개했다(안해균, 1983: 19).

22) 이병철은 일본식을 선호해서 종종 일본신사(Japanese Gentleman)로 불리기도 했다(Castley, 1992: 209; Clifford, 1994: 37).

삼양사	김연수 (1896년)	1924년 삼양사 설립. 경성방직을 설립한 인촌 김성수(1891–1955) 동생
화신그룹	박흥식 (1903년)	1926년부터 서울에서 사업 시작. 1931년 화신백화점, 1934년 화신연쇄점, 1944년 조선비행기공업사, 1945년 조선비행기공업학교 설립
LG그룹	구인회 (1907년)	해방 때 38세
삼성그룹	이병철 (1910년)	중동중학 졸업 후 일본 와세다대학 전문부 정경과에 입학했다가 1934년 중퇴. 1936년 협동정미소 시작. 1938년 대구에서 삼성상회 시작. 1951년 부산에서 삼성물산을 세워 무역업 시작. 1953~1954년 제일제당과 제일모직 설립. 이후 사업 영역 크게 확대. 1961년부터 1987년까지 한국경제인협회(전국경제인연합회의 전신) 회장 역임. 1964년 동양 라디오 및 텔레비전 방송, 1965년 중앙일보를 설립. 1969년 삼성전자를 설립. 1974년 삼성석유화학 · 삼성중공업을 설립
현대그룹	정주영 (1915년)	1938년 쌀가게 주인이 됨. 1941년 자동차 수리공장 설립. 1960년 국내 건설사 중 도급액 1위
* 박정희 대통령(1917년생)		
한화그룹	김종희 (1922년)	원산공립상업학교 졸업 후 일본인 소유의 조선화약공판 입사. 한국인 최초의 정규 직원으로, 일본 패망 후 일본인들이 떠날 때 회사를 인수받음
SK그룹	최종건 (1926년)	1943년 18세의 나이로 일본인 소유의 선경직물 입사. 6 · 25 전쟁 후 선경직물 공장을 불하받아 재건

* 출처: www.chosun.com 인물 검색.

3 정치적 협상

5 · 16 직후의 정부조직 개편은 1장 2절에서 언급한 권위주의 정체 하에서 전개되었다. 그렇기 때문에 외양상으로는 여당과 야당 국회의원들 사이의 정치적 협상은 없다. 겉으로 드러나는 양상은 쿠데타 세력이 설치한 임시정부인 국가재건최고회의가 마치 1인의 자연인처럼 단일체로 의사 결정을 하는 것이다. 당연히 내부에서는 참여자들 사이에 최종 결정을 둘러싸고 갑론을박이 있겠지만, 외부인들이 보는 외양에서는 그런 논의가 파악되지 않을 것이다.

외부인들이 '혁명기구 내에서도 뭔가 이견이 있구나!'라고 추정할 수 있는 단초는 이 기구의 의사 결정이 혼선을 빚으며 자주 바뀌는 것이다. 한 번 결정되어 외부로 공표된 내용이 시간적으로 얼마 지나지 않아 다른 내용으로 바뀌고, 조금 있다가 또 바뀌고 하는 현상이 관찰되면, 자세한 내막은 알 수 없지만, 군사혁명 기구 내에서 뭔가 심상찮은 갈등이 있을 가능성이 높은 것이다.

5·16 직후부터 1963년 말까지 2년 반 동안 존재한 국가재건최고회의는 여러 번에 걸쳐 정부조직 개편을 단행했다. 심한 경우 어떤 기관은 이 기간에 다섯 번이나 변화를 겪기도 했다. 내부 과정은 암흑상자로 처리되어 자세한 상황은 알 수 없지만 '국가재건최고회의 내부 참여자들 사이에서 확실한 단일의 의견이 있지는 않았음'을 알 수 있다. 사전에 준비된 확고부동한 생각이 없었고, 쿠데타 이후에도 참여자들 사이에 합치된 의견이 없었음을 알 수 있다. 그때그때 상대적으로 권력이 센 사람이 주장하는 방향으로 개편들이 진행되었을 가능성이 높다.

제 3 절 제도적 맥락

5·16 쿠데타 직후 군부는 「국가재건비상조치법」으로 헌법의 효력을 일부 정지시키고, 「국가재건최고회의법」을 제정해 20인 이상 32인 이내로 구성되는 입법·사법·행정의 기능을 대행·통제하는 국가재건최고회의(1961.5.26.~1963.12.16.)를 구성했다. 1961년 5월 19일에 발표된 국가재건최고회의 인적 구성은 다음과 같다(안해균, 1983: 5).

표 4-3 국가재건최고회의의 인적 구성

의 장:	장도영(육군참모총장, 중장)
부의장:	박정희(2군사령부 부사령관, 소장)
위 원:	김종호, 박임항, 김신, 이성호, 김성은, 정래혁, 이주일, 한신, 유양수, 한웅진, 최주종, 김용순, 채명신, 김진위, 김윤근, 장경순, 송찬호, 문재준, 박치옥, 박기석, 손창규, 류원식, 정세웅, 오치성, 길재호, 옥창호, 박원빈, 김석제
고 문:	김홍일, 김동하

1 국가재건최고회의의 권한

이 기구는 「헌법」에 규정된 국회의 법률 제정 권한을 행사했다. 그리고 정부가 제출한 예산안을 심의·의결했다. 이 의결은 재적 최고위원 3분의 2 이상의 출석과 위원 과반수의 찬성으로 했다. 대통령의 권한도 대행했다. 대통령이 궐위되거나 사고로 인해 그 직무를 수행할 수 없을 때 총선거에 의한 정부가 수립될 때까지 국가재건최고회의 의장, 부의장, 내각수반의 순위로 그 권한을 대행하기로 했다. 행정과 관련해 계엄안과 해엄안, 연합참모본부 총장·각군 참모총장·해병대사령관의 임면(任免)과 그 외 군사에 관한 중요 사항, 영예 수여·사면·감형·복권에 관한 사항, 검찰총장·각급 검사장·감사위원장·국립대학 총장·대사·공사 그 외 법률에서 지정한 공무원과 중요 국영기업체의 관리자의 임명에 관한 승인 등을 모두 의결했다.

내각 조직과 관련해서는 재적최고위원 과반수의 찬성을 얻어 내각수반을 임명하며, 내각수반은 각원(閣員)을 임명할 때 최고회의의 승인을 얻게 했다. 그리고 재적 최고위원 2/3 이상의 찬성으로써 내각의 총사직(總辭職)을 의결할 수 있고, 재적 최고위원 과반수의 찬성으로써 각원의 해임을 의결할 수 있게 했다. 사법권 통제와 관련해서는 사법행정 대강(大綱)은 최고회의가 지시·통제할 수 있게 했다. 대법원장과 대법원 판사는 재적 최고위원 과반수의 찬성으로써 최고회의가 제청해 대통령이 임명하며, 그 밖의 법관·법원행정처장은 최고회의의 승인을 얻어 대법원장이 임명하고, 지방법원장급 이상의 보직(補職)도 최고회의의 승인을 얻어 대법원장이 행하게 했다. 지방자치단체장 임명과 관련해서는 도지사·서울특별시장 및 인구 15만 이상인 시의 장은 최고회의의 승인을 얻어 내각이 임명하게 하고, 지방자치단체의 장은 도지사가 임명하게 했다.[23)]

2 국가재건최고회의의 내부 조직 구성

이 기구는 내부에 상임위원회·7개 분과위원회·기획위원회·특별위원회 등을

23) 국가기록원. http://www.archives.go.kr/next/search/listSubjectDescription.do?id=001468

뒀다. 7개 분과위원회는 법제사법위원회, 내무위원회, 외무위원회, 재정경제위원회, 교통체신위원회, 문교사회위원회, 운영기획위원회 등이었는데, 각 분과위원회는 7인 이내로 구성되며 행정부 각 부처를 분할해 정책 입안을 담당했다(안해균, 1983: 23. 각주 68번).

기획위원회는 내부에 정치소위원회, 재정경제소위원회, 문교사회소위원회, 법제사법소위원회, 평가위원회 등 5개의 소위원회를 뒀다(안해균, 1983: 23. 각주 68번).

상임위원회는 각 분과위원장으로 구성되며 위원장은 최고회의부의장이 겸했다. 따라서 상임위원회는 최고회의를 축소 집약한 기관으로 위임받는 사항에 대해 최고회의의 권한을 대행하는 부(副)최고통치기관 역할을 담당했다(안해균, 1983: 23-24).

국가재건최고회의는 쿠데타 참여 세력들 사이에서 권력 관계가 안정될 때까지 권력쟁탈전이 벌어진 곳이기도 하며, 선거를 통한 정부가 출범하는 1963년 12월 말까지 의장, 부의장, 위원들이 교체되기도 했다.

3 국가재건최고회의의 의사 결정

본회의는 의장이 인정하거나 상임위원회나 최고위원 8인 이상의 요구가 있을 때 재적 최고위원 과반수 출석으로 개의했다. 의안 발의는 최고위원 3인 이상의 찬성으로써 이뤄지며, 분과위원회 또는 특별위원회에서 최고회의에 부칠 필요가 없다고 결정된 의안은 회의에 보내지 않았다. 그러나 이런 위원회의 결정이 최고회의에 보고된 날로부터 5일 이내에 최고위원 5인 이상의 요구가 있을 때는 그 의안은 회의에 보낼 수 있도록 했다. 한 번 부결된 안건은 최고위원 10인 이상의 찬성이 없는 한 다시 제출하지 못하게 했다. 의안의 수정 동의는 최고위원 3인 이상의 찬성자와 연서해 미리 의장에게 제출하며, 예산안의 수정 동의는 10인 이상의 찬성이 있어야 했다. 그러나 위원회에서 심사 보고한 수정안은 찬성 없이 의제가 될 수 있도록 했다.[24)]

24) 국가기록원. http://www.archives.go.kr/next/search/listSubjectDescription.do?id=001468

4 정부조직 개편 담당 부서

여러 위원회가 조금씩 정부조직 개편에 관여했지만, 중심적 역할을 담당한 곳은 기획위원회 산하 정치소위원회 소속 행정기구개편소위원회였다. 이 소위원회가 관계 부처의 공무원들을 불러들여서 이전 정권들 하에서 축적되었던 여러 조직 개편 대안을 수집했다(조석준, 1968a: 102; 안해균, 1983: 23). 민간 경제인들은 국가재건최고회의의 자문위원이나 경제기획원 종합기획국(이전에는 부흥부 산업개발위원회, 건설부 종합기획국)을 통해 경제개발계획이나 정부조직 개편에 관한 생각을 제시했을 것으로 보인다.[25] 군부에 의해 참여가 허용되었다는 점에서는 같지만 제안의 수용도에서는 차이가 났을 가능성이 높다. 공무원들은 정부조직 개편담당 위원회에 출석해 직접 의견을 제출한 반면, 민간 경제인들은 간접적으로 의견을 전달할 수밖에 없었기 때문에 대안의 설득력 강도와는 별개로 전달력이 상대적으로 약했을 것이다.

제 4 절 거시적 환경

5·16 직후의 정부조직 개편에 영향을 미치는 거시적 환경의 내용은 앞의 3장에서 언급된 거시적 환경의 내용과 크게 다르지 않다. 시간적으로 두 시점이 1년 정도밖에 차이나지 않기 때문에 사실상 대동소이하다고 볼 수 있다. 특히 3장에서 논의했듯이 제2공화국 정권이 당시의 사회 문제 해결을 위해 단행한 정부조직 개편이 거의 없기 때문에 3장의 거시적 환경 부분에서 논의된 사회 문제들은 5·16 직후에도 유효하다고 할 수 있다. 그래서 여기서는 거의 동일한 내용들을 다시 언급하는 대신 좀 더 광범위하게 시야를 넓혀 5·16 직후 시점에서 한국 발전국가 형성의 배경에 대해 살펴보고자 한다.

---

25) 조석준(1968a: 102), Castley(1992: 209), Clifford(1994: 37), 오원철(2006: 59)을 토대로 유추.

1 국제 관계: 1950년대 후반 이후의 미국-일본-한국의 관계

1949년 6월 미군 철수, 1950년 1월 12일 애치슨 라인(Acheson Line) 선언으로 한국과 대만을 방어선에서 제외시켰던 미국은 한국전쟁을 계기로 정책을 바꿔 한국을 다시 방어선에 포함시키고 자유진영의 최일선으로 강화시키는 방침을 정했다. 그러나 1950년대 후반으로 접어들면서 동남아 지역에 대한 원조 필요성이 증가하고 한국의 전후 복구가 어느 정도 완료됨에 따라 아이젠하워 정권은 한국에 대한 경제 원조를 축소시키기 시작했다. 반면, 1961년 1월 20일에 출범한 미국 케네디 정권은 냉전구도 속에서 가난한 나라들이 공산화되는 것을 막고자 '친미국가 개발전략'을 가동했는데, 한국도 그 대상에 포함되었다. 1961년 6월 13일에 열린 한국 태스크포스 회의에서 미국은 경제 원조의 초점을 1950년대의 전후 복구와 최저 생계 유지 지원에서 '경제 개발'로 바꿨다. 더불어 행정 개혁, 부패 추방, 교육 개혁도 필요하다고 결론을 내렸다. 이후 6월 20일 케네디-이케다[26] 정상회담에서 미국은 일본에게 "한국의 경제 개발에 일본의 참여가 필요하니, 빨리 한국과 국교를 정상화하라"고 요청했다. 11월 3일에는 국제개발처(USAID)를 설치해 분쟁 국가에 군대 대신 경제전문가들을 보내 친미국가 개발전략을 본격적으로 추진했다. 11월 중순부터 미국은 한국의 박정희 군부가 세운 경제개발 5개년계획의 수정을 요구했다. '종합기계제작소 같은 대규모 산업화 전략을 포기하고 수출증대정책으로 전환하라'는 것이 핵심 요구 사항이었다. 미국은 박정희 정권을 통제하기 위해 당근과 채찍을 같이 사용했다. 박정희 정권이 미국의 요구 사항을 거부할 때에는 원조 중단으로 압박을 가했고, 요구 사항을 따를 때에는 인위적 환율 조정 등으로 유인을 제공했다(민족문제연구소, 2012b).

제2차 세계대전 패망 후 한국전쟁으로 부흥의 계기를 맞았던 일본도 점점 강해지는 미국의 정치적·통상 압력을 회피하기 위한 방법으로 한국과 대만을 통한 우회 생산·수출 전략을 채택했다. 한국과 대만은 당시 일본에 비해 임금이 낮아 저

26) 케네디(John F. Kennedy)는 1961년 1월 20일부터 1963년 11월 22일까지 미국 대통령을 역임했다. 후임 대통령은 존슨(Lyndon B. Johnson)이다. 이케타 하야토(池田勇人)는 대장성 관료 출신으로 1960년 6월 19일부터 1964년 11월 9일까지 일본 수상을 역임했다. 후임 수상은 사토 에이사쿠(佐藤榮作)다.

임금의 이점을 이용할 수 있었고, 과거 일본의 식민지였기 때문에 노동자들이 일본의 기업문화와 일본어에 익숙해 다른 동남아 지역 나라들에서보다 노사관리가 쉬웠으며, 두 나라에 공작기계를 수출할 수 있는 이점이 있었다. 일본이 미국에 섬유제품을 직접 수출하는 것에서 한국과 대만에 공작기계를 수출하고 대신 한국과 대만이 미국에 최종 섬유 상품을 수출하게 만드는 것이었다. 이 전략은 미국·일본 우익[27]과 재계·한국·대만 등을 모두 만족시킬 수 있는 대안이었다. 이 전략 실현을 위해 일본, 특히 일본 기업가들은 제2공화국 성립 직후부터 한국 정치권에 국교정상화를 제의하면서 여러 가지 편의를 제공했다.[28]

2 역사적 환경

1) 일본 식민지 경험의 영향

'일제 식민지 경험이 1960년대 이후 한국의 경제 성장에 긍정적 영향을 미쳤는가?'를 둘러싼 논쟁에서 나온 주장들을 상호 비교해 보면 일제 식민 국가가 남한 지역에 남긴 물질적·유형적 유산은 많지 않고, 그나마 있던 것은 6·25 전쟁 때 많이 파괴되었지만 그 시대 사람들의 세대적 경험과 기억이라는 정신적·무형적 유산을 통해 한국의 경제 성장에 긍정적 영향을 미친 것으로 종합된다. 그런 소프트웨어적인 유산의 대표적인 예는 다음과 같다.

---

27) 특히 일본 우익은 "이토 히로부미(伊藤博文)의 길을 따라 재차 조선 땅에 뿌리를 내려야 한다"(요시다 시게루[吉田茂]의 발언)는 목적을 가지고 있었다. 그래서 이들은 5·16 이후 박정희를 특히 눈여겨봤다. 1961년 11월 11일 일본을 방문한 박정희가 만주군관학교 옛 스승을 만나 "저를 이렇게 키워주셔서 고맙다"는 인사를 하자 안심을 하고 환대를 했다. 기시 노부스케(岸信介, 1960.6.18.까지 일본 수상 역임)는 이때 박정희를 요정에까지 초대했는데 이 자리에서 박정희는 일본어로 "5·16 이후 메이지(明治) 지사(志士)들을 생각한다. 그들을 존경한다"고 말했다. 이후 일본 우익은 1961~65년 사이에 박정희의 공화당에 6,600만 달러의 검은 돈을 제공했다. 이 돈은 당시 공화당 예산의 2/3 정도를 차지했다(Clifford, 1994: 91; Cumings, 1984: 20; Lee, 1985: 45−47; Haggard & Cheng, 1987: 100, 103; Kim, 1989−90; Castley, 1997: 78−87; 정일준, 1999; 민족문제연구소, 2012b).

28) 반일 태도가 강경했던 이승만과 달리 일제 강점기에 개인적 출세를 추구했던 장면은 친일파였다. 제2공화국 성립 직후부터 일본 측은 한국 정치인을 상대로 한·일 국교정상화를 위한 막후 접촉을 시작했다.

(1) 강한 국가

일제가 한국에 남긴 대표적인 유산은 자율성과 민간사회에 개입할 수 있는 제도적 능력을 갖춘 강한 국가(the strong state)다. 조선 후기의 중앙정부는 양반들의 조세 기반(토지) 잠식으로 재정력이 극도로 약해진 약탈국가였다. 인접국의 식민지로 전락할 정도로 국방력이 약화되었던 결정적 이유도 약화된 재정력이었다(Kohli, 1999: 97-99). 그렇게 허약했던 중앙정부가 강한 국가로 변화된 계기는 일제 식민지 경험이다. 조선총독부는 우선 토지조사를 통해 조세 기반을 확대했다. 그리고 이후 통치 과정에서 몇몇 지주를 제거하기도 했지만 기존 양반들로 대표되는 지주세력의 기득권을 대부분 인정하고 소규모 자영농과 소작농 그리고 산업 임금노동자들을 착취했는데(Kohli, 1999: 105, 110-111), 이들의 저항이 거세지자 이들을 통제하기 위해 경찰과 헌병 같은 억압기구들을 크게 증가시켰고, 결과적으로 과대 성장국가가 일제 강점기에 형성되었다.[29]

(2) 국가 개입 산업화 전략

일제는 남한 지역을 쌀 생산 기지로, 북한 지역과 만주를 중국 침략을 위한 무기 생산 기지로 활용했다. 특히 제1차 세계대전 이래 일본이 당면했던 경제 불황과 1929년에 발생한 세계 대공황을 계기로 제국 내에서의 독자 생존 노선을 정한 1930년대 이후 북한과 만주 지역에서는 국가 주도로 중화학공업이 시작되었다. 철강·화학공업이 시작되었고, 이것에 소요되는 에너지를 생산하기 위해 광산 개발·댐 건설 등이 동반되었다. 1910~1940년 사이에 연간 평균 산업성장률은 10% 정도로 높았다(Kohli, 1999: 115). 비록 남한 지역에서는 산업화 추진이 미약했고 그나마 6·25 전쟁으로 남았던 유산들이 거의 모두 파괴되었다고 할지라도 산업화는 매우 소중한 경험이었다. 한국 경제는 산업화를 전혀 경험하지 못한 전통에 얽매이고, 정체되고, 농업 중심인 과거와는 판이하게 달라져 있었다. 이 시기 조선총독부·군대·공공은행 등에서 근무한 조선인들은 비록 정책 결정 권한이 있는 고위 직급에

29) 대만의 경우 한국과 상황이 다르다. 일제가 식민지 경영을 시작할 때 지주들이 대부분 부재지주들이었기 때문에 식민 국가는 큰 저항 없이 토지 개혁을 실시할 수 있었다. 그 결과 일제 식민 국가로 인해 토지를 소유하게 된 자영농들은 식민국가에 대해 사실상 저항이 거의 없었고 일제는 강성 통치를 하지 않아도 되었다(Cumings, 1984: 11-12; Alavi, 1972: 61; Koo, 1987: 170; Jun, 1992: 186-189; Clifford, 1994: 27-29).

서는 근무하지 못했더라도 식민지 경제 성장 과정에서 일제 식민 국가가 수행한 역할을 직·간접적으로 경험하게 된다.

민간인 기업가들도 일제 강점기 때 비교 정치경제학 관점에서 보면 독특하면서도 중요한 경험을 한다. 당시 조선총독부는 공공 목적 달성을 위해 기업들에게 이자율·전기료·철도이용요금 특혜를 제공했다. 한국인 기업가들은 치열한 시장 경쟁 위주의 자본주의 경제보다는 국가-기업 협력 관계 속에서 기업이 이윤을 추구하면서 동시에 공공 목적에도 기여하는 방식이 더 편하고 성과도 좋다는 사실을 경험했다(Kang, 1995: 576-582; Castley, 1997: 42). 훗날 한국 기업가들이 정부가 시장에 개입하는 발전국가 체제에 반발하지 않았던 것도 이런 과거 경험이 있었기 때문이다.

이렇게 공공 영역과 기업 경영 영역에서 일제 강점기를 경험한 사람들은 해방 후 미군정과 이승만 정권에서 15여 년 동안 시행착오를 겪은 뒤 군사정권 수립 후에 발전국가 모형을 만들게 된다.

(3) 농업생산력 제고

일제 강점기에 조선총독부는 일본에서의 식량 부족과 가격 앙등을 계기로 한반도 남한 지역에 새로운 종자, 새로운 농업 기술, 비료를 공급하고 관개시설을 정비해 식량 증산을 꾀했다. 그 결과 일제 강점기에 식량 생산량이 두 배로 증가했다. 증산된 쌀이 대부분 일본으로 수출되어, 수입이 증가한 일부 대지주들을 제외하면 민중들의 삶에는 도움이 되지 않았지만 생산성 향상은 장기적으로 큰 의미를 가졌다. 바로 식민지 종식 이후 정부가 기술집약적 농업 개발을 촉진할 수 있는 능력을 보유하게 된 점이다. 1960년대 중반 시점에서 다른 개발도상국들은 아직도 농업혁명을 부르짖고 있을 때, 한국은 20세기 초반에 이미 농업혁명을 한 차례 경험한 상태였다(Koo, 1987: 166; Kohli, 1999: 111-115).

(4) 국내 수요와 괴리된 수출 중심의 경제

일제 강점기에 한국은 국내 수요와 괴리된 수출 중심의 경제로 고속 경제 성장을 경험했다. 남한 지역에서 생산된 쌀과 북한 지역에서 생산된 공산품이 대부분 일본으로 수출되었기 때문에 한국 경제는 비슷한 처지에 있던 나라들보다 무역 비중이 훨씬 더 높았다. 많은 조선인 엘리트는 수출이 고속 성장에 도움이 되는 현상을 경험했다. 5 · 16 쿠데타 직후 이병철을 비롯한 기업인들이 군사정부에 일본을 통한 대미 수출 전략을 강력하게 권고한 배경에는 당시의 국제 정치경제적 동향 이외에도 이러한 식민지 시기의 경험이 내재하고 있는 것이다(Kohli, 1994: 122-123).

(5) 기업가 계층 형성

식민지 조선에서의 산업화는 대부분 조선총독부의 특혜를 등에 업은 일본 재벌들에 의해 수행되었지만, 한국인 소유 기업들도 없지는 않았다. 100% 한국인 소유 기업들은 얼마 안 되었지만 한국인과 일본인의 공동 소유 기업들은 전체 기업의 30%나 될 정도로 많았다. 일제는 1921년부터 총독부 산하 산업위원회에 한국 기업가들을 참여시킨 것을 시작으로 의도적으로 국내 산업자본가들을 육성하기 시작했다.[30] 그 결과 1937년에 한국인이 경영하는 공장의 숫자는 2,300개에 이르렀고, 이 중 160개 정도는 직원이 50명 이상이었다(Kohli, 1999: 122). 북한 지역에 공산당 정권이 들어선 이후, 그리고 6 · 25 전쟁 중에 북한 지역에서 기업을 운영하던 사람들이 대부분 남하했다는 점을 감안하면, 남한 전체 인구에서 기업인의 비중이 낮지 않았을 것이다.

(6) 산업노동자 계급 형성

일제 강점기를 거치면서 국민들의 상당수가 농민에서 산업노동자로 전환되었다. 조선총독부는 공장에서 일할 수 있는 정도의 노동자를 길러내기 위해 한반도에 초등교육을 보급했다. 그 결과 초등학생 숫자는 1910년에 1만 명 정도이던 것이 해방 시점에 136만 명으로 증가했고, 문해율이 22% 정도에 이르렀다(KBS, 2013b). 산업노동자 숫자는 1만 명에서 130만 명 정도로 증가했는데, 일제 강점기 말기에 전체 인구의 20% 정도가 산업노동에 의존하며 살았던 것이다(Kohli, 1999: 107, 125). 이뿐만 아니었다. 일본 · 만주 등에 나가 있다 독립 후에 귀국한 사람들, 해방 후 북한 지역에서 공산당 정권을 피해 내려온 사람들 중에는 산업노동자들이 많았다(Pilat, 1994: 37, 212; Castley, 1997: 43).

30) 일제가 한국 기업가 계층을 육성한 목적은 크게 두 가지다. 하나는 중국 침략이라는 일본 제국의 전반적 목표를 달성하기 위해서는 일본 본토만의 산업화로는 부족했기 때문에 조선에서도 산업화를 추진하기 위한 것이고, 다른 하나는 기업가들을 1919년 3 · 1운동에서 드러난 조선인들의 광범위한 반일 태도를 통제하는 수단으로 사용하기 위해서였다(Kang, 1995: 578).

(7) 일제 강점기 유산이 이승만 정권에서 효과를 보지 못한 이유

일제 강점기 유산들은 이렇게 긍정적인 측면이 있음에도 불구하고 몇몇 이유로 인해 1950년대에는 큰 도움이 되지 못했다. 첫째, 이승만 대통령이 강한 반일 태도를 가지고 있어서 일본식 발전모형을 거부했고, 일본과의 국교정상화드 거부했다.[31] 둘째, 정부 수립 전후로 극심한 사회 혼란, 한국전쟁과 전쟁 후 사회 혼란, 자본 부족 등으로 경제 성장이 시작되지도 못했다. 셋째, 미국의 경제 원조 초점이 경제 개발이 아니라 군사안보, 전후 복구, 최저 생계 유지였다. 게다가 소비재 위주의 원조물품에 수출 금지 조건을 붙였기 때문에 본격적인 성장을 추진할 수도 없었다. 넷째, 정부 관료들의 부패가 극심해 발전국가 형성의 기본 조건인 관료제적 합리성이 충족되지 않았다. 다섯째, 정부 내에서 경제정책 결정 권한이 대통령·재무부·중앙은행·금융위원회·국회 사이에 분산되어 있어서 발전국가 성공의 또 다른 요건인 국가의 응집성이 확보되지 않았다(Jun, 1992: 198－199; Ahn, 1992: 167; Johnson, 1982: 96－170; Chibber, 2002: 972; Cumings, 1984: 10－14, Clifford, 1994: 26－40, 52－53, 63－64; Pilat, 1994: 35－43; 민족문제연구소, 2012b; KBS, 2013b).

2) 미군정 및 제1공화국의 영향

(1) 강한 국가의 유지

해방 후 한국에 진주한 미군정은 다른 영역의 정부기구들은 몰라도 억압 영역에서는 일제 조선총독부 기구들과 인력을 거의 그대로 유지했다. 승전국 입장에서 패전국의 식민지를 접수하러 진주한 것이기 때문에 질서 유지를 위해 그렇게 한 것이다. 냉전이 심화되면서부터는 남한 지역을 반공진영으로 만들고자 좌파와 중도파를 탄압했는데 이를 계기로 억압기구들은 조직과 인력을 계속 유지할 수 있었다. 이승만 정권도 집권 초부터 좌파 잔존 세력의 저항 극복, 3년에 걸친 전쟁 시기에 가용물자 총동원, 전후의 사회 안정, 이승만 대통령의 집권 유지 등을 위해 경찰을 핵심으로 한 강한 국가를 유지했다. 이처럼 일제 강점기 때 형성된 강한 국가

31) 미국은 1950년대부터 일본과 한국의 국교정상화를 제안했다. 일본은 수용해 움직임을 보였으나 이승만 정권은 완강히 거부했다. 일각에서는 이승만 대통령이 미국의 이런 요구를 거부했기 때문에 미국이 1960년에 이승만 정권을 끝까지 지지해주지 않았다고 보기도 한다.

는 해방 후에도 약해지지 않고 제1공화국 말기까지 유지되었다(조석준, 1967: 122–128; 김정원, 1985: 76; 최완규, 1988: 115; Jun, 1992: 190–196; Evans, 1995: 44, 52; 김종성, 1999).

(2) 적산 불하를 통한 산업자본가 계층 강화

일제 강점기에 형성되기 시작한 산업자본가 세력은 미군정과 제1공화국 시기에 이뤄진 적산 불하를 통해 강화되었다.[32] 이들은 5·16 쿠데타 직후 적산 불하 과정과 국가로부터 받은 특혜의 부패성 때문에 부정축재자로 체포되기도 했지만, 결국에는 은행 지분을 국가에 넘기고[33] 나라 경제 발전에 적극적으로 기여한다는 약속을 한 후 며칠 만에 석방되었다.[34] 이런 기업인들은 1961년 이후 한국에서 형성된 발전국가 모형 구축에 큰 역할을 담당했다.

(3) 정치적 좌파 및 중도파, 노동자·농민 세력 탄압

미군정은 처음에는 정치적 중립을 유지했지만, 냉전이 본격화되면서 좌파 억압으로, 말기에는 적극적 우파 지원으로 입장을 변화시켰다. 그리고 그에 따라 좌파 정치인들뿐만 아니라 그들의 지지 기반인 노동자들과 소작농들이 조직적으로 세력화되는 것을 막기 위해 노동자 조직과 농민조직을 적극적으로 와해시켰다. 반공을 국시로 내세운 이승만 정권도 남한 내에서 공산주의가 파고들 수 있는 여지를 없애기 위해 정치적 좌파 및 노동자·농민 세력을 탄압했다. 그 결과 군부가 정권을

32) '적산 불하 처리권'은 '억압기구를 통한 물리적 억압력', '원조물자 배분권'과 함께 이승만 정권이 시민사회로부터 국가 자율성을 확보하는 핵심 원천이었다.

33) 국가의 은행에 대한 통제권 확보는 향후 국가–기업 관계에 중요한 영향을 미친다. 한국은 산업화 과정에서 국내자본이 부족해 외자에 크게 의존한다. 외자의 첫째 원천이던 미국의 AID 원조는 본래 전후 복구사업을 돕기 위한 것으로 1950년대 말부터 줄어들어 1965년에 끝났다. 이후 외자의 둘째 원천은 IBRD 같은 곳에서 들어오는 공공차관이었다. 이런 공공차관은 국가를 통해서 주로 공기업과 인프라 건설에 투자되었다. 기업들이 이용할 수 있었던 외자는 세 번째 외자 원천인 상업차관이었다. 그런데 이 상업차관도 정부의 지급 보증 없이는 들여오기 어려웠다. 네 번째 외자 원천인 다국적 기업의 해외 직접투자는 정부의 규제가 심해 1970년대 말까지 거의 들어오지 않다가 1980년대 이후부터 본격적으로 들어오기 시작한다. 전반적으로 보면 1970년대 말까지 국내 재벌들이 이용할 수 있었던 재원은 국내 은행들로부터의 여신, 외자 중 상업차관이었는데 정부는 양자 모두에 대해 강한 통제력을 행사했다. 이처럼 정부는 금융통제력을 바탕으로 1980년대 중반까지 재벌들에 대해 사실상 생사결정권을 행사할 수 있었다(Haggard & Cheng, 1987: 111; 송재복, 1989: 877–881; Kim, 1989–90: 28–33).

34) 이 시기의 부정축재자 처리는 군부와 밀착도가 작은 몇몇 재벌은 탈락시키고, 밀착도가 높은 영남 출신 재벌들은 강화시키는 재벌 재편성 성격도 가지고 있었다(강민, 1983: 351).

잡은 1960년대 초에는 남한 지역에서 좌파 세력이 이미 크게 약화되어 있었고, 농민들은 토지 개혁으로 불만 수준이 많이 낮아져 있었다. 다만 노동 세력은 과거 일제에 대한 항거라는 뿌리 깊은 역사를 바탕으로 미군정과 이승만 정권의 강한 탄압에도 불구하고 지속적으로 명맥을 유지했다(Deyo, 1987: 185).

(4) 토지 개혁을 통한 지주계급의 몰락 및 자영농 확대

농민들, 특히 소작농이 좌경화되는 것을 막기 위해 미군정과 이승만 정권은 토지 개혁을 실시했다.[35] 미군정은 남한 단독정부 설립을 위한 국회 총선(1948년 5월 10일)을 목전에 둔 1948년 3월에 농민들의 표를 얻기 위해 일본의 적산으로 접수한 토지부터 부분적 토지 개혁을 시작했다. 이승만 정권도 토지 개혁을 계속 실시했다. 토지 개혁은 소작농을 자영농으로 변화시켜 남한 내에서 좌파의 지지 기반을 약화시켰다는 의미 이외에도, 산업화에 반대할 가능성이 높은 지주 세력을 몰락시켰다는 함의도 가지고 있다. 선진 자본주의 국가들이나 남미 나라들의 경제발전사를 살펴보면 대지주 세력(토지귀족)이 자신의 기득권을 지키기 위해 산업화에 반대하는 예들이 있었는데, 박정희 군사정부의 경우에는 앞선 정권들이 지주 세력을 미리 제거해준 것이다(Kurth, 1979: 7－9; Haggard & Cheng, 1987: 110; Koo, 1987: 167; Evans, 1987: 215; Jun, 1992: 196).

(5) 고등교육 확대를 통한 지식인 계층 형성

1945년 미군정청이 조사한 바에 따르면 당시 남한 인구의 문맹률은 78% 정도로 매우 높았다. 1947년 현재 말레이시아가 62%, 짐바브웨가 64%인 것과 비교하면 그 심각성을 알 수 있다.[36] 국민들의 낮은 의식 수준을 심각한 문제로 인식했던 이승만 정권은 국민교육에 상당한 투자를 했다. 연평균 총예산의 10% 이상을 교육 부문에 투입해 6년제 의무교육 제도를 도입했다. 초등생은 해방 당시 136만 명에서 1960년 360만 명으로 증가했다. 또한 성인 위주로 문맹퇴치 운동을 전개해 국민 문

---

35) 미군정이 실시한 개혁은 사실상 토지 개혁과 교육 개혁(초등교육 의무교육화와 직업교육 강화) 두 가지가 전부다. 그런데 이 개혁들의 목적은 산업화를 통한 경제 발전이 아니라 남한에 정치적 민주주의를 확립하는 것이었다. 미군정은 자원이 부족한 한국에서 경제 발전을 시도하는 것은 성공 가능성이 낮다고 보고 민주주의를 통한 정치 발전을 먼저 추구했다(Lim, 1985: 47).

36) 이것은 그나마 일제가 공장노동자 수준의 교육을 보급한 결과였다. 조선시대 구한말 시점에서는 문맹률이 이것보다 더 높았을 것으로 짐작된다.

해율을 1959년에 78%로 향상시켰다. 또한 민간에 의한 중·고등학교와 대학교 설립을 대폭 인가해 해방 당시 19곳에 불과하던 대학과 전문학교를 1960년에 68곳으로 증가시켰다. 전문대학과 대학생 수도 같은 기간에 8,000명에서 100,000명으로 늘어났다. 이 대학생 숫자는 당시 인구 5천만 명이던 영국의 대학생 숫자와 비슷한 수준이었다(KBS, 2013b). 또한 1960년 현재 다른 개도국들의 평균 초등학교 취학률이 26%, 중고등학교 취학률이 5% 정도였던 점을 고려하면 엄청난 개선이었다. 다만 1950년대 후반이 되면 배출되는 대졸자들을 채용할 기업들이 부족해 대졸자 과잉 공급이라는 사회 문제가 생겼다(유영익, 2012: 11; McGinn et al., 1980).37)

3 당대의 지배적 사상

5·16 직후 시점에서 세계의 지배적 사상은 '반공'과 '경제 발전'이었다. 당시는 자본주의와 공산주의의 대치가 극에 달했다. 미국은 유럽의 발칸반도, 아시아의 인도차이나반도와 한반도에서 공산주의 확산을 막기 위해 동분서주하고 있었다. 특히 한반도는 이미 전쟁까지 한 번 치른 상태로 어느 곳보다도 치열한 체제 경쟁이 전개되었다. 더욱 우려스러운 것은 당시 북한의 국력이 한국의 국력보다 강했다는 점이다. 북한은 한국전쟁 후 공산국가들의 도움을 받아 3년 만에 전후 복구를 마쳤고, 1956년부터는 천리마운동38)을 전개해 고도의 경제 성장을 실현하고 있었다. 1960년 현재 북한의 경제력은 세계 50위였고, 한국은 101위에 불과했다. 북한은 1970년대 초반까지 공산권에서 최고 수준의 경제성장률을 달성했다(민족문제연구소, 2012b). 인민의 의식주 문제를 완전히 해결하고, 모든 산업 분야에서 남한을 앞섰다. 특히 군사 측면에서는 군 장비를 소련 현역군 수준으로 현대화하고, 대부분의 병기·장비·탄약류를 자급자족했다(Cumings, 1984: 1; 오원철, 2006: 390). 미

---

37) http://ppss.kr/archives/36270; http://dc.koreatimes.com/article/2016 0607/991981; http://cefia.aks.ac.kr:84/index.php?title=KE:2.3.5_%EC%9D%B4%EC%8A%B9%EB%A78C_%EC%A0%95%EB%B6%80%EC%9D%98_%EA%B5%90%EC%9C%A1%EC%A0%95%EC%B1%85. 4·19도 이런 측면에서 재고될 필요가 있다. 즉, 고등교육을 받은 학생들이 이승만의 독재와 부정에 맞서 항거했지만, 그런 고등교육 수혜자를 만들어 국민들의 의식 수준을 높여 놓은 것은 이승만 정권의 정책이었다.

38) 북한은 1957년부터 경제개발 5개년계획을 추진했다(https://ko.wikipedia.org/wiki/천리마운동; 민족문제연구소, 2012b).

국의 입장뿐만 아니라 한국의 입장에서도 나라를 지키기 위해서는 어떻게든 북한을 이겨야 했고 그를 위해 가장 먼저 해결해야 하는 것이 경제 발전을 통한 빈곤 타파였다. 군사적 측면의 국방은 미국의 지원을 받아 북한의 남침을 막을 수 있는 정도는 되었지만 경제 측면에서는 한국 스스로 북한을 이겨야 하는 상황이었다. 당시 국제 정치 상황과 국내 정치 상황이 이렇게 엄중함에도 불구하고 3장에서 언급한 것처럼 4·19 이후 진보적 학생들은 남북 통일을 주장하면서 북한 학생들과 접촉하려 했고 정부에도 북한과 회담을 하라고 압박을 가했다. 5·16 군사정부는 반공, 경제 성장, 국론 통일 같은 과제들을 동시에 해결해야 하는 어려운 상황에 놓여 있었다.

제 5 절 정부조직 개편

군사정부는 행위자 차원에서 보면 군부 세력이 단일화되지 않았고 무엇보다 절실히 필요한 경제 분야 지식이 부족해 민간 경제관료들과 민간 기업인들의 지혜를 빌려야 하는 쉽지 않은 상황이었다. 거시적 환경 차원에서도 일제 강점기, 미군정, 제1공화국으로부터 물려받은 유산을 사용해 당시 변화하고 있던 미-일-한 삼국 관계에 적응하고 동시에 반공과 경제 발전이라는 세계사적 그리고 국내적 시대 요구를 충족시켜야 하는 쉽지 않은 상황이었다. 제도적 맥락 차원에서는 기존 국회와 정당을 해산하고 국가재건최고회의를 설치했기 때문에 자신들이 원하는 사항을 언제든지 법률로 통과시킬 수 있는 비교적 쉬운 상황이었다. 이런 상황에서 군사정권은 다음과 같이 정부조직 개편을 추진했다.

1 정부조직 개편사 요약

「정부조직법」은 1948년 건국부터 1961년 4월 말까지 13년 동안 한국전쟁, 4·19, 정권 교체 등에도 불구하고 총 4회만 개정되었는데, 군사정권 2년 반 동안에는

표 4-4 「정부조직법」 주요 개정 내용

일자	제/개정 폭	주요 내용
1961.5.16.	쿠데타 발생	– 제5대 국회 해산
1961.6.16.	일부 개정	– 국무원, 건설부 개편
1961.6.22.	일부 개정	– 국무원, 공보부 개편
1961.7.12.	일부 개정	– 국무원 개편
1961.7.22.	일부 개정	– 국무원/내각 개편: 경제기획원, 국토건설청, 중앙경제위원회, 내무부, 외자청, 건설부, 농림부 개편
1961.8.22.	일부 개정	– 국무원 개편
1961.8.25.	일부 개정	– 각 부의 정무차관 제도 폐지, 각 부청에 기획조정관 신설
1961.10.2.	폐지 제정	– 기존 「정부조직법」 폐지 후 제정 – 법무부와 공보부를 제외한 전 기관에서 변화가 있었음.
1962.3.21.	일부 개정	– 농림부 개편
1962.3.22.	윤보선 사임	– 박정희 의장의 대통령 권한대행 시작
1962.5.10.	일부 개정	– 법무부 개편
1962.6.18.	일부 개정	– 경제기획원, 중앙경제위원회, 농림부, 상공부, 건설부, 국방부, 농림부, 상공부 개편
1963.8.26.	일부 개정	– 국방부, 보건사회부, 교통부 개편
1963.10.15.	대통령 선거	– 박정희가 윤보선을 이기고 당선
1963.12.14.	전부 개정	– 대통령 직속기구 개편 – 국무총리 및 국무총리 직속기구 개편 – 경제기획원, 외무부, 재무부, 법무부, 국방부, 문교부, 상공부, 건설부, 보건사회부, 체신부 개편
1963.12.17.	3공 출범	– 박정희 대통령 취임, 제6대 국회 시작

12회나 개정되었다.[39] 군사정권은 앨리슨 제1모형에서처럼 단일체로서 다소 기계적으로 최종 결정을 한 것이 아니라, 큰 목표에 대해서는 여러 세력의 참여자들이 어느 정도 합의를 했지만 그것을 달성하기 위한 방법에 대해서는 여러 가지 의견들을 가지고 좌충우돌하면서 점진적으로 최종 결정을 향해 나아간 것으로 보인다.

39) 이 시기에는 「정부조직법」이 부 · 처 · 청 단위와 내부의 국(局) 단위까지 규정하고 있다. 국 단위 내부구조가 「정부조직법」에서 제외된 것은 유신정권 이후부터다. 「정부조직법」이 하위 수준의 내부구조를 관할하면 할수록, 국회로 대표되는 민의 대변기관의 행정부 통제는 강화된다. 역으로 부 · 처 · 청의 내부구조가 「정부조직법」 규정에서 제외되면 행정부에 대한 민주적 통제는 약화되고, 대통령의 행정부 통제력이 강해진다(조석준, 1985).

2 행정수반 참모 기구

1) 내각 사무 기구(총무처)

제2공화국으로부터 총무국/인사국/법제국 편제를 물려받았다. 1961년 7월 12일 개정에서 국무원 사무처에 행정관리국이 신설되었고, 1961년 10월 2일 개정에서 국무원이 내각으로 변화되면서 법제국이 폐지되고 법제처가 신설되었다. 제3공화국이 출범하는 1963년 12월 14일 개정에서 내각사무처가 총무처로 개칭되었고, 내부는 총무국/인사국/행정관리국으로 편제되었다. 법제국이 법제처로 독립하고 행정관리국이 신설된 것을 제외하면 큰 변화가 없었다.

제1공화국 정부는 약탈국가(Evans, 1995: 52)로 규정될 정도로 공무원들의 부패가 심했었기 때문에 예산의 절대 액수는 얼마 되지 않는다 하더라도 비효율적으로 사용되었을 가능성이 높았다. 행정관리국의 신설은 미국에서 조직관리 기법을 집중적으로 배운 군 엘리트들이 방만한 정부 운영을 바로잡기 위해 도입한 조치로 생각된다.

2) 기획조정 기구(기획관리실)

각 부·처·청의 내부기구인 기획조정 기관도 변화를 겪었다. 1961년 8월 25일 개정에서 제2공화국 때 도입된 차관 2인 체제가 차관 1인 체제로 바뀌고, 내각사무처와 각 부·처·청에 기획조정관이 도입되었다. 정무차관직을 폐지하는 대신에 심사·분석·조정 업무를 담당하는 기획조정관을 신설한 것이다.[40] 이후 기획조정관직은 1962년 5월 10일에 기획조정관/기획조정실로 확대되었다가, 1963년 12월 14일에 기획관리실로 개편되었다. 기획관리실은 기존의 기획조정실 업무에 종래 총무처 소관이던 예산 편성 업무를 흡수한 기구다.

군 엘리트들은 미국 유학을 통해 한국에서 가장 먼저 현대식 기획관리 기법을 조직관리에 도입한 세력이다. 1950년대 중반부터 국방부 조직을 개편하는 등 군대

40) 정무차관 제도는 정권이 관료제를 통제하던 고리 역할을 했었는데 쿠데타 이후에는 기존 공무원 대량 해임과 군 출신 인사들의 공무원 임명을 통해 정권이 정부관료제에 대한 강력한 통제력을 확보했기 때문에 그것을 계속 유지시킬 필요가 없었다.

내에서는 자체적 개혁 노력을 실험한 바 있다(조석준, 1968a: 107-110). 이 제도는 군부가 민간 공무원들에 비해 우위를 점할 수 있는 영역이었고, 또한 각 부처 조직을 경제개발계획을 주관하는 경제기획원에 연계시켜 정부 전체적인 제도적 응집성(institutional cohesion)을 확보하는 고리이기도 했다.

3) 법제 기구(법제처)

법제 기구는 제2공화국에서 국무원 사무처 법제국이었다가, 1961년 10월 2일 개정에서 국무원이 내각으로 변화되는 큰 변화의 일부분으로 국무원 사무처 법제국이 폐지되고 법제처(제1국/제2국 체제)로 확대 신설되었다. 이후 변화 없이 제3공화국으로 이어졌다. 법제국이 법제처로 격상된 것은 장관급 부처를 상대해야 하는 업무의 현실을 고려한 조치로 보인다. 부처들이 국회에 법률안을 제출하기 위해서는 국무회의 심의를 거쳐야 하고 그 전에 법제처의 사전 심사를 받아야 하는데, 법제처장의 직급이 지나치게 낮을 경우 다른 부처의 무리한 요구를 적절하게 제어할 수 없기 때문이다.

3 국내 통제 기구

1) 내무 기구(내무부)

제2공화국으로부터 지방국/통계국/토목국 편제를 물려받았다. 1961년 7월 22일 개정에서 통계국을 폐지하고 지방국/토목국 2국 체제로 개편했다. 통계국은 신설되는 경제기획원으로 이관되었다. 이후 1961년 10월 2일 개정에서 지방국/치안국 체제로 개편했다. 토목 기능이 경제기획원 산하 국토건설청으로 이관되었고, 내각 산하에 있다가 폐지된 공안위원회가 내무부로 넘어오면서 치안국이 되었다. 이후 추가 개정 없이 제3공화국으로 이어졌다. 통계국과 토목국은 경제부처들이 정비되는 과정의 일부로 경제기획원과 건설부로 이관되었다. 식민지 시절 '통제' 위주의 내치, 1공화국 시절의 '전후 복구' 위주의 행정에서 벗어나 '본격적인 경제 성장'에 착수하기 위해 내무행정과 경제행정을 분리하는 조치로 보인다. 치안국은 이승만 정권 때 내무부 소속이었는데 제2공화국에 들어와 민주당 정권에 의해 국무원 산하 공안위원회로 이전되었다가,[41] 1961년 10월 2일에 본래의 위치로 복귀된 것이다. 군사정부는 경찰력을 사용해 시민사회를 통제하고 체제 단결을 확보하기 위해 경찰조직을 다시 내무행정 조직과 통합시킨 것으로 보인다.

2) 법무/검찰 기구(법무부와 검찰청)

제2공화국으로부터 법무국/검찰국/형정국 편제를 물려받았다. 1962년 5월 10일 개정에서 형정국이 교정국으로 개칭되었다. 1963년 12월 14일 개정에서는 검찰청을 신설했다. 검찰청의 내부 조직과 직무 범위는 별도의 법률로 규정하게 했다. 국가재건최고회의 시기에는 동 기구가 사법 기능까지 통제했기 때문에 산하에 혁명검찰위원회를 운영하다가, 정부가 제3공화국 출범으로 정상 상태로 돌아가자 이에 맞춰 법무부 내부의 검찰청으로 제도화한 것으로 보인다.

3) 우정 기구(체신부)

제2공화국으로부터 우정국/전무국/경리국 편제를 물려받았다. 1961년 10월 2일 개정에서 외국(外局)으로 전파관리국이 신설되었다. 1963년 12월 14일 개정에서 내부에 공무국이 신설되었다(우정국/전무국/공무국/경리국). 외국인 전파관리국은 그대로 유지되었다.

전화가 본격적으로 사용되기 이전에는 우정 기능이 사회의 정보 전달・처리 체계였다. 일제 식민국가와 이승만 정부가 사회를 통제하기 위해 취한 조치 중의 하나가 전국에 걸쳐 경찰과 우정 기구를 침투시킨 것이기 때문에 전화 등 새로운 통신 수단 사용이 활발해지지 않는 한 군사정부가 일제와 제1공화국으로부터 물려받은 편제에 새롭게 추가시킬 기구는 없었을 것이다. 외국으로 전파관리국이 신설된

41) 일제 총독부는 식민지 조선의 지방사회를 통제하기 위해 지방 말단까지 경찰을 침투시켰고 동시에 조선의 대지주 세력을 흡수(coopt)해 소작농을 통제했다. 민주당의 전신인 한민당은 일제시대 대지주 세력들이 주축이 되어 창당한 정당이다. 그래서 미군정 시기와 제1공화국 초기에 한민당은 원내 제1당이나 여당이 아니면서도(일제시대 경찰 인력이 대부분 유지된) 경찰에 대해 막강한 영향력을 행사할 수 있었다(조석준, 1966: 122; 조석준, 1967: 126; Cumings, 1984: 11; Jun, 1992: 191).

정도가 새로운 통신 수단 등장에 대한 정부의 대응인 것으로 보인다.

4) 보건사회 기구(보건사회부)

제2공화국으로부터 의정국/방역국/약정국/원호국/부녀국/노동국 체제를 이어받았다. 1961년 10월 2일 개정에서 방역국을 보건국으로, 원호국을 사회국으로 개칭하고, 노동국의 서열을 6국 중 여섯 번째에서 네 번째로 바꿨다. 1963년 8월 26일 개정에서는 노동국을 폐지하고 노동청(노정국/직업안정국)으로 확대·신설했다. 1963년 12월 14일 개정에서는 부녀국을 부녀아동국으로 개칭해 아동 업무를 강조했다.

일제 조선총독부, 미군정, 제1공화국 정부는 경찰이라는 물리적 억압기구를 사용해 산업노동자를 좌파 세력으로 보고 탄압 일변도로 대응했는데, 군사정부는 본격적인 경제 성장을 추진하면서 물리적 탄압 이외에 노동행정을 통한 통제를 추가했다. 군사정부는 1961년 5·16 직후 모든 노조의 등록을 취소하고 파업을 금지시켰으며, 많은 노동운동가를 체포했다. 이후 동년 5월 31일에 노조들의 재등록을 받으면서 동년 8월에 새로 설립된 어용적 전국노조인 한국노총에 강제로 가입시켰다. 동년 10월 개정은 한국노총을 통한 새로운 노동정책 집행 기제 정비 후 노동행정의 위상을 소폭 상향 조정한 것으로 보인다.[42]

한편 군사정부는 1963년부터 경제 발전 전략을 수입대체산업화에서 수출주도산업화로 바꿨는데 이것이 노동정책에 큰 영향을 미친 것으로 보인다. 수입대체산업화 전략에서는 국내 구매력 수준을 유지시키기 위해서라도 노동자들의 임금을 일정 수준 유지시킬 필요가 있었지만 수출지향산업화 전략의 초기 단계에서는 저임금이 수출경쟁력이었기 때문에 어떻게든 임금을 낮춰야만 했다(Deyo, 1987: 190－

42) 이런 조치는 경제적 측면뿐만 아니라 정치적 측면도 고려한 성격이 강하다. 즉, 군사정부의 정치적 기반을 공고히 하기 위해 잠재적 도전 세력들을 무력화시키는 조치들의 일부였고, 동시에 냉전 하 자유진영의 최일선으로서 노동 세력의 성장을 용인할 수 없었던 배경도 영향을 미쳤다(Deyo, 1987: 193－194). 이후 국가는 1970년대 중반까지 한국노총을 통해 노동운동을 통제했다. 그 결과 노조 가입자 숫자가 1966년이 되어서야 1960년 수준을 회복했는데, 노조 가입률은 아직도 박정희 집권 이전 수준을 회복하지 못했다. 노사 갈등 수준은 더 현저하게 줄어들었다. 연간 평균 작업 중단 시간이 1955~60년 사이에 79시간이었는데, 1963~71년 사이에는 15시간으로 줄어들었다(Deyo, 1987: 185－186).

192). 노동국을 폐지하고 노동청으로 확대·신설한 것은 이러한 성장전략 변화에 따른 노동통제 강화 필요성을 뒷받침하기 위한 조치로 보인다. 또한 새로운 노동력의 공급을 원활하게 하기 위해서는 출산 및 초기 육아에도 좀 더 신경을 쓸 필요가 있었을 것이다. 원호국을 사회국으로 개칭하고, 부녀국을 부녀아동국으로 확대한 것은 이런 맥락에서 취해진 조치로 보인다.

5) 문화교육 기구(문교부)

제2공화국으로부터 보통교육국/고등교육국/기술교육국/문화국/편수국 체제를 이어받았다. 1961년 10월 2일 개정에서 학무국/학교관리국/체육국/문예국 체제로 완전히 개편했다. 그리고 외국으로 문화재관리국을 신설했다. 그러나 제3공화국이 출범하는 1963년 12월 14일에 장학실/보통교육국/고등교육국/편수국/문예체육국 체제로 복귀시키고, 문화재관리국은 그대로 유지시켰다.

당시 군사정부의 입장에서 문교부는 '자본주의 옹호 이념 개발 및 북한과의 사상 경쟁', '자본주의 발전에 필요한 인력 양성', '전통문화 계승을 통한 둔화적 정통성 창달' 등 세 가지 기능을 수행해야 하는 기구였다. 쿠데타 이후 제1~2공화국 문교부 내부 체제를 개편하는 개혁이 한 차례 있었지만, 제3공화국 출범 시기에는 문화국을 외국인 문화재관리국으로 확장시키고 장학실을 신설한 것을 제외하면 다시 본래와 유사한 모습으로 돌아갔다. 산업화에 필요한 기능공 인력과 경영자 인력을 이원적으로 양성하는 데에는 학무국/학교관리국 편제보다 미군정이 채택했던 초등교육의 의무화와 직업교육 강화정책에 뿌리를 두는 제2공화국의 보통교육국/고등교육국 편제가 더 적절했기 때문이다. 또한 북한과의 사상 대결을 전개하기 위해서는 교과서를 검열하는 편수국이 필요했다.

4 국내외 정치 기구

1) 관료 통제 기구(감사원)

군부가 쿠데타 후 정부조직 개편에서 가장 먼저 취한 조치는 공무원의 직무 수행을 통제하는 기구인 감찰위원회를 국무총리 밑에 신설하는 것이었다(1961년 6월 16일). 이 기구의 신설은 크게 두 가지 함의를 가진다. 첫째, 새로 정권을 장악한 세력이 기존 정부관료들의 기강을 잡기 위한 것이었다. 둘째, 좀 더 현실적 차원에서 군 인사 적체 문제 해결을 위해 장교들을 대거 제대시킨 후 정부관료제에 재취업시키기 위해서는 기존 공무원들을 어떻게든 해임할 필요가 있었고, 여론의 지지를 받으면서도 공무원을 제거할 수 있는 최선의 방법은 부패・무능 공무원 해임이었기 때문이다.

감찰위원회는 1961년 8월 22일부로 국무총리에서 국가재건최고회의 직속으로 소속이 변경되고, 조직 규모도 확대되었다.[43)] 쿠데타 3개월 후라는 당시의 정치적 상황을 고려해 보면 이런 소속 변경은 감찰위원회의 위상 강화였다. 감찰위원회는 이후로도 계속 「정부조직법」 관할 밖에 머무르다 1963년 3월 19일에 회계감사를 맡았던 심계원과 통합되어 감사원이 되었다. 감사원은 감사위원 9명, 정원 486명의 당시로서는 꽤나 거대한 조직이었다(안해균, 1983: 32). 군사정부가 감찰위원회와 중앙정보부를 「정부조직법」 관할 대상이 아닌 국가재건최고회의의 직속기구로 운용한 것을 보면 이 두 기구가 상당 정도 정치적 용도로 사용되었을 가능성이 높아 보인다.

2) 정권 홍보 기구(공보부)

군부가 두 번째로 취한 조치는 정권 홍보 기능을 담당하는 기구를 정비하는 것이었다. 제2공화국에 의해 개편된 국무원 사무처 공보국/방송관리국 체제를 1961년 6월 22일에 폐지하고 대신 공보부를 신설했다. 그리고 내부에는 기존 공보국/방송관리국 이외에 조사국과 문화선전국을 추가했다. 조사국은 각종 언론에 대한 통제를 강화하기 위한 조치였고, 문화선전국은 선전・선전을 위한 영화・예술에 관한 사무 기능을 강화하기 위한 조치였다. 군사정부가 기존의 일상적인 정부 업무를 홍보하고 공익적 성격을 지니는 방송을 관리하는 기능을 넘어, 쿠데타 거사의 정당성을 적극적으로 홍보하고 군부 지도자들을 신격화하기 위한 기구를 설치한 것으로 보인다. 이후 공보부 조직은 더 이상 개정되지 않고 제3공화국으로 그대로 넘어갔다.

---

43) 일반직 공무원이 55명에서 157명으로 확대되었다(안해균, 1983: 32).

3) 외무 기구(외무부)

1961년 10월 2일 개정에서 제2공화국으로부터 물려받은 정무국/의전국/방교국/통상국 체제를 의전장실/정무국/방교국/통상국/정보국/문서국 체제로 변화시켰다. 의전국이 실(室)로 확대되고 정보국과 문서국이 신설된 것이다. 이후 개정이 없다가 제3공화국이 출범하는 1963년 12월 14일 개정에서 의전실/아주국/구미국/통상국/방교국/정보문화국으로 개편되었다. 기존의 정무국을 아주국과 구미국으로 확대 개편하고 정보국과 문서국을 정보문화국으로 축소한 것이다.

1950년대 후반부터 동북아시아에서 미국–일본–한국/대만 삼각 국제 체제가 새롭게 자리를 잡아가고, 1960년부터 한국과 일본 양국이 국교정상화에 적극적 자세를 보였다. 5·16 이후 1961년 11월에는 박정희–이케다 회담에서 회담 촉진 분위기를 조성했고, 1962년 11월 12일 김종필 중앙정보부장과 오히라 마사요시(大平正芳) 일본 외상 간에 "일본이 한국에 무상으로 3억 달러를 10년간 지불하는 동시에 정부차관 2억 달러를 연리 3.5% 7년 거치 20년 상환 조건으로 제공하며, 1억 달러 이상의 상업차관을 제공한다"는 소위 김–오히라 메모를 작성해 청구권 문제를 해결하기로 합의했다. 1963년 7월 김용식 외무 장관과 오히라 일본 외상 간의 회담에서는 어업 문제의 신속한 해결에 합의했다.[44] 한편 1963년 10월 15일 대선에서 승리해 정치적 정당성을 축적한 박정희 대통령이 그동안 군사정부를 인정하지 않았던 미국을 비롯한 서방 선진국들을 상대로 좀 더 활발한 외교 활동을 전개할 필요가 제기되었을 것이다. 1963년 12월 개정은 이러한 대(對)아시아 외교와 대(對)서방 외교를 강화하기 위한 조치로 보인다.

4) 국방 기구(국방부)

국방부는 1961년 10월 2일 군무국/정훈국/병무국/군수국/관리국/연합참모국 체제로 개편되었다. 이전과 비교하면 연합참모국이 신설되었고, 총무국이 군무국으로, 경리국이 군수국으로 개칭되었다. 이후 1962년 6월 18일 개정에서 차관보 2인이 신설되었고, 제3공화국이 출범하는 1963년 12월 14일 개정에서 3차관보 7국 체제로 변화되었다.[45] 두드러진 변화는 차관보 신설로 인한 직급 인상과 국(局)의 세

44) 구글 위키백과, 2010.4.29. 검색.

분화로 인한 내부 보조기관의 증가다. 군수국이 군수국과 시설국으로, 관리국이 기획국과 재정국으로 세분화되었다. 제2공화국과 비교하면 차관보 3인, 국 2개가 추가되었다. 한편 동 개정에서 원호처도 신설되었다.[46] 이 기구는 군사원호 대상자, 애국지사 및 유족, 월남 귀순자 원호, 군인보험에 관한 사무를 담당했다.

이러한 기구 확대는 두 가지로 해석해 볼 수 있다. 첫째, 기구 확대, 직급 인상, 원호처 신설 등을 통해 군의 자존심을 세워주고 승진 기회 확대라는 실질적인 이익을 제공함으로써 군대의 지지를 확보하려는 의도가 있었다. 5·16 주도 세력이 군부 내 소장파였고 군부 내에서도 파벌들 사이에 갈등이 존재했기 때문에 군부의 지지를 얻어내기 위해서는 좀 더 많은 자리를 만들고 실질적인 특혜도 제공할 필요가 있었다.[47] 둘째, 다른 부처에 비해 국방부의 기구를 확대함으로써 군대가 정부 및 사회 전반을 이끌어가는 세력임을 암시하는 의미가 있었다.

5 경제 분야 기구

1) 경제기획 및 경제부처 조정 기구(경제기획원)

제 1~2공화국에서는 산업경제의 부흥에 관한 종합적 계획 작성 및 그 실시의 관리 및 조정을 부흥부의 기획국/조정국/부흥위원회가 맡았다.[48] 그리고 당시 정

---

45) 관리차관보 밑에 기획국과 재정국, 인력차관보 밑에 병무국과 인사국, 군수차관보 밑에 군수국과 시설국, 그리고 장관 직속의 정훈섭외국.

46) 내부는 관리국/원호국/회계국 편제.

47) 쿠데타 당시 박정희는 소장, 김종필은 중령이었다. 이들의 계급을 볼 때 쿠데타에 참여하지 않은 대부분의 고위 장성급과 고위 영관급 장교들은 강제로 전역되었을 가능성이 높다. 또한 앞서 알래스카 토벌작전에서 언급한 것처럼 쿠데타에 동참한 세력 중에서도 일부는 권력 투쟁 과정에서 제거되기도 했다. 이처럼 본인의 의사에 반해 전역당한 장교들의 반발을 무마시킬 조치가 필요했을 것이다.

48) 경제기획원이라는 기구가 민간인 관료들의 의견을 토대로 현실화된 것은 쿠데타 이후이지만, 제2공화국 때 민주당의 정부기구개편위원회도 개발계획의 효과적인 작성과 집행을 위해 단독 장관이 이끄는 경제기획원이 필요하다는 생각을 보고서로 제출한 적이 있다(조석준, 1968a: 100). 한국의 발전국가 체제는 쿠데타 이후 어느 날 갑자기 군부의 설계도에 따라 정비된 것이 아니고, 일제 시대·미군정·제1~2공화국을 거치면서 경험·탐색·고민되어 온 안들이 쿠데타 이후 강한 집행력을 만나면서 현실화된 것이다. 특히 경제기획원의 경우는 5·16 이전에 이미 이것에 매우 가까운 안(案)이 형성되어 있었다.

부 재원의 주요 원천인 외자(원조)를 관리하기 위해 부흥부 산하에 외자청이 존재했다. 1961년 6월 16일 개정에서는 부흥부를 건설부로 개칭하고 기획국/조정국을 종합기획국으로 통합시켰다. 종합기획국/물동계획국/국토건설국/지역사회국 체제. 그리고 부흥위원회를 폐지하고 각의에 제출하는 종합계획을 심의하기 위해 경제장관회의를 신설했다. 외자청은 존치시켰다. 1961년 7월 22일 개정에서는 건설부를 폐지하고 건설부 산하 외자청은 재무부로 이관시켰다. 그리고 국무원 산하에 경제기획원을 신설했다.49) 종합기획국/예산국/물동계획국/통계국/총무과 체제로, 재무부에서 예산국을 가져오고, 내무부에서 통계국을 가져왔다. 그리고 폐지된 국토건설국 대신 산하에 국토건설청을 신설했고, 경제장관회의 대신에 중앙경제위원회를

49) 경제개발 5개년계획 제도는 5·16 쿠데타 직후 민간인들을 포함해 구성된 국가재건기획위원회가 토론을 거친 후 군사정부에 제안을 하면서 채택되었다. 쿠데타 이후 유원식 대령이 발탁했던 인물인 박희범의 증언을 보면 당시 한국이 경제개발 5개년계획 제도를 도입하면서 직접적으로 참고한 사례는 인도였다. 인도는 초대 수상 네루(Pandit J. Nehru)의 지시로 인도에 이 제도를 도입했고, 1951년부터 2000년대 초반까지 10차에 걸쳐 5개년개발계획까지 운용했다. 그런데 이 제도는 인도에서 시작된 것이 아니고, 소련이 먼저 시작하고, 나치스 독일(1933~40)과 일제의 꼭두각시 정권이었던 만주국이 제2차 세계대전 이전에 도입해 실시한 역사가 있다. 네루 수상도 소련의 급속한 경제 성장을 인상 깊게 보고 이 제도를 인도에 도입한 것이다. 더욱 놀라운 사실은 북한도 1957년부터 경제개발 5개년계획을 운영해 상당한 실적을 올리고 있었다는 점이다. 레닌이 사망(1924년)한 후 정권을 장악한 스탈린은 1928년부터 레닌의 신경제정책을 5개년개발계획으로 대체해 후진 농업 국가였던 소련을 불과 12년 만인 1940에 제2차 세계대전 승전국이 될 수 있는 공업·군사 강국으로 탈바꿈시켰다. 자본주의 나라들이 대공황으로 어려움을 겪고 있는 사이 소련은 비약적인 경제 성장을 실현했던 것이다. 제2차 세계대전 종료 후에도 1946년 4차 5개년개발계획부터 시작해 1960년 6차까지 지속시켰다(조석준, 1968a: 103; 박정희, 1974: 347-348; Sen, 1984: 149-150; 박태균, 2007; 오원철, 2006: 59). 한국이 당시 냉전 체제에서 자유진영 소속 나라이면서도, 소련에서 만들어졌고(반공을 이유로 일부러 한국을 배제시킨) 비동맹 반둥회의(1955년)를 주도한 인도의 네루 정권과 북한이 운영 중이던 제도를 별 거리낌 없이 도입할 수 있었던 이유는 일제 강점기라는 세대적 경험이 있었기 때문이다. 이 제도는 일본의 유사 레닌주의자인 다카하시 카메키치(高橋龜吉, 1891~1977)에 의해 만주국에 도입되었고, 남만주철도회사 부설 경제연구소 연구원들과 일본에서 파견된 젊은 경제관료들에 의해 입안·시행되었다. 당시 일제는 패망 전까지 전시 경제 체제에서 전체주의적 경제 운영의 핵심인 「국가총동원법」을 입안한 내각기획위원회(1943년에는 통상산업성과 통합되어 군수성이 됨) 소속 젊은 경제관료들을 만주국에 파견해 5개년개발계획에 대한 현장 실무 경험을 쌓게 한 뒤 본국의 중앙정부로 불러들여 제국 전체를 관리하는 업무를 맡겼었다(오낙영, 1973: 158-159; Clifford, 1994: 52-53; Johnson, 1982: 124-132; 하태수, 2002: 63). 해방 후 1950~60년대에 한국 경제부처에서 활동하던 고위 관료들 중 상당수가 일제 강점기 때 경제계 경력을 시작했는데, 이들은 당시에 경제개발계획을 직접 입안·시행하지는 못했어도, 경제 발전을 위해 국가가 어떤 역할을 할 수 있는지에 대한 식견을 갖추게 되었다.

신설했다. 이 위원회에는 내각수반, 경제기획원장, 재무부 장관, 농림부 장관, 상공부 장관, 산업경제에 관해 학식과 경험이 풍부한 약간의 민간인이 참여했다. 1961년 10월 2일에는 경제기획원 내부를 기획국/예산국/외자도입국/조정국/통계국 체제로 개편했다. 재무부 산하의 외자청을 폐지해 외자도입국으로 끌어들였고, 물동계획국과 총무과를 조정국으로 통합시켰다. 또한 경제기획원 산하에 조달청을 신설하고,[50] 정부가 행하는 내자 및 외자의 구매·공급·관리 그리고 정부의 주요 계약 사무를 담당하게 했다. 기획/예산(내자)/외자관리 기능, 정부의 구매/공급 기능 등을 통합해 경제기획원을 명실상부한 나라 경제 통제기구(control tower)로 만든 것이다. 경제정책을 담당하던 기구들 사이에 분산되어 있던 권한을 한 군데로 모아 정부관료제의 제도적 응집성을 제고하기 위한 조치였다(Chibber, 1999: 318). 그리고 중앙경제위원회를 경제기획원 소속에서 내각 소속으로 변경했다. 내부 구성은 전과 동일하게 유지시켰다.

1962년 6월 18일 개정에서는 부원장보 2인을 신설했고, 기존의 기획조정관을 기획조정관실로 확대했다. 내부도 종합기획국/1차산업국/2차산업국/3차산업국/조사통계국/예산국/경제협력국/기술협력국 체제로 개편했다. 외자도입국과 조정국을 폐지하고, 1차산업국/2차산업국/3차산업국/경제협력국/기술협력국을 신설했다. 종합기획국은 기획국과 조정국이 통합된 것이고, 조사통계국은 통계국이 개칭된 것이다. 또한 내각 중앙경제위원회 참석자에 국방부 장관, 건설부 장관, 한국은행 총재, 한국산업은행 총재를 추가했다. 1963년 12월 14일 개정에서는 경제기획원이 기획차관보(경제기획국/예산국), 운영차관보(경제협력국/기술관리국), 기획관리실, 조사통계국 체제로 개편되었다. 1차산업국/2차산업국/3차산업국을 폐지하고, 조달청을 재무부로 이관한 것이다. 한편 중앙경제위원회는 폐지되고 경제기획원장이 신설되는 부총리를 겸해 경제기획원이 부총리급 기구로 격상되고, 경제 관련 각부를 총괄·조정하는 기능을 담당하게 되었다.[51] 발전국가가 산업정책을 효과적으로 수

50) 조달청 내부는 관리국/내자국/외자국/감사실 편제.

51) 예를 들어, 인도의 경우에는 한국과 유사하게 식민지 과거로부터 안정적인 관료제를 물려받았지만 국가기구들 사이에서 응집성을 확보하는 조치를 취하는 데 실패했다. 기획위원회(Planning Commission)라는 조정기구를 설치하기는 했지만, 이 기구가 다른 경제부처들을 제어할 수 있는 제도적 권한이 없었다. 대표적인 예로 산업부의 민간기업 투자 허가와 상업부의 민간기업 수입 허가 발부가 경제개발계획과 조율되지 않았다. 그 결과 인도는 1955~64년 사이에 중화학공업화를 시도했지만 자원 배분의 선택성(selectivity)을 확보하지 못해 전반적인 경제 발전 목표도 달성하지

행하기 위한 두 가지 핵심 조건은 '사회로부터 국가의 자율성(autonomy) 확보'와 '국가의 내적 응집성(cohesiveness) 확보'다(Chibber, 2002: 952－954). 후자를 위해서는 행정수반이 경제기획관청을 확실히 뒷받침해주던가 혹은 경제기획관청이 다른 국가기구들을 제어할 수 있는 제도적 권한을 부여해야 한다. 한국의 경제기획원이 기획 기능 이외에 예산, 외자, 구매관리 기능까지 보유하고 기관장의 위상도 부총리급으로 격상될 수 있던 것은 제1~2공화국에서 시행착오를 겪은 후 경제관료들 사이에서 경제기획관청에 이런 제도적 권한을 부여할 필요가 있다는 공감대가 형성되었기 때문이다.

이런 과정을 거쳐 전후 재건(건설) 개념과 경제 개발 개념이 혼재되어 있던 제1~2공화국 시절의 부흥부가 1963년 이후 한국 발전국가의 제도적 능력을 담보하는 경제기획원으로 탈바꿈되었다. 전반적인 흐름을 보면 '경제기획원으로의 기능통합(예산/통계/외자)→경제기획원 내부구조 정비→경제기획원의 권한 강화(부총리급 격상)' 과정을 거쳤다. 대부분 1~2회의 개정으로 끝난 다른 기구들과 달리 경제기획원이 5회나 개편되었다는 사실은 군부정권이 다른 분야에 비해 자신들의 전문지식이 부족하지만 장기 집권을 위해서는 가장 중요했던 경제 분야에서 얼마나 많은 고민을 하면서 여러 가지 대안들을 탐색했는지를 잘 보여준다.

2) 건설 기구(건설부)

1961년 6월 16일에 제2공화국으로부터 물려받은 부흥부(기획국/조정국/부흥위원회)를 건설부로 바꾸면서, 내부도 종합계획국/물동계획국/국토건설국/지역사회국 편제로 바꿨다. 그러나 위에서 본 것처럼 이때까지는 아직도 경제기획원 전신의 성격이 강하게 남아 있다. 1961년 7월 22일에 건설부가 폐지되고 경제기획원이 신설되었으며, 건설부 국토건설국은 경제기획원 국토건설청으로 신설되었다. 계획국/관리국 체제. 1961년 10월 2일 개정에서는 경제기획원 국토건설청이 국토계획국/국토보전국/수자원국/관리국으로 확대 개편되었다. 국토보전국과 수자원국이 신설

못했다(Evans, 1995: 69－70; Chibber, 2002: 960－971). 이런 점들을 종합적으로 고려하면 한국이 5·16 직후 경제개발 5개년계획 제도를 도입하면서 인도를 벤치마킹했다는 박희범의 증언은 그리 설득력이 높아 보이지 않는다. 그보다는 일제 강점기의 경험을 바탕으로 제1~2공화국에서 시행착오을 통해 얻은 지식들이 더 큰 영향을 미쳤을 가능성이 높다.

된 것이다. 1962년 6월 18일 개정에서는 경제기획원 국토건설청이 폐지되고 대신 건설부가 신설되었다. 계획국/국토보전국/수자원국/관리국 체제로 국토계획국이 계획국으로 개칭된 것을 제외하면 국토건설청 내부구조와 동일했다. 1963년 12월 14일 개정에서는 건설부 내부가 계획국/국토보전국/수자원국/특정지역국/관리국 체제로 개편되어 특정 지역국이 신설되었다. 부흥부에서 기획 기능이 경제기획원으로 떨어져 나간 후로는 청(廳)급으로 격하되었다가 다시 부(部)급으로 확대된 것이다. 경제기획원과 마찬가지로 5회 개정되었지만 건설 기능 자체를 위한 것이라기보다 경제기획원 개편 여파로 보인다. 그러나 청에서 부로 격상되는 과정에서 내부구조는 2국(계획국/관리국)에서 5국(국토보전국/수자원국/특정지역국 추가)으로 확대되었다.

3) 재무 기구(재무부)

제2공화국에서 예산국/이재국/사세국/세관국/관재국 편제와 산하 전매청을 물려받았다. 1961년 7월 22일 개정에서 예산 기능을 신설되는 경제기획원으로 넘겨준 후, 국고국/이재국/사세국/세관국/관재국으로 개편되었다. 전매청은 그대로 존치되고, 폐지된 건설부로부터 외자 기능을 넘겨받아 외자청을 신설했다. 외자청 내부구조는 기존과 동일한 구매국/관리국/경리국으로 편제되었다. 그러나 1961년 10월 2일 개정에서 외자청이 폐지되었고, 이 기구는 경제기획원 외자도입국으로 신설되었다. 또한 전매청 내부조직이 총무국/연초국/염삼국에서 관리국/생산국/업무국으로 변경되었다. 1963년 12월 14일 개정에서 기존 관재국이 폐지되고 외환국이 신설되었다.[52] 전매청은 기존과 동일하게 유지되었다. 그리고 조달청이 내각에서 옮겨오면서 내부의 감사실이 폐지되어, 내부구조가 관리국/내자국/외자국으로 변했다.

대부분의 개정이 경제기획원 변화 여파로 보인다. 즉 예산, 외자 도입, 외환관리, 조달 기능 등의 이동 때문에 변동이 있었던 것이지 재무부의 핵심 기능인 이재/사세/세관 세 기능은 변화 없이 안정적으로 유지되었다. 일제 강점기와 제1공화국

52) 1962년 6월 18일 개정에서 경제기획원 외자도입국이 폐지된 이래 이 개정에서 외환/외자관리 기능이 재무부와 조달청으로 넘어온 것이다.

시기에 이미 국가가 금융 영역을 통제하고 있었고 조세 징수 체계를 통한 국가의 시민사회 지배가 확립되어 있었기 때문에 쿠데타 이후에 특별히 금융통제 체계와 조세 징수 체계를 정비할 필요가 없었다. 당시의 문제는 국가의 금융통제 및 조세 징수 행정 체계가 아니라, 조세도 감당하지 못할 정도로 허약했던 시민사회의 경제 상태였다.

4) 상공 기구(상공부)

제2공화국으로부터 상역국/광무국/공업국/전기국 편제와 산하 해무청(수산국/해운국/시설국)을 물려받았다. 1961년 10월 2일 개정에서 산하 해무청을 폐지했다. 대신 교통부에 해운국을 신설했고 농림부에 수산국을 신설했다. 1962년 6월 18일 개정에서 공업국이 공업제1국과 공업제2국으로 확대 개편되어 5국 편제가 되었다. 제3공화국이 시작되는 1963년 12월 14일 개정에서 상역차관보(상역국), 광공차관보(광무국/전기국/공업제1국/공업제2국), 특허국, 중앙계량국, 표준국 체제로 개편되었다. 두 차관보가 신설되고, 특허국, 중앙계량국, 표준국 등이 외국으로 신설되었다.

해무청이 폐지된 것을 제외하면 공업국이 확대되고, 특허 · 계량 · 표준 기능이 추가되는 등 산업화에 상응해 산업을 담당하는 국가기구가 분화 · 확대된 것이다. 반면 국제 무역을 담당하는 상역국에서는 큰 변화가 없었는데, 이것은 군사정부가 이 시기까지는 수출 주도 경제 성장 전략을 본격적으로 채택하지 않았기 때문이다. 군사정부는 1963년 후반기까지 자신들에 대한 지지 기반을 확대하기 위해 농민과 중소기업 중심의 수입대체산업화 전략을 채택했다.

5) 농림수산 기구(농림부)

제2공화국으로부터 농정국/양정국/농지관리국/산림국/축정국 편제를 물려받았다. 1961년 7월 22일 개정에서 건설부가 폐지되면서 지역사회국이 옮겨왔다. 1961년 10월 2일 개정에서 상공부 해무청이 폐지됨에 따라 수산국이 신설되었고, 농지관리국이 농지국으로, 축정국이 축산국으로 개칭되었다. 그리고 산하에 농사원이 신설되었다. 농사원은 농사의 개량 발달을 위한 연구 · 시험 · 교도 사무를 담당했다. 1962년 3월 21일 개정에서 지역사회국이 폐지되고, 산하의 농사원이 농촌진흥청(시험국/지도국/수련소)으로 확대되었다. 1962년 6월 18일 개정에서 농업생산국이 신설되었다(농정국/농업생산국/양정국/농지국/산림국/축산국/수산국). 농촌진흥청은 그대로 유지되었다. 제2공화국에서 물려받은 편제에 농업생산국, 수산국, 농촌진흥청이 추가된 것이다.

농어업은 식품을 공급해주는 영역이기 때문에 경제 발전의 기초다. 또한 당시에는 아직 산업화로 인한 이농 현상이 시작되기 전이라 농민의 인구 비중이 높았기 때문에 군사정권이 장기적으로 집권하기 위해서는 농민들의 정치적 지지를 확보할 필요가 있었다.[53] 일제 강점기에 개량 종자, 비료 사용, 관개시설 정비 등으로 농업생산력이 배가된 경험을 했었고, 미군정과 제1공화국 시기에 토지 개혁을 통해 소작농들이 자영농으로 대거 전환되었기 때문에 군사정부 입장에서는 새로운 농업 기술을 보급해 생산력을 높이고 농산물의 가격을 일정 정도로 유지시켜주면 농민들로부터 정치적 지지를 받는 것은 그리 어려운 일은 아니었다.[54] 수산국의 신설은 상공부 해무청의 폐지 여파였고, 농업생산국의 신설과 농촌진흥청의 신설·확대는 이런 측면에서 이해된다.[55]

53) 미국에서는 19세기 후반 민간사회의 농업 관련 이익집단이 행정부에서 자신들을 대변해줄 부처를 만들기 위해 농무부 설치를 요구했고, 일단 작은 조직으로 설치한 이후 관련 의원들·대학교 등을 우군으로 규합해 관청을 확장시켰다(Nelson, 1982: 769). 반면 한국에서는 정당성 없는 방법으로 정권을 장악한 국가 관리자들이 농업 진흥을 통해 경제 성장의 기반을 마련하고 농민들의 지지를 획득하고자 농민들의 요구와는 무관하게 관청을 설치했다. 이처럼 같은 부처라도 기구 탄생의 맥락이 완전히 다르기 때문에 한국의 농림부를 미국에서처럼 그저 고객관청(client agency)으로만 봐서는 안 된다.

54) 토지 개혁으로 농민들은 50년대 이래 정권의 지지 기반이었다(임혁백, 2000: 16). 그러나 1950년대에 미국 잉여농산물 도입과 곡물가격 자유화로 국내 농업부문 발전이 지체된 측면이 있기 때문에(Im, 1987: 247), 군사정부는 1950년대에 취해진 곡물가격 정책을 변경하면 비교적 쉽게 농민들의 이익을 제고할 수 있었다.

55) 군사정부의 농업 중시 정책은 1963년 10월 15일 대통령 선거에서 농민들, 특히 호남 농민들의 박정희 지지로 이어져 의도했던 효과를 거뒀다. 당시 경상도 출신인 박정희는 부산·경북·경남 지역에서 충청도 출신인 윤보선은 서울·경기·충북·충남 지역에서 각각 많은 표를 얻었기 때문에, 둘 다 지역 연고가 없었던 호남 지역의 표가 승패를 갈랐다(강원과 제주에서는 표 차이가 크지 않았다. 강원에서는 윤보선이, 제주에서는 박정희가 승리했다). 두 후보의 최종 표 차이가 156,026표였는데, 박정희 후보는 호남에서 349,797표를 이겼다. 특히 전남에서만 284,412표를 이겨 이 지역이 선거의 승패에 결정적 영향을 미쳤다(www.nec.go.kr/sinfo/개표). 그러나 정권이 안정되고 본격적인 수출지향산업화가 시작되면서 국가의 농업 부문에 대한 투자는 증가하지 않았고, 곡물가격도 저임금 도시근로자들의 생계를 위해 낮게 유지되었다(Im, 1987: 247).

6) 교통 기구(교통부)

제2공화국으로부터 육운국/시설국/공전국/경리국/자재국 편제를 물려받았다. 1961년 10월 2일 개정에서 해운국과 관광공로국이 신설되었다. 1963년 8월 26일 개정에서 관광공로국이 항공국과 관광국으로 분리되고, 시설국/공전국/경리국/자재국이 폐지되었다(육운국/해운국/항공국/관광국). 대신 산하에 철도청(운수국/시설국/공전국/경리국/자재국)이 신설되었고, 외국으로 수로국이 신설되었다. 교통은 물류 체계로 자본주의 발전에 필수 불가결한 기능이다. 그렇기 때문에 자본주의적 산업화를 추진하면서 기구가 자연스럽게 확장된 것이다. 한편 세부 내용에서 항만 개발보다 철도 개발을 더 중시했던 이유는, 아직까지는 수출 주도 성장전략이 아닌 수입대체산업화 전략을 추구했기 때문에 수출에 필요한 항만보다는 국내 물류의 핵심인 철도에 초점을 맞추고 있었기 때문이다.

제 6 절 결과 및 함의

1961년 5·16 군사쿠데타 직후부터 1963년 12월 중순까지 2년 반 동안 전개된 정부조직 개편을 살펴봤다. 분석 결과를 토대로 서두에서 제기했던 의문들에 답을 하면 다음과 같다. 우선, 박정희 정권은 무에서 유를 창조했다기보다 "당시까지 역사적으로 축적되어 온 유산에 기폭제 역할을 한 것"으로 보는 것이 좀 더 타당한 해석인 것으로 보인다. 기폭제 역할을 하는 것도 결코 쉬운 일이 아니기 때문에 그 의미가 결코 작지 않다. 그러나 모든 것을 군사정부가 만들어냈다고 보는 것은 지나친 과장이라고 생각된다. 다음으로, 군부는 "이렇다 할 준비가 없이 쿠데타 후에 발견적(heuristic)으로 접근"한 것으로 보인다. 준비가 철저했다면 정부조직 개편을 이렇게 여러 번 했을 리 없다. 준비한 대로 고치고 하루라도 빨리 당시의 시급한 사회 문제였던 경제 문제 해결에 나섰을 것이다. 셋째, 정부조직 개편 대안들의 아이디어는 어느 한 나라에서 집중적으로 온 것이라기보다[56] 당시의 군사정권 지도

56) 군사정권은 일제 강점기 때의 일본, 인도, 미군정, 일본의 미군정, 미국 정부 등 어느 한 나라를 집중적으로 벤치마킹한 것은 아니다.

부와 민간인 경제관료, 민간 기업인 등이 일제 강점기, 미군정, 제1공화국, 제2공화국을 거치면서 경험한 내용들을 토대로 당시 한국 상황에 가장 적합할 것 같은 정부 체제를 편제한 것으로 보인다. 이 과정에서 일제 강점기에 경제계 경력을 시작한 인물들은 경제 관련 기구들을 정비하는 데 많은 영향을 미쳤을 것으로 보인다. 넷째, 결과적으로 보면 군부는 쿠데타 후에 '정부조직을 거의 다시 짰다'고 볼 수 있다. 특히 현대사에서 가장 중요한 경제 성장을 견인하는 정부의 조직적 기반은 이 시기에 정비된 것이다. 다섯째, 정부조직은 영역에 따라 상이하게 개편되었다. 먼저 내각사무처, 기획조정관(실), 법제처처럼 군사정부 자신이 장악할 수 있는 참모 성격의 기구들은 개정 횟수가 적었다(1~2회). 또한 감찰위원회, 내무부, 법무부, 체신부, 보건사회부, 문교부처럼 직업관료나 시민사회의 통제 대상을 관할하는 기구들도 개정 횟수가 적었다(1~2회). 이런 영역에서는 일제 강점기와 제1공화국을 통해 과대 성장된 억압기구들을 거의 그대로 유지시키면서 조금씩만 수정하면 되었기에 개정 횟수가 비교적 적었던 것으로 보인다. 또한 공보부, 외무부, 교통부처럼 군사정부의 정책 방향이 비교적 확실했던 기구들의 경우에도 개정 횟수가 적었다(1~2회). 반면에 상공부와 농림부처럼 시민사회의 잠재적 지지 세력이나 국방부처럼 정부 내 지지 세력을 관할하는 기구들은 상대적으로 개정 횟수가 많았다(3~4회). 농민의 경우 일제 강점기에는 억압 대상이었지만 해방 이후 토지 개혁을 통해 정부의 지지 세력으로 전환시켰고 군사정부도 장기 집권을 위한 지지 기반으로 만들려 했기 때문에 억압적 성격의 기구를 지원적 성격의 기구로 전환시켜야만 했을 것이다. 이런 이유에서 개정 횟수도 다소 많았던 것으로 보인다. 또한 경제기획원, 건설부, 재무부처럼 정책의 불확실성이 높은 영역, 즉 국정 전반을 설계하는 중요 영역이었지만 군사정부의 능력이 부족했던 기구들도 개정 횟수가 많았다(3~5회). 요약하면 미군정이나 제1공화국을 통해 형성된 역사적 유산을 거의 그대로 사용해도 되거나, 군사정부 자신이 통제력을 장악하고 있었거나, 향후 취해야 할 정책 방향이 명확한 분야에서는 비교적 적은 횟수의 개정으로 조직 정비를 마쳤다. 그러나 이전 정부들이 정비해놓은 체제를 전환시켜야 했거나, 군사정부가 정치적 약자의 입장이었거나, 향후 정책 방향이 불확실한 영역 등에서는 비교적 개정 횟수가 많았다.[57]

57) 군사정부는 야당이나 기타 반대 세력을 신경 쓰지 않고 언제든지 개정할 수 있는 상황이었으니

1961년 5·16 쿠데타 이후 한국 현대사에서 큰 기여를 하는 발전국가는 어느 날 갑자기 생겨난 것이 아니라 일제시대, 미군정, 제1공화국을 통해 누적적으로 형성된 역사적 유산의 토대 위에서 성립된 것이다. 군사정부는 과거와 단절된 자신들만의 새로운 생각으로 경제 관련 정부기구를 정비한 것이 아니다. 일제 강점기 때부터 경력을 쌓아 온 민간 관료와 민간 기업인들이 일제 강점기에 경험한 정부 주도 경제성장 모형을 1950년대 중반 이후 시행착오를 겪으면서 시도해 보다가 1961년 군사쿠데타 후에 본격적으로 당시의 한국 현실에 맞게 수정·적용한 것이다. 1961년 군사정부 하에서도 이들은 한 번에 모형을 정립한 것이 아니라 조금이라도 더 한국에 적절한 모형을 찾기 위해서 3~5회에 걸쳐 수정을 했다.[58] 그 결과 당시 참여자들은 한국의 고유한 상황에 적합한 정부조직 편제를 만들어냈다. 발전국가의 핵심으로 꼽히는 경제기획원은 부총리급 기구로 기구의 위상이 다른 부처보다 한 단계 높았고 직무 범위도 산업정책뿐만 아니라 조세정책, 예산 배분, 금융정책, 농업정책 등 경제 전 영역을 조정·통제할 수 있을 정도로 강력해 한국 경제의 통제탑(control tower) 역할을 했다.

이것은 전후(戰後) 일본의 통상산업성(MITI)은 물론이고 전시(戰時) 통제 경제 하의 군수성(軍需省)보다도 더 강력한 기구였다.[59] 일본 관료제는 비교정치경제학계에서 프로이센의 정부 개입 경제성장 모형을 동양에 적용한 동양 발전국가 모형의 원조로 인정받지만 태생적으로 부처할거주의가 심한 체제여서 정부관료제의 제도적 응집성이 그렇게 높지 않았고 정부 예산 사용도 그렇게 효율적이지 않았다. 산업정책을 관장하는 기구가 민간기업과 협조적 관계를 구축해서 성장과 수출에서

까(거부점이 사실상 군사정부 자신 밖에 상태) 개정의 필요성이 인지될 때마다 자유롭게 개정했다.

58) 박정희 대통령은 적어도 1961~1963년 시기에는 번뜩이는 지혜로 거의 모든 해법을 직접 제시한 카리스마적 영웅은 아니었지만, 자신을 포함한 군부가 경제 영역에서 지식이 부족함을 인정하고 민간 전문가들을 중용하는 겸손과 진솔의 지도력을 발휘했다.

59) 경제 성장의 또 다른 축인 재벌도 일본의 전전 자이바츠(戰前財閥)와 대동소이하지만 핵심적 요소에서 결정적 차이를 보인다. 일본의 자이바츠는 그룹 내에 자체 은행을 가지고 있어서 국가로부터 금융자율성을 보유했다. 그러나 한국에서는 국가가 1961년 부정축재자 처리 과정에서 기업가들로부터 은행 지분을 몰수한 이래 지분 상한선을 설정해 재벌의 은행 소유를 사실상 금지해 왔다. 이때부터 국가는 금융 통제력을 고리로 재벌에 사실상 생살여탈권을 행사했고, 이 때문에 국가의 정책 방향에 동조하지 않는 기업들은 부도가 나거나 성장에 큰 제약을 받았다. 반면 국가의 시책에 부합하는 기업들은 급성장할 수 있었다(Johnson, 1987: 161; Chu, 1989: 664; Woo, 1991; Ha, 2001).

큰 성과를 올리기는 했지만 재정정책과 금융정책 권한까지 장악하지는 못했다. 대장성, 우정성, 건설성, 농림성 등 다른 경제 부처들이 어느 정도의 자체 재원을 확보해 산업정책과 정합적이지 않은 정책을 추진하기도 했다(이시원·김찬동 역, 1995; 이종찬, 2004: 163).

또한 공통적으로 일제의 식민지였고 미국-일본-한국/대만 동북아 삼각 국제체제에서의 위상도 비슷한 대만과도 달랐다. 대만은 단일 지배적 정당의 존재, 중국 본토에서 온 국민당 세력과 대만 원주민 세력의 분리, 정치적 안정성 등의 이유로 유동성이 강하고 분할적 구조를 특징으로 하는 정부관료제를 만들었고, 정부의 지원을 받는 공기업 영역(국민당 중심)과 정부 지원을 거의 받지 않는 중소기업 영역(대만 원주민 중심)의 분할이라는 독특한 이원적 경제 구조도 만들어냈다(Whitley, 1994; Kang, 1995; Cheng, Haggard, & Kang, 1998).

제 5 장 박정희 유신 정권 출범기*

제 1 절 들어가며

1970년대는 한국 현대사에서 암흑기였다. 민주주의가 조금이라도 후퇴하는 징후가 나타나면 언론들이 어김없이 "유신 시대로의 회귀"라는 표현을 사용할 정도로 유신 정권기는 많은 한국인에게 기억하고 싶지 않고 절대 다시 경험하고 싶지 않은 시기다. 유신 체제가 등장한 원인과 관련해서는 "지속적 경제 성장을 추구했기 때문"이라는 경제적 요인이 많이 언급되었다(강민, 1983; 한상진, 1983). 그런데 이런 해석에는 선뜻 납득하기 어려운 점이 있다. 애초 한국은 1960년대 초 경제 발전을 시작할 때 자본이 부족해 경공업 중심의 수출 주도 산업화를 채택했고, 1960년대 말에는 그것마저도 인건비의 상승으로 어려움에 처했는데, 1970년대 초에 경공업과는 비교할 수 없을 정도로 어마어마하게 많은 돈이 소요되는 중화학공업화를 새로운 성장전략으로 채택했다는 것은 상식적으로 앞뒤가 안 맞는다. 경공업에서 인건비 상승이 문제였다면 자본 비율 확충(기계화 심화)이 적절한 전략이지 어떻게 중화학공업화가 대안이란 말인가? 정부조직 개편을 분석하기 위해 먼저 정부조직 개편 내용을 살펴보면서도 비슷한 의문이 계속 들었다. 인건비 상승이 가장

* 이 장은 하태수(2010b)를 수정 · 보완한 것이다.

큰 문제여서 경제 성장 전략을 바꾸고 개헌까지 했다면 당연히 노동자들에 대한 통제를 강화할 경찰 기구를 강화하고, 노동부를 만들거나 그게 아니더라도 노동자들을 통제하는 부서를 강화하는 것이 상식적으로 예상되는 변화인데 그런 변화는 의외로 매우 적었다. 이 책은 이런 의문들을 토대로 새로운 시각에서 유신 개헌과 중화학공업화를 접근·해석하고, 정부조직 개편도 설명해 보려고 한다. 차차 전개하겠지만 주요 논리를 먼저 제시하면 대략 다음과 같다.

> 국가안보 상황은 점점 더 불안해지는데, 믿었던 미국은 한국을 배신했고, 한국은 어떻게든 홀로 살아남아야 하는 상황에 놓였다. 그래서 박정희 정권은 자주국방을 추진하지 않을 수 없었고 그것을 위해서 중화학공업화가 불가피하게 필요했다. 경공업으로 성장하는 데에도 어려움이 많았는데 더 큰 돈이 들어가는 중화학공업화를 추진하면 국민들의 반발이 더욱더 거세질 것이 뻔했기 때문에 정권은 기존의 억압 정책을 그대로 유지하는 것 외에 새마을운동 같은 국민 달래기 정책을 추가했다.

제 2 절 행위자

1972년 10월 17일 박정희 대통령은 유신 개헌을 선언하면서 국회를 해산했다. 또한 정당의 정치 활동을 중지시키고 「헌법」의 일부 기능도 정지시키는 비상계엄령을 선포했다. 이후 비상국무회의가 임시로 법률을 처리했다. 개헌안과 「정부조직법」 개정 등이 모두 이 비상국무회의에서 처리되었다. 당시 비상국무회의에서는 대통령에게로 권력이 극도로 집중되어 있었기 때문에 정부조직 개편에 가장 중요하면서 최종적인 결정권을 행사한 행위자는 박정희 대통령 1인이다. 사실상 다른 거부점은 모두 제거된 상태였다. 따라서 여기서는 그의 인식 체계를 집중적으로 살펴본다.

1 장기 집권 욕구

당시에 산업 심화의 필요성, 과대 성장 국가라는 역사적 유산, 북한의 도발, 동서 화해, 미군 철수 등의 상황 요인들을 유신 체제라는 결과물로 전환시킨 근원적 요인은 박정희 대통령의 장기 집권 욕구다. 그는 일본 청년 장교들의 운동을 모방해 일으킨 5·16 쿠데타 직후부터 메이지 유신(明治維新) 지도자들을 준거 역할로 삼고, 조국 근대화와 민족 중흥이라는 자신의 프로젝트를 군국주의적으로 달성하려고 했다. 1960년대 초에 군정을 4년 더 연장하려고 하는 시도에서 이미 그런 생각의 단초가 드러나기도 했다. 그러나 당시에는 정치적 지지 기반이 없는 상태에서 쿠데타에 대한 미국의 승인을 얻어야 했기 때문에 어쩔 수 없이 선거를 통한 민주주의로 복귀할 수밖에 없었다(박정희, 1963: 167; 임혁백, 2000: 13-14; 이준식, 2009: 247, 251). 하지만 이후 집권 과정에서 경제 성장이라는 성과를 제시하고 물질적 보상과 회유를 제공하는 방식을 통해 정치적 기반을 구축해 1967년 대선 승리, 1969년 3선 개헌, 1971년 대선 승리 등을 성취하고 동시에 야당 등 정치적 반대 세력과 여당 내 잠재적 경쟁자들을 차례차례 억압·제거하면서 영구 독재 체제로의 길을 닦았다. 그는 이미 1967년 대선 때부터 최측근들에게 종신 집권 구상을 밝히기 시작했다(이영석, 1987: 329-330; 김경재, 1991: 203-205).

2 위기 의식 강화

박정희 대통령의 마음속에 싹트고 있던 영구 집권 욕구를 정당화시키고 그것을 실현하기 위해 적극적으로 움직이게 만든 결정적 촉발 요인은 1960년대 후반부터 시작된 한국의 안보 위기다. 1960년대부터 동아시아에는 베트남전, 동서 화해, 북한의 게릴라전, 미군 철수 같은 일들이 일어났는데, 당시 미국과 중국은 한국과 북한에 상호 화해를 강력하게 권했다. 그러나 박정희 대통령은 동서 화해, 남북 화해 국면이 평화로 가는 길이 아니라 역설적으로 한국에는 극도의 위기라고 인식했고, 국내 정치에서 국민들을 더욱더 억압하는 쪽으로 나아갔다(마상윤, 2003: 176).

그럼 왜 박정희 대통령은 당시의 상황을 위기로 인식했을까? 그는 한국의 베트남 파병과 1969년 8월 21일 샌프란시스코 한-미 정상회담에서 닉슨(Richard M. Nixon)이 한 발언 등을 토대로 주한 미군이 철수되는 일은 없을 것이라고 굳게 믿고 있었다. 그러나 얼마 안 있어 미국은 아무런 사전 협의 없이 주한 미국 대사를 통해 일방적으로 주한 미군 철수 방침을 통보했고, 1970년 8월 24일 방한했던 애그뉴(Spiro T. Agnew) 미국 부통령은 그와 회담이 끝나고 대만으로 가는 비행기 안에서 기자들에게 회담 때에 했던 말과는 달리 "향후 5년 내 주한 미군을 완전히 철수한다"는 방침을 흘렸고, 닉슨 대통령은 방중하기 전에 한-미 정상회담을 갖자는 한국의 제안을 거절했다. 당시 중국은 미-중 정상회담을 앞두고 북한과 긴밀한 관계를 유지하면서 미국에 요구할 내용들을 상의했는데, 미국은 일련의 사건들에서 한국을 완전히 무시하고 소외시켰다. 박정희 대통령은 미-중 정상회담에서 주한 미군 완전 철수가 타결될까봐 매우 노심초사했다(최완규, 1988: 147-152; 이종석, 2000: 7, 10-11; 신종대, 2005: 142).

또한 당시의 남북한 대화 과정도 박정희 대통령의 위기 의식을 강화시켰다. 박정희 정권은 그때까지 '북한이 남한을 무력적으로 위협한다'는 논리로 한국 사회를 통제해 왔는데, 미국의 압력으로 1971년 9월 20일에 갑자기 북한과 대화를 시작하니까 그때까지 내세웠던 '선건설 후통일론'이 국내에서 설득력을 잃었다. 야당과 학생들은 즉시 「국가보안법」, 「반공법」, 정보정치 등을 폐기·중지하라고 들고 일어섰다. 박정희 대통령은 남북 대화가 이러한 체제 혼란을 가져오는 것에 대해 매우 민감하게 반응했다. 1971년 12월 6일에 국가비상사태를 선언해 국제 정세와 남북 관계의 긴장 완화가 한국 사회 내의 기강 해이로 이어질 가능성을 미연에 방지하고자 했고, 1972년 7·4 공동성명 발표로 전 국민이 통일 열기에 부풀어 있을 때에도 「반공법」과 「국가보안법」 위반자들을 서둘러 처형할 것을 법무장관에게 지시했다(신종대, 2005: 151-152). 1972년 들어 김일성이 남북평화협정 체결, 남북불가침조약 체결, 주한 미군 철수, 남북한 군사력의 단계적 감축 등의 평화 공세를 펼치자, 이런 공세에 적극적으로 대응하기 위해서는 「국가보안법」에 근거한 비상사태선언만으로는 부족하고 정부 지도력을 대폭 강화시키는 조치가 필요하다고 생각하게 되었다(마상윤, 2003: 187-190). 설상가상으로 이후락 중앙정보부장은 북한에 다녀온 후 "북한은 똘똘 뭉쳐 있는데 남한은 국론이 분열되어 있어서는 안 된다. 강한 적을 상대하기 위해서는 우리도 결속력이 강할 필요가 있다. 박정희 대통령도 북한에서 김일성이 갖는 권위와 격과 비슷한 정도의 권위와 격을 갖출 필요가 있다"는 의견을 제기하면서 더욱더 부채질했고, 대통령 자신도 남북적십자회담에 나온 북한 대표들을 만나는 과정에서 북한 유일 체제의 견고함을 몸소 실감하면서 남한에서도 권력 집중을 강화할 필요가 있음을 확신하게 되었다(최완규, 1988: 139−144; 김정렴, 1997: 377; 이종석, 2000: 16; 신종대, 2005: 154).

3 개편 방향

영구 독재 체제 구축의 필요성 인식이 유신 체제를 시작하게 한 촉발 요인이라면 박정희 대통령이 추구한 유신정권의 목표는 '자주국방'이었다. 어떤 다른 목표도 자주국방과 동등시되거나 우선시될 수 없었다. 중화학공업화는 사실 자주국방을 뒷받침하기 위한 수단적이고 부산물적인 목표였다. 중공과 소련의 지원을 받는 북한은 도발을 강화하면서 통일을 운운하는데 미국은 전보다 더 많이 도와주기는커녕 기존에 도와주던 것마저 중단하겠다고 나왔다. 세상 어디에도 한국을 도와줄 나라는 없었다. 살아남기 위해서는 자주국방을 달성해야만 했고, 그것을 위해 쓸 수 있는 모든 수단을 다 동원해야만 하는 상황이었다. 다른 모든 것은 자주국방 달성을 위해 조율되어야 했다. 개헌, 정부조직 개편, 경제정책 등이 모두 이런 차원에서 추진되었다.

당시 북한은 박격포 등 중화기는 물론이고 탱크·잠수함 같은 대형 무기까지 자체 제작할 정도로 발달된 무기산업을 갖추고 있었던 데 반해 한국의 방위 생산 능력은 중화기는 말할 것도 없고 소총도 자체 제작할 수 없는 매우 열악한 수준이었다. 한국이 만들 수 있었던 것은 고작 군인 피복과 소총 탄약 정도였다. 나머지 무기류는 미국이 원조해줬고, 한국은 군이 직영하는 소규모 군수공창(軍需工廠)에서 수리해 쓰는 수준이었다.[1] 1970년 7월 박정희 대통령은 김학렬 부총리에게 "M−16 소총은 계속 미국에 의존하더라도 기타 무기들의 생산을 담당할 4개 핵심 공장을 건설하라"고 지시했다. 그러나 경제기획원은 향후 1년 동안 공장 건설에 필요한 차관을 얻어오는 데 실패했다. 이후 1971년 11월 10일 대통령, 김정렴 대통령 비서실장, 오원철 상공부 차관보가 만나 "무기를 부품별로 나눠 생산한 후 국방과

1) 방위산업 육성의 필요성이 제기된 것은 1968년 1·21 사태 직후부터이지만, 본격적인 무기 생산 육성은 1972년부터 시작되었다(백환기, 1978a: 101−102; 백환기, 1978b: 50−52; 김상태, 1965: 385, 398−399; 백환기, 1971: 72). 군수공창은 1965년에는 18개, 1973년에는 12개였다(김상태, 1965: 398−399; 오낙영, 1973: 152).

학연구소가 정밀성 검사를 실시하고 검사를 통과한 부품들을 조립"하는 방식으로 무기를 생산하기로 결정했다. 경제기획원이 추진하던 4대 핵심 공장 프로젝트는 폐기했다. 이후 대통령은 1972년 4월 4일 방위산업 육성을 위한 구체적 계획 작성을 지시했다(오원철, 2006: 116-119, 147). 중화학공업화는 당초 제3차 경제개발 5개년 계획(1972~76)에 포함되지 않았었다. 그러나 1972년 10월 제2차 방위산업육성회의에서 방위산업 육성과 이를 뒷받침하기 위한 중화학공업화의 동시 추진이 채택되면서, 제3차 5개년계획에 반영되었다(김정렴, 1997: 289; 이종석, 2000: 20).

제 3 절 제도적 맥락

1 유신 개헌

박정희 대통령은 1972년 10월 17일에 유신 개헌을 선언하고 비상계엄령을 선포했다. 10월 27일에는 비상국무회의가 유신 개헌안을 의결했고, 11월 21일에 국민투표가 실시되어 투표율 91.9%, 찬성 92.2%, 반대 7.8%로 「유신헌법」이 통과되었다.[2] 1972년 12월 27일부터 시행된 「유신헌법」의 주요 내용은 대통령 직선제 폐지 및 통일주체국민회의에 의한 간접 선거, 대통령 임기 6년, 연임 제한 철폐, 국회의원의 1/3을 대통령 추천으로 통일주체국민회의에서 선출, 대통령에게 국회 해산권 부여, 대통령에게 모든 법관 임명권 부여, 대통령에게 「헌법」 효력까지도 일시 정지시킬 수 있는 긴급조치권 부여 등이다.

2 비상국무회의

유신 개헌과 동시에 국회가 해산되고 정당의 정치활동이 금지되었다. 국회가 수행하던 법률 제정 기능은 비상국무회의(기존의 국무회의)가 대신했다. 따라서

2) http://www.nec.go.kr/sinfo/일반통계.

1973년 1월 15일 「정부조직법」 전부 개정, 3월 3일 「정부조직법」 부분 개정, 1월 16일~ 3월 14일의 각 기관 직제 개정은 모두 이 비상국무회의에서 처리되었다.

비상국무회의는 당시 5개월 여 동안 313건의 법률안을 처리했다(Horikane, 2005: 383). 한 달에 60개 이상의 법률을 통과시킨 셈이다. 당시 비상국무회의 운영에 관한 상세한 자료를 확보하지 못해 국무회의 1회당 몇 건의 법률안을 처리했는지 알 수 없지만, 이 기구가 법률안 처리만 수행한 것이 아니었기 때문에 법률안을 심도 있게 심사했을 가능성은 높지 않다. 의제로 상정되기 전에 담당 부처가 대통령의 의견을 감안해 안을 마련한 후에 대통령께 보고 및 사전 결재를 받고 비상국무회의는 요식 행위로 거쳤을 가능성이 높다. 모든 권력이 대통령으로 집중된 거부점 1개 상태였다.

3 대통령으로의 권력 집중

1) 국무위원들과 대통령의 관계

당시 비상국무회의에는 대통령, 국무총리, 부총리, 각 부처 장관이 참여했으나 여러 정황을 고려해 볼 때 대통령과 청와대의 영향력이 결정적이었다. 국무총리·부총리를 포함한 전 국무위원들에 대한 임면권이 대통령에게 있었고, 전국에 계엄령이 선포된 비상 시국임을 고려한다면 특정 국무위원이 자기 관할 사항이 아닌 법률안에 대해 자기의 의견과 다르다고 해서 심각한 반대를 제기하는 일은 거의 불가능했을 것이다. 각 부처 장관이 사전 협의하고 청와대의 사전 허락을 받았으면 국무회의에서는 무사 통과되었을 것이다. 대통령의 의견이 절대적 기준이었을 것이다.

2) 기술관료들과 대통령의 관계

1972년 말~1973년 초에 대통령 경제 참모 중 우두머리는 김정렴 청와대 비서실장이었고, 그와 더불어 대통령을 지근 거리에서 보좌한 또 다른 경제 참모는 오원철이었다(오원철, 2006: 36－41). 오원철은 방위산업 및 중화학공업 육성 업무를 담당했다. 그는 1971년 11월 11일 청와대 경제2수석으로 임명되어 1979년 말까지 근무했다. 그런데 이 두 사람의 회고록(김정렴, 1997; 오원철, 2006)을 보면 이들은 거의 모든 경우 '대통령의 지시를 먼저 받고' 구체적인 대안을 강구했다. 자주국방을 위해 국내에서 무기를 조달하는 것, 수출 100억 달러 목표를 달성하기 위해 중화학공업을 추진하는 것 등에서 보듯이 '자주국방'이나 '수출 100억 달러' 같은 정책 목표는 항상 박정희 대통령이 먼저 제시했고 최종 정책도 대통령이 결정했다. 당시 기술관료들이 아무리 뛰어나다고 하더라도 대통령을 넘어서지는 못했다. 대통령과 참모의 관계를 고려하면 당연한 것이라 볼 수도 있지만, 5·16 쿠데타 직후 경제관료들과 박정희 국가재건최고회의 의장 사이의 수평에 가까운 관계를 고려해 본다면, 박정희 대통령은 1970년대에 들어와 경제 분야에서조차 기술관료들을 압도하게 되었다고 볼 수 있다.

3) 군부 엘리트와 대통령의 관계

유신정권이 5·16 군부 쿠데타를 계기로 성립된 3공화국의 연장이고 박정희 대통령이 시민사회를 통제하는 과정에서 긴급조치 발동 등 군부의 물리력에 자주 의존했기 때문에 군부 엘리트들이 박정희 대통령에게 일정 수준 영향력을 행사했을 가능성이 높다고 생각할 수도 있다. 그러나 적어도 1970년대 초 상황에서는 그렇지 않았다. 오히려 박정희 대통령에 대한 군부의 충성도가 높았다. 박정희 대통령은 국가재건최고회의 시기와 제3공화국을 거치면서 자신에게 도전하던 군부 인사들을 제거했고 다른 한편으로는 군부의 충성을 확보하기 위해 군부에 여러 특혜를 제공했다. 먼저, 국방부 조직을 확대시켜 직급을 인상시키고 승진 기회를 증가시켜 국가 전반에 걸쳐 군부의 우위성을 상징화시켰다. 둘째, 원호처를 신설해 상이군인·제대군인 등에 대해 실질적인 혜택을 부여했다. 셋째, 군 장교들을 전역시킨 후 공무원으로 재임용시켜 군부의 인사 적체 문제를 해결하는 동시에 군부가 국가기구들에 대한 영향력을 행사할 수 있는 공식적 통로를 만들어줬다. 유신정권 수립 후에도 유신사무관 제도 등 군대를 우대하는 신규 조치를 계속 도입했다.

4) 여권 정치인들과 대통령의 관계

국회 해산, 정당의 정치활동 금지, 유신헌법 통과로 인해 야당 정치인들의 영향력 행사 통로는 사라졌다. 당시 대통령에게 조금이라도 영향을 미칠 가능성이 있던 민간 정치인들은 여당 중진들밖에 없었다. 그러나 이들조차도 대통령의 견제와 잠재적 경쟁자 제거 작업으로 인해 사실상 독자적 목소리를 내지 못했다.

대통령의 첫째 조치는 1969년 3선 개헌을 전후해 당시 후계자로 물망에 오르던 김종필을 견제하고 그 추종 세력을 제거한 것이었다. 소위 4·8 항명파동을 계기로 김종필을 추종하던 의원들을 제명시켜 김종필의 공화당 내 입지를 위축시켰다.

둘째 조치는 3선 개헌에 성공한 후 개헌 추진 과정에서 신주류로 부상한 세력을 제거한 것이다. 개헌 과정에서 전면에 나섰던 이후락 비서실장과 김형욱 중앙정보부장을 현직에서 후퇴시키고, 그동안 견제 대상이었던 김종필을 국무총리로 임명했다. 또한 개헌 과정을 통해 공화당 신주류로 부상한 4인방(김성곤·길재호·백남억·김진만)이 박정희 대통령 3기 임기가 종료되는 1975년 이후에 의원집정부제 정부 형태를 구상하자 1971년 10월 2일 항명파동을 계기로 이들을 제거했다(임혁백, 2000: 18-19).

여권 통제의 백미는 유신 개헌 이후에 도입된 유신정우회 제도다. 이것은 행정부 수반이 입법부 구성을 좌지우지하는 주인-대리인 이론 관점에서 보면 주객이 전도된 매우 이상한 제도였다(Hadenius & Teorell, 2007). 대통령이 후보자들을 추천한 후 통일주체국민회의가 찬반 투표를 통해 전체 국회의원의 1/3을 선출했다. 임기는 일반 국회의원의 절반으로 설정해 대통령의 통제력을 극대화시켰다. 사실상 민주공화당의 확장된 기구였다.

제4절 거시적 환경

1 국제 관계

1) 국제 정치적 측면

유신 체제를 초래한 국제 정치적 환경 요인은 1960년대 말부터 부쩍 강화된 '북한의 대남 도발'과 닉슨 독트린으로 대표되는 '미국 동아시아 정책 변화'의 동시적 발생이다(신종대, 2005; 이종석, 2000; 홍석률, 2006).

(1) 북한의 위협

북한은 베트남전이 한창이던 1960년대 말 "남한에서도 베트남식 게릴라전을 수행하라"는 마오쩌둥(毛澤東)의 권고를 받고 1968년 초부터 한국에 군사적 도발을 시작했다. 당시 공산주의 진영은 미국과 한국의 베트남 전력을 분산시키기 위해 한반도에서 교란작전을 쓴 것이다. 1968년 1월 21일 김신조 일당의 청와대 습격, 1월 23일 미국 정보수집함 푸에블로 호 납치, 10월 30일부터 울진·삼척 지역 게릴라 침투, 1969년 4월 미 공군 EC 121 정찰기 요격, 1970년 6월 5일 서해 해군 방송선 납치, 6월 22일 현충문 폭파 사건 등을 연속적으로 일으켰다. 당시 북한은 "결정적 시기"라는 표현을 써가며 1970년대를 통일 성취기로 규정하고 남한에 대한 무력 침공을 암시했다(박동운, 1968: 51).

(2) 미국의 소극적 대응

남한이 이렇게 심각한 위협을 받고 있는데도 불구하고 미국은 자국의 경제력 약화, 방위력의 한계, 국내 여론 악화 등으로 인해 한반도에서 한 발 빼기 정책을 추구했다(Remmer, 1989: 16; 홍석률, 2006: 72). 1968년 11월에 당선된 닉슨 미국 대통령은 1969년 7월 25일 닉슨 독트린을 발표하고, 1970년 3월 20일 주한 미군 2개 사단 중 1개 사단 병력을 감축하는 대신 한국군 현대화를 위해 5년 동안 15억 달러의 특별 군사 원조[3]를 제공하는 방침을 결정하고, 주한 미국 대사를 통해 박정희 대통령에게 통보했다. 1971년 2월에는 주한 미군 1개 사단 철수를 공식적으로 공표하고, 동년 3월 27일에 주한 미군 2개 사단 중 제7보병사단을 철수했다. 당시 주한 미군 병력의 1/3 정도를 축소한 것이다. 더 나아가 1971년 7월 15일에는 키신저(Henry A. Kissinger)가 중국을 방문해 교섭을 시작하고, 1972년 2월 21일에 닉슨 대통령이 방중했다. 그런데 미국과 중국은 관계 개선 과정에서 한반도의 안정과 남북한 정권 간 타협이 필요하다는 데 합의하고 양국에 대화 시작 압력을 넣기 시작했다(이종석, 2000: 4; 홍석률, 2006: 78). 이 발표 이후 남한과 북한은 억지춘향으로 각기 상대방에 대한 적대정책을 변경하고 대화에 들어가야만 했다. 하지만 상호 불

3) 그러나 이 군사 원조도 미국 의회가 예산을 삭감해 제대로 제공되지 않았다(마상윤, 2003: 180).

신이 너무 강해서 대화에 진정성이 없었다. 이후락 중앙정보부장이 1972년 5월에 북한에 다녀온 후 7·4남북공동성명이 발표되기도 했으나, 1972년 말 이후에는 대화의 열기가 식었고, 1973년 8월에 발생한 김대중 납치 사건을 계기로 남북조절위원회마저 중단되었다.[4]

2) 국제 경제적 측면

자주국방을 추진한다는 것의 핵심은 국방에 필요한 무기를 자체 생산한다는 것이었는데 그러기 위해서는 중화학공업이 뒷받침되어야 했다. 제철, 제강, 특수강, 화학산업 등이 필수적으로 요청되었다. 그런데 다행히 당시의 국제 경제환경이 한국에 유리하게 전개되었다. 당시 일본은 공해산업, 특히 중화학공업을 더 이상 키우지 않겠다는 정책을 쓰고 있었기 때문에, 1960년대 초에 일본이 버리던 경공업을 유치해서 수출산업으로 키웠던 것처럼, 이번에는 중화학공업을 유치할 수 있게 되었다. 국제적 상품 주기(international product cycle)상 이제는 한국이 중화학공업을 할 수 있는 가능성이 열린 것이다(Kurth, 1979; Cumings, 1984). 여기에 동남아 나라들보다 먼저 중화학공업을 시작해야 세계시장에 진입할 수 있는 가능성이 조금이라도 더 높아진다는 점이 추가적으로 고려되어 신속하게 추진되었다(박정희, 1974: 368-370; 오원철, 2006: 143-144).

2 역사적 환경

1) 1960년대 산업화의 후유증과 한계

1960년대 한국의 산업화 전략은 농촌 지역에서 잠재적 실업 상태로 있던 잉여 노동력을 도시로 끌어내고 이들을 이용해 저가의 단순가공품을 수출하는 것이었는데, 이 전략은 1960년대 말이 되면 잉여 노동력의 고갈, 노동자들의 저항 증가, 임금 상승 등으로 한계에 봉착했다(Im, 1987: 241; 최완규, 1988: 131-135). 임금 상승으로 인해 인플레이션 문제가 발생했고,[5] 1960년대에 좁혀졌던 빈부 격차도 1970

4) 국가기록원. http://www.archives.go.kr/next/search/listSubjectDescription.do?id=003345.

년대에 들어서면서 다시 확대되었다.[6] 급격한 산업화로 이촌향도 현상이 발생해 각종 도시 문제도 발생했다. 특히 수도권 지역에서는 상하수도 문제・오물 처리 문제・장묘(葬墓) 문제・겨울철 난방 문제 등이 시급한 사회적 쟁점으로 부상했다. 식량 부족 문제도 지속되었다. 1960년대의 성장으로 보릿고개는 간신히 넘겼지만 아직도 혼식・분식을 장려하는 등 쌀 부족 문제가 해결되지 않았다.[7] 한편, 이촌향도로 농민 1인당 경작 면적은 다소 확대되었지만 농촌은 아직 많은 문제를 안고 있었다. 특히 재래식 주거환경의 낮은 위생 수준은 시급히 해결되어야 할 문제였고, 전쟁과 나무 연료 사용 등으로 초래된 산림 황폐화와 그로 인한 여름철 홍수 문제도 해결이 시급했다.

2) 과대 성장 국가의 지속적 영향

1960년대 말부터 1970년대 초 사이 박정희 정권은 이미 산업화 심화 과제를 다룰 수 있는 통제 수단들을 충분하게 확보하고 있었다(이정복, 1985: 66-67; Im, 1987: 249; 김영명, 1992: 302; 한배호, 1997: 308-309; 손호철, 1997: 286-298; 오창헌, 2001: 98). 박정희 대통령은 5・16 이후 꾸준한 권력 투쟁을 통해 자신에게 권력을 집중시키고, 일제 강점기 때 형성되고 이승만 정권을 거치면서 유지되어 온 과대 성장 국가를 장악하고 있었다. 청와대 비서실, 중앙정보부, 군대, 여당 등 통제, 조종, 정보 수집을 담당하는 국가 기구망의 정점에 서서 국가와 시민사회를 모두 관장하고 있었다(최장집, 1985: 183-216; 이정복, 1985: 65-66; 최완규, 1988: 113- 121).

5) 전년도 대비 소비자물가 증가율을 보면 1968년 10.8%, 69년 12.4%, 70년 16.0%, 71년 13.5%, 72년 11.7%였다(http://ecos.bok.or.kr/소비자물가지수). 단 이 시기의 인플레이션이 한국만의 문제는 아니었다. Gasiorowski(1995 : 892)에 의하면 1950년대~70년대 중반 사이에 전 세계적으로 높은 인플레이션이 민주화를 방해하거나 민주주의 붕괴 가능성을 증가시켰다.

6) 지니(Gini) 계수는 1960년 0.448에서 1970년 0.332로 감소되었으나 1975년 0.391로 다시 상승했다(Koo, 1984a: 1030).

7) 1960년대 말까지만 해도 총리 훈령으로 전 정부 차원의 쌀 절약 운동을 실시할 정도였다(국무총리훈령 제72호, 1969.1.31).

3 당대의 지배적 사상

1) 복지국가

1960년대 말~1970년대 초 시기에 세계 자본주의 나라들에서 지배적인 사조는 '국민들의 복지' 강조였다. 영국은 '요람에서 무덤까지'라는 구호로 상징되는 복지국가가 극에 달했고, 미국도 베트남전쟁처럼 국제 문제에 자원을 쓰지 말고 국내 문제를 해결하는 데, 특히 흑인을 중심으로 한 소수인종들의 복지를 개선하는 데 좀 더 신경 써야 한다는 움직임이 전개되었다.

2) 반공과 자주국방

한국에서 국시(國是)로 표현되던 당시의 지배적 이념은 '반공'과 '경제 발전'이었다. 반공 이념은 해방 이후의 분단, 냉전, 한국전쟁, 5·16 쿠데타로 인한 군부정권의 부상 등으로 인해 한국에서 지배적 이념으로 자리매김되었다. 그런데다가 앞의 북한 요인에서의 언급처럼 1960년대 말 이후 북한의 대남 군사 도발은 반공이라는 불에 기름을 붓는 격이 되었다. 반공은 한국 방위에서의 미국 역할 축소와 결부되어 자주국방 추진으로 구체화되었다. 미·중 화해라는 새로운 국제 정치환경에서 남북 대화가 시도되기는 했지만, 남·북한 정권 모두 미국과 중국의 압력에 굴복해서 표면적으로 움직인 것일 뿐 진정성은 없었다. 오히려 물 밑에서는 반공과 대북 경계심이 강화되었다.

3) 경제 발전

1960년대 초부터 본격적인 산업화가 시작되자 국민들은 그 효과를 조금씩 느끼게 되었고, 그러면서 경제 발전에 대한 욕구는 더욱더 강해졌다. 당시 국민들의 좀 더 잘살고 싶은 욕구는 정부의 수출제일주의 정책으로 이어졌다. 한국은 1960년대에 연평균 41.9%의 수출 증가율을 실현해 1964년에 1억 달러, 1967년에 3억 달러, 1970년에 10억 달러를 수출하는 실적을 거뒀다(오원철, 2006: 46-49, 82). 그런데 박정희 대통령은 1972년 5월 30일 '수출 100억 달러'라는 새로운 목표를 제시했고,

매월 개최되는 수출진흥확대회의[8]에 한 번도 빠지지 않고 직접 참석하는 등 강력한 신념을 보였다(오원철, 2006: 30, 43, 88). 그리고 이 목표를 달성하기 위한 핵심 수단으로 중화학공업화를 추진했다. 중화학공업은 자주국방을 위한 방위산업 육성과도 연결되어 있어 국방·경제 분야의 핵심 정책이었다. 박정희 대통령은 1972년 6월 초에 내각에 중화학공업추진기획단 구성을 지시하고, '수출/중화학공업/방위산업'을 한 덩어리로 생각해 전·후방 연관 효과가 큰 철강·석유화학·조선·전자·기계(자동차 포함)·비철금속 6개 업종을 집중 육성하기로 방침을 정했다. 이후 1973년 1월 13일 연두교서에서 중화학공업화 추진을 선언했다. 그런데 중화학공업화를 추진하기 위해서는 두 가지 문제를 해결해야만 했다. 첫째, 정책의 일관성을 확보하기 위해 정치 리더십을 장기간 안정시켜야 했다. 둘째, 막대한 소요 자금을 동원해야 했다. 1972년 10월 17일 이후 전개된 유신 개헌은 전자를 해결하기 위한 것이었고,[9] 국민투자기금 신설은 후자를 위한 것이었다.

제 5 절 정부조직 개편

앞에서 언급된 거시적 환경 요소들이 정부조직 개편 측면에 가하는 압력을 살펴보면 우선 증가되는 북한 도발에 대처하기 위해 군과 국방부를 강화할 필요가 있었다. 또한 미국의 소극적 자세에 대처하기 위한 외교 기구의 강화도 필요했고, 중화학공업화를 추진하기 위한 산업정책 관련 부처가 강화될 필요도 있었다. 다음으로 산업화 후유증을 극복하기 위한 환경이나 도시 문제 담당 기구를 강화할 필요가 있었고, 국민의 복지를 향상시켜 주는 정책을 집행하는 기구도 강화할 필요가 있었다. 이외에도 1960년대부터 시작된 고도의 성장 추세를 유지시켜 줄 수 있는 기구나 정책을 강화할 필요가 있었다. 여기서는 이런 내용들을 토대로 실제로 전개된 정부조직 개편을 살펴보고자 한다.

8) 상공부 주관. 민·관·학계가 모두 참여.

9) 박정희 대통령이 비서실장에게 유신 체제 준비를 지시한 것은 1972년 4~5월경이었다는 회고(김정렴, 1997: 377)는 유신 체제가 자주국방 및 중화학공업 추진과 밀접한 관계가 있음을 뒷받침해준다.

1 「정부조직법」 개정의 주요 내용

「정부조직법」은 유신 개헌 직후인 1973년 1월 15일에 전부 개정되었고, 동년 3월 3일에 한 차례 더 부분 개정되었다. 여기서는 이 두 개정에 초점을 맞춰 정부조직개편을 분석하되, 논리 전개상 연결이 필요하면 1968년 7월 24일 부분 개정, 1970년 8월 3일 부분 개정 내용도 일부 포함한다. 그리고 유신 전후 국(局) 수준 변화를 비교 분석하기 위해 각 기관의 직제 개정도 분석한다.[10)]

표 5-1 「정부조직법」 개정 주요 내용

일자	주요 내용	
1968.7.24.	총무처	– 법령 및 조약 공포 업무 추가(공보부로부터 이동)
	국토통일원	– 신설. 통일에 관한 문제를 종합적으로 조사, 연구, 정책, 홍보
	국방부	– 예비군국 신설
	문교부	– 문예체육국을 사회교육국으로 바꿈. 담당 업무에서 출판·저작권 기타 문화·예술 업무를 문화공보부로 넘겨줌. 외국(外局)이던 문화재관리국도 폐지
	문화공보부	– 공보부가 문화공보부로 바뀜. 법령 및 조약의 공포 업무 폐지. 문화·예술 업무가 추가(문교부로부터 이동). 조사국과 문화선전국이 폐지도고, 문화국과 예술국이 신설됨. 외국(外局)으로 문화재관리국 추가(문교부로부터 이동)
1970.8.3.	국방부	– 산하에 병무청 신설. 기존의 국방부 병무국을 확대한 것
1971.11.10.		– 무기 생산 방식 최종 결정(민간이 부품을 개별적으로 생산하고 정부는 정밀성 검사와 조립 담당)
1972. 연초		– 핵무기 개발 지시(김정렴, 오원철)
1972.4.4.		– 방위산업 육성계획 작성 지시
1972.4~5		– 유신 개헌 준비 지시(김정렴)
1972.5.30.		– 수출 100억 달러 목표 제시
1972.10.17.		– 유신 개헌 선언, 전국 비상계엄령 선포 – 국회 해산(~73.3.12). 정당 및 정치 활동 중지 – 헌법 기능 일부 정지
1972.11.21.		– 유신헌법안 국민투표
1973.1.13.		– 중화학공업화 추진 선언

10) 유신 개헌 이전까지는 「정부조직법」이 국(局) 수준을 관장했으나, 유신 개헌 이후에는 각 기관 직제(대통령령)가 국 수준을 관장했다.

1973.1.15.	행정조정실	– 신설
	행정개혁 위원회	– 신설
	경제기획원	– 1973.1.16. 직제 개정: 물가정책국, 투자진흥국, 외자관리국 신설
	과학기술처	– 1973.2.17. 직제 개정: 연구조정실진흥국을 진흥국으로 개칭, 원자력청을 원자력국으로 축소, 종합기획국과 기술협력국 신설. 산하기관이던 원자력청, 국립지질조사소 폐지
	외무부	– 차관보를 1인에서 2인으로 확대 – 1973.1.16. 직제 개정: 구미국을 미주국과 구아국으로 분리, 국제경제국 신설
	내무부	– 1973.1.16. 직제 개정: 지방국 밑 지역개발담당관을 새마을지도과·새마을담당관·새마을계획분석관으로 분리 확대
	농림부	– 차관보를 2인에서 4인으로 확대 – 1973.1.16. 직제 개정: 농업개발국, 유통경제국, 농특사업국 신설. 양정국을 식량국과 양곡관리국으로 분리
	상공부	– 차관보를 2인에서 5인으로 확대 – 산하기관으로 공업진흥청과 공업단지관리청 신설. 외국(外局)이던 중앙계량국과 표준국을 폐지 – 1973.1.16. 직제 개정: 광공차관보를 중공업차관보, 경공업차관보, 자원차관보, 국제협력차관보로 분리 확대. 유통수입국과 공업기획국을 신설. 공업제1국과 공업제2국을 중공업국, 기계공업국, 화학공업국, 섬유공업국으로 분리 확대. 방위산업관을 신설
1973.3.3.	국무총리실	– 산하에 위원회 설치 근거 마련. 이를 근거로 '중화학공업추진위원회'가 설치되고, 후에는 '중화학공업추진기획단'이 설치되고, 1974년에는 '중화학공업추진 차관보실무회의'가 설치됨.
	내무부	– 산하에 산림청 신설(농림부에서 이동)
	재무부	– 1973.3.12. 직제 개정: 증권보험국 신설 – 전매청(1973.7.27. 직제 개정): 제조국과 인삼국 신설 – 조달청(1973.3.12. 직제 개정): 물자조정국과 시설계약국 신설 – 국세청(1973.3.13. 직제 개정): 심사국 신설 – 관세청(1973.3.14. 직제 개정): 세무국 폐지, 수출국과 수입국 신설
	국방부	– 1973.3.9. 직제 개정: 방위산업국 신설. 밑에 방위산업과, 연구개발과, 개발차관과, 방위산업계획담당관 등을 설치
	농수산부	– 농림부에서 농수산부로 바뀜. – 산하기관 중 산림청을 폐지해서 내무부로 보냄.
	문교부	– 1973.3.9. 직제 개정: 교육시설국 신설
	건설부	– 1973.3.14. 직제 개정: 산업입지국 신설

보건사회부	– 1973.3.10. 직제 개정: 위생국 신설 – 산하 노동청 1973.3.10. 직제 개정: 노동국을 노정국, 직업훈련국, 노동보험국으로 분리 확대
교통부	– 철도청(1973.3.13. 직제 개정): 공전국을 차량국과 전기국으로 분리, 자재국을 폐지하고, 자재담당관 신설
문화공보부	– 1973.3.9. 직제 개정: 보도국 신설

2 자주국방 및 독자 생존을 위한 개편

1) 국토통일원 신설

국토통일원은 1968년 7월 24일 「정부조직법」 개정으로 신설되었는데, 주된 업무는 통일에 관한 문제를 종합적으로 조사·연구하고, 통일 관련 정책과 홍보를 담당하는 것이었다. 1968년 1월에 있었던 김신조 일당의 무장 게릴라 청와대 습격사건과 미국 정보함 푸에블로 호 납치사건에 자극받아 정부가 북한을 연구하고 통일 방안을 강구하기 위해 설치한 것으로 보인다. 북한을 다루는 국토통일원이 외교 문제를 다루는 외무부와 별도로 설치된 것은 북한과의 체제 경쟁에서 승리해서 장기 집권에 대한 정당성을 확보하려 했던 박정희 대통령의 인식 체계와도 연결된 것으로 보인다.

2) 과학기술처 원자력국

1960년대 말부터 미국은 국방 예산을 절약하기 위해 재래식 무기 개발과 생산을 줄이고 비용 대비 효과가 높은 전략 핵무기의 개발과 생산에 집중했다.[11] 그 여파로 동맹국들은 미국의 핵우산 보호는 받지만 재래식 무기는 자체적으로 해결해

11) 제2차 세계대전 종전 직후부터 시작되었지만 특히 1960년대 말부터 미국 국방부는 재래식 무기 구입을 축소하고, 전략 핵무기에 대한 의존을 늘렸다. 전략 핵무기는 경제적 측면에서 싸면서도 파괴력은 대단한 아주 효율적인 무기였고, 정치적 측면에서도 국민들이 싫어하는 강제 징집을 통해 대규모 군대를 유지하는 것보다 훨씬 실현 가능성 높은 대안이었다. 전체 국방비가 줄었지만, 군사 R&D 지출은 꾸준히 증가했고, 특히 전략 핵무기에 대한 정부의 R&D 지출은 크게 증가했다(안충영, 1978: 283; Hooks & McLauchlan, 1992: 776–781; McLauchlan & Hooks, 1995: 751–752; Hooks, 2003: 232).

야 하는 부담을 떠안게 되었다. 같은 맥락에서 한국은 주한 미군 철수까지 추가적으로 감수해야 했다. 닉슨 독트린과 주한 미군 철수를 계기로 미국에 대한 불신이 극에 달한 박정희 대통령은 미국의 핵우산 정책도 믿지 않고, 자주국방을 확실히 하기 위해 핵무기도 자체 개발하기로 결심했다.[12] 1972년 초 김정렴 비서실장과 오원철 경제수석에게 핵무기 개발을 지시했는데 가장 큰 문제는 미국의 감시였다.[13] 새로운 일을 추가하면서도 그 일과 관련이 많은 과학기술처 원자력청을 1973년 초 개편에서 과기처 내 원자력국으로 위상을 축소시킨 것은 상식적으로는 이해가 안 되지만, 미국의 감시 눈초리를 조금이라도 피하기 위한 고육지책이었던 것으로 보인다.

3) 외무부 조직 개편

1973년 1월 16일 직제 개정을 통해 기존의 구미국을 미주국과 구아국으로 분리했다. 동서 화해, 닉슨 독트린, 미군 철수 등 미국발 변화들이 많았기 때문에 미국에 좀 더 많은 외교 역량을 할당할 필요가 있었을 것으로 보인다. 한편, 미국이 한국에서 한 발 빼려는 상황에서 오로지 미국만을 쳐다보는 외교 전략을 고수할 수만도 없었다. 미국이 여전히 중요한 변수이기는 했지만 1960년대 이후 새롭게 세계무대에 복귀하고 있는 유럽 열강들도 중요시하지 않을 수 없었다. 특히 한국과 같은 분단 상태이면서도 라인 강의 기적을 일으킨 서독, 미국의 압력에 굴하지 않고 독자적으로 핵무기를 개발한 프랑스는 핵무기 개발을 비롯한 자주국방과 중화학공업화 추진을 결심한 박정희 대통령의 입장에서는 최우선적 교섭 대상국이었다.[14]

---

12) 1949년 6월 주한 미군 철수와 1950년 1월 12일 애치슨 선언이 6·25전쟁 발발의 단초를 제공했었던 역사가 있기 때문에, 박정희 대통령은 어떻게 해서든 확실한 자위 수단을 확보하지 않을 수 없었을 것이다.

13) "……박정희 대통령은…… 1972년 초 김정렴 비서실장과 오원철 경제수석을 집무실로 부른 뒤 평화를 지키기 위해 핵무기가 필요하다. 기술을 확보하라라고 주문했다. ……국방과학연구소를 비롯한 여러 연구기관에 과제를 분산해 맡긴 것은 미국의 감시와 견제에서 벗어나기 위한 고육책이었다. 당시 미국은 한국이 핵무기를 만들려고 한다는 강한 의구심을 품고 정보원을 동원해 청와대와 유관 연구시설의 움직임을 예의주시하고 있었다. 청와대의 가장 큰 고민은 보안 문제였다.……"(www.chosun.com. 2010.1.12/주간조선 오원철 인터뷰 기사).

14) 당시 한국은 핵연료 재처리 시설을 확보하기 위해 프랑스와 교섭하기도 했다(www.chosun.com/2010.1.12).

그래서 미주국을 분리하면서도 유럽(구, 歐) 담당 부서의 위상은 약화시키지 않은 것이다.

4) 국방부 조직 개편

1960년대 말 이후 북한의 도발에 대응하는 과정에서 군 관련 기구들이 지속적으로 확대되었다. 우선 1968년 7월 24일 「정부조직법」 개정으로 국방부 하부조직으로 예비군국이 신설되었다. 북한이 게릴라식으로 침투를 감행하자 박정희 정권은 1968년 4월 1일 총 250만 명 규모의 향토예비군을 창설했는데 그 여파르 예비군국이 신설되었다.[15] 또한 1970년 8월 3일 국방부 병무국이 병무청으로 확대되었는데, 이것도 예비군 창설과 관련이 깊다. 병무 업무와 관련해서는 이미 1962년 10월부터 시・도 수준에서 지방병무청이 설치되어 현역병 의무자에 대한 징집 의무를 담당하고 있었는데 1968년에 대규모 향토예비군이 새로 창설되자 병무국이 그 편성 업무도 맡게 되었다. 그러나 병무국 조직은 당시 전체 현역병의 몇 배에 달하는 향토예비군까지 관리하기에는 역부족이었다. 업무 추가로 국가기구가 확대된 것이다.

1973년 3월 9일에는 국방부 직제 개정으로 방위산업국이 신설되고, 방위산업계획담당관도 신설되었다. 1972년 4월 4일 박정희 대통령이 방위산업 육성계획 작성을 지시하고, 1972년 4~5월경에 방위산업과 중화학공업을 육성하기 위해 유신 개헌을 결심한 후, 본격적으로 방위산업 육성이 시작되었다. 오원철의 제안대로 개발은 국방과학연구소가 맡고 민간 기업에서 민군 혼합 방식으로 무기를 생산하기로 했기 때문에 무기 생산 전용 공장은 건설되지 않았다. 따라서 중화학 산업들 속에 녹아들어가 있는 방위산업을 관리할 기구가 필요했다. 방위산업국과 방위산업계획담당관은 이런 이유로 신설된 것이다. 즉, 순수 중화학공업 육성 측면은 상공부가 담당하고, 국방부는 무기 생산 측면을 담당하는 업무 분담이 이뤄진 것이다. 양자를 연계해 국가 경제 전체와 무기 생산을 조율하는 업무는 '청와대 경제2수석비서 → 중화학공업추진기획단 → 상공부 방위산업관' 계통이 담당했다.[16]

15) 전방에 집중 배치된 현역 군인들은 후방으로 침투하는 게릴라들을 상대하기에 적합하지 않게 되자, 새로운 형태의 예비 전력을 조직한 것이다. 그러나 예비군은 무기 부족 등의 이유로 1972년까지 전투력 수준이 매우 열악했다. 1972년 이후 국산 무기들이 개발되면서 예비군이 어느 정도 무장될 수 있었다.

16) 일반적으로 국가가 약하고 분할적(weak and fragmented)이어서 기획을 할 수 없다고 알려져 있

5) 상공부 방위산업관 신설

상공부 방위산업관은 중화학공업과 방위산업의 연계성을 관리하는 업무를 담당했다.[17] 박정희 대통령은 1973년 1월 20일 연두순시에서 군은 검사 능력만 배양하고, 무기 생산은 민간 기업에 맡기도록 지시했다(오낙영, 1973: 152). 그런데 당시 북한은 속전속결 전략을 채택하고 있었기 때문에 전쟁이 발발한 후에 이뤄지는 산업 동원이란 의미가 없었다. 평상시에 민간 기업들을 조정해서 국방 동원을 철저하게 준비하고 있어야만 했다.[18] 방위산업관의 제1차적 임무는 이러한 산업-국방의 연계성 구축이었다. 그러나 다른 측면에서 보면 이것은 각 부처의 비상계획관, 유신사무관 제도와 더불어 국방 영역이 다른 부처들의 정책 과정에 영향력을 행사하는 고리이기도 했다.[19]

는 미국에서도 국방 영역에서만큼은 국가가 (한국에서처럼 국가 경제 전반에 걸친 종합적 기획은 아니지만) 소수의 핵심 산업에 국한해 기획을 했다. 미국 국방부는 막대한 국방 예산을 사용해 무기 개발, 생산, 구매, 분배를 기획했다. 1950년대 후반~1960년대 초반 사이에 미국의 국방 예산은 GNP의 10% 정도였고, 공군이 전체 국방 예산의 약 40% 정도를 사용했다. 제2차 세계대전 종전 시점에서 미국 연방정부는 항공기 제작에 사용되는 전체 자산의 90%를 통제하고 있었고, 1952~56년 사이에도 모든 항공기 공장과 설비의 63%를 소유하고 있었다. 국방부는 비행기 생산과 관련해 고정자본 투자, 운전자금 보조, 구매 보장, R&D 비용 지원 등을 통해 사실상 항공 산업을 유지시켜줬다(Hooks, 1992 : 371-377).

17) 와타나베(Watanabe, 1978)는 수출이 중화학공업의 성장을 견인한 주된 요인이라고 하지만, 후지타와 제임스(Fujita & James, 1989: 241-243)에 의하면 1973~80년 사이에 중공업과 화학산업의 성장을 이끈 가장 큰 요인은 국내 최종 수요의 확장(중공업 37%, 화학산업 31%)이었다. 수출 효과는 이 효과보다 좀 더 적었고(중공업 36%, 화학산업 22%), 수입대체 효과는 이것보다 크게 낮았다(중공업 25%, 화학산업 14%). 무기는 대표적인 국내 최종 수요 산출이기 때문에 중화학공업 발전에 큰 역할을 했다.

18) 무기 수요는 평상시와 전쟁 시에 차이가 크다. 평시에 전시를 대비해서 막대한 비축을 유지하는 것은 기술적으로나 경제적으로도 문제가 많다. 그러므로 전시 수요의 대부분을 그 나라 전체 생산력에 의존할 수밖에 없다. 영국, 프랑스, 독일, 미국, 이탈리아 등 대부분의 선진국도 제1차 세계대전을 계기로 해서 무기 생산을 대부분 민간 기업들에게 맡겼다. 무기 생산의 기술 파급 효과, 국제경쟁력 제고 효과, 계열화 촉진 효과 등을 거두기 위해서도 민간 기업 형태가 바람직했다(백환기, 1971: 85-86; 전병원, 1971: 41; 오낙영, 1973: 155). 반면에 국방산업은 긴 기간의 연구개발, 막대한 연구비, 높은 가공 기술, 고가의 기술비용, 엄밀한 규격의 원자재, 정밀 고가 장비 및 시험 검사장비 등을 필요로 하기 때문에 민간 기업에게는 부담스러울 수밖에 없었다. 이 때문에 정부는 방위산업을 중화학공업과 같이 육성할 경우 민간 기업들을 크게 지원해줄 필요가 있었다(Cary, 1953; 윤응렬, 1971: 111; 전병원, 1971: 61; 백환기, 1972: 75-80).

19) 이처럼 권한의 집중도가 높고, '제도로서의 군'과 '정부로서의 군'의 역할 융합도가 높은 군사 통치 체제는 술탄형 레짐으로 불린다. 칠레 피노체트(Augusto J. R. Pinochet Urgarte) 정권, 소모사

3 중화학공업화 추진을 위한 개편

1) 국무총리 밑 행정개혁위원회 신설

박정희 대통령은 자주국방과 중화학공업화 목표를 달성하기 위해 공기업들도 제조업 분야에 집중시켜 국가의 제조업 개입 비중을 1960년대보다 높였다.[20] 또한 저금리의 신용대출 · 정책금융 · 외국 자본의 동원과 배분 관장 · 재정투융자 · 고세율/다감면 조세 체계 운영 · 세무조사 같은 다양한 수단을 동원해 민간 자본가들을 반강제적으로 중화학공업화에 참여시켰다(송재복, 1989: 878–884). 행정개혁위원회의 업무는 행정기관 및 정부투자기관 제도 및 운영의 개선을 위한 조사 · 연구였는데 정부의 경제 개입 과정에서 전반적인 효율성을 제고하기 위한 조치였던 것으로 보인다.

2) 국무총리실 중화학공업추진위원회

경제기획원은 1970년대 초 제3차 5개년개발계획에서 수입대체를 위한 '점차적인' 중화학공업화로 균형 잡힌 산업구조를 달성하려고 했다. 전자 · 조선산업 같은 노동집약적 산업들만을 골라 적당한 시기에 수출 주도 산업으로 발전시키려고 했다. 그러나 박정희 대통령은 오원철 상공부 차관보의 의견을 수용해 자주국방의 기초 다지기, 북한과의 대결에서 승리하기 등을 위해 '전면적인' 중화학공업화 전략을 선택했다.

한편 1973년 3월 3일 「정부조직법」 개정에서 제2조 제2항이 개정되어 일시적으로 특수한 업무를 담당하기 위해 대통령령으로 중앙행정기관인 위원회를 설치하는 것이 가능해졌다. 이것은 박정희 대통령이 1972년 6월 초에 이어 1973년 1월 31일에 다시 한 번 김종필 국무총리에게 총리실 산하에 중화학공업을 관할할 위원회를 구성하라고 지시한 것의 후속 조치였다. 이 개정으로 1973년 5월 13일에 '중화학공

(Anastasio S. Garcia) 왕조 시절의 니콰라과, 1980년대 초반의 인도네시아가 대표적인 예다(MacDougall, 1982: 89–91; Remmer, 1989: 38). 역으로 군대의 위상이 약한 일본에서는 외무성, 재무성, 통산성 등 주요 부처들이 방위청 고위직에 자기 직원들을 배치해 국방정책 과정을 식민지화했다(Katzenstein & Okawara, 1993: 95).

20) 민영화를 통해 공기업 전체 숫자는 제3공화국 시기보다 감소했다.

업추진위원회'가 설치되었고, 이어 9월 3일에는 위원회의 실무기구 성격인 '중화학공업추진기획단'이 설치되었다. 그리고 1974년 이후에는 '중화학공업추진 차관보실무회의'가 위원회를 대체해 1980년 9월 16일 '중화학공업추진기획단'이 해체될 때까지 중화학공업화를 진두 지휘했다.[21)]

이 개편으로 경제정책 결정과 집행을 위한 국가 제도가 경제기획원 단일 체제에서 '청와대 경제2수석비서실'과 '경제기획원'이라는 이원적 체제로 바뀌고, 오원철이 1973년 9월부터 중화학공업추진기획단 단장을 겸임하면서 경제정책의 전반적 조정권과 통제탑 역할이 경제기획원에서 '청와대 경제2수석비서실 → 중화학공업추진기획단' 계통으로 이동되었다(Cheng, Haggard, & Kang, 1998: 106; 이종찬, 2003: 147－150). 더불어 중화학공업화의 일선 업무를 담당하는 상공부의 조직이 분화 확대되고 위상도 제고되었다. 재무부는 국민투자기금을 필두로 중화학공업에 투입되는 국내 자본 동원을 담당해 경제정책에서 그나마 목소리를 유지할 수 있었지만, 경제기획원은 물가관리 등 일반적인 거시경제관리 업무를 주로 담당했기 때문에 1960년대에 누리던 통제탑 역할을 상실했다.[22)]

3) 경제기획원 3국 신설

경제기획원은 1973년 1월 16일에 직제를 개정해 물가정책국, 투자진흥국, 외자관리국을 신설했다. 이것은 노동집약적 산업 중심의 산업화 한계를 극복하고 대통

---

21) 일반적으로 국가 관료제는 보수적이라고 묘사되지만 항상 그런 것은 아니다. 특히 군부 레짐에서는 민간 관료제들도 급진적인 경우가 많은데 이런 경우에 자주 이용되는 기구 형태는 초부처적 기구, 위상이 낮은 기구(주로 청급 기구), 특정 정책 영역에서 새롭게 정의된 업무 권한을 갖는 전문화된 관청 세 가지다(Kasza, 1987: 856). 중화학공업추진위원회와 그 기획단은 카스자(G. J. Kasza)가 지적하는 초부처적 기구이고, 분화 확대된 상공부 조직은 새롭게 전문화된 관청에 해당된다.

22) 권위주의 정권이 경제정책의 일관성을 유지하기 위해서는 국가기구들 사이의 제도적 응집성 이외에 정권 주요 정책결정자들 간의 정책 시각 공유도 필요하다(Huneeus, 2000: 462). 그러나 한국의 유신정권에서는 이런 이원적 체제가 등장하는 바람에 관료제 내에 균열이 생겼고, 그로 인해 거시경제정책의 일관성이 깨지고 경제에 대한 국가의 개입이 증가하게 되었다(Cheng, Haggard, & Kang, 1998: 106－107). 박정희 대통령 서거 후 전두환 정권에서 김재익 등 경제기획원 출신 자유주의자들이 득세하고, 김정렴－오원철로 대표되는 상공부 인맥과 김용환으로 대표되는 재무부 인맥이 제거당하고, 중화학공업화에 대한 비판이 거세게 일어난 배경에는 이와 같은 1970년대 부처 간 알력과 부침이 자리 잡고 있다.

령이 새로운 성장전략으로 선택한 중화학공업화를 추진하기 위한 조치였다.

한국 경제는 1960년대 말부터 농촌 지역의 잉여 노동력 고갈로 도시지역 노동자의 임금이 올라가고, 이로 인해 공산품 가격이 상승하면서 수출에 지장이 생기는 등 물가 상승 문제로 시달렸다. 이 문제를 해결하지 않고는 백약이 무효였기 때문에 물가정책국이 신설된 것이다. 그 결과 1973년에는 물가 인상률이 3.2%로 크게 낮아졌다.[23] 투자진흥국은 중화학공업화 정책에 민간 기업들의 참여를 유도하기 위해 정부가 취한 다양한 정책들을 조정하는 역할을 맡았다. 낮은 금리의 신용대출, 정책금융, 외국 자본의 동원과 배분 관장, 재정투융자, 고세율/다감면 조세 체계 운영, 세무조사 등 세부 정책 수단들은 개별 기구들에 의해 집행되었지만, 이들을 하나로 묶어 제도적 응집성(institutional cohesiveness)을 확보하는 조정 역할은 투자진흥국에 의해 수행되었다(Chibber, 1999: 313; 2002: 952−954, 960−972). 외자관리국은 정부가 중화학공업에 투입될 외자를 도입하기 위해 필요했던 두 가지 기능을 담당하기 위해 설치되었다. 1970년대 외자 도입의 주 원천은 정부가 지급보증을 서주는 해외 상업차관이었다. 민간 기업들이 차관 도입, 사업계획, 상환계획 등을 제출하면 정부가 심사해서 선별적으로 지급 보증을 서줬다. 절대 액수에서 차관에 필적할 만큼은 안 되었지만 외국인 직접 투자도 정부의 주된 관심 대상이었다. 정부는 표면상으로는 적극 유치 태도를 보이면서도 실상은 경영권 확보를 위해 엄격한 규제(지분 50% 이하) 하에 도입을 추진했다(Kim, 1989−90: 28−41). 이런 조직 개편에도 불구하고 경제기획원은 1970년대의 핵심 경제정책이던 중화학공업화 전략 채택 과정 및 추진 과정에서 박정희 대통령과 의견 차이가 있어 제3공화국 시절에 누리던 국가 경제 관리 통제탑 위상을 상실했다. 대통령은 자신의 의중을 정확히 읽고 시행하는 '청와대 경제2수석실 → 중화학공업추진위원회 → 상공부' 계통을 중용했다.

4) 외무부 국제경제국 신설

외무부 국제경제국은 수출 확대에 필요한 새로운 시장 개척을 위해 신설되었다. 한국은 1970년에 10억 달러 수출을 달성한 정도였는데, 박정희 대통령은 1973

23) 1972년까지는 대부분 두 자리 수였다. 그러나 1974년에는 오일 위기의 여파로 다시 크게 올라갔다.

년 초에 중화학공업화 선언 후 갑자기 '1979년 수출 100억 달러, 1인당 GNP 1,000달러' 목표를 제시했다. 이 목표치 달성을 위해 국내 차원에서는 이용 가능한 모든 자원이 동원되었고, 국제적으로는 수출시장 확대를 위한 노력이 경주되었다.

5) 재무부 조직 개편

재무부 증권보험국 신설은 중화학공업화에 필요한 자금을 동원하게 하기 위한 사전 정비 작업이었다. 일반적으로 중화학공업화에 크게 기여한 것으로 알려진 국민투자기금은 근거법인 「국민투자기금법」이 1973년 12월 14일에 제정되어 1974년에야 기능을 발휘하기 시작했고, 기금 전액이 중화학공업에 투입된 것도 아니었다. 또한 야당 의원들의 주장으로 식량증산사업에도 상당액이 지출되어, 중화학공업에 투입된 액수는 총액의 61.1%에 불과했다.[24] 정부는 이 기금 이외에도 기업들이 자금을 동원할 수 있는 모든 가능성을 열어줄 필요가 있었다. 그중의 하나가 이전까지 우리나라에서 활성화되지 않았던 주식시장(직접금융)을 활성화하는 것이었다.[25]

재무부 산하 외청(外廳)들의 조직 개편은 재정을 확보하기 위한 노력이었다.[26] 전매청 제조국과 인삼국 신설은 전매사업의 확장을 통한 재정 기여분 증가를 목적으로 했다. 국세청 심사국 신설은 탈세를 방지해 조세 수입을 증가시키기 위한 조치였고, 관세청의 조직 개편도 과세 대상에 대한 좀 더 철저한 법집행을 통해 조세 수입을 증가시키기 위한 조치였다. 반면, 조달청의 물자조정국과 시설계약국 신설은 정부의 조달 분야에서 재정지출을 어떻게든 절약하기 위한 조치였다.

6) 상공부 조직 개편

상공부는 1973년 1월 15일 법률 개정으로 산하기관이던 중앙계량국과 표준국을 공업진흥청으로 통합 신설했고, 공업단지관리청도 신설했다. 1973년 1월 16일

---

24) 출처: 국가기록원 나라기록포털: 국민투자기금.

25) 그전까지는 은행 차입에 의존하는 간접금융의 비중이 압도적으로 높았다.

26) 전년 대비 조세징수액의 증가율을 보면 1972년 6.1%, 1973년 24.8%, 1974년 56.6%였다(http://kosis.kr). 1973년은 산하 외청(外廳)들의 개편 결과 호전된 것으로 보이며, 1974년의 급격한 개선은 오일쇼크로 인한 유류세 인상 때문이다.

직제 개정에서는 광공차관보가 경공업차관보, 중공업차관보, 자원차관보, 국제협력차관보로 분리되고 유통수입국과 공업기획국이 신설되었다. 기존 공업제1국과 공업제2국은 중공업국, 기계공업국, 화학공업국, 섬유공업국으로 분리되었다. 방위산업관도 신설되었다.

상공부는 방위산업 육성과 중화학공업화 추진으로 인해 대대적인 조직 변화를 겪은 부처다.[27] 자원차관보, 국제협력차관보, 유통수입국 신설은 제철산업이나 석유화학산업처럼 해외에서 원료, 처리 기술, 제조 설비 등을 도입해야 하는 산업을 육성하기 위한 조치였다. 기존 공업제1국과 제2국은 몇 개의 산업을 겸해서 관리하던 시스템이었는데 이제는 산업별로 좀 더 세분화되었다. 상공부는 1960년대부터 수출 상품이나 수출 공장별로 담당관을 지정해서 수출을 관리해 왔는데, 중화학공업 추진도 같은 맥락에서 강력하게 관리하기 위해 정부조직을 산업별로 재조직한 것이다. 중앙계량국과 표준국을 통합해 공업진흥청으로 격상한 것은 정부의 산업 지원 기능 강화였고, 공업단지관리청 신설은 중화학공업 추진에 따른 새로운 공단도시 건설 수요에 대처하기 위한 것이었다. 당시 정부는 6개 중화학공업별로 한 단지에 한 산업씩 모두 6개 공업도시를 건설하려고 했다. 산업별로 발생하는 공해가 다르기 때문에 상이한 산업을 같은 단지에 섞어 놓으면 이종(異種) 공해가 서로 피해를 입히는 문제가 있었고 또 같은 업종을 같은 단지에 입지시키면 집적 효과도 거둘 수 있었기 때문이다. 산업단지의 지역 입지 선정에는 안보와 공해 처리 기준이 중요하게 고려되었다.[28] 박정희 대통령의 지시로 안보상 안전한 남쪽이 선호되

---

27) 상공부의 조직 분화와 확대는 중화학공업화라는 배출 요인(push factor)에 의해 대부분 설명이 가능하다. 그러나 견인 요인(pull factor)도 추가적으로 고려될 필요가 있다. 1972~79년 사이에 박정희 대통령의 지근 거리에서 핵심 경제참모 역할을 수행했던 김정렴과 오원철은 모두 상공부 출신 기술관료였다. 경제기획원, 재무부, 상공부가 경제 발전을 위해 협력하는 관계이면서도 부처이기주의라는 측면에서 자유로울 수 없었는데, 1970년대에는 상공부 출신들이 박정희 대통령 주위를 장악한 탓에 경제기획원과 재무부는 위상이 다소 약해졌다. 이처럼 상공부 계통 인물들이 박정희 대통령 주위에서 핵심 참모 역할을 했기 때문에 이들을 배출한 상공부는 다른 부처들보다 쉽게 조직을 확대・분화할 수 있었던 것으로 보인다.

28) 훅스(Hooks, 1994: 746, 753)에 의하면 중화학 산업의 입지 결정은 정치적 요인, 경제적 요인, 군사적 요인 등이 혼합적 영향을 미친다. 예를 들어 제2차 세계대전 중에 미국 항공기 제작 산업단지가 서부 내륙에 건설된 이유는 이 지역의 낮은 임금, 저렴한 토지, 매력적인 기후를 이용하려는 기업들의 요구와 항공기 산업을 북동부 지역과 LA에서 내륙으로 재배치하려던 군대의 요구를 모두 만족시켰기 때문이다.

었고, 공해 처리를 고려해 (전자산업만 제외하고) 해안 지방이 우선적으로 고려되었다. 특히 한류와 난류가 교차해 해수가 자주 순환되는 남동해가 선호되었다. 또한 조선산업은 진해의 해군이 보호해줄 수 있는 지역이 우선적으로 고려되었다(오원철, 2006: 186, 220). 그 결과 철강산업단지는 포항, 석유화학단지는 여수, 조선산업단지는 거제도, 전자산업단지는 구미, 기계산업단지는 창원, 비철금속산업단지는 온산으로 결정되었다.[29)]

7) 문교부 조직 개편

문교부 교육시설국 신설 역시 중화학공업화 추진을 위한 것이었다. 박정희 대통령은 1973년 1월 13일 중화학공업화를 선언하면서 동시에 국민과학화도 선언했다. 당시 대통령은 중화학공업이 발전하기 위해서는 우수한 기술자가 최소 5만 명 정도는 있어야 한다고 보았다. 중화학공업과 방위산업은 경공업과 달리 1/100mm 수준의 정밀 가공을 요하는 작업이 많기 때문이다. 이것을 위해 각 도에 한 개씩 기계공고를 설립했고,[30)] 이 학교들은 다른 학교들보다 실습기자재 확보용 예산을 훨씬 많이 배정받았다. 박정희 대통령은 지방 순시 때마다 현지에 있는 공고를 빼놓지 않고 들렀고, 기능올림픽 우승자는 올림픽 우승자와 같은 대우를 했으며, 기능경진대회 우승자는 국전 입상자와 같은 대우를 했다. 또한 공고 학생들의 사기를 높이기 위해 이들이 대학에 진학할 수 있는 제도도 마련했다. 공고 졸업생이 같은 전공 대학에 진학할 때에는 아예 입학 정원의 10%를 공고생에게 할당해 공고 졸업생들끼리만 경쟁을 시켰고, 공고 출신만 갈 수 있는 구미 금오대학, 창원 기능대학 같은 특수공대를 설립하기도 했다(오원철, 2006: 510－512).

29) 이렇게 결정된 입지는 쉽게 이전시키거나 변경시킬 수 없기 때문에 역사적 신제도주의자들이 말하는 잠금(lock－in) 및 경로의존(path dependence) 효과를 초래했고 수도권과 더불어 국토 중에서 동남 지방의 불균형적 발전 문제를 야기했다. 이런 측면에서는 미국도 마찬가지다. 제2차 세계대전 때 이뤄진 군사 분야 투자와 이후의 누적적 효과 때문에 남부와 서부의 도시들이 발전하고 북부와 동부의 기존 도시들은 상대적으로 피해를 보았다. 1972~1989년 사이에도 공군과 해군의 군사 R&D 시설들이 지역적으로 불균형 배치되어 몇몇 지역의 경제 발전에 크게 기여했다(Hooks & Bloomquist, 1992; Hooks, 2003: 239－241).

30) 1977년까지 금오공고·부산기계공고 등 전국에 11개의 특성화 기계공고가 설립되었다.

8) 과학기술처 조직 개편

과학기술처는 1973년 2월 17일 직제 개편을 통해 종합기획국과 기술협력국을 신설했다. 유신정권은 중화학공업 착수와 더불어 더 높은 수준의 기술을 확보하기 위해 소수의 특수 공과대학 설립도 추진했고, 대학교 연구시설과의 연계도 강화시켰으며, 해외 기술 도입(주로 합작 투자 방식을 권유)에도 박차를 가했다. 두 국의 신설은 이런 제반 조치들을 뒷받침하기 위한 조치로 보인다.

9) 건설부 조직 개편

건설부는 1973년 3월 14일 직제 개정에서 산업입지국을 신설했는데, 이것 역시 중화학공업 추진과 밀접한 관계가 있다. 1960년대 울산 석유화학단지 건설은 향후 공업도시 건설에 중요한 교훈을 남겼다. 울산단지를 건설할 때에는 공장의 입지만 고려하고 배후 도시 건설 문제는 고려하지 않아, 향후 울산의 도시계획에서 막대한 지장이 발생했었다. 박정희 대통령은 이 문제를 교훈 삼아 새로 공업도시를 건설할 경우에는 처음부터 공장 입지와 함께 주택·주민 편의시설 입지도 같이 고려하라고 지시했다(오원철, 2006: 188). 상공부에 공업단지관리청이 신설됨과 동시에 건설부에 산업입지국이 신설된 것은 이런 지시를 이행하기 위한 조치로 보인다.

10) 보건사회부와 산하 노동청의 조직 개편

보건부사회부는 1973년 3월 10일 직제 개정을 통해 위생국을 신설했다. 위생국은 상하수도 수질 관리, 가정 오물 처리, 화장시설 및 묘지 관리, 농어촌 위생시설, 식품위생, 매연·분진·오수·소음·진동 등의 산업공해 기준 설정 및 관리 문제 등을 담당했다. 보건사회부 산하 노동청은 1973년 3월 10일 직제 개정을 통해 기존의 노동국을 노정국, 직업훈련국, 노동보험국으로 분리했다.

보건사회부 위생국 신설과 노동청 내부조직 개편은 산업화와 도시화로 인해 생기는 노동 문제를 비롯한 각종 사회 문제, 중화학공업화로 인해 심화되는 공해 문제 등에 대처하기 위한 조치였다. 유신정권은 노사 문제 등 산업화로 발생하는 사회 문제들에 대해 일차적으로 물리적 강제력을 사용했다. 박정희 대통령이 긴급조치권을 발동해 법적인 제약 없이 노동권을 제한한 것이 대표적인 예다. 그러나 물리적 강제력 행사만으로 사회 문제를 충분히 억압할 수 없게 되자 당시의 복지국가 사조에 맞춰 낮은 수준이나마 사회복지 정책을 구사하고 동시에 노동 영역에 대해 교묘한 정치적 통제를 가하기도 했다. 보건사회부 위생국 신설, 노동청 교육훈련국과 노동보험국의 분리 등은 낮은 수준의 사회복지정책을 시행하기 위한 작업이었고, 노동청의 노정국은 교묘한 정치적 접근을 위한 수단이었다.

노동청 직업훈련국은 직업 훈련 정책 집행, 해외 파견될 기능 인력 훈련, 기능검정사업 등을 집행하기 위한 조치였다.[31] 노동보험국은 크게 보면 사회보장제도의 일부이면서 동시에 중화학공업화 추진으로 급증하는 산업재해에 대처하기 위한 조치였다. 산업재해보상보험의 징수, 특별회계 운영, 진료 수가 책정 및 조정 등의 업무를 수행했다. 노정국은 노동조합, 단체협약, 노사분쟁 조정 등의 업무를 담당했는데 외양은 국가조합주의지만 실제로는 국가 일원주의적 노동 통제를 실시했다. 유신정권은 1973~74년에 「노동조합법」을 개정해 노사 분규에 대한 결정을 노조 대의원회가 아닌 전체회의에서 결정하도록 함으로써 노조 지도부의 영향력을 약화시켰고, 전국적인 산별노조를 인정하지 않아 노사 분규의 합법적인 참여자가 될 수 없도록 만들었다(임현진, 2005: 287-288; 임현진, 2007: 298).

11) 교통부 철도청 조직 개편

1973년 3월 13일 철도청 직제 개정으로 공전국을 차량국과 전기국으로 분리 확대한 것은 본격적인 전철 운영에 대비하기 위한 조치였다. 철도청은 1967년부터 산업선(중앙선・태백선・영동선) 전철화, 수도권 전철화, 경부선 전철화에 대한 기술조사를 시작해 1969년 9월부터 중앙선의 청량리~제천 간 155.2km, 태백선의 제천~백산 간 103.8km, 영동선의 철암~동해 간 61.5km의 전철화 공사에 착수해 3년 9개월 뒤인 1973년 6월 20일 청량리~제천 간을 먼저 개통했다. 산업선들을 우선적으로 전철화한 이유는 급격한 도시화 문제, 즉 수도권 지역의 겨울철 연탄 부족 문제를 해결하기 위해서였다.[32] 중화학공업화로 노동자들의 도시 집중이 초래되었

31) 당시 유신정권은 기계공고를 설립하지 않은 지역에는 직업훈련소를 세워 기능사들을 양성했는데, 서울에 정수직업훈련소, 창원에 한백훈련소 등을 설립했다(오원철, 2006: 512).

32) 전철화 전에는 석탄 수송량이 하루 1,710만 톤이었는데 전철화 이후에는 2,570만 톤으로 50% 이

고, 이것은 다시 식량과 난방 문제를 일으켰다. 유신정권은 이 문제들을 해결할 조치가 필요했다.

4 장기 집권 강화를 위한 개편

1) 국무총리 밑 행정조정실 신설

1973년 1월 15일 「정부조직법」 개정에서 국무총리 행정조정실이 신설되었다. 이 기구의 업무는 국무총리를 보좌해 각 중앙행정기관 및 서울특별시 행정을 지휘, 조정, 감독하는 것이다.[33] 대통령 직속은 아니지만 대통령이 총리에 대해서도 압도적 지배력을 행사하던 시기이기 때문에 대통령 직속기구나 다름없었다. 특히 정권이 서울특별시 행정에 대한 지휘, 조정권을 갖는다는 것은 한국 정치의 중심 무대에 대해 통제권을 행사한다는 것을 의미했다. 정치적으로 파장이 큰 소요나 집회 그리고 산업화로 초래된 도시 문제 등의 처리와 관련해 중앙정부가 직접 일선 지방행정에 개입할 수 있는 길을 튼 것이다.

2) 내무부 조직 개편

1973년 1월 16일 내무부 직제 개편을 통해 지방국 밑 지역개발담당관을 폐지하고 새마을지도과, 새마을담당관, 새마을계획분석관을 신설했다. 박정희 정권은 농어촌의 주거환경 문제를 개선하기 위해 1969년 11월 1일 「농어촌근대화촉진법」을 제정한 후 농어촌 개발을 시작해 1972년까지 시범사업 위주로 운영해 왔다. 그러나 1973년부터는 대대적인 홍보와 함께 전국적 규모로 확대했다. 표면적으로는 마을 미화나 주택 개량에 필요한 자재를 제공해 농어촌의 주거환경을 개선하는 것이었지만, 농어촌 지역에서 유신 체제에 대한 정치적 지지 기반을 구축하려는 정치적 의도도 강하게 내포되어 있었다. 3선 개헌과 유신 개헌을 거치면서 도시 지역에서 정치적 저항이 고조되자, 농어촌에서 지지 기반을 강화하려 했다.[34]

상 늘어나 겨울철 연탄 부족 문제가 해결되었다(출처: http://cafe.naver.com/korailslr/book5733/13168, http://blog. naver.com/3609ksk?Redirect=Log&logNo=130083401465. 2010.5.15. 검색).

33) 동법 제20조 제1항.

1973년 3월 3일 「정부조직법」 개정에서 산림청이 농림부 산하에서 내무부 산하로 이동되었다.[35] 정부는 해방 직후부터 황폐화된 국토의 녹화를 위해 많은 노력을 기울였으나, 산림 황폐화와 여름철 홍수 문제는 여전히 계속되었다. 그래서 유신정권은 산림청을 내무부 산하로 이관해 산림 황폐화를 방지하는 데 경찰의 강력한 단속력을 이용하고, 산림 녹화를 새마을사업과 연계하고자 했다. 산림청이 내무부 산하로 이전되면서 내무부 장관 주도 하에 '제1차 치산녹화 10개년계획'(1973~82년)이 수립되었고,[36] 1978년에 조림 목표량 100만 ha보다 많은 108만 ha가 조림되어 계획보다 4년 일찍 종료되었다.

3) 농림부 조직 개편

1973년 1월 16일 농림부 직제 개정을 통해 농업개발국, 농특사업국, 유통경제국이 신설되었고, 기존 양정국은 식량국과 양곡관리국으로 분리되었다. 농림부의 농업개발국과 농특사업국은 새마을운동과 깊은 연관이 있다. 1960년대 말부터는 농촌 지역에도 잉여 노동력이 고갈되었기 때문에 경지 정리 등을 통해 농업의 효율성을 제고할 수 있는 여건이 형성되었고, 유신정권에 대한 정치적 지지 기반을 구축하기 위해서는 농민들의 소득을 제고하기 위한 특별사업도 많이 필요했다.

유통경제국 신설은 농민들과 도시 임금노동자들 모두를 위한 조치였다. 중화학공업 중심으로 공업 구조를 개편했어도 기술 수준이 갑자기 향상되지는 않았기 때문에 저임금 경쟁력은 한국이 포기하기 어려운 비교 우위였다. 그런데 도시 지역 임금노동자들에게 저임금을 강요하기 위해서는 농산물 가격을 낮게 유지시켜 식료

---

34) 새마을운동과 중화학공업화 전략 뒤에는 농민과 재벌에게 특혜를 제공해 이들을 정치적 지지 기반으로 만들려고 한 정치적 의도가 있었다(Cheng, Haggard, & Kang, 1998: 106).

35) 이후 1987년에 다시 농림부 소속으로 돌아갈 때까지 14년간 내무부 산하에 있었다.

36) 이 계획은 기본 목표를 국토의 녹화에 두고, 새마을운동을 통해 조림 애국사상의 생활화로 녹색혁명을 이룩하는 것을 기본 방향으로 했다. 그 주요 시책 및 결과를 보면 우선 1975년부터 매년 3월 21일부터 4월 20일까지 한 달 동안에 춘기 조림을 실행하는 범국민 식수 기간을 정착시켰고, 산림의 보호 차원에서 벌채 및 무단 입산을 행정적으로 강력하게 통제했으며, 산불 예방 및 진화를 위해 모든 지역의 경찰공무원과 산림공무원이 분담하는 보호관리, 보호 단속, 기술지도 삼위일체의 유기적 협력 체제를 이룩했다. 또한 강원도를 시작으로 전국의 화전 정리사업을 마무리했고, 농촌의 연료 공급을 위한 대단위 연료림을 조성했다(출처: 나라기록포털, http://contents.archives.go.kr/next/content/listSubjectDescription.do?id=001859).

품비를 저감시켜줘야 했다. 이중곡가제가 이를 위한 핵심 제도였지만, 채소·과일 등 여타 식료품의 경우에도 유통비를 줄일 필요는 상존했다. 산지 농민들과 도시 최종 소비자 사이에 유통 단계를 축소시켜 농민에게는 더 높은 소득을, 최종 소비자들에게는 더 낮은 가격을 형성시켜주기 위해 중앙정부가 개입한 것이다.

한국 경제는 1970년에 수출 10억 달러, 1인당 GNP 250달러를 달성해 간신히 외국 원조 없이도 국가 경영을 할 수 있는 수준이 되었다. 그리고 지긋지긋한 식량 부족 문제를 극복해 전 국민이 보리밥 정도는 먹을 수 있게 되었다(오원철, 2006: 99). 그러나 식량 부족 문제를 완전히 해결한 것은 아니어서 정부가 훈령을 통해 혼식을 장려하는 등의 노력을 계속했다. 1973년은 유신정권이 쌀 증산을 위해 1972년에 개발한 통일벼의 전국적 보급을 시작한 시기다.[37] 양정국을 식량국과 양곡관리국으로 분리한 것은 이런 시대적 분위기 속에서 식량 생산을 증가시키고, 증산된 쌀을 잘 관리해 불필요한 유실과 계절별 식량 부족 사태를 막기 위한 조치였다.

4) 문화공보부 조직 개편

1968년 7월 24일 「정부조직법」 개정으로 문화·예술 관련 업무가 문교부에서 공보부로 이동했고, 공보부 명칭은 문화공보부가 되었다. 그리고 기존에 있던 조사국과 문화선전국이 폐지되고 문화국과 예술국이 신설되었다. 문교부 시절에는 문예 업무가 문예체육국 밑에 예술과로 있었지만, 그 업무 범위는 문화공보부 문화국/예술국과 비교하면 매우 좁았다. 문화공보부로 옮겨오면서 기존의 공보부 조사국 조사1과 업무와 결합되면서 새로운 업무가 많이 추가되었다. 문화국의 주요 업무는 민족문화 창달(문화과), 출판물 관리(출판과), 종교계 관리(종무과)였다. 문화과의 민족문화 창달은 이전의 문교부나 공보부 양쪽 모두에 존재하지 않던 새로운 업무가 추가된 경우이고, 출판과 업무는 공보부 조사과 업무가 확대된 것이며, 종무과 업무는 문교부 문예체육국 사회교육과의 세부 업무 중 하나가 크게 확대된 것이다. 예술국의 주된 업무는 예술 창작 진흥, 공연관리, 영화관리였다. 문교부 시

37) 통일벼 재배 면적의 확산으로 한국의 쌀 생산량은 1965년 350만 톤에서 1977년 600만 톤으로 증가했다(http://article.joins.com/article/article.asp?Total_ID=3686179. 2009.7.14). 당시 지방 일선 공무원들은 모내기 철에 관할 지역을 돌며 통일벼가 아니면 모내기를 못하도록 '강제적 지도'를 하기도 했다.

절에는 예술과가 이 업무를 모두 담당하고 있었는데, 공보부로 옮겨오면서 세부 업무별로 3개 과로 분화 확대된 것이다. 이런 조치들은 박정희 정권이 이념 제조 및 사상통제 기구를 강화시켜 정치적 저항 고조에 대응하기 위한 것이었다. 박정희 정권은 긴급조치권 발동, 비상사태 선포 등으로 군대의 물리력에 의존하는 탄압 수단을 자주 사용했지만 이런 정책 수단들만으로는 국민 저항을 억압하는 데 한계가 있었다. 유연하고 정신적인 측면에서 접근하는 정책 수단을 병용할 필요가 있었다.

1973년 3월 9일 문화공보부 직제 개정에서는 보도국이 신설되었다. 산하에 보도과, 신문과, 사진과를 두었다. 보도과는 정부 발표 사항을 언론의 협조를 얻어 널리 알리는 임무를 맡았고, 신문과는 국내 정기간행물에 대한 관리, 사진과는 보도사진과 정부 시책에 관한 기록사진 제작을 담당했다. 보도국은 기존의 방송관리국과 더불어 언론 통제 역할을 담당했다. 당시 자주국방 추진, 중화학공업화 추진, 대통령 종신 집권 등 국민들이 격렬하게 찬반 의견을 표명할 수 있는 굵직한 쟁점들이 많았기 때문에 박정희 정권의 입장에서는 정권에 유리한 방향으로 여론을 조성할 필요가 있었다. 방송은 방송관리국을 통해 이미 통제하고 있었기 때문에 지면을 통한 언론 영역까지 통제하고자 보도국을 신설한 것으로 보인다.

제 6 절 결과 및 함의

지금까지 1970년대 초반 유신 개헌을 전후해 전개된 정부조직 개편을 자주국방을 위한 개편, 중화학공업화를 위한 개편, 장기 집권 구축을 위한 개편으로 나눠 살펴봤다. 유신 체제는 박정희 1인의 영구 집권 체제였지만 그것을 직접적 목적으로 하는 기구 개편은 다른 목적을 위한 개편들보다 상대적으로 적었다. 물리적 억압력을 행사하는 기제는 과거 정권들로부터 물려받은 역사적 유산을 토대로 1960년대를 통해 잘 구축되어 있기 때문에 추가적으로 개편할 필요가 없었다. 추가적으로 필요한 것은 2차원적이고 3차원적인 권력을 행사하면서 국민들을 지배하는 기구들이었다. 새마을운동을 위한 내무부 조직 개편이나 정보 및 사상 통제를 위한 문공부 조직 개편이 전형적인 예다. 유신 체제 등장의 가장 큰 원인이었던 자주국방을 위한 개편도 건수 측면에서는 많지 않았다. 국토통일원, 과기처 원자력국, 외무부, 국방부, 상공부 일부 개편 등이 여기에 해당될 뿐이다. 미국의 감시가 철저했기 때문에 최소한의 필수적 개편만 추진된 것으로 보인다. 대신에 자주국방을 현실적으로 뒷받침하는 중화학공업화 추진 영역에서는 막대한 변화가 있었다. 1979년 수출 100억 달러 1인당 GNP 1,000달러라는 목표를 대외에 천명하고 대대적인 성장 전략 변경을 꾀했다. '민수(民需) 80%, 군수(軍需) 20%'라는 전략으로 인해, 제1의 목적이 자체적 무기 생산이었음에도 불구하고, 전력을 다해 경제 성장을 추진하지 않을 수 없었다. 모든 국력을 여기에 집중했기 때문에 이것이 실패하는 날에는 나라 자체가 위태로워지는 위험이 있었기 때문이다.

유신 개헌과 정부조직 개편은 절반의 성공, 절반의 실패로 귀결되었다. 우선 자주국방 영역에서는 무기국산화 작업이 일정 수준 성공을 거둬 소형 무기는 물론이고 첨단무기를 제외한 대부분의 중화기를 국산화했다. 그러나 가장 중시했던 핵무기 개발은 대통령의 유고로 인해 중도에 중단되었고, 후임 정권에 의해 승계되지 않았다. 중화학산업화를 중심으로 한 경제 성장 측면에서도 성공과 실패가 혼재했다. 연평균 39.6%라는 수출증가율을 기록하며 1977년에 수출 100억 달러 목표를 조기 달성했고, 아울러 국민 1인당 GNP 1,000달러 목표도 조기 달성했다. 그러나 과잉 중복 투자, 막대한 외채 누적 등으로 인해 지속 가능성이 의문시되었다.[38] 결국 대통령이 유고되자마자 강력한 비판에 직면했고, 후임 정권에서 대대적 구조조정 대상이 되었다. 장기 집권 체제 구축 측면에서도 일정 시점까지는 성공을 거뒀지만 결국 실패하고 말았다. 1978년까지 6년 동안은 1차원 권력과 2차원·3차원적 권력을 사용해 노동자와 학생들의 저항을 효과적으로 통제했지만 1979년에는 한계에 이르렀다. 1979년 10·26의 외양은 권력층 내부의 알력에서 비롯된 우발적 사건이지만, 그런 알력이 생긴 근원적 원인은 국민의 강력한 저항이었다.

38) 투자에 필요한 원자재 수입으로 수출이 크게 증가하기는 했지만 액수로 비교하면 수입 액수가 수출 액수보다 훨씬 더 컸다. 1973년부터 1979년 사이 연평균 무역적자액은 2,138,138,000달러였다(한국무역협회 수출입 통계 자료).

제 6 장 전두환 정권 출범기*

제 1 절 들어가며

이 장에서는 1979년 10월 26일 박정희 대통령의 서거 후부터 전두환 정권 초기인 1982년 3월 20일까지의 정부조직 개편을 살펴본다. 당시 정치 측면에서는 유신시대 종식으로 민주화가 요청되었고, 경제 측면에서는 중화학공업화의 부작용이 커 경제자유화 조치가 요청되었다. 즉, 새로운 정부는 과거와 달리 한 발짝 뒤로 물러나 시민사회나 경제계에 자유와 자율을 좀 더 보장해 줄 필요가 있었다. 그러나 현실에서는 신군부 세력이 비민주적인 방식으로 정권을 차지해 억압적인 통치의 연속이 불가피했다. 시대적 요청과 정권의 현실적 여건이 괴리되는 상황이었다. 일단 전두환 정권은 외양적으로 박정희 정권과 정반대의 노선을 표명했다. 성장보다는 '안정'과 '복지'를, 정부 주도보다는 '경제계 자율', 큰 정부 대신 '작은 정부' 노선을 추구했다. 정부의 경제 개입 축소(경제자유화), 중화학공업에의 중복 투자 구조조정 등이 대표적인 예다. 이전 정권과 정반대의 정책 패러다임을 추진하기 위해서는 정부조직도 정반대 방향으로 대대적 개편을 추진할 필요가 있다. 정부조직은 정책을 집행하는 집행기구이기 때문에 정책의 내용이 바뀌면 그에 걸맞은 정부조

* 이 장은 하태수(2011a)를 수정 · 보완한 것이다.

직을 갖출 필요가 있기 때문이다. 새로 채택된 노선이 '국가의 후퇴(rolling back or retreat of the state)'이기 때문에 정부기관의 숫자 감소 혹은 전체적인 정부의 규모 감소를 예상해 볼 수 있다. 그러나 결과를 보면 전두환 정권의 정부조직 개편 내용은 예상과는 조금 다르다. 우선, 변화의 규모 면에서 실제 있었던 법률 수준의 정부조직 개편 폭은 그렇게 크지 않았다. 박정희 정권 말기의 36개 기구에서 37개 기구로 1개가 증가했는데, 37개 기구 중에서도 변화가 있었던 기구는 4개에 불과했다. 둘째, 변화 방향도 기구 숫자의 감소가 아니라 증가였다. 기존 14부에서 체육부와 노동부가 추가되어 16부가 되었고, 경제기획원 내부에 장관급 기구인 공정거래위원회가 신설되었다. 단, 외국(外局)이 3개에서 2개로 축소되었다.

법률 수준의 정부조직 개편이 예상과 다른 결과를 보였음에도 불구하고 정권의 객관적인 성적표는 그리 나쁘지 않았다. 중화학공업 후유증인 부실 중복 투자를 구조조정으로 극복했고, 인플레이션, 외채, 국제수지 적자 문제도 정권 말기에는 해소하거나 호전시켰다. 어떻게 이런 결과가 초래되었을까? 이하에서는 신군부 정권이 구체적으로 어떤 대응 조치를 취해 이런 결과들을 만들어냈는지에 대해 좀 더 상세히 살펴본다.

제 2 절 행위자

신군부는 국가 영역과 시민사회 영역 전반에 걸쳐 막강한 통제력을 행사했고, 신군부 내에서는 전두환이 압도적 지도자로서 군림했다. 단 경제 영역에서는 전문지식이 부족해 소수의 경제전문가들을 중용했다. 전반적으로 정부조직 개편에서 유의미한 영향을 행사했을 가능성이 높은 행위자들은 전두환과 보안사를 중심으로 형성된 그의 몇몇 군인 참모, 그리고 소수 전문 경제관료 정도였다.

1 신군부의 강한 응집성과 구심점으로서의 전두환

여러 세력이 연합해 5·16 쿠데타를 거사한 1961년의 군부와 달리, 이 시기에 등장한 신군부는 하나회 중심으로 응집성이 높은 단일 세력이었다. 하나회는 육사 11기가 주도했고, 11기 내에서는 전두환이 지배적 리더였다.[1] 전두환은 불 같은 성격, 죽음을 두려워하지 않는 저돌적 사생관,[2] 패권주의적 정치관, 중간 보스를 인정하지 않는 권력관[3] 등으로 인해 군 내부에서는 물론 하나회원들과 육사 11기 동창들 사이에서도 압도적 리더십을 행사했다(정윤재, 2000: 138－139, 142, 151－152, 157; 강준식, 2010a: 205－208; 이강로, 2004: 190).

2 신군부의 국가기구 장악

전두환을 중심으로 한 신군부는 군대, 정보기구, 대통령, 내각, 국회, 관료제 등도 차례로 무력화시키거나 장악해 자신들에게 권력을 집중시켰다.

첫째, 12·12를 막으려고 했던 장성들과 육사 11기 이상의 선배들을 대거 예편시키고 그 자리에 하나회 영관급 장교들을 초고속으로 진급시켜 군대를 장악했다(장성호, 2000: 21).

둘째, 1980년 4월 14일부터 전두환 보안사령관이 중앙정보부장 서리를 겸직해 중앙정보부를 접수하고, 이를 근거로 국무회의에도 공식적으로 참여해 내각까지도 사실상 장악했다.

1) 전두환은 육사 동기생들보다 한두 살 위여서 맏형 대우를 받았다. 본인도 주변 인물들을 잘 챙기며 맏형 역할을 잘 했다. 승진·보직 등에서 자기가 할 수 있는 방법을 다 써서 자신의 부하들을 도와주곤 했다. 전두환은 1969년에 육사동창회인 북극성회의 회장에 만장일치로 추대되었는데, 육사 11기 라이벌이었던 김성진 중령을 이겼다. 이후 동기들 중에서 가장 먼저 대령·준장으로 진급했다. 그는 육사 후배들의 존경을 받는 실질적인 리더였다. 노태우는 2인자로 살아남기 위해 절대로 전두환을 넘어서려는 언동을 하지 않았다. 오히려 전두환의 마음을 얻기 위해 자신을 한없이 낮추곤 했다. 특히 12·12 이후 두 사람의 관계는 완전히 군신 관계로 바뀌었다.

2) 전두환은 아침에 출근하면서 부인에게 '다녀온다'라는 인사 대신 '간다'라는 인사를 했다. 그 이유는 근무 중에 무슨 일이 일어나 언제 죽을지 알 수 없기 때문이었다. 또한 속옷은 항상 깨끗한 것을 입고 다녔는데 그 이유는 만약 자신이 죽는다면 시신을 수습하러 온 장병들이 자신의 지저분한 속옷을 볼까봐 염려해서였다.

3) 비서실장이나 정무1수석 중 임기가 2년 이상이었던 사람이 한 명도 없다. 허화평, 허삼수 등 핵심 참모들도 위세를 떨치자 즉각 사퇴시켜 버렸다. 장관들을 직접 장악하고 최고사령관이 예하부대 사령관을 지휘하듯 이끌었다. 여당 내 파벌도 금지시켰다. 당직은 순환 원칙에 근거해 보임했고, 당 지도부는 자율성 없이 행정부에 종속적인 태도를 보였다.

셋째, 대통령을 무력화시켰다. 1980년 5월 17일 전군 주요 지휘관 회의에서 학생 시위를 이유로 계엄의 전국 확대를 의결한 후, 대통령과 총리에게 계엄 확대 선포를 건의해 당일 밤 국무회의에서 통과시켰다.4) 전국계엄 하에서는 계엄사령관이 대통령에게 단독 보고하기 때문에 이제 전두환은 대통령도 사실상 무력화시킬 수 있게 되었다.

넷째, 공직자 숙정을 통해 국가 관료제를 장악했다. 1980년 7월부터 입법부 11명, 사법부 61명, 행정부 5,044명, 국영기업체 금융기관 및 정부산하단체 등 127개 기관 임직원 3,111명 등 총 8,227명을 부패했다는 이유로 정당한 절차를 거치지도 않은 채 숙정했다. 개별 기관별로는 내무부, 치안본부, 서울특별시, 국세청에서 숙정자들이 특히 많았다. 공직 사회에 공포 분위기를 조성하고 동시에 요직에 자기 세력을 심어 국내 지배 체제를 강화했다(동아일보, 1980.7.21, 안해균, 1981: 74-76 재인용; 장성호, 2000: 14).

3 신군부의 시민사회 장악

당시 이익집단들은 유신시대에 억눌려 왔던 많은 요구를 폭발적으로 분출해냈지만 조직화되지는 않았다(안해균, 1981: 67). 그나마 시민사회 세력으로 볼 수 있었던 것은 언론계, 노동계, 대학 등이었는데 신군부는 이들을 강력히 통제했다. 첫째, 1980년 2월 보안사에 이상재 준위를 반장으로 하는 언론대책반을 설치해 군부의 집권을 정당화하는 쪽으로 여론을 조작하기 위한 언론 통제를 시작했다. 언론인들을 상대로 회유작전을 펴는 동시에 1980년 7월 초부터 10월 말까지 언론인 933명을 해직시켰다. 1980년 7월 31일에는 비판적 성격이 강한 정기간행물 172개를 등록 취소시켰다. 더 나아가 동양방송 · 동아방송 · 신아일보의 경우에는 아예 회사를 빼앗아 타사에 강제 합병시켰다.5) 둘째, 노동계에 대해서도 통제를 더욱 강화했다.

4) 당시 계엄군 33사단은 국무회의가 열린 중앙청을 둘러싸고 장관들도 신분증을 확인한 후 입장시키는 방법으로 국무위원들에게 압력을 가했다.

5) 동양방송, 동아방송, 전일방송, 서해방송, 대구FM 등은 KBS에 흡수되었고, CBS는 복음방송만 전담하도록 축소되었으며, 신아일보는 경향신문에 흡수되었다(안해균, 1981: 71; 장성호, 2000: 23-25; 이강로, 2004: 191).

기존의 산별 노조를 기업별 노조로 전환시키고, 노동법을 개정해 제3자 개입을 금지시켰으며, 많은 노동운동가들을 작업장에서 내쫓고 이들 해고 노동자들의 활동을 감시했다. 셋째, 삼청교육 실시 등 시민사회 전반에도 공포감을 조성했다. 1980년 6월 17일에 계엄공고 제20호를 발표해 부정 축재와 국기 문란 혐의로 국회의원 등 329명을 지명 수배했고, 동년 8월 4일에는 사회악 일소 특별조치를 발표해 조직폭력배 등 치안범죄자들을 일제 검거했으며, 동년 말에는 계엄포고령 제13호를 공포하고 삼청교육대를 운영했다. 넷째, 1980년 7월 30일에는 교육 개혁 조치를 발표해 대학생들의 학생운동을 통제했다. 학도호국단 간부 선정 방식을 선거제에서 임명제로 바꾸고, 졸업정원제를 실시해 학생 숫자를 크게 증가시킨 다음 신입생의 30%가 재학 중 탈락하게 만들었다. 학생운동으로 학점이 낮은 학생들은 졸업을 할 수 없게 만든 것이다.[6] 또한 국민윤리 과목을 통해 이념 교육도 강화했다(이강로, 2004: 191).

4 신군부의 경제 분야 한계

당시 중화학공업화의 부작용이 적지 않았기 때문에 새 정권은 경제 분야에서 상당한 개혁을 추진해야만 했다. 그러나 신군부는 경제 분야 전문 지식이 부족해 다른 영역에서처럼 강력한 영향력을 발휘할 수 없었다. 전문 지식이 부족해 개입하고 싶어도 크게 개입할 수가 없었다. 그래서 신군부는 전문 경제관료들의 영향력을 인정하고 그들에게 많이 의존했다. 특히 전두환의 경우 10·26이 발생하기 전부터 경제과학심의회 사무국장인 박봉환에게 개인 과외를 받았고, 10·26 이후에는 경제기획원 김재익[7]에게 개인 과외를 받았다. 그렇지만, 대규모 민간인 자문그룹을 운용했던 박정희와 달리, 전두환은 민간 전문가들로 구성된 자문그룹을 매우 제한적으로만 운용했고, 주요 정책의 입안과 집행에는 극소수의 심복들만 활용했다(정윤재, 2000: 157). 정책 내용 측면에서도 1979년 4월 17일에 발표되었던 '경제안정화종합시책'과 안정화 노선을 거의 그대로 수용했다.

---

6) 이 조치로 인해 4년제 대학원 재학생 인원이 1979년 33만 명에서 1984년 87만 명으로 증가했다(김기환, 2003: 162-163).

7) 유신정권의 경제 운용 방식을 180도 바꿔야 한다고 안정화론을 주장했다.

제 3 절 제도적 맥락

이 글이 분석 대상으로 삼는 시기에 법률 제(개)정이 전개되는 제도적 맥락은 제10대 국회, 국가보위입법회의, 제11대 국회 세 곳이다. 법률안이 심사・통과되기 위해서는 '해당 상임위원회 → 법제사법위원회 → 본회의' 과정을 거쳐야 했다. 이하에서는 여・야 간 의석 분포를 분석해, 이 제도가 법률 처리 과정과 법률의 내용에 미칠 영향을 탐색해 본다.

1 제10대 국회

제10대 국회는 1979년 3월 12일에 개원[8]해 1980년 10월 27일에 해산되었다. 본회의의 교섭단체별 의석 분포는 전체 228명 중 민주공화당이 82석(35.96%), 유신정우회가 77석(33.77%), 신민당이 66석(28.95%), 무소속이 3석(1.32%)이었다. 여・야의 의석 수가 159 대 69로 여권이 압도적으로 우세했다. 「정부조직법」을 처리한 내무위원회 경우에는 의석 분포가 민주공화당 8석, 유신정우회 6석, 신민당 7석으로 여・야의 비율이 14 대 7이었다. 법사위원회의 경우에는 의석 분포가 민주공화당 7석, 유신정우회 6석, 신민당 4석으로 여・야의 비율이 13 대 4였다(국회사무처, 1980: 27, 33). 야당은 정상적인 방법으로는 상임위원회와 본회의에서 여당 단독의 법률안 처리를 제지할 방법이 없었다.

2 국가보위비상대책위원회 및 국가보위입법회의

신군부는 광주 민주화운동을 진압한 직후인 1980년 5월 27일 국무회의에서 국가보위비상대책위원회를 설치하기로 결정했다. 국가보위 비대위(1980.5.31.~1980.10.27.)는 공식적으로는 정권 인수 기구로서 입법권이 없었지만, 실제로는 최고 권

8) 제10대 국회 총선은 1978년 12월 12일에 치러졌다.

력기관이었다. 제10대 국회는 그대로 뒀으나 개회하지는 않았고, 국무회의는 이 기구의 결정을 추인하는 기관으로 전락시켰다. 이 기구는 입법권이 없었음에도 불구하고, 1980년 10월 27일에 「국가보위입법회의법」을 통과시켜 제10대 국회를 해산시키고, 10월 28일부터 국회를 대신할 국가보위입법회의를 설치했다.

국가보위입법회의(1980.10.28.~1981.4.10)는 본회의와 7개의 상임위원회와 1개의 특별위원회로 구성되었다.[9] 위원들은 전두환 대통령에 의해 선정·임명되었다. 「정부조직법」 개정안은 내무위원회가, 「공정거래법」안은 경제제1위원회가 관할 상임위원회였다. 국가보위입법회의는 대부분 정부가 제출한 법률안을 심사했는데 형식적으로 심사할 수밖에 없었다.[10] 정부에 의해 제출된 법률안들은 행정부 각 부처에 의해 작성된 것이 아니라, 청와대로 파견된 판·검사로 구성된 입법 팀에 의해 작성되었다. 대통령과 핵심 측근 비서들의 의견이 대거 반영된 것이기 때문에 대통령에 의해 임명된 국가보위입법회의 위원들이 수정하거나 부결시킬 수 없었다(이장규, 2008: 154-155).

3 신군부의 정치 영역 재편

신군부는 일단 1980년 5월 31일 국가보위 비상대책위원회 설치 이후 김종필 등 9명을 권력형 부정축재 혐의로 구속했으며, 김대중 등 7명을 사회 혼란 조장 혐의로 연행하고, 김영삼은 가택 연금했다(장성호, 2000: 14-15; 이강로, 2004: 188). 그런 다음 1980년 6월 20일 전두환은 권정달 보안사 정보처장, 이종찬 중앙정보부 총무국장, 윤석순 중앙정보부 총무국 행정부국장, 이상재 언론대책반장 등을 불러 차후 집권에 대비한 신당 창당을 준비하도록 지시했다. 이들은 7월 초부터 중앙정보부와 보안사의 자료를 바탕으로 보안사에서 신당 참여 인사 인선 작업에 착수했다. 11월 3일에 국가보위입법회의가 「정치풍토쇄신법」을 제정했고 그로부터 2주 후에 567명의 정치 활동 금지 대상자를 발표했다. 김영삼과 김대중을 포함한 구 신민당 정치인들의 정치 활동을 금지시켜 신군부 정권이 만든 민주정의당의 입지를 강화

9) 「국가보위입법회의법」 제17조, 제22조.
10) 내무위원회의 경우 가결한 법률안 28개 중 27개가 정부안이었고, 경제제1위원회의 경우에는 가결한 법률안 53개 중 50개가 정부안이었다(국회사무처, 1981a: 7).

했다. 1980년 12월 중순에 민주정의당 창당준비위원회가 발족되었고, 1981년 1월 15일에 민주정의당이 창당되었다. 같은 날 열린 창당대회에서 전두환은 당 총재 겸 대통령 후보로 추대되었다(장성호, 2000: 7－8).

나아가 신군부는 구 신민당 의원들을 중심으로 창당된 민주한국당과 구 유신정우회 의원 등 구 여권을 중심으로 창당된 한국국민당에도 직접 관여해 각 당의 주요 당직을 친여 성향의 인물로 구성하거나 정치적으로 매수해 야당을 여당의 위성정당으로 만들었다. 이 야당들은 형식적으로는 야당이었지만, 일종의 관제 정당으로 여당과 밀월 관계를 유지하면서 전두환 정권의 체제 정비에 협조했다(장성호, 2000: 7－8).

1981년 2월 25일 대통령 선거인단에 의한 간접선거로 전두환이 대통령에 당선되어 제5공화국이 출범했다. 국민당 김종철, 민권당 김의택, 민한당 유치송 등이 들러리 야당 후보로 출마했다. 전두환은 90.2%의 압도적 득표로 대통령에 당선되었다(강준식, 2010a: 206).

4 제5공화국 「헌법」 개정

신군부 정권은 1980년 10월 27일 「유신헌법」을 전부 개정했다. 형식적으로는 민주주의를 지향하는 내용을 담았다.

첫째, 대통령의 임기를 '6년 연임 가능'에서 '7년 중임 불가'로 바꿨다.

둘째, 대통령의 권한 중에서 법관을 임명할 수 있는 권한과 국회의원 일부를 사실상 임명하게 할 수 있게 하는 부분을 삭제했으며, 국회의 권력을 강화했다.

셋째, 국가의 사회복지 의무에 대한 규정을 설치하고(「헌법」 제32조), 경제 질서에 대한 공법적 규제를 확대했다.

넷째, 국민 기본권에 대해서도 대체적으로 제3공화국의 조항 수준으로 회귀했고, 행복추구권(「헌법」 제9조)이나 연좌제의 금지(「헌법」 제12조 3항), 사생활의 보호(「헌법」 제16조), 환경권(「헌법」 제33조) 등의 조항도 신설했다.

다섯째, 「헌법」 개정은 국민투표를 통한 개정만 가능하도록 규정해 절차를 일원화시켰다(「헌법」 제131조).

5 제11대 국회

제11대 국회는 1981년 4월 11일에 개원했다. 본회의의 교섭단체별 의석 분포는 전체 276석 중 민주정의당 151석, 민주한국당 82석, 한국국민당 25석, 무소속 18석이었다.[11] 여·야 비율이 151 대 125였다. 내무위원회 의석 분포는 전체 28석 중 민주정의당 15석, 민주한국당 9석, 한국국민당 3석, 무소속 1석으로 여·야 비율은 15 대 13이었다. 위원장은 민주정의당 김종호 의원이었다(국회사무처, 1985: 47). 내무위원회는 정부가 제출한 법률안은 97% 통과시키고(66%는 무수정 통과), 의원 발의 법률안은 10%만 통과시켰다(국회사무처, 1985: 97). 법사위원회 의석 분포는 전체 18석 중 민주정의당 10석, 민주한국당 5석, 한국국민당 2석, 무소속 1석이었다. 여·야 비율이 10 대 8이었다(국회사무처, 1985: 47). 상임위원회와 본회의에서 여당이 과반수를 차지하고 있었기 때문에 여당 내 파벌들이 극심하게 분열해 사실상의 거부점이 복수로 존재하거나 야당이 물리력을 행사하지 않는 한, 야당은 여당의 단독 법률안 처리를 막을 수 없는 상황이었다.

제 4 절 거시적 환경

1 국제 관계

쿠데타로 권력을 획득한 전두환 정권이 국내에서 정권 획득을 정당화시키고 장기적 안정을 도모하기 위해서는 세계 자유진영의 중심국인 미국과 아시아 중심국인 일본으로부터 외교적 인정을 얻어내야 했다.

1) 미국과의 관계 개선 문제

미국으로부터 외교적으로 인정을 받는 가장 확실한 방법은 한·미 정상회담이

11) 각 당 의석 중 비례대표 수: 민주정의당 61, 민주한국당 24, 한국국민당 7.

었기 때문에, 전두환 정권은 비록 홀대받기는 했지만,[12] 갓 취임한 레이건(Ronald W. Reagan) 대통령과 정상회담을 가졌다. 이 회담을 성사시키기 위해 전임 유신정권이 추진한 핵무기 개발을 포기하고, 보유하고 있던 핵미사일을 폐기하고, 대신에 미국의 F16 전투기 및 호크미사일을 구매하고, 미국 쌀도 추가 구입하는 대폭 양보를 했다. 그렇지만 이 정상회담으로 미국-일본-한국으로 이어지는 동북아 신냉전동맹을 구성했고, 이를 바탕으로 국내적 입지를 강화시킬 수 있었다(강준식, 2010a: 206-207).

2) 일본과의 관계 개선 문제

유신정권은 김대중 납치사건, 문세광에 의한 박 대통령 살해 시도 등의 이유로 일본과 거의 관계를 단절하다시피 했다. 그러나 신군부 정권은 정치적 정당성 부족, 당시의 막대한 외채, 투자자본 부족 같은 문제들을 해결하기 위해 일본과의 관계를 개선할 필요가 있었다. 일본도 레이건 대통령의 집권 이후 미국이 새롭게 구상한 미-일-한 냉전 동맹 체제에 동참하기 위해 한국과의 관계 개선이 필요했다. 양국 사이에서 관계 개선의 물밑 작업을 담당한 사람들은 두 나라의 기업인들이었다. 한국 측에서는 이병철 삼성그룹 회장이, 일본 측에서는 세지마 류조(瀬島龍三) 이토추(伊藤忠) 종합상사 회장이 움직였다. 특히 세지마 회장은 이후 서울 올림픽 유치, 일본의 40억 달러 경협차관 제공[13] 등에서도 일정 역할을 수행했다.

---

12) 1981년 2월 1~3일에 열린 정상회담은 국빈방문(State Visit)이나 공식방문(Official Visit)이 아닌, 실무방문(Working Visit)이었다. 공항 환영행사도 없었다. 정상회담 자리에는 공식 통역관 없이 한국의 외무 장관이 통역으로 배석했고, 두 정상이 마주 앉은 시간은 단 10분이었다. 두 대통령이 직접 선물을 주고받는 시간도 없었다.

13) 한·일 관계 개선에서 분수령이 된 것은 일본이 40억 달러의 경협차관을 한국 측에 제공한 것이다. 1982년 11월 27일 수상에 취임한 나카소네 야스히로(中曾根康弘)는 한·일 관계를 정상화하기 위해 세지마 류조 회장을 전두환에게 밀사로 보내 "한·일 관계를 정상화하기 위해 자신이 방한하는 조건으로 경협자금 40억 달러를 제공하겠다. 한국 측에서 안보부담금조로 요구하는 형식을 취해 명분을 삼으라"고 제안했다. 이에 한국 측은 노신영 외무 장관을 보내 100억 달러를 요청했지만, 결국 40억 달러로 타결되었다. 1983년 1월 11일 서울에서 열린 한·일 정상회담에서 나카소네 수상은 한·일 협력의 새 시대를 열기 위해 한국에 40억 달러의 경협차관을 제공하기로 했다고 발표했다. 이 자금은 산업투자자금으로 쓰였다(강준식, 2010a: 209-210).

2 역사적 환경

유신정권의 중화학공업 투자, 수출 지원 정책금융, 농촌주택 개량사업 등으로 1970년대 후반부터는 한국 경제가 중병을 앓기 시작했고, 1978년 말의 2차 오일 위기는 한국 경제를 사망 직전으로 몰고 갔다. 전두환 정권은 전임 정권이 남긴 난제들을 해결해야 하는 상황에 있었다.

1) 중화학공업화의 부작용

중화학공업화가 중복 투자, 과도한 잉여 생산시설, 높은 인플레이션과 무역수지 악화, 환경오염 같은 문제를 일으키고, 정치적으로는 1978년 12월 12일 제10대 국회 총선에서 여권에게 사실상의 패배[14]를 안기자, 박정희 대통령은 1978년 12월 22일에 경제팀을 개각하고 경제정책의 기조를 성장 지향에서 안정 지향으로 전환시켰다.[15] 새 경제팀은 1979년 4월 17일에 '경제안정화종합시책'을 발표해 수출 지원 축소, 중화학공업 투자 조정, 농촌주택 개량사업 축소 등 정책 기조를 안정 중심으로 바꿨다. 방법 면에서는 가격 현실화, 가격 규제 품목의 대폭 축소, 금리 자율화 등을 포함했다.[16] 10·26 사태 이후 안정론을 주장하던 신현확 부총리가 국

14) 중화학공업 후유증 이외에 부가가치세 도입(1977년)이 선거 패인으로 지목되었다.

15) 선거 패배로 실질적인 경제팀장 역할을 해왔던 김정렴 청와대 비서실장이 물러났고, 경제부총리도 남덕우에서 신현확으로 교체되었으며, 재무장관도 김용환에서 김원기로 교체되었고, 농수산부 장관도 장덕진에서 이희일로 교체되었다(오원철, 2006: 38; 김용환, 2002: 147-148; https://ko.wikipedia.org/wiki/). 이 개각을 계기로 정부 내 의견이 양분되었다. 재무부, KDI, 한국은행, 중앙정보부, 청와대 비서실장(김계원) 등은 안정화 정책을 주장한 반면 상공부 장관(최각규), 농수산부, 대통령 경호실장(차지철), 내무 장관(김치열) 등은 기존 성장 위주 정책의 보완을 주장했다. 경제기획원 내부에서도 이견이 존재했다. 신현확 부총리, 강경식 차관보, 김재익 기획국장, 김기환 장관보좌관 등은 경제 운용 방식을 180도 바꿔야 한다고 주장한 반면, 물가국은 이들을 정신 나간 사람들로 비난했다(김용환, 2002: 147; 이강로, 2004: 187; 이장규, 2008: 78-79).

16) 그러나 이 시책은 큰 효과를 거두지는 못했다. 상공부는 수입자유화 확대와 수출 금융 축소에 강력 반발했고, 재무부는 금융자율화가 시기상조라고 반발했고, 농수산부는 농어민과 농촌 보호라는 명분을 앞세워 거세게 반대했다. 박정희 대통령도 과단성있게 과거 정책을 뒤엎지 못하고, 한 번에 뒤엎자는 신현확 부총리나 김만제 KDI 원장의 말보다는 서서히 개혁을 하자는 남덕우 경제특별보좌관이나 서석준 경제수석의 말에 더 귀를 기울였다. 박정희 대통령은 심지어 신현확 부총리의 경질까지도 고려했던 듯하다. 이런 혼란의 와중에 10·26이 발생한 것이다(김흥기, 1999: 275-279; 백완기, 2003: 179-180; 이장규, 2008: 84-88).

무총리로 자리를 옮기면서 안정화 노선이 정부정책의 대세로 자리를 잡았고, 전두환 정권은 이런 정책 기조를 역사적 유산으로 물려받았다.

2) 빈부 격차

1970년대 후반부터 1980년대 초반의 격동기에 빈부 격차 문제가 악화되었다. 빈부 격차는 1970년대 초반에 잠시 개선되었다가 중화학공업화가 본격화되는 1970년대 중반 이후 급격하게 악화되었다. 그리고 이에 대한 반발로 1977년부터 일련의 격렬한 노사 분규가 발생하기 시작했다.[17] 유신정권도 제4차 5개년개발계획(1977~1981) 마지막 장에서 사회 개발과 형평의 증진을 포함하는 등 빈부 격차 문제의 심각성을 인식했지만, 실질적 조치를 취하지는 않았다(조석준, 1980: 137-138).

표 6-1 1970년대 Gini계수

	1970년	1971년	1972년	1973년	1974년
Gini 계수	0.298	0.319	0.281	0.297	0.278
	1975년	1976년	1977년	1978년	1979년
Gini 계수	0.312	0.326	0.341	0.325	0.310

출처: 권순원 외, 1992. 정원오(1995: 73)에서 재인용.

3) 물가 폭등

1970년대 말부터 1980년대 초에 중화학공업화의 후유증, 유가 급등, 흉작으로 인한 농산물값 폭등 등이 겹쳐 물가 폭등 문제가 발생했다. 전년 대비 소비자 물가 상승률이 1977년 10.1%, 1978년 14.5%, 1979년 18.3%, 1980년 28.7%, 1981년 21.4%로 급증했다. 전두환 정권은 물가 안정을 위해 정부 재정적자 축소, 통화 증발 억제, 임금 인상 억제 등 세 가지 하위 목표를 설정했다. 이 밖에도 중화학공업을 과감히 수술하고, 부실기업을 정리했으며, 금리를 인하하고, 공정거래 제도를 도입하는 등 일련의 경제 개혁 조치를 단행했다. 전두환 대통령은 물가 안정 목표를 최우선했다. 민정당이 선거를 위해 예산 증액과 공무원 봉급 인상을 요구해도 거절했

17) 1979년 8월 YH사건으로 절정에 이르렀다.

표 6-2 소비자 물가 상승률

연도	물가 상승률	연도	물가지수
1972	11.7	1978	14.5
1973	3.2	1979	18.3
1974	24.3	1980	28.7
1975	25.3	1981	21.4
1976	15.3	1982	7.2
1977	10.1	1983	3.4

전년 대비 상승률(%)
출처: http://kosis.kr/StatisticsList/

고, 경제부처들이 수출 증대를 위해 환율 인상을 요구해도 거절했다.

4) 막대한 외채 및 무역수지 적자

1970년대에 중화학공업화가 본격화되면서 차관 도입이 증가했고 그 여파로 외채가 크게 증가했다(<표 6-3> 참조). 설상가상으로 오일 쇼크가 발생하는 바람에 원유 수입 비용 급등 및 원가 상승으로 인한 수출 둔화가 겹쳐 무역수지 적자 폭도 늘어나자(<표 6-4> 참조), 1979년부터 총외채가 급격하게 증가했다. 1980년 현재 비산유 개도국의 평균 '외채/GDP' 비율이 27.6%임에 반해, 한국의 경우에는 50%에 육박할 정도로 심각했다(김인철, 1983: 105).

표 6-3 총외채

연도	총외채*	연도	총외채	연도	총외채	연도	총외채
1972	3,589	1975	8,456	1978	14,871	1981	32,490
1973	4,260	1976	10,533	1979	20,500	1982	37,314
1974	5,937	1977	12,648	1980	27,365		

* 단위: 백만 달러.
출처: 경제기획원. 김인철(1983: 108)에서 재인용.

표 6-4 무역수지

1977년	1978년	1979년	1980년	1981년	1982년
−764,081	−2,261,288	−5,283,158	−4,786,801	−4,877,664	−2,397,446

* 단위: 1,000달러.
출처: 무역협회 수출입통계.

3 당대의 지배적 사상

1) 신자유주의 작은 정부론

1979년 5월 4일에 영국의 대처(Margaret H. Thatcher) 정권이 출범하고, 1981년 1월 20일에 미국의 레이건(Ronald W. Reagan) 정권이 출범한 것을 계기로 대서양 양안에서 시작된 신자유주의 작은 정부론, 규제 철폐운동이 전 세계로 퍼졌다. 이후 호주, 뉴질랜드, 캐나다 등이 같은 방향으로 행정 개혁을 추진했다. 전두환 정권은 유신정권이 남긴 중화학공업화 후유증을 처리하기 위해 1979년 4월 중순에 채택된 경제안정화 조치를 수용했는데 때마침 전 세계적으로도 작은 정부론과 정부개입 축소론이 득세해 큰 노력 없이 자신들의 정책노선을 정당화시킬 수 있었다.

2) 정치적 민주화 요구

박정희 통치 18년은 한국 국민들에게 경제 성장이라는 과실도 가져다줬지만, 민주정치의 퇴행이라는 대가도 초래했다. 다음 정권은 국민들의 정치 민주화 열망을 어떤 식으로든 해소시켜줘야 하는 상황이었다. 그러나 신군부 정권이 또다시 쿠데타로 정권을 탈취하자 국민들의 불만은 극에 달했다. 그런데도 야당 지도자들은 박정희 사후 권력 공백기 동안 야당의 집권 가능성을 확신하고 자신들의 정치적 야망을 실현하기 위해 당내 주도권 다툼에만 몰두했지 어떻게든 힘을 합쳐 정권을 교체하려는 모습을 보이지 않았다. 대학생들은 그들대로 1980년 서울의 봄 시기에 민주화를 요구하며 빈번하게 시위를 했다. 전두환 정권은 대학생들의 시위 격화를 빌미로 1980년 5월 17일에 제주도를 제외한 전국으로 비상계엄령을 확대 선포했고, 이 계엄 체제 하에서 대통령 및 내각까지도 사실상 장악했다(안해균, 1981: 57, 66;

이강로, 2004: 187).

3) 사회·국민 통합

유신정권이 남긴 빈부 격차와 지역 불균형 발전 문제가 해소되지 않은 상황에서 광주민주화 운동까지 더해지자 한국 사회는 지역·계층을 기준으로 깊게 균열되었다. 전두환 정권은 국민들을 통합시킬 수 있는 새로운 방안을 찾아야만 했다. 이런 상황에서 삼성그룹의 이병철 회장이 1980년 6월에 일본의 세지마 류조(瀨島龍三) 이토추(伊藤忠) 상사 회장을 전두환에게 소개했고, 1980년 8월에 세지마 류조와 고토 노보루(五島昇) 도큐(東急)그룹 회장이 다시 전두환을 만났다. 이 자리에서 전두환은 광주 민주화운동 등으로 돌아선 민심을 수습하기 위한 좋은 방법이 없겠냐고 물었고, 고토는 올림픽이나 세계박람회를 유치하는 것이 큰 도움이 될 것이라고 조언했다.[18] 이후 1981년 초 전두환 대통령은 당시 정무 장관이던 노태우에게 올림픽대회 유치를 지시했고, 9월 30일 서독 바덴바덴에서 서울 올림픽 유치가 확정되었다.[19]

제 5 절 정부조직 개편

앞에서 살펴본 것처럼 1980년대 초 새로운 정권이 해결해야 할 주요 과제는 중화학공업화 부작용 해소, 빈부 격차 해소, 물가 폭등 완화, 외채 및 국제수지 적자 해소, 경제자유화, 정부 규모 축소, 정치적 민주화, 국민 통합, 미국 및 일본과의 관계 개선 등이었다. 이런 문제들을 해결하기 위해서는 이런 일을 담당하는 정부조직을 개편할 필요가 있었다. 정부조직 개편의 제도적 맥락은 제10대 국회, 국가보위

18) 본래 올림픽 유치 방침은 1979년 9월에 처음 결정되었고, 10월 초에 서울시장이 올림픽을 유치하겠다는 의견을 표명했었다. 그러나 10·26 발생으로 흐지부지되었는데, 고토 노보루가 되살려낸 것이다(강준식, 2010a: 210-211).

19) 고토는 당시 일본상공회의소 회장으로 일본 측이 이끄는 나고야 올림픽 유치위원회 위원으로 활동하고 있었다. 그는 나고야 측이 서울 올림픽에 반대하지 않도록 막후에서 조정하느라 많은 애를 썼다(강준식, 2010a: 210-211).

입법회의, 제11대 국회다. 구체적 내용은 조금씩 다르지만 모두 여권 내지 정치 권력의 핵심이 절대적 우위를 지니고 있었다. 권력자들 중 핵심 행위자는 전두환이다. 12·12 쿠데타 이후 권력을 잡은 세력이 신군부인데, 신군부를 구성한 인물은 자신들 간에 확실한 위계서열을 가지고 있었고, 정점에 있는 인물이 전두환이었다.

실제로 전개된 내용을 살펴보면, 정부조직 구조에 변화를 초래한 법률 제·개정은 모두 다섯 차례 있었다. 네 차례의 「정부조직법」 개정이 있었고, 한 차례의 「공정거래법」 제정이 있었다. 1979년 12월 28일 「정부조직법」 개정에서 보건사회부 산하에 환경청이 신설되었고, 1980년 12월 31일 「공정거래법」 제정에서 공정거래위원회가 신설되었다. 1981년 4월 8일 「정부조직법」 개정에서는 노동청이 노동부로 확대 개편되었다. 1981년 12월 31일 「정부조직법」 개정에서 국무총리실 기획조정실·행정개혁위원회가 폐지되었고, 경제기획원 업무 범위 조정으로 경제기획원이 국무총리실로부터 심사분석 업무를 받고, 외자관리 업무는 재무부로 넘겼다. 체신부 외국이었던 전파관리국은 폐지되고 체신부 내부로 편입되었다. 1982년 3월 20일 「정부조직법」 개정에서는 체육부가 신설되었고, 정무장관 숫자가 3인에서 2인으로 축소되었다.

1 환경청 신설

1979년 12월 28일 「정부조직법」 제39조의 개정으로 보건사회부 산하에 환경청이 신설되었다. 12·12 발생 이후이기는 하지만 신군부 세력이 아직 정권 장악을 완성하지 못한 시점이다. 당시 제10대 국회는 공화당과 유신정우회가 압도적 우위를 차지하고 있었다. 법률 개정안 제출자는 정부였다.

발전과 성장으로 인해 산업공해, 도시공해, 농업공해 등의 환경 문제가 발생했고 생활환경이 파괴되는 부작용이 있었는데 기존의 보건사회부 내 1개국, 국립환경연구소, 시·도 보건사회국, 서울시 환경국, 시·도 보건연구소 체제로 대처하는 데에는 한계가 있었다. 환경문제 해결의 필요성은 점점 더 시급해지는데 기존 체제에서는 전문 인력, 시설, 장비가 부족했고 행정 기능도 미약했으며 환경 치유 기술도 부족했다. 신설된 환경청은 제도상의 미비점과 연구기관을 보강해서 국민 생활과 직결된 대기·수질·토양 오염, 특수 공해인 소음·진동·악취·폐기물 방제 업무에 중점을 두었고, 자연 보호(환경 보전)나 해양 오염 관련 업무는 보건사회부에 그대로 두고 행정 여건을 봐가며 통합 혹은 보완할 예정이었다. 환경청이 설치되면 각 부처에 분산되어 있는 환경 보건 업무 일부를 통합·조정하게 되므로 공해 방지에 효율화를 기할 수 있는 장점이 있는 반면, 인원이 300명 정도로 증가하는 단점이 있었다.

정부가 제출한 개편안에 대해 국회 보건사회위원회는 "청급 조직은 약하니 환경부나 환경처로 만들자, 환경청으로 하려면 보사부에 환경 담당 차관보를 신설하자, 환경청 직제를 제정할 때 기술직 공무원들이 주도적 역할을 할 수 있게 하자, 환경 요원들을 양성하기 위한 교육기관도 설치하자"는 의견을 제출했다. 그러나 내무위는 자체 소위원회의 검토를 거친 후 환경청을 신설하는 정부안을 원안대로 의결했고, 법사위도 원안대로 의결했다. 본회의도 수정 없이 통과시켰다(국회사무처, 1979a: 20-23; 1979b: 1-3; 1979c: 2; 1979d: 1; 1979e: 5-6; 1979f: 5). 민주공화당과 유신정우회가 국회에서 압도적 의석(159석/228석)을 점하고 있었고, 산업화 특히 중화학공업화의 결과로 발생한 환경 문제를 해결하기 위한 실무적 성격의 기구 개편이었으며, 더구나 대통령이 시해되고 쿠데타가 발발한 직후라 야당이 큰 반대를 제기할 정치적 여유가 없었기 때문에 정부안이 수정 없이 통과된 것으로 보인다.

2 공정거래위원회 신설

1980년 「공정거래법」 제정으로 공정거래위원회가 신설되었고, 1981년 4월 3일 직제 개정으로 공정거래실이 신설되었다. 공정거래위원장은 경제기획원 차관이 겸임했다. 공정거래위원회는 경제 법원 역할을, 공정거래실은 경제 검찰 역할을 수행하게 되었다(김흥기, 1999: 296). 공정거래 제도를 도입해야 한다는 주장은 1960년대 삼분(三粉) 파동이 있었을 때부터 꾸준히 제기되어 왔지만 매번 성장 우선 논리에 밀려 도입되지 못하다가 1979년 6월 경제기획원 직제 개정으로 물가정책국이 물가정책실로 확대되고 그 안에 공정거래정책관이 생기면서 처음으로 결실을 거뒀다(김미경 외, 1998; 하태수, 2004). 1980년 5월 말에 국가보위 비상대책위원회가 들어서자 경제기획원은 본격적으로 「공정거래법」 제정을 추진했다. 김원기 · 신병현 두 부총리가 연속적으로 지원했고, 김재익 청와대 경제수석은 전두환 대통령을 설득해 결재를 받아냈다. 그 후에도 청와대 민정수석실이 보류를 요청하는 등 저지 시도가 있었지만 대통령의 뜻으로 국가보위입법회의에 상정되었다(이장규, 2008: 144−150).

국가보위입법회의의 경제제1위원회 심의에서 경제기획원 차관은 "향후 민간 주도 경제로 가기 위해 경쟁 제한적인 요인들을 제거하고 시장 기능의 이점을 살리기 위해 공정거래제도가 필요하다"는 법률의 취지를 설명했다. 국가보위입법회의의 위원들은 "위원 숫자를 늘리고, 시행 시기를 늦추고, 경제기획원 차관의 공정거래위원장 겸직은 공정성과 객관성 문제를 야기할 수 있다"고 지적했지만 거의 정부 원안대로 의결되었다.[20] 법사위에서는 자구 수정이 두 군데에서 이뤄졌고, 나머지는 원안대로 통과되었다. 국가보위입법회의의 본회의도 큰 수정 없이 원안대로 통과시켰다. 시행 시기가 다시 한 번 논의되었지만, 원안대로 통과되었다(국가보위입법회의사무처, 1980d: 15−19).

1980년 9월 16일에 '중화학공업추진위원회'와 '중화학공업추진기획단'을 폐지하고, 또 다른 합의제 행정기관인 '공정거래위원회'를 설치한 것은 유신정권에서 정부의 경제 개입을 총지휘하던 기구를 폐지하고, 시장 기능 활성화를 보장하는 새로운 기구를 만든 것으로 경제정책의 초점이 180도 변했다는 것을 보여주는 상징적인 사건이다. 공정거래제도 도입은 민간 경제의 강자인 재벌들을 직접적으로 규제하는 정책 수단을 도입하는 것이기 때문에 반대가 많았음에도 불구하고 미미한 수정만 거친 채 정부안이 그대로 통과되었다. 정부가 제출한 법률안이라고 해도 해당 부처의 의견이라기보다는 청와대의 의견이 강하게 반영된 것이었기 때문에 전두환 대통령에 의해 임명된 국가보위입법회의 위원들이 강하게 반대하거나 적극적으로 수정시킬 수 없었던 것이다. 반대 세력들은 법률 제정을 막을 수 없다면 시행 시기라도 늦춰 대응 시간을 벌어보려고 했던 것으로 보이지만, 그마저도 공포 후 3개월이라는 정부 원안대로 확정되었다. 권력이 고도로 집중된 상황에서는 아무리 강한 힘을 가지고 있는 재벌들이라고 하더라도 정권 내부에서 일어나는 의사 결정에 대

20) 제2소위원회가 체형 대신 벌금형으로 조문을 수정한 것이 수용되어, 이 부분만 수정되었다(국가보위입법회의사무처, 1980a: 3−5; 1980b: 2, 18−23; 1980c: 3).

해 큰 영향을 미치지 못한 것으로 보인다.

3 노동부 신설

1981년 4월 8일 「정부조직법」 개정으로 기존의 노동청이 노동부로 확대·승격되었다.[21] 내부 보조기관이 '총무과/노정국/직업안정국/해외근로국/직업훈련국/노동보험국'에서 '기획관리실/총무과/노동국/근로기준국/직업안정국/직업훈련국/노동보험국/공보관/감사관/노사지도관/부녀지도관/비상계획관'으로 바뀌었다. 정원은 251명(노동청)에서 343명(노동부)으로 확대되었다. 해외근로국이 폐지되고 근로기준국, 노사지도관, 부녀지도관이 신설된 것이다.[22] 이 개편은 빈부 격차 문제를 해결하고 동시에 물가 안정의 일환으로 임금 상승을 억제하기 위한 대응책으로 보인다. 총무처 장관은 "노동부 신설은 복지국가 건설의 일환이다. 경제 성장 속에서 노동행정의 적용 대상(사업장)이 크게 증가했다. 업무 분야는 직업 안정, 직업 훈련, 산업 안전, 보험 업무, 해외 파견 등으로 확대되어 왔다. 1963년에 노동청이 신설되었으나 청급 조직으로는 국가 최고정책 결정 시에 참여가 제한되어 다른 부처와 협조·조정이 곤란하고 효율적인 노동정책의 수행이 어려운 실정이었다. 노동부 신설은 노동행정의 질적 향상을 목적으로 한다"고 개정 취지를 설명했다. 국가보위입법회의 내무위원회 위원 중에서는 특이한 질문이 없었고, 토론도 생략되었으며, 정부 원안대로 의결되었다(국가보위입법회의사무처, 1981a: 1－6). 법제사법위원회는 일부 자구 수정만 한 후에 원안대로 의결했고, 본회의도 수정 없이 가결했다(국가보위입법회의사무처, 1981b: 1－2; 1981c: 9).

이 개편은 조영길 당시 국가보위입법회의 보사위원장이 "산업화 사회로 접어들면서 노동 문제가 중요해지는데 노동 문제를 다루는 부처의 장이 국무회의에 참석하지 못하는 것은 문제"라는 논리를 제시하고, 전두환이 이에 동의해 시작되었다. 노동 문제는 쿠데타·민주화운동 탄압 등의 비정상적 방법으로 정권을 잡은 신군부에게는 매우 민감한 문제였다. 이런 정치적 민감성 때문에 전두환 정권은 노동정

21) 정원은 노동청 251명(1979.6.4.)에서 노동부 343명(1981.11.2.)으로 확대되었다(해당 일자 직제).
22) 1979.6.4. 노동청직제; 1981.11.2. 노동부직제.

책을 경제적 관점에서 다루지 않고 사회 안정, 정권 안보 차원에서 다뤘다. 노동부 장관이 경제장관회의에는 참석했지만, 청와대에서는 보건복지부와 함께 경제수석 대신 정무2수석 소관으로 정했다. 같은 맥락에서 노동자들의 조직은 철저하게 탄압하면서도 노동자 개개인의 후생 향상을 위해서는 노력을 많이 했다. 노사협의회 제도를 만들어 노동자의 권익을 확대시키고, 「근로기준법」을 강화해서 시간외 수당 같은 것을 대폭 개선시켰다.[23] 물론 이런 조치들은 정권이 노동계에 대한 배려와 관심이 높다는 점을 보여주기 위한 과시용 성격도 가지고 있었다(이장규, 2008: 156-159). 이처럼 노동 의제는 정권의 정치적 생존에 중요한 문제였고, 이미 대통령이 결단을 내린 사안이었기 때문에 법률 개정 과정에서 이견이 제기되지 않았던 것으로 보인다.

4 1981년 12월 31일 「정부조직법」 개정

이 개정에서는 국무총리실 기획조정실과 행정개혁위원회를 폐지하고, 기획조정실이 담당하던 심사분석 업무는 경제기획원 심사분석국으로 넘겼으며, 행정개혁위원회는 총무처 행정관리국으로 축소해서 넘기고, 경제기획원이 담당하던 외자관리 업무는 재무부로 넘겼다. 또한 체신부 외국인 전파관리국을 폐지시키고 체신부 내국으로 편입시켰다.

총무처 장관은 다음과 같이 개편 취지를 설명했다. 첫째, 정부 기획 기능의 통합, 기획과 통제 기능의 연계, 행정 자원 절약을 위해 국가의 기본운영계획 총괄·심사 분석·청소년의 지도 육성 등의 업무를 담당하던 국무총리실 기획조정실을 폐지하고, 심사 분석 기능을 경제기획원으로 이관시킨다. 둘째, 연구 기능과 집행 기능의 통합, 행정 자원 절약을 위해 국무총리실 행정개혁위원회를 폐지하고, 총무처 소속 행정조사연구실로 축소시킨다. 셋째, 외자관리 기능을 일원화시키기 위해 경제기획원의 대외 경제 협력 기능을 재무부로 통합시킨다. 넷째, 국민에 대한 영향력, 보안 문제 등으로 체신부 외국으로 기능 수행이 곤란했던 전파관리국을 내국

23) 노동청에서 노동부로 확대 승격되면서 내부조직도 변했다. 노동청 시절의 '해외근로국'이 폐지되고, '근로기준국'과 '노동보험국'이 신설되었다. 또한 '노사지도관', '부녀지도관'도 신설되었다(노동부직제, 1981.11.2).

으로 변경시킨다. 몇몇 야당 의원이 정부 제출안과 다른 내용을 제시했지만, 국회 내무위원회는 정부 원안대로 의결했다(국회사무처, 1981d: 2; 1981e: 6-7; 1981f: 4). 본회의에서도 자구 수정을 제외하면 수정된 내용 없이 정부 원안대로 통과되어 법률로 확정되었다.

5 체육부 신설과 정무장관 숫자 조정

1982년 3월 20일 「정부조직법」 개정에서 문교부 체육국이 체육부로 확대 승격되었고, 장관급 숫자의 증가를 막기 위해 정무장관 숫자가 3인에서 2인으로 축소되었다. 서울은 1981년 9월 30일 IOC 총회에서 나고야(名古屋)를 52대 27로 누르고 88올림픽게임 유치에 성공했다. 전두환 정권은 국민들의 민주화 열망을 억누르고 비민주적 방법으로 정권을 획득했기 때문에 어떻게든 사회·국민 통합을 달성하려고 했고, 그것을 위한 방법의 하나로 일본 기업인들의 조언에 따라 대형 국제 스포츠 행사를 유치한 것이다. 그리고 그것의 준비를 위해 체육부를 신설했다.

총무처 장관은 국회 내무위원회에서 "86아시안게임과 88올림픽게임을 잘 치르고 체육행정의 획기적인 발전과 전환을 서두르기 위해 체육부를 신설한다. 체육부는 단순히 스포츠나 운동경기를 넘어서서 우수 선수의 효과적 발굴 육성, 체육과학의 체계적 연구, 체육시설의 확충, 건전한 국민 레크리에이션 보급 등으로 국가 체육의 기틀을 다질 것이다. 단, 작은 정부의 방침을 유지하기 위해 정무장관을 3인에서 2인으로 축소시키고, 가능한 한 기구 및 정원의 확대도 억제할 것"이라고 제안 설명을 했다. 그러나 야당인 민주한국당은 "문교부 장관 소속 하에 체육진흥청을 신설하자"고 대안을 제시했다. 이에 대해 여당 의원들은 "올림픽이라는 대사를 앞두고 청으로 되겠는가? 교육부와 체육부가 협조를 못할 이유가 없다. 부급 조직이 청급 조직보다 부처 간의 횡적 기능 협조에서 낫다, 국제적 체육 외교에도 청보다 부가 유리하다, 문교부 산하 청으로 있으면 자꾸 문교행정에 밀릴 염려가 있다"고 주장하면서 정부안을 옹호했다. 결국 합의가 이뤄지지 않아 표결이 실시되었다. 야당안은 찬성 9, 반대 16, 기권 3으로 부결되었고, 정부안은 찬성 18명, 반대 9명으로 통과되었다(국회사무처, 1982a: 41-50; 1982b: 1-7). 국회 법사위는 정부 원안을 질의 없이 의결·통과시켰고, 본회의는 표결을 실시해 찬성 178, 반대 73으로 통과시켰다(국회사무처, 1982e: 2, 11).

야당이 자체 개정안을 내어 정부·여당에 대해 그나마 강하게 반대 의사를 표현했던 개정이었음에도 불구하고 최종 결론은 야당안 부결, 정부안 무수정 통과였다. 한 가지 더 짚고 넘어가야 할 점은 본회의의 최종 표결을 보면 여당은 자당 151표를 넘어서 무소속 18표와 야당 9표를 더 얻었는데 반해, 야당은 자당 의석(82)도 단속하지 못한 허술함을 보였다. 당시 여당이 정부에 대해 약한 입장이면서도 내부적 응집성은 얼마나 강했는지, 또한 전두환 정권이 야당에 얼마나 깊이 침투하고 있었는지 잘 알 수 있다.

6 개편 수요와 실제 개편 내용의 비교

앞에서 신군부 정권이 해결해야 할 문제들로 중화학공업화 부작용 해소, 빈부격차 해소, 물가 폭등 완화, 막대한 외채 및 국제수지 적자 해소, 경제자유화, 정부규모 축소, 정치적 민주화, 국민 통합, 미국과 일본과의 관계 개선 등이 언급되었다. 정부조직 개편 내용을 보면 환경청 신설과 공정거래위원회 신설은 중화학공업화의 부작용 해소와 경제자유화를 주목적으로 하는 조치로 볼 수 있다. 노동부 신설은 빈부 격차 해소 및 물가 폭등 완화 두 가지를 주로 겨냥한 것으로 보인다. 재무부로 외자관리 기능을 일원화한 것은 외자 문제를 집중적으로 관리하기 위한 조치로 보인다. 체육부 신설은 새로 추가된 정부 기능에 대처하기 위한 것으로 선임 정권으로부터 물려받은 문제들에 대응하기 위한 것은 아니었다고 생각된다.

정부 규모 축소, 정치적 민주화, 국민 통합, 미국 및 일본과의 관계 개선을 위한 정부조직 개편은 거의 없거나 미미했던 것으로 보인다. 심지어 이런 방향과 반대 방향으로의 변화도 있었다. 정부 규모 축소와 관련해서 직제(대통령령) 개정을 통해 중앙행정기관의 각 기관 내 상위 보조기관의 숫자를 다소 감소시켰다. 정부 전체적으로 차관급 6자리, 차관보 내지 1급 직위 35자리 등을 포함해 서기관급 이상 531개 직위를 폐지했다. 이것은 전체 고위직 5,037개의 10.5%에 해당되는 것으로 장차관급에서 10.3%, 1급에서 18.4%, 2~3급에서 12.1%, 4급에서 9.6%를 감소시킨 것이다.[24] 그렇지만 전체 중앙행정기관의 숫자가 유신정권 말기 36개 기관에서 37개 기관으로 1개 증가했고, 직제 개정을 통해 많은 기관들의 정원도 증가했다. 특히 정당성이 부족한 정권의 특성상 정권의 정치적 기반을 관리하는 기관의 정원을 크게 증가시켰다. 법무부의 경우 355명(1979.6.29.)에서 426명(1981.11.2.)으로 20% 증가시켰으며, 검찰청은 2,161명(1979.8.24.)에서 2,996명(1981.12.31.)으로 38.6%나 증가시켰고, 문화공보부는 247명에서 317명으로 28.3% 증가시켰으며, 문교부는 497명에서 531명으로 6.8% 증가시켰다. 이 정치적 지배 관련 기관들의 정원 증가는 정치적 민주화라는 시대적 과제에 역행하는 것으로 보인다.

국민 통합을 위한 조치는 정부조직 개편이 아닌 다른 측면에서 취해졌다. 1981년 5월에는 '국풍81'이라는 축제가 정부 주도로 크게 열렸는데 이것은 광주민주화운동 1주기 시점에서 국민들의 관심을 다른 곳으로 돌리기 위한 조치였다. 이어 TV 아침방송 재개(1981년), 프로야구 개막(1982년), 야간통행금지 해제(1982년), 프로축구 개막(1983년), 프로씨름 개막(1983년), 학원 두발 및 복장 자유화 조치(1983년)가 취해졌는데 이것들은 국민의 관심을 정치에서 다른 곳으로 돌리기 위한 소위 3S정책이었던 것으로 보인다. 한편, 미국과 일본과의 관계 개선 과제는 정부조직의 개편 없이 앞서 언급한 것처럼 외교안보 정책의 전환으로 대응했다.

제 6 절 결과 및 함의

이 장에서는 1979년 10·26 직후부터 1982년 3월 말까지 전두환 정권 출범 초기에 있었던 정부조직 개편을 살펴봤다. 개편 결과를 보면 환경청 신설, 중화학공업추진위원회 폐지 및 공정거래위원회 신설, 노동부 신설, 국무총리 기획조정실과 행정개혁위원회 폐지·축소, 체신부 전파관리국 폐지·편입, 체육부 신설 등이다. 네 차례의 「정부조직법」 개정이 있었고, 한 차례의 「공정거래법」 제정이 있었다. 당시 국가보위입법회의나 국회에서 통과된 「정부조직법」 개정안이나 「공정거래법」은 정부가 제출한 안건이었고, 내용도 정부 원안이 큰 수정 없이 통과되었다. 집권

24) 총무처 행정관리국 소관 자료 및 조선일보, 1981.10.26, 안해균, 1982: 42에서 재인용.

세력이 국가보위입법회의와 국회를 장악하고 있었고 집권 세력 내 응집성도 높았기 때문에 정부조직 개편의 외양이 앨리슨(Allison) Ⅰ 모형과 거의 흡사했다.

개편 내용을 전반적으로 요약하면 '대폭 감소'라는 예측과 달리 '중앙행정기관 수의 소폭 증가, 정권 기반 관리기관의 정원 대폭 증가'였다. 이런 결과가 초래된 이유는 첫째, 신군부 정권이 정치·사회 영역에서 당면했던 문제들, 즉 남북 대치 및 국민의 민주화 열망 억압 등은 유신정권과 대동소이했고 이런 분야에서는 유신정권이 남긴 권위주의적 지배 체제를 거의 그대로 계승했기 때문이다.[25] 동시에 정권의 정치적 기반을 관리하는 기관의 경우에는 정원을 오히려 크게 증가시켰다. 법무부, 검찰청, 문화공보부, 문교부 등이 대표적인 예다. 넷째, 작은 정부라는 시대적 사조에 부응하기 위해 폐지할 수 있는 기구들은 폐지·축소하면서도 기존 행정 수요의 유지, 새로운 행정 수요의 부상 등으로 국가 기구를 확대·승격 혹은 신설했기 때문이다.

이처럼 정부조직 개편의 내용이 예상과 차이가 남에도 불구하고, 정권 말기에 나타난 객관적인 성과는 그리 나쁘지 않았다. 부실 중복 투자로 인한 잉여 생산시설에 대해 일정 부분 구조조정이 실시되었고, 물가가 철저히 관리되어 인플레이션이 잡혔다. 1979~1980년 사이에 28.7%나 상승했던 소비자 물가지수가 1981~1987년 사이에는 연평균 6.1% 정도로 낮아졌다.[26] 1980년대 말 경에는 빈부 격차도 일부 개선되었다. 1977년에 0.341까지 올라갔던 지니 계수가 1987년에는 0.309, 1988년에는 0.300으로 낮아졌다(권순원 외, 1992, 정원오, 1995: 73에서 재인용). 국제수지 적자 및 외채 문제도 1986년 이후에 현저하게 개선되었다. 국제수지는 1985년까지 적자를 보다가 1986년에 46억 달러, 1987년에 99억 달러, 1988년에 142억 달러의 흑자를 실현했다. 외채도 국제수지 흑자에 힘입어 1985년 468억 달러까지 갔던 것이 1987년에 356억 달러, 1988년에 312억 달러, 1989년에 294억 달러로 감소했다(한국은행 자료, 김광두, 1996: 54에서 재인용). 국제적 환경에의 대응에서도 미국 및 일본과의 관계를 개선시키는 데 성공했다. 미국(레이건) – 일본(나카소네) – 한국(전두환)을 축으로 하는 동북아 신냉전동맹을 결성했고, 아시안게임을 개최하고 올

25) 단 기구는 그대로 계승해도 정권의 지배를 공고히 하기 위해서 고위 공직자들을 대거 숙정했다. 내치(內治) 관련 기구인 내무부·경찰·국세청이 대표적인 예다.

26) 통계청. http://kosis.kr/

림픽 게임을 준비하면서 한국의 국제적 위상을 제고하고 우방들과의 관계도 강화시켰다.

어떻게 정부조직 개편 내용이 예상과 다름에도 불구하고 이런 결과가 가능했을까? 정부조직 개편이 정부 규모 축소, 정치적 민주화에 맞는 방향은 아니었지만 정권 초기에 당면했던 문제들을 해결하는 데에는 적절했기 때문이다. 산업 투자 문제, 물가 문제, 계급 간 위화감 문제 등을 다루기 위한 개편이 적절하게 추진되었다. 예상과 달리 정부기관의 숫자와 각 기관의 정원이 증가된 것은 근본적으로 정권의 본질 때문이다. 정치적 정당성이 부족했기 때문에 정치적 지지 기반 관리를 담당하는 부처의 정원을 증가시킬 수밖에 없었고, 나아가 국민 통합을 앞당기기 위해 올림픽이라는 거대 행사를 의도적으로 유치하고 그것을 준비하기 위한 기관을 신설할 수밖에 없었다.

제 7 장 노태우 정권 출범기*

제 1 절 들어가며

노태우 정권은 제5공화국 전두환 정권과 정치적 뿌리를 같이하지만 정권 출범기에 당면했던 상황은 전임 정권과 많이 달랐다. 우선 국제 경제 측면에서 1986년부터 국제수지가 흑자로 돌아서자 미국을 비롯한 선진국들이 기존의 관용적 태도를 바꿔 시장 개방 압력을 가해 왔다. 또한 1986년 9월부터 우루과이 라운드 협상이 시작되어 보호무역을 더 이상 지속하기 어려운 상황에 당면했다. 국제 정치 측면에서는 소련이 1985년부터 개혁과 개방을 추진하면서 40년 가까이 지속되어온 동서 냉전의 분위기가 급격하게 변하기 시작했다. 국내 정치 측면에서는 1986~87년 민주화운동, 대통령 국민 직선제 개헌, 노동자 대투쟁 등으로 인해 정치적 민주화에 대한 국민들의 열망이 최고조에 이르렀다. 국내 경제 측면에서는 5공 정권의 경제자유화 조치와 재벌의 급성장으로 인해 정부의 시장 개입 능력이 큰 제약을 받게 되었다.

국내외 정치경제 상황이 요동치는 상황에서 출발하는 새로운 정권은 대응해야 할 일이 많았기 때문에 당연히 전임 정권으로부터 물려받은 정부기구를 많이 개편

* 이 장은 하태수(2011b)를 수정 · 보완한 것이다.

할 가능성이 높다. 정부 환경의 급변이 없어도 새 정권의 국정 과제를 실효적으로 추진하기 위해 정부조직을 개편하는 것이 다반사인데, 이런 급변하는 환경 하에서는 큰 폭의 정부조직 개편이 당연지사였다.

그러나 노태우 정권의 개편 내용은 예상과 크게 다르고, 개편의 양상도 다른 정권들과도 많이 달랐다. 정권 출범 직전과 직후 그리고 정권 1년차에 정부조직을 전혀 개편하지 않았다. 집권 2년차인 1989년에 가서야 아주 소폭의 개편을 했다. 상대적으로 큰 폭의 개편은 집권 3년차인 1990년에 가서야 했다. 개편 내용도 축소는 없었고 대부분 신설, 확대, 승격이었다.

제 2 절 행위자

여러 자료를 살펴보면 1987년 12월 16일 대선 이후 1990년 말까지 정부기구 개편의 필요성을 제대로 이해하고 있던 사람은 거의 없다. 또한 이런 과제를 이해하지 못했더라도 나름대로 자신의 소신을 갖고 있으면서 그것의 실현을 위해 동분서주한 정책기업가적 행위자도 없다.

노태우 대통령은 정부조직 개편과 관련해 겉으로 어떠한 의견 표명도 하지 않았다. 예를 들어, 그는 행정개혁위원회에 아무런 행정 개혁 개요를 전달하지 않았다. 그는 자신의 의견을 적극적으로 추진하는 유형의 지도자가 아니었다. 그는 오로지 권위주의 청산과 민주화를 최고의 과제로 삼고 각계각층의 다양한 요구와 비판을 인내하는 '의도적으로 우유부단한' 리더십을 구사했다(김용서, 1992: 66－68; 이강로, 1992: 507; 정윤재, 1992: 470－485; 조갑제, 2007: 183, 196, 198, 234).

행정개혁위원회 구성을 주도한 노태우 정권 초대 총무처 장관 김용갑도 육사 졸업 후 군 장교로 근무하다 안기부 기획조정실장을 역임한 사람으로 정부조직 개편에 대해서는 별다른 생각을 가지고 있지 않았고, 그럴 의지도 없었다. 그는 1989년 3월에 「정부조직법」과 전혀 관련 없이 "중간평가를 반드시 실시하고, 좌파를 척결하라"고 주장하면서 장관직을 사퇴할 정도로 「정부조직법」 개정에 별 관심을 갖지 않았다(김용갑, 2008: 41－42).

행정개혁위원회 위원장 신현확도 일제 강점기에 관료 경력을 시작한 그시대 인물로 당시의 급변하는 상황에 대처하기 위한 정부조직 개편안을 마련하는 일에는 적임자가 아니었다(안해균, 1989: 6; 이장규 외, 1995: 100; 김용갑, 2008: 184-201).[1] 1989년 후반기 이후의 개정 과정에 참여하는 기타 행위자들은 대부분 각자 맡고 있는 직책 때문에 관여한 제도적 행위자에 불과했다. 총무처 장관 김용래와 이연택, 그리고 평화민주당의 박실 의원과 박상천 의원이 대표적 예다.

국회에서 전개되는 「정부조직법」 개정에 참여한 공식적 참여자는 아니지만 이해관계자들도 「정부조직법」 개정과 관련해 주시할 필요가 있다. 행정개혁위원회가 개편 건의서를 발간하자 관계된 정부기구, 연결된 이익집단, 관련 전문가·학자들이 의견을 표명했다. 특히 자기가 소속되어 있거나 연루되어 있는 정부기구가 축소·통폐합 대상인 경우에는 필사적으로 반대 의견을 개진했다. 그 건의안에 대해 강하게 반발한 대표적인 정부기구나 이해관계자들을 열거해 보면 경제기획원, 동력자원부, 에너지 전문가들, 과기처, 과학기술재단 총연합회 회장단, 산림청, 임업 전문가들, 중견 경찰관들, 경찰 분야 학자들, 문화행정 기구, 체육부 등이다(안해균, 1989: 3-5). 그러나 제1장에서 언급했듯 이들은 정부(대통령과 총무처)와 국회의원을 통해 자신들의 의견을 관철시키지 않는 한 정부조직 개편에 영향을 미칠 방법이 없기 때문에 여기에서도 주요 행위자로 다루지 않는다. 꼭 필요한 부분에서만 일부 언급할 것이다.

제 3 절 제도적 맥락

1 국가원로자문회의

새 정권이 출범한 이후에도 5공 세력은 후임 정권에 강한 영향력을 행사했는데 그것의 제도적 기제가 국가원로자문회의였다. 이 기구는 「헌법」 제90조와 「국가원

1) 설상가상으로 그는 위원들의 반대를 무릅쓰고 서둘러 안건을 가결시키는 등 위원회를 권위주의적으로 운영해 비판을 받기도 했다.

로자문회의법」에 의해 설치되었다. 그런데 이 기구는 6공 출범 시기에 의장인 전직 대통령에 대한 예우가 상식선을 훨씬 뛰어넘는 문제를 가지고 있었다. 의장은 국회의장에 준하는 대우를 받으며, 모든 국가 시설을 이용할 수 있었고, 필요하면 대통령 전용 시설도 이용할 수 있었다. 또한 이 기구는 필요 시 관계 공무원의 회의 참가, 원로 위원 의견에 대한 대통령의 검토, 청원서 처리 등을 요구할 수 있었다. 사무국 구성도 장·차관급이 3명이나 되고 전체 정원도 80명이나 되었다. 피상적으로 보면 행정부의 상왕부(上王府)나 다름없었다.

김용갑 6공 초대 총무처 장관이 전두환 전 대통령 측의 강한 반발을 무릅쓰고 정부 협조와 청원 처리 조항을 삭제하고, 사무총장과 의장비서실장 2명만을 정무직으로 하고, 사무국 인원을 39명까지 줄였지만 상왕부라는 인상을 불식시킬 수는 없었다. 집권 1년차인 1988년 말까지 노태우 대통령이 국무총리, 장관, 고위 군 장성 인사조차 자율적으로 하지 못할 정도로 전임 대통령의 영향력이 강했다. 이 기구가 폐지되는 1989년 봄까지 노태우 정권은 5공 세력으로부터 자율적으로 정부조직을 개편할 수 없었다.2)

2 국회

1988년 4월 26일에 실시된 13대 국회의원 총선에서 민주정의당은 국회 과반수 의석 확보에 실패했다. 대선의 관성 때문에 압승을 기대했었으나 결과는 뜻밖이었다. 전체 299석 중 125석 확보에 그쳤다. 반면 김대중이 이끄는 평화민주당은 70석, 김영삼이 이끄는 통일민주당은 59석, 김종필이 이끄는 신민주공화당은 35석을 확보했다. 정부와 여당이 「정부조직법」을 개정하기 위해서는 협상을 통해 특정 야당과 최소 승리연합을 형성해야만 했다. 의석 수를 기준으로 보면 민주정의당이 양보를 최소화할 수 있는 최선의 연합 상대는 신민주공화당이었다.3) 즉, 신민주공화당

2) 「국가원로자문회의법」 및 동법 시행령; 이장규 외, 1995: 35−36, 71, 95−96; 박철언, 2007: 341; 김용갑, 2008: 185−187.

3) 「정부조직법」은 일반 법률이기 때문에 국회 통과에 필요한 최소 의석은 150석이었다. 당시 민주정의당이 125석을 차지하고 있었기 때문에 최소 승리연합 구성에 추가로 필요한 최소 의석은 25석이었다. 즉, 민주정의당의 최소 승리연합 상대는 최소 25석을 보유하고 있되 의석 수는 가장 적은 정파였다. 그래야 연합 구성 시 그리고 국회 통과를 위한 협상 과정에서 민주정의당이 야당에

과 협상을 통해 합의를 도출한 후 국회에서 다수결로 처리하는 것이 민주정의당의 입장에서는 정치적 손실을 최소화할 수 있는 방법이었다.

3 행정개혁위원회

노태우 정권은 권위주의 청산과 민주화를 위해 정권 초기에 '민주화합추진위원회'라는 민간위원회를 설치했는데, 이 위원회가 대대적인 행정 개혁을 위해 민관 합동의 '행정개혁위원회'를 설치할 필요가 있다고 건의했다. 그 결과 1988년 5월 13일에 '행정개혁위원회'가 발족되었다. 이 위원회는 총무처의 주도로 학계, 언론계, 법조계, 경제계, 노동계, 여성계 등 민간의 각계 대표 21인으로 구성되었고, 총괄, 일반행정, 경제과학, 사회문화 4개 분과위원회로 조직되었다. 각 분과위마다 실무자 1인, 학계 1인, 전문위원 2인이 배치되었다. 그리고 그 밑에 다시 총 40명의 조사연구관 및 조사원이 배치되었다. 위원장 밑에는 행정실을 두었다. 총무처는 공무원 전문위원 4명 중 2명, 조사연구관과 조사원 중 35명을 공급했다. 활동 중간에 '사회정화위원회'와 '국가원로자문회의'의 폐지를 건의했고, 1989년 7월에 『행정 개혁에 관한 건의』라는 최종 보고서를 발표했다. 이 건의안은 우리나라 최초로 시도된 민주적이고 객관적인 조사의 결과물이라는 의의가 있지만, 조사 기간이 너무 짧았고, 한꺼번에 너무 많은 대상을 개혁하려고 했으며, 중립적이라기보다는 총무처에 의해 주도되었고, 관련 부처·이해관계 집단·전문가 집단·언론기관 등에게 충분한 참여와 의사 표시 기회를 제공하지 않았다는 문제점을 가지고 있었다(안해균, 1989: 1-5; 조석준, 1990: 87-89; 이장규 외, 1995: 94-112).

4 3당 합당 이후의 국회

여소야대 상황에서 사실상 아무런 일도 못하던 노태우 대통령이 정국 타개를 모색하기 위해 1989년 3월 초부터 민주정의당-통일민주당, 민주정의당-신민주공

하는 양보를 최소화시킬 수 있었다.

화당 간 합당 교섭을 시작했다.[4] 이후 노태우 대통령은 중간평가 유보 성명을 발표하고, 야당이 합당의 전제 조건으로 내세우던 정호용 의원 공직 사퇴와 전두환 전 대통령의 국회 증언을 1989년 12월 말까지 매듭지었다. 그리고 1990년 1월 22일에 3당 합당을 발표했다. 1990년 2월 9일에 합당 전당대회가 열려 국회 의석의 2/3가 넘는 221석을 가진 거대 여당 민주자유당이 탄생되었다.

이제는 여당이 야당과 협상 및 타협을 할 필요가 없게 되었다. 그냥 다수결로 밀어붙이면 되었다. 실제로 정부와 여당은 바로 일방적 독주를 시작했다. 민주자유당은 「광주민주화운동관련보상법」을 단독으로 처리했고, 국군보안사령부가 민간인을 무차별 사찰했으며, 1989년 말에 여야 합의로 처리된 지방자치제 실시를 연기하려고 했다. 합당에서 제외된 평화민주당은 재야 인사들을 영입하고, 민주당[5]과 당 대 당 합당을 해서 민주당을 만들었지만 의석 수는 75석에 불과했다(김석야 외, 1997: 467－474; 박철언, 2005: 349－491; 김대중, 2010: 572－582).

제 4 절 거시적 환경

1 국제 관계

노태우 정권 출범 시기의 주요 국제 정세 변화는 첫째, 소련의 개혁과 개방 정책 채택으로 동서냉전 구도가 붕괴된 것이다. 1985년에 취임한 고르바초프(Mikhail Gorbachev) 소련 서기장은 소련의 경제력 한계를 인정했으며, 미국과 군비 경쟁을 벌이던 과거의 정책 패러다임을 버리고 개혁과 개방 정책을 시작했다. 이것은 동서냉전에서 공산주의 중심국이 항복한 것을 의미했고, 주변부 공산주의 국가들의 변화도 이제 시간 문제였다.

둘째, 1986년 9월에 우루과이 라운드 협상이 시작되었다. 이것은 기존에 세계무

4) 노태우 대통령은 평화민주당에게 가장 먼저 합당을 제의했지만, 김대중 총재가 바로 거절했다.
5) 일명 꼬마 민주당으로 YS가 주도한 통일민주당이 3당 합당을 할 때 동참하지 않고 탈당해 1990년 6월 15일에 만든 정당이다. 노무현 전 대통령이 이 정당 출신이라서 노무현 정권 초기에 그 정권이 꼬마 민주당 정권으로 불리기도 했다.

역 질서를 이끌어온 GATT 체제의 문제점을 해결하고, 이 체제를 다자간 무역기구로 발전시키려는 국가 간 협상이었다. 우루과이 이후 캐나다, 스위스, 벨기에, 미국, 일본 등에서 협상이 열렸고, 1994년 4월 모로코에서 세계무역기구(WTO) 설립이 결정되었다.

셋째, 1986년과 1987년에 한국의 무역수지가 흑자로 전환되어 선진국들이 시장 개방 및 환율 절상 압력을 가하기 시작했다. 1979년 52억 8천만 달러에 이르렀던 무역수지 적자가 1986년에 31억 3천만 달러 흑자로 돌아섰고, 1987년에는 62억 6천만 달러로 배가 되었다.[6] 전두환 정권이 일관성 있게 경제를 운용한 것이 3저[7]라는 시대 상황과 결합되어 나타난 결과였다. 이로 인해 그때까지 한국을 지원해야 할 우방으로 생각하고 도와주던 선진국들이 이제는 태도를 바꿔 동등한 무역을 요구하기 시작했다. 금융 및 농산물 시장 개방, 환율 절상 압력이 가해지기 시작했다.

넷째, 1988년 올림픽 개최 준비로 외교 역량을 극대로 사용하고 있었다. 1976년 몬트리올 올림픽에서는 남아프리카 공화국의 인종 차별 문제를 놓고 아프리카 국가들이 불참했고, 1980년 모스크바 올림픽과 1984년 LA 올림픽에서는 소련의 아프가니스탄 침공을 놓고 각각 서방 진영과 공산 진영이 불참하면서 반쪽짜리 대회가 개최되었다. 한국은 냉전의 격전지 중 한 곳이어서 공산국가들의 참가가 첨예한 관심사였다. 한국은 이 국가들과 외교 관계조차 수립하지 않은 상황이었고, 북한은 이 국가들의 참가를 막기 위한 로비 활동을 전개하고 있었다. 그럼에도 불구하고 중공이 1984년 7월에, 그리고 동독이 1985년 3월에 참가를 선언했다.[8] 소련과 그 밖의 친소 국가들은 참가 여부를 밝히지 않아 한국은 소련의 스포츠계 인사들을 설득하는 데 주력했다. 그리고 마침내 소련의 참가 선언을 이끌어냈고, 헝가리·폴란드 등 동구권 국가의 참가도 이끌어냈다. 이후 몽골·라오스·베트남 등의 아시아 공산국가와 용공 성향의 아프리카 국가들도 참가하면서 12년 만에 동서 양 진영 대부분 국가가 참가하면서 참가국 수는 사상 최대인 160개국에 이르렀다.

6) https://ko.wikipedia.org/wiki/대한민국의_무역수지.
7) 국제 금리, 달러 환율, 국제 유가 세 가지가 모두 낮은 현상을 일컬음.
8) 중공의 경우 당시 소련에 기대지 않는 독자 노선을 걷는 공산국가였고, 이미 1984년 하계 올림픽에 참가하는 등 올림픽 불참 행위에 비판적인 입장이었으며, 한편으로는 1990년 아시안게임 유치 문제 등을 의식해 서울올림픽 참가를 발표했다. 동독의 경우 LA 올림픽 불참에 대한 자국 스포츠계 인사들의 반발이 워낙 거세서 2회 연속으로 올림픽을 보이콧할 수 없었다.

2 역사적 환경

국민들이 1961년부터 시작된 군부 통치를 강력하게 거부했고 더구나 1987년 6·29 선언과 대통령 직선이라는 분기점을 거쳐 출범했기 때문에 노태우 정권은 한국 현대사에서 민주화, 권위주의 청산, 국민 통합이라는 역사적 과제를 도외시할 수 없었다. 노태우 대통령 자신도 취임사에서 이 점들을 분명하게 언급했다. 1987년에 「헌법」이 개정되고, 자신이 국민들의 직선으로 당선되었기 때문에 민주화의 흐름은 이제 거스를 수가 없었다. 더불어 1963년부터 시작된 불균형 성장 전략 및 광주민주화운동으로 인해 초래된 지역 간, 계층 간 불화 문제도 민주화로 강력하게 정치적 쟁점화되기 시작했기 때문에 국민 통합 문제도 더 이상 미룰 수 없는 과제가 되었다.

단기적으로는 부동산 가격 폭등과 주택 부족 문제도 해결해야 할 현안이었다. 1986년부터 무역수지가 흑자로 돌아서자 국내로 유입되는 통화량이 증가했고, 기업들은 이 돈을 부동산 보유를 늘리는 데 집중적으로 사용했다. 어려울 때 은행에서 쉽게 돈을 차입하기 위해서는 담보가 필요했고, 담보로는 부동산이 최고였기 때문이다. 그러나 이것은 집값을 상승시켰고 도시에서 전세나 월세를 살던 사람들의 상황을 더욱더 어렵게 만들었다. 이사철에 집 문제로 고민하던 가장들이 자살하는 사례가 속출했다.

3 당대의 지배적 사상

국내에서는 '민주화'와 더불어 '형평과 복지'가 당시의 시대정신이었다. 1987년 6·29 선언 이후 노사 분규가 폭발적으로 증가했다. 1986년 220건이던 노사 분규가 6·29 선언 이후 1990년까지 해마다 평균 2,400건씩 발생했다. 그동안 경제 안정이라는 구호 아래 억눌려 왔던 노동자들이 민주화 추세를 이용해 자기 몫 찾기에 나선 것이다.[9] 대통령 자신이 경제를 잘 모르기도 했지만, 정권 출범기에 단군 이래

9) 그 결과 노태우 정권 초기에 실질임금상승률이 크게 올랐다. 1987년 10.1%이던 것이 1988년 15.5%, 1989년 21.2%로 올랐다. 노태우 정권에서 근로자 소득이 두 배 이상 오르고, 중산층이 확

최대 호황을 누렸기 때문에 정부가 분배 측면에만 신경을 써도 된다는 생각이 용인되기도 했다. 노태우 대통령은 노사 분규에 공권력 투입을 자제하면서 일차적으로 기업이 스스로 해결하라고 권고했다. 그리고 5공 시절의 억압 일변도의 물가관리에서 벗어나 물가상승률이 10%를 넘지 않는 선에서 물가 현실화를 용인했다(이장규 외, 1995: 24－30, 114－119; 조갑제, 2007: 262－316).

국제적으로는 세계화가 당대의 지배적 사조로 부상하고 있었다. 자본주의와 경쟁을 벌이던 공산주의 소련의 사실상 항복, GATT 체제를 대체하기 위한 우루과이라운드 협상 시작 등으로 인해 전 세계적으로 시장 자유주의의 물결이 강하게 일어나기 시작했고, 각국의 시장이 하나의 세계 시장으로 통합되어 가는 거대한 움직임이 시작되었다.

환경 보호에 대한 관심도 전 세계적으로 강하게 일어났다. 1980년대 지구 온난화, 오존층 파괴, 산성비, 사막화, 생물종 감소, 열대우림 감소, 해양 오염 및 자원고갈 같은 환경 문제들이 강하게 제기되었다. 설상가상으로 인도 보팔(Bhopal) 화학공장 폭발 사건(1984년), 체르노빌(Chernobyl) 원자력발전소 사고(1986년), 엑손발데즈호(Exxon Baldez) 원유 유출 사고(1989) 등이 발생해 환경 보호에 대한 관심이 전 세계적으로 크게 강화되었다(구도완 외, 2004: 31).

제 5 절 정부조직 개편

동서냉전 구도의 붕괴, 시장 개방 압력 증가, 세계화, 환경 보호 강화, 올림픽 준비 등의 국제적 환경에 대응하기 위해서는 외교 역량 강화, 남북 통일 대비, 정부의 시장 개입 축소 및 국내 기업 지원 중단, 국내 시장 개방, 해외 신시장 개척, 환경 보호 기능 강화 등을 위한 정부기구 개편이 요청되었다. 한편, 민주화, 권위주의 청산, 국민 통합, 복지와 형평, 주택 문제 해결 등의 역사적 과제에 대응하기 위해서는 권한의 분산과 위임, 정권 안보 기능을 수행하던 억압기구의 정치적 중립화, 상징 조작·복지·노동자 지원 기능을 수행하는 기구의 강화 등이 요청되었

대되었다.

다.[10] 그러나 앞에서 언급한 것처럼 이렇게 개편 수요가 많음에도 불구하고 1988년에는 정부조직 개편이 없었고, 1989년에는 아주 소폭의 개편만 있었다. 정권 3년차인 1990년에 가서야 어느 정도의 개편이 있었다.

1 1988년에는 왜 「정부조직법」 개정이 없었나?

왜 정부조직이 개편되지 않았는지 살펴보기 위해 먼저 1988년 당시의 주요 정치・행정 사건들의 흐름을 살펴볼 필요가 있다. 일반적으로 대선 직후인 정권 출범 시기가 정부조직 개편에 유리하고 새 정권도 새로운 정책을 추진하기 전에 적합한 추진 체계를 짤 필요가 있기 때문에 정권 출범 초기에 정부조직을 대폭 개편하는 경우가 많다. 그러나 1988년 2월에는 여당인 민주정의당이 전체 국회 의석의 59%인 160석을 차지하고 있었음에도 불구하고 「정부조직법」 개정이 없었다.[11]

가장 큰 이유로 추정해 볼 수 있는 것은 "노태우 대통령이 5공의 영향력이 강한 상황에서 정부조직을 개편하고 싶지 않았기 때문"이다. 노태우 대통령은 곧 있을 1988년 4월 국회 총선을 통해 자신이 영향력을 행사할 수 있는 의원들이 국회 다수를 차지한 상황에서 정부조직을 개편하고 싶은 생각이 강했을 것이다.[12]

1988년 4・26 국회 총선 이후에는 여소야대 상황에서 5공 비리 및 광주 문제 처리, 북방정책 추진(1988.7.7. 선언 이후), 올림픽 개최(9.17~10.2) 등으로 「정부조직법」 개정 문제가 여・야 모두에 의해 중요 의제로 주목받지 못했다. 여당은 11월 23일에 전두환 전 대통령이 백담사로 떠난 후에야 비로소 노태우 정권의 첫 개각을 실시하면서 독자적으로 국정을 꾸리기 시작했고, 야당도 1988년 12월 8일에야 처음으로 「정부조직법」 개정안을 발의할 여유가 생겼다(이장규 외, 1995: 71; 박철언, 2007: 341; 국회, 1989a: 2).

10) 청와대 권력을 행정부처로 이전하고, 중앙부처의 권한을 지방으로 이양시키며, 경찰・검찰・국가안전기획부 같은 기구들을 정치적으로 중립화하는 조치들이 필요했다.
11) 1988년 2월 9일 현재. 당시 김영삼의 통일민주당은 55석, 김대중의 평화민주당은 24석에 불과했다(국회사무처, 1988: 42).
12) 「헌법」 개정으로 어차피 국회의원 총선을 실시해야 하는 상황이었다. 총선 시기를 놓고 전두환 대통령은 2월을 주장했으나, 노태우 대통령은 4월을 선택했다. 2월에 실시하면 전두환 대통령이 공천권을 행사할 것을 우려해서였다(조갑제, 2007: 204－205).

즉 4·26 총선 이전에는 5공 세력의 강한 영향력 때문에 정부조직 개편이 의도적으로 기피되었고, 총선 이후에는 여소야대 상황에서 5공 청산 문제가 불거지고 올림픽 개최 준비로 정신이 없어서 정부조직 개편이 후순위로 밀렸다. 올림픽이 끝나고, 5공 문제도 어느 정도 고비를 넘긴 후에야 비로소 정부조직 개편 등이 추진되기 시작했다.

표 7-1 주요 사안들의 흐름

일자	사안의 흐름
1987.12.16.	대통령 선거
1988. 4.26.	제13대 국회 총선
1988. 5.13.	행정개혁위원회 출범
1988. 6.27.	국회는 5공 시절 문제를 처리할 7개 특별위원회를 설치. ① 광주특위, ② 법률개정특위, ③ 통일정책특위, ④ 지역감정해소특위, ⑤ 5공비리특위, ⑥ 양대선거부정조사특위, ⑦ 양심수문제특위
1988. 7. 7.	노태우 대통령이 '민족 자존과 통일 번영을 위한 특별 선언' 발표. 남북교류 확대 및 공산주의권 나라들과 관계 개선 시작
1988. 9. 7.	서울올림픽 개최
1988.11. 2.	국회 5공비리특위 청문회 시작. 통일민주당 주도
1988.11.18.	국회 광주특위 청문회 시작. 평화민주당 주도
1988.11.23.	전두환 전 대통령, 사과 성명 발표 후 백담사행
1989. 2.	국무총리 소속 사회정화위원회 폐지. 국무회의 의결로
1989. 2.20.	국회 행정위원회, 통일민주당 발의 개정안 상정. 제34조에서 국방장관, 차관, 차관보는 현역을 면한 후 5년이 경과된 자를 임명하도록. 의결 처리 안 함.
1989. 2.20.	국회 행정위원회, 평화민주당 발의 개정안 상정. 문교부에 교육직공무원이 좀 더 많이 보임될 수 있도록. 의결 안 함.
1989.3.7.~3.16.	노태우-김종필, 박철언-김영삼 회동. 각 당 수뇌부 사이에 합당 논의 시작
1989. 3.20.	중간평가 무기 연기 결정
1989. 3.28.	군 수뇌부 개편. 전두환 계열 장성들을 퇴진시키고 군부에 대한 통제력 확보
1989. 3.29.	「국가원로자문회의법」 폐지
1989. 5.19.	국회 행정위원회, 통일민주당 발의 개정안 상정. 건설부 산하에 주택청 신설과 외무부 산하에 교민청 신설. 의결 안 함.
1989. 7.	행정개혁위원회 해산 및 보고서 발표. 「행정 개혁에 관한 건의」
1989. 9.23.	민주정의당과 통일민주당 각 2명, 박철언 회동. 합당 분위기 형성을 위해 국정감사 때부터 극렬 비판 자제하고, 대외적 시각을 조정해 나가기로 합의

1989.12. 6.	1. 통일민주당 개정안. 소방행정직 공무원이 좀 더 많이 보임되도록 2. 평화민주당 개정안. 환경청을 환경부로 확대. 정부위원에 검찰총장을 추가 3. 정부개정안. 문화공보부를 문화부와 공보처로 분리, 환경청을 환경처로 격상, 건설부에 차관보 2인 신설, 교육직과 소방직 공무원 보임 범위 확대, 체육부 학교급식 업무 문교부 이관
1989.12.15.	국회 행정위원회 표결. 정부제출안을 원안대로 가결. 야당 발의안들은 폐기
1989.12.18.	국회 법사위원회 의결. 정부제출안 가결
1989.12.19.	국회 본회의. 표결로 정부제출안 가결
1989.12.29.	정호용 의원 공직 사퇴
1989.12.30.	전두환 대통령 국회 증언
1990. 1.22.	3당 합당 선언. 민자당 국회 221석 확보

2 1989년의「정부조직법」개정

1) 행정개혁위원회 건의안

행정개혁위원회가 1989년 7월에「행정개혁에 관한 건의」를 제출했지만, 동년 12월 19일 개정에는 문화공보부 분리안과 환경청 격상을 제외하고는 대부분 반영되지 않았다(<표 7-2> 참조). 여소야대 국회 상황에서 여당의 입지가 약한데다 설상가상으로 민주화 분위기를 틈타 축소·폐지 건의안에 대해 이해관계자들이 강하게 반발했기 때문이다. 노태우 정권은 여소야대 정국에서 5공 비리 청산 등 정치체제 전반의 민주화에 초점을 맞추다 보니 행정부의 역할을 시대적 요청에 맞게 재설정하는 일을 시급한 과제로 인식하지 못했던 것으로 보인다. 이 밖에도 집권 초기 권력 핵심부 인사들의 행정 경험 부족, 행정의 중요성에 대한 인식 미흡 등도 추가적인 이유로 보인다(권해수, 1998: 35; 정승건, 2003: 319).

2) 야당의 1차 개정안 제출

1989년 2월 20일 개회된 제145회 국회 행정위원회는 1988년 말에 통일민주당이 발의한 개정안과 평화민주당이 발의한 개정안을 상정했다. 통일민주당은 군의 정치적 중립과 군에 대한 문민통제를 확립하기 위해 제34조에 "국방 장관·차관·차관보는 현역을 필한 후 5년이 경과되지 않으면 임명될 수 없다"는 내용을 제3항으

표 7-2 행정개혁위원회의 정부조직 개편 건의안과 실제 결과

정부기구	건의안	실제 조치
국토통일원	- 장관을 부총리급으로 격상	- 1990.12.18. 통일원으로 개칭하면서 부총리급으로 격상
경제기획원	- 조사통계국을 통계청으로 확대 - 투자심사 · 통상교섭 등 집행기능 해당 부처 이관 - 심사평가국 폐지 - 정부투자기관 감독 업무 소관 부처 이관 - 공정거래위원회 독립시키고, 공정거래실을 위원회 사무국으로 전환	- 1990.12.18. 통계청 승격
과기처	- 중앙기상대를 기상청으로 승격 - 산업기술 분야 정책 및 연구개발 지원 기능 산업 관련 부처 이관 - 산하 정부출연연구소 산업기술 관련 부처 이관	- 1990.12.18. 기상청 승격
내무부	- 치안본부를 경찰청으로 독립 - 경찰의 예산과 인사 심의할 경찰위원회 신설	- 1990.12.18. 경찰청 신설
상공부	- 폐지 후 동력자원부와 통합해 산업통상부 신설	
동력자원부	- 폐지 후 상공부와 통합해 산업통상부 신설	
농림수산부	- 산림청 폐지 후 산림국으로 편입	
건설부	- 건설주택부로 명칭 변경 - 주택국을 주택정책국과 주택건설진흥국으로 분리 - 수자원국의 공업항 업무를 항만관리기구로 이관	- 1989.12.19. 주택 문제 담당 차관보 신설
교통부	- 해운항만청을 폐지 후 교통부에 편입	
문화공보부	- 문화체육부와 공보처로 분리	- 1989.12.19. 공보처와 문화부로 분리
문교부	- 명칭을 교육부로 바꿈.	- 1990.12.18. 교육부로 개칭
보건사회부	- 차관급 환경청을 장관급 환경처로 격상	- 1989.12.19. 환경처로 격상
노동부	- 노사정책 · 조정 기능 담당 차관보 신설	
체육부	- 학교체육 · 급식 업무는 교육부로 이관 - 폐지. 문화행정 분야와 통합해 문화체육부 신설	- 1989.12.19. 학교 급식 업무 문교부 이관 - 1990.12.18. 폐지 대신 체육청소년부로 확대
기타	- 국가원로자문회의, 사회정화위원회 폐지	- 1989년 상반기 폐지

출처: 행정개혁위원회, 1989: 130-249; 국회, 1989f & 1990c.

로 추가하고자 했다. 평화민주당은 제2조 6항에서 기존에 문교부 보조기관 중 실장 1인만 교육직으로 정해져 있던 것을 “실장 · 국장 · 과장 · 담당관 등을 교육공무원으로 보임”할 수 있도록 개정하고자 했다(국회, 1989a: 2－5). 상정 당일에는 의결이 없었다.

3) 야당의 2차 개정안 제출

1989년 5월 19일에 개최된 제146회 국회 행정위원회는 1989년 4월 13일에 통일민주당이 발의한 개정안 2건을 상정했다. 통일민주당은 건설부 산하에 주택청을, 외무부 산하에 교민청을 신설하자고 제안했다. 낮은 주택보급률을 끌어올리고 노태우 정권의 200만 호 건설 공약을 뒷받침하기 위해 기존의 건설부 주택국과 토지국 일부를 주택청으로 확대 개편하자는 것이었다(국회, 1989b: 1－3, 5). 교민청과 관련해서는 450여만 명의 해외 교포에 대한 보호, 교육, 내국민 이민 등에 대한 업무가 외무부, 보건사회부, 법무부, 문교부, 문화공보부, 노동부 등에 분산되어 있어 문제가 많다고 지적했다(국회, 1989b: 3－4, 6). 역시 상정 당일에는 의결이 없었다.

4) 여 · 야 타협과 1차 개정

(1) 행정위원회

1989년 12월 6일에 개최된 행정위원회에서 4건의 개정안이 상정되었다. 통일민주당은 소방행정직에 소방공무원을 좀 더 많이 보임하자고 했다. 평화민주당은 환경처를 환경부로 격상시키자고 했다. 또한 정부위원에 검찰총장을 추가시켜 검찰총장이 국회에 출석해 의원들의 질의에 응답할 수 있게 하자고 했다. 한편 정부는 행정개혁위원회 건의안을 바탕으로 필요 최소한의 개편을 추진한다고 하면서 첫째, 문화공보부를 문화부와 공보처로 분리하자고 했다. 이전에는 문화 기능이 공보 기능에 밀려왔는데 앞으로는 대중문화의 급속한 확산으로 문화 기능을 크게 강화시킬 필요가 있다는 것이 이유였다. 둘째, 환경청을 환경처로 격상하자고 했다. 전 세계적으로 급부상하는 환경 문제에 대처하기 위해 환경처 장관을 국무위원으로 보임해 정책 참여 기능을 강화시키고, 국무총리 직속으로 해서 15개 부처에 분산되어 있는 환경 보전 기능을 조정하고 체계적인 환경정책 수립을 가능하게 하려는 의도였다. 셋째, 건설부에 차관보 2인을 신설해서 이 중 1명이 주택 문제를 전담하게 하자고 했다. 주택 문제는 건설부의 여러 기능, 그리고 각 시·도 및 그 산하 공영개발기관들과 밀접히 연관되어 있는 일이라 주택청 같은 독립기구 설치보다는 차관보 신설이 더 타당하다고 보았다. 넷째, 교육전문직과 소방전문직의 보임 범위를 확대시켰다. 다섯째, 체육부의 학교 급식 업무를 문교부로 이관시켰다(국회, 1989c: 1-6).

1989년 12월 15일에 열린 법안심사소위 보고에서 소위는 "145회, 146회 국회에 상정되었던 야당의 개정안들이 정부의 개정안에 대부분 반영되었다는 점에 의견이 일치했다. 그래서 야당 발의 5건은 모두 본회의에 부의하지 않기로 했다. 단 공보처장을 국무위원급으로 할 것인지, 정무직(차관급)으로 할 것인지는 결정하지 못했기 때문에 행정위 전체회의에서 다시 논의할 필요가 있다. 나머지는 정부 원안대로 채택한다"고 보고했다(국회, 1989d: 2). 행정위원회 전체 토론 과정에서 평화민주당 박실 의원은 "공보처를 별도로 떼어낸 것은 군사정권의 언론 통제를 약화시키기 위한 것인데 공보처장을 굳이 국무위원급으로 해서 국무회의에 참석시킬 필요가 없다. 그냥 정무직(차관급)이면 충분하다. 평화민주당이 환경부에서 환경처로 양보를 했는데, 정부가 공보처장을 국무위원으로 고집하는 이유가 무엇인가?"라고 질의했다. 이에 민주정의당 김기배 의원과 총무처 장관 김용래는 "남북 관계 대치라는 상황에서 홍보할 일이 많다. 각 부처가 갖고 있는 공보관을 종합 조정하는 기능이 있다. 업무의 내용도 국민의 권리와 의무에 관련된 일이 많다. 민주화 시대인 것도 고려했다. 재무부·법무부 등 다섯 개 부처와 협의해 국무위원급으로 하기로 결정한 것이다"라고 질의·답변했다. 결국 여야 간에 합의가 안 돼 표결을 했다. 찬성 11, 반대 3, 기권 1로 정부 원안대로 가결되었다. 공보처장은 국무위원급으로 가결되었다(국회, 1989d: 3, 8-10). 민주정의당이 8석, 평화민주당과 통일민주당이 각각 4석, 신민주공화당이 2석, 표결 시 3명이 결석이었기 때문에 야당 의원이 3명 이상 정부안에 찬성한 것으로 보인다(국회사무처, 1990: 37).

(2) 법제사법위원회

1989년 12월 18일에 열린 법제사법위원회에서 평화민주당 박상천 의원은 "법제처장과 보훈처장은 국무위원이 아닌데 공보처장과 환경처장은 국무위원인 이유가 무엇인지?" 질의했다. 이에 총무처 장관은 "공보처장이 국무위원이어야 국무회의에 의안제출권이 있고, 국회에 출석해서 책임있게 답변도 할 수 있다. 노태우 대통령은 본래 규제나 통제 분야에서는 작은 정부, 국민에게 봉사하는 부문에서는 큰 정부를 공약했었다. 문화부나 환경처는 국민에게 봉사하는 부문이다"라고 답변했다. 여야가 합의, 만장일치로 가결시켰다(국회, 1989e: 22-27).

(3) 본회의

1989년 12월 19일에 열린 본회의에서 평화민주당 박실 의원은 "문화공보부를 분리 개편해 문화부는 격상시키고, 민주화 시대에 맞게 공보처는 축소 조정하는 것이 개편의 원래 취지였다. 관제언론을 배격하고 민간 주도의 언론을 육성하는 것이 언론청문회까지 열었던 시대정신이다. 행정개혁위원회도 공보처는 축소 조정해서 장을 정무직(차관급)으로 권고했다. 특정인을 위한 위인설관(爲人設官) 때문에 정부가 국무위원급으로 하는 것이다.[13] 공보처장을 국무위원급으로 하면 차관보 2인 등 보조기관을 확대시킬 수밖에 없을 것이다. 그렇게 되면 공보처를 축소 조정하려던 당초 취지에서 크게 벗어나게 된다. 인도네시아를 제외하면 세계 어느 나라에도 국무위원이 장을 하는 선전성은 없다. 공보처장의 직급이 높으면 관제언론 이미지가 계속된다"고 반대 토론을 했다. 반면 민주정의당 김기배 의원은 찬성 토론을 했다. 결국 여·야 간 합의가 안 되어 표결을 했고 전체 245석 재석, 찬성 182, 반대 62, 기권 1로 정부 원안대로 가결되었다(국회, 1989f: 8-10, 13). 민주정의당이 129석, 평화민주당이 70석, 통일민주당이 59석, 신민주공화당이 35석, 무소속 6석이었기 때문에 여·야 간 사전 타협에 따라 야당 의원이 최소 53명 이상 정부안에 대해 찬성한 것으로 보인다(국회사무처, 1990: 36).

13) 위인설관이라는 주장은 설득력이 높다. 법률 개정 직후 공보처 장관으로 임명된 사람은 최병렬이다. 그는 1988년에 청와대 정무수석비서관으로 6공과 5공의 단절을 주도했고, 전두환 전 대통령이 백담사로 간 후인 1988.12.5.부터 1990.1.2.까지 문화공보부 장관을 지냈다(박철언, 2005: 317-345; www.google.co.kr). 대통령의 핵심 참모이자 이미 문화공보부 장관으로 있는 사람을 차관급인 공보처장에 임명하는 것이 어색했기 때문에 여당이 (대통령의 지시를 받고) 공보처장을 장관급으로 고집했을 가능성이 높다.

5) 논평

국회 의석을 고려할 때 당시 여당의 최소 승리연합 상대는 신민주공화당이었다. 신민주공화당의 요구를 들어주는 대신 협상을 통해 160석(125석+35석)의 연합을 구성한 후, 평화민주당과 통일민주당의 요구는 거절하는 것이 가장 합리적인 대응책이었다. 그러나 민주정의당은 그렇게 하지 못했다. 신민주공화당이 「정부조직법」 개정안을 제출하지 않았기 때문에 단일 쟁점 처리를 위한 연합 구성 협상이 쉽지 않았고, 당시에는 3당 합당을 위한 협상이 거의 막바지 단계에 있었기 때문에 당시로서는 상대적으로 작은 것(「정부조직법」)을 얻기 위해 무리를 할 필요가 없었다. 만약 여당이 신민주공화당하고만 연합해 「정부조직법」을 무리하게 처리했다면 3당 합당에 동참하기로 했던 통일민주당이 이탈할 가능성이 높았고, 이것은 정국 안정을 위한 보수대연합 형성이라는 정국 구도에 차질을 초래할 가능성이 높았기 때문이다. 신민주공화당의 입장에서도 여당과의 합당 협상이 결렬될 경우에는 여당과 연합을 구성했다는 것이 향후 야 3당 사이의 선명성 경쟁에서 치명적 약점으로 작용할 가능성이 높았기 때문에, 설사 여당이 신민주공화당과의 연합을 제안했어도 수용했을 가능성이 매우 낮았다.

민주정의당은 개정안을 제출한 평화민주당이나 통일민주당 중 한 당을 선택해 최소 승리연합을 구성할 수도 있었으나 그러지도 못했다. 통일민주당은 3당 합당에 거의 합의한 상태이면서도 합당 협상 결렬에 대비해 끝까지 야당의 선명성을 포기하지 않았다. 특히 김영삼 총재와 김대중 총재의 정치적 라이벌 관계로 인해 어느 정당도 야당으로서의 선명성을 약화시킬 수 없는 입장이었다. 오히려 평화민주당과 통일민주당은 정치 현안들에 대해 정치적 분업으로 정치력 강화를 노렸다. 평화민주당은 광주 문제를 주도하고, 통일민주당은 5공 비리 청산을 주도하면서 사실상 단일 행위자처럼 여당에 맞섰다.

상황이 이러했기 때문에 여당은 개정안을 제출한 평화민주당과 통일민주당 모두를 상대로 쟁점 연계 협상과 일괄 거래 협상을 전개하지 않을 수 없었다. 먼저 일괄 거래 협상을 통해 「정부조직법」에서 야당의 주장을 가능한 한 많이 수용해주는 대신 「정치자금법」, 「선거법」, 「노동법」, 토지공개념 관련 3법, 농어촌 부채 정리 등 다른 법안들에서는 야당의 양보를 받아내고자 했다. 이어 쟁점 연계 협상을 통해 「정부조직법」 관련 야당 주장을 약화시켰다. 교육공무원과 소방공무원의 임용 범위는 야당의 주장을 수용해 확대시켜줬지만, 군 전역 후 5년 경과된 자의 임용에 대한 주장은 수용하지 않았고 외무부 산하 교민청 신설 제안도 수용하지 않았다. 공보처장 직급을 장관급으로 하는 정부안도 끝까지 양보하지 않았다(이장규 외, 1995: 55－56, 100; 김석야 외, 1997: 469; 박철언, 2005: 299－345; 조갑제, 2007: 181－185; 김대중, 2010: 524－561).

평화민주당 박실 의원이 행정위원회와 본회의에서 공보처장의 직급을 놓고 반대 질의를 했지만 아무런 효과가 없었다. 여 · 야가 이미 큰 틀의 정치적 타협에 이르렀기 때문이다. 야당 의원 1인의 의사가 여 · 야 간 복잡한 대타협을 바꿀 여지가 없었던 것이다. 이상의 내용을 간단히 정리하면 [그림 7－1]과 같다.

그림 7-1 1989년 말 개정

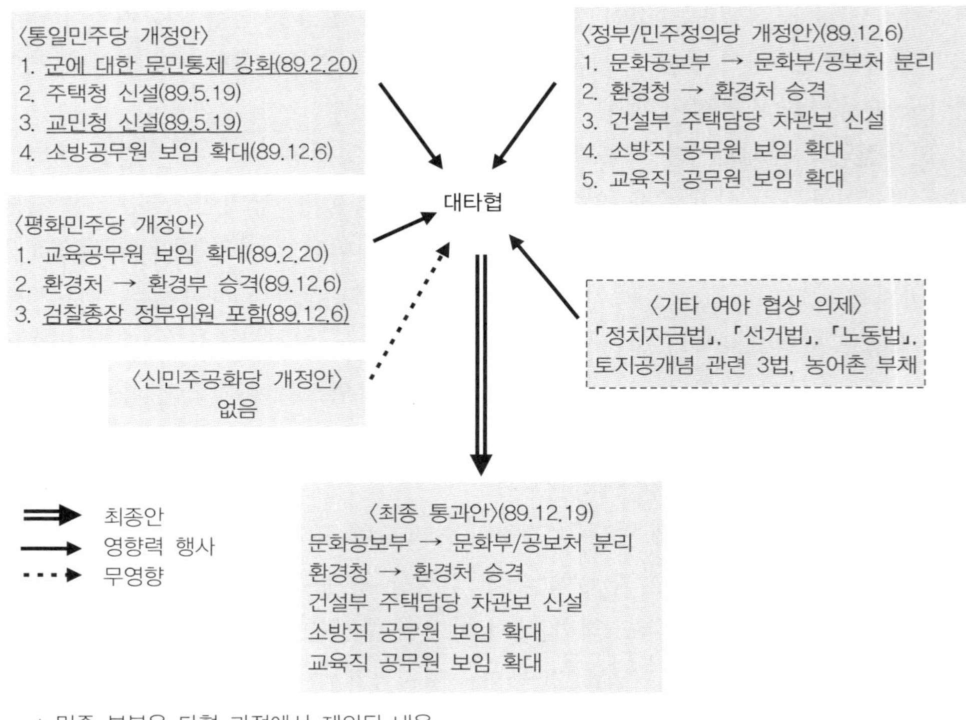

* 밑줄 부분은 타협 과정에서 제외된 내용

3 1990년「정부조직법」개정

1990년 초에 있었던 3당 합당 이후 정부와 여당은 221석이라는 안정된 국회 의석을 토대로 행정개혁위원회 건의안들을 일부 실현했지만 그것도 확대만 실현했을 뿐 축소·통폐합 대상은 거의 개편하지 못했다. 행정개혁위원회가 건의한 축소·통폐합에 대해 관계 부처 등 이해관계자들의 반발이 매우 강했기 때문이다.

1) 이해 세력들의 반발

먼저 경제기획원은 정부투자기관 관리 기능과 집행 기능을 해당 부처에 이관시키라는 건의안에 대해 크게 반발하면서 오히려 산하에 새로운 연구소 2개를 신설하겠다고 나왔다. 그러자 상공부도 생산성본부, 능률협회, 산업정책연구원 등 기존 연구기관이 있음에도 불구하고 생산기술연구원을 새로 설립하겠다고 나왔다. 둘째, 동자부와 상공부 통합안에 대해서는 동자부 당국은 물론 에너지 전문가들, 학계, 행정개혁위원회 일부 위원들도 반대했다. 셋째, 과기처의 기능 중 산업 기술 분야에 대한 정책 및 연구개발 지원 기능을 산업 관련 부처로 이양하는 것에 대해 과기처와 과학기술재단 총연합회회장단 등이 크게 반발하면서 역으로 과기처를 부나 원으로 격상시켜야 한다고 반론을 제기했다. 또한 과기처 산하의 정부출연연구소를 산업 기술 관련 부처로 이관하라는 건의안에 대해서도 연구 분위기와 연구 의욕 고취에 위배된다고 반론을 제기했다. 넷째, 산림청을 국으로 축소해 농수산부에 흡수 통합하라는 건의안에 대해 산림청, 관계 전문가들, 학계, 유관 단체들이 거세게 반발했다. 다섯째, 내무부 산하에 경찰청을 신설하고 의결기관으로 경찰위원회를 설치하라는 건의안에 대해 중견 경찰관들과 관련 학자들은 치안본부를 경찰청으로 개명하는 것으로 중립성이 확보되겠느냐며 이견을 표시했다. 이들은 지방자치제 실시와 관련해 재고할 필요가 있다고 주장했다. 여섯째, 문화 행정 기능과 체육부를 통합해 문화체육부를 만드는 것에 대해서는 양쪽 인사들이 모두 문화와 체육 기능은 이질성이 많은 데 하나로 통합하면 문제가 많을 것이라고 반발했다. 체육부 폐지에 대해서는 심지어 노태우 대통령까지 이해관계자처럼 행동했다. 행정개혁위원회는 노태우 대통령이 5공 시절에 장관을 맡았던 체육부를 폐지해 축소

통폐합 개편의 시범 사례로 이용하려고 했지만 대통령의 반대에 부딪혀 실패하고 말았다. 노태우 대통령은 폐지는커녕 체육청소년부로 확대시키고 1990년 12월 27일에 북방정책과 3당 합당 과정에서 자신의 심복 역할을 맡았던 박철언 씨를 체육청소년부 장관에 임명해 오히려 힘을 실어줬다(안해균, 1989: 3-5; 이장규, 1995: 98; 박철언, 2005: 275). 이러한 이해관계자들의 반발은 정부와 국회의원들에 의해 수용되었다. 민주화와 권위주의 청산을 강조한 노태우 정권은 이런 반발에 직면하자 관련 축소·통폐합안을 정부개정안에 포함시키지 않았고, 여·야 국회의원도 이 내용을 독자 개정안으로 발의하지 않았다.

2) 제151회 정기 국회

(1) 행정위원회

1990년 12월 15일에 열린 행정위원회에 정부가 1990년 11월 27일에 제출한 개정안이 상정되었다. 이 개정안은 첫째, 국토통일원을 통일원으로 개칭하고 장관을 부총리급으로 격상시켰다.[14] 국내적 민주화와 국제적 공산권 붕괴로 인해 한반도에 통일 여건이 성숙되어 가는 등의 환경 변화에 적극 대처하고 통일정책을 효과적으로 추진하고 역량을 강화하기 위해서였다. 둘째, 내무부 치안본부를 내무부 산하 외청인 경찰청으로 확대 개편했다. 민주화, 3당 합당으로 인한 사회 전반적 보수화 경향, 공산권 붕괴 등이 결합되어 국내에서 격렬 시위가 점차 줄어들어 경찰을 더 이상 내무부 보조기관으로 두면서 정권이 강력하게 통제할 필요가 줄어들었으며, 동시에 인신매매 등 민생치안 문제가 시급해지고 노태우 대통령이 1990년 10월 13일 '범죄와의 전쟁'을 선포하면서 경찰의 성격을 정권 유지 친위대에서 민생치안 확보 기관으로 바꿀 필요가 생겼기 때문이다.[15] 셋째, 과학기술처 중앙기상대를 과학기술처 산하 기상청으로 확대 개편했다. 이것은 1987년 7월 태풍 셀마에 의해 막대한 피해를 입은 것을 계기로 기상에 의한 재해에 효율적으로 대처하고자 취해진 조치였다.[16] 단 기관장은 1급으로 그대로 유지시켰다. 넷째, 경제기획원 조

---

14) 명칭에서 '국토'를 삭제한 것은 영토의 통일만이 아닌 국토와 민족의 통일을 의미하기 위해서였다.

15) 경찰청의 직무 범위는 별도의 법률로 정하게 함으로써 민주성과 중립성을 확보하고자 했다(이장규, 1995: 120).

16) 태풍 '셀마'는 1987년 7월 9일에 발생해 7월 16일에 소멸했다. 1959년에 상륙했던 '사라'에 이어 당시 역대 두 번째로 강한 태풍이었다. 중심최저기압이 955hPa, 바람은 40m/s 속도였다. 이 태풍

사통계국을 외청인 통계청으로 확대 개편했다. 여·야는 민주화의 일환으로 1989년 말에 「지방자치법」을 제정해 1991년 상반기에 지방의회 선거를 실시하고, 1994년 6월에 자치단체장 선거를 실시하기로 합의했는데, 지방자치 시대를 맞아 지역 관련 통계를 효율적으로 개발하려면 통계행정의 전문성과 독자성을 강화시킬 필요가 있었다. 단 기관장은 1급으로 유지시켰다. 다섯째, 문교부 명칭을 교육부로 변경했다. 문화 기능이 1989년에 문화부로 이관되었고, 학교 교육 이외에 사회교육·평생교육 등 교육 기능이 강화되었기 때문이다. 여섯째, 체육부를 체육청소년부로 확대 개편했다. 「청소년육성법」 제정으로 체육부가 청소년 업무까지 담당하게 되었기 때문이다(국회, 1990b: 1－2).

위의 개정안에 대해 평화민주당 박실 의원은 "체육부는 필요 없다고 본다. 올림픽이 끝났으면 없애야지 자꾸 기능들을 추가해서 비대화시키면 어떡하나?,[17] 3당 합당 이전에 경찰청을 내무부에서 떼어내 국무총리 산하 경찰공안위원회로 하자고 합의한 적이 있다. 독립시키면서 중립성과 독자성을 확보하려면 국무총리 밑으로 가는 게 맞다. 왜 내무부 산하에 두느냐? 법무부 밑에 있는 검찰청을 봐라. 독자성과 중립성이 있느냐? 통일원 부총리가 안기부장을 통솔할 수 있는지에 대해서도 언급이 없다"고 질의했다. 민자당 김중위 의원은 "기상청장 직급을 정무직으로 올리는 게 어떠냐?"고 발언했고, 같은 당 백남치 의원은 "내무부 경찰청 가지고는 중립성 확보에 미흡하지만, 우선 전환기적으로 이 정도라도 해야 한다. 통계청장은 차관급으로 하면서 농림수산부 소속 통계국을 흡수하자"고 제안했다. 평화민주당 김종완 의원은 "통일원이라고 하지 말고, 통일위원회로 해서 각계 인사들이 참여할 수 있게 하자"고 발언했다(국회, 1990b: 11－16).

이런 질의들에 대해 총무처 장관 이연택은 "그동안 청소년 업무가 14개 부처에 흩어져 있어서 제대로 수행되지 않았다. 그래서 체육청소년부로 통합시킨 것이다. 체육부는 올림픽을 잘 치렀고, 치르면서 예상 외로 전문적 관리 능력을 축적했으며, 더구나 3,500억 원이라는 잉여기금도 만들어냈다. 그래서 그냥 없애기보다는 기능을 강화하기로 결정한 것이다. 기상청장을 차관급 정무직으로 하지 않는 이유

의 특징은 한반도 전체와 일본 규슈(九州)를 강타했을 정도로 영향 범위가 넓었다는 점이다. 전국적으로 345명의 인명 피해를 냈다(https://ko.wikipedia.org/wiki/태풍_셀마(1987년)).

17) 청소년 기능 추가, 한국마사회를 농림수산부에서 체육부로 이관하려고 함.

는 직무가 그 정도가 안 되기 때문이다. 농림수산부 통계국까지 통계청으로 통합시키지는 못했다. 그것까지 하려고 하면 반대가 너무 거셀 것이다. 통일위원회 같은 자문기구는 이미 있다. 정부기구는 그렇게 하면 안 된다"고 답변했다. 여·야 간 합의가 이뤄지지 않아 표결이 실시되었는데, 재석 14인 중 찬성 9, 반대 4, 기권 1로 정부개정안이 가결되었다(국회, 1990b: 20, 24-25, 28).

(2) 법제사법위원회

1990년 12월 17일에 열린 법사위에서 총무처 장관 이연택은 개정안에 대한 설명을 했다. 그는 야당들이 이견을 제시한 기상청장 및 통계청장의 1급 직급에 대해 "정부기구를 억제하기 위함"이라고 설명했다. 이어 평화민주당 박상천 의원은 "경찰청을 내무부 산하에 두면 경찰중립화를 확보할 수 없게 된다. 경찰청을 만들어도 내무부 장관이 예산, 1~3급 공무원 인사, 주요 정책 지휘 등을 할 수 있다. 중립성을 확보하기 어렵다"고 질의했다. 민자당 박희태 의원은 "내무부 보조기관일 때와 내무부 산하 경찰청일 때 뭐가 달라지나?"고 질의했다. 이에 대해 총무처 장관은 "치안본부에서 경찰청으로 독립을 시키면 인사와 예산에서 독립성이 증가한다. 중립성 확보 측면에서는 과도기적 처방이다. 궁극적으로는 경찰위원회로 되어야 중립성이 좀 더 확보될 것이다"라고 답변했다. 여·야 간 합의가 안 되어 표결이 실시되었다. 재석 11인 중 찬성 8, 반대 3로 정부 원안대로 가결되었다(국회, 1990c: 400, 422-427, 429).

(3) 본회의

1990년 12월 18일에 열린 본회의에서 평화민주당 박상천 의원이 "경찰청 관련 부분만 빼고 통과시키자"고 제안했으나 묵살되었다. 정부 원안대로 가결되었다(국회, 1990c: 42).

3) 논평

여당이 국회의 절대 다수 의석을 차지하고 있었고 야당은 개정안조차 발의하지 않았었기 때문에 야당과 협상할 필요도 없이 다수결 표결을 통해 얼마든지 개편을 할 수 있는 상황이었다. 그러나 대통령과 총무처 장관 등 여권 행위자들은 앞에서 언급된 거시적 환경 변화들을 정부조직에 반영시키려는 확고한 아디이어와 소신이 없었다. 동서냉전 구도의 변화에 따른 통일 분위기 고조에 대응하기 위해 국토통일원을 통일원으로 개명한 것을 제외하고는 세계화 추세에 대응하기 위한 조직 개편, 형평과 복지 그리고 국민 통합을 위한 조직 개편 등은 구상되지 않았다. 경제자유화 및 정부의 시장 개입 축소를 위한 정부조직 개편은 경제기획원 기능 이관 및 축소, 동자부와 상공부의 통합 등으로 구상되었지만 이해관계자들의 반발에 밀려 추진되지 못했다. 그 밖에 부처 간 기능 재조정 성격이 강했던 과기처 기능 이관, 산림청 축소, 문체부 신설 구상 등도 이해관계자들의 반발에 밀려 추진되지 못했다. 당시 대통령과 정부·여당이 가장 신경 썼던 것은 민주화와 권위주의 청산이었기 때문에 이해 세력들이 강하게 반대한 내용은 거의 추진되지 않았다.

이견에도 불구하고 개편을 추진한 유일한 건은 경찰청이었는데, 그나마 개편 수준이 조절되었다. 경찰의 정치적 중립성 확보를 위해서는 국무총리 산하 경찰위원회 신설이 필요했는데, 노태우 정권은 내무부 외청으로 경찰청을 신설해 민생치

그림 7-2 1990년 말 개편

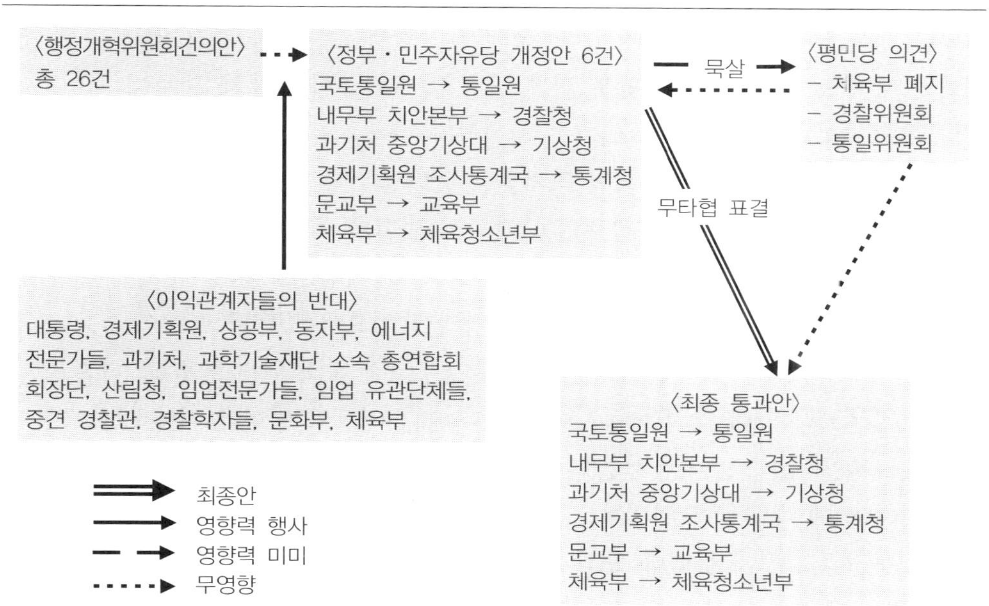

안 확보라는 현실적 수요에 대응하는 수준에 그치고 말았다. 이해관계자들의 반대가 약했거나 없었던 항목들만 최종적으로 통과되었는데 내용을 보면 대부분 기관을 확대·승격하는 것이었다. 통일원, 경찰청, 기상청, 통계청, 체육청소년부 등은 모두 기관이 확대되거나 기관장의 급이 승격되는 사례였다. 3당 합당으로 여당이 국회에서 압도적 다수를 차지했기 때문에 야당의 반대 의견은 하나도 수용되지 않았다.

제 6 절 결과 및 함의

26년간의 군사정부의 독재 이후 국민 직선을 통해 출범한 노태우 정권은 국내외적으로 여러 종류의 변화 압력을 받았다. 국내 차원에서 재벌의 성장으로 정부의 시장 개입이 한계에 도달했고, 산업고도화로 정부가 제공해야 하는 공공서비스의 질적 전환이 요구되었다. 그 결과 과거에 비중이 크던 정부의 시장 개입이나 공공서비스를 축소하고 대신 새롭게 요청되는 공공서비스 공급을 늘리기 위해 거기에 걸맞은 정부조직 개편이 요청되었다. 국제적 차원에서는 시장 개방 압력 고조, 세계화, 냉전구도 변화로 인한 남북 관계 급변 및 통일, 환경 문제 대두에 대비해야 했다. 1986년부터 한국이 무역 흑자를 실현하자 미국을 비롯한 선진국들은 한국 시장 개방과 정부의 국내 기업 지원 조치들을 중단할 것을 요구하기 시작했다. 또한 1985년부터 소련의 변화로 공산주의 국가들의 변화가 예상되어 한국도 남북 통일에 대비해야 하는 새로운 임무가 추가되었고, 전 세계적으로 환경 문제에 대한 관심이 고조되어 정부가 환경 분야 기능도 강화할 필요가 있었다.

이처럼 노태우 정권은 일부 분야에서는 정부조직 축소 압력을 받고, 다른 분야에서는 정부조직 확대 압력을 동시에 받았다. 본질적으로 변화에 저항하는 경향이 강한 관료제를 상대로 이런 복잡한 일을 처리해야만 하는 상황에 당면했다. 이런 일을 실속 있게 수행하기 위해서는 고도의 정치력과 추진력이 요구되었다. 그러나 노태우 정권은 그렇지 못했다. 노태우 대통령은 전임 전두환 정권과 차별화를 위해 민주화와 권위주의 청산에 과도하게 몰입했던 것으로 보인다. 대통령 본인의 회고록이나 주변 인물들의 자서전을 봐도 당시에 상기 상반되는 여러 변화 압력에 대한 인식이나 추진 전략에 대한 아이디어는 보이지 않는다. 오로지 몰두했던 것은 한국에서 민주주의 정착을 위해 인내심을 발휘하면서 다양한 요구를 들어주고 최대한 수용하려고 했던 것이다. 정부조직 개편 의제도 이런 통치 전략을 벗어날 수 없었다.

정권이 출범하는 1988년에는 아예 정부조직 개편이 없었다. 5공 세력의 막대한 영향력 때문에 노태우 정권이 의도적으로 「정부조직법」 개정을 지연시킨 측면도 있고, 5공 청산 정국 때문에 「정부조직법」 개정이 자연스럽게 정치권의 의제로 설정되지 못한 측면도 있다. 1989년에는 소폭의 개편만 있었다. 5공의 영향력 약화, 5공 청산 문제 처리 등으로 「정부조직법」 개정이 정치인의 주목을 받았으나, 여소야대 국회라는 제도적 맥락 때문에 개편 폭이 클 수 없었다. 야당들이 먼저 개정안을 발의해 놓은 상태였기 때문에 여당은 야당들의 요구를 대폭 수용하지 않을 수 없었다. 당시 여당은 처리해야 할 다른 현안들이 많았기 때문에 여소야대 국회에서 야당의 양보나 협조를 얻어내기 위해서는 「정부조직법」에서 자기 의견을 강하게 주장할 수 없었다. 그래서 야당들의 주장 중 일부를 수용해 소폭의 개정을 한 것이다. 1990년에는 중폭의 개편이 있었다. 개편 방향은 대부분 신설・확대・승격이었다. 3당 합당으로 여당이 국회 절대 다수 의석을 통제하게 되어 야당이나 기타 이해 세력들의 요구를 무시해도 되는 상황이었지만, 정권 스스로 설정한 민주화 및 권위주의 청산 방침 때문에 「정부조직법」 개정이 확대 일변도로 나갔다. 대통령과 여권 행위자들은 정부조직 개편에 대해 뚜렷한 소신이 없는 상태에서 민주화를 민의 수렴으로 이해해 이해 세력들이 강하게 반발하는 내용은 정부개정안에 포함시키지 않았다. 행정개혁위원회 건의안에서 축소・통폐합 대상으로 지정된 경제부처들과 그들 주변의 이해 세력들은 축소 방침에 거세게 저항했고, 정권은 민주화 및 권위주의 종식이라는 명분 때문에 축소 방침을 강제하지 않은 것이다. 반면 신설 확대 영역의 경우에는 큰 반대 없이 순조롭게 추진되었다.

정부조직 개편이 지지부진하다고 해서 정권의 전반적인 성과가 나빴던 것은 아니다. 기구 개편 없이 새로운 정책의 추진만으로도 역사에 길이 남을 성과를 남긴 영역도 있다. 첫째, 북방정책 추진으로 북한을 외교적으로 고립시켰고, 상품 수출 시장을 크게 확장시켰다. 특히 중공과의 수교는 오늘날 한국 경제에 없어서는 안

될 초석이 되었다. 둘째, 통일에 대비해 내다보고 사회간접자본(SOC)에 큰 투자를 했다. 가장 대표적인 것이 KTX 건설이다. 본래 KTX는 서울－부산 구간만 보고 건설한 것이 아니다. 한반도 통일 후 아시아 대륙을 거쳐 유럽으로 가는 구간을 선점하기 전략이었다. 유라시아 대륙횡단 철도의 양 끝점인 유럽의 프랑스와 극동의 한국이 TGV라는 같은 열차와 선로를 운용하고 있으면 훗날 유라시아 대륙 철도의 표준을 정할 때 유리한 위치를 점할 수 있다는 계산 하에서 추진된 것이다. 프랑스와 TGV도 그 전략의 가능성을 기대하고 고속철도 기술 이전, 『직지심경』 영구 임대라는 양보를 한 것이다. 영종도 신공항도 같은 맥락이다. 당시 유력 대안은 청주공항 확장이었는데, 통일 후 북한 지방에서도 쉽게 접근할 수 있게 하기 위해 인천앞바다 영종도 입지를 강행한 것이다.

노태우 대통령은 재임 시 '물태우'라는 비아냥거림을 받을 정도로 인내심을 발휘하면서 민주화와 권위주의 청산에 집착했다. 그리고 민주화의 완성을 위해 후임 정권도 민정계의 박태준, 박철언, 이종찬이 아닌 민주계의 김영삼에게 넘겼다. 전임 전두환 대통령과 비교되어 자주 부정적으로 평가되지만 그의 입장에서는 확고하게 일관성을 유지한 것이다. 그러면서도 자신이 중요하다고 생각했던 남북 통일과 관련한 정책들을 폭넓게 추진해 오늘날까지도 한국이 먹고살 수 있는 토대를 구축했다. 개인 윤리 차원에서도 부정축재 추징금을 완납하기 위해 친인척들을 상대로 법적 소송을 불사하는 등 재임 중에 있었던 불미스러운 일을 깨끗하게 정리하기 위해 최선의 노력을 다했다.[18] 정부조직 개편에서는 다소 아쉬운 측면이 없지 않지만, 전체적으로 보면 정권의 성과가 결코 나쁘지 않았다.

18) 반면 전두환 전 대통령은 2016년 현재까지도 막대한 추징금을 내지 않고 버티고 있다.

제 8 장 김영삼 정권 출범기*

제 1 절 들어가며

김영삼 정권은 임기 5년 동안 4회에 걸쳐 「정부조직법」을 개정했다. 직전 노태우 정권이 5년 동안 2회 개정한 것과 비교하면 개정 횟수가 많은 편이다. 개편의 폭도 비교적 컸다(Kim, 1995: 188; 김영삼, 2001a: 379).[1] 1980년대 초부터 정부 주도 경제 성장을 민간 주도 시장경제형으로 전환하려는 움직임이 시작되었는데 김영삼 정권의 정부조직 개편은 이런 전환을 확실하게 마무리하는 조치였다. 그러나 불행하게도 이런 큰 개편을 추진한 정권은 자신의 임기가 끝나기도 전에 6·25 전쟁 이후 최대 사변이라 일컬어지는 외환위기를 맞고 말았다. IMF로부터 금융 지원을 받는 조건으로 수많은 기업이 해외 자본에 매각되었고, 사회 전반에 걸쳐 구조조정이 진행되어 실업자가 급증했으며,[2] 노숙자들이 넘쳐나고 자살자도 급증했다.[3]

---

* 이 장은 하태수(2011c)를 수정·보완한 것이다.

1) 〈정부기구 숫자 변화 추이〉

<table>
<tr><td>노태우 정권 말기</td><td>2원 7처 16부 12청 2외국. 39개 기구</td><td>1996.2.9.</td><td>2원 6처 13부 10청 2외국. 33개 기구</td></tr>
<tr><td>1993. 2.23.</td><td>2원 7처 14부 12청 2외국. 37개 기구</td><td rowspan="2">1996.8.8.</td><td rowspan="2">2원 6처 15부 8청 1외국. 32개 기구</td></tr>
<tr><td>1994.12.23.</td><td>2원 6처 13부 10청 2외국. 33개 기구</td></tr>
</table>

1998년부터 2000년대 초반까지 발간된 문헌들을 보면 재벌들의 무분별한 차입경영 및 사업다각화, 민주화 이후 급상승한 임금, 한국인들의 지나친 해외 여행과 사치, 정부 주도 성장모형의 근원적 한계 등이 외환위기의 원인들로 제시되고 있다. 무릇 사회 현상이란 학자들이 파악하기 어려울 정도로 복잡하게 연결되어 있기에 이런 다양한 원인이 영향력에서는 차이가 날지라도 모두 외환위기를 초래하는 데 기여한 것은 사실이라 생각한다. 그러나 기존 성장모형(즉 동아시아 모형이나 발전국가론)의 한계, 특히 정부라는 변수와 외환위기 사이의 연결고리에 대한 신자유주의 시각의 주장들은 재고될 필요가 있다. 특히 "노태우 정권이나 김영삼 정권이 정부 주도 경제 성장 모형을 민간(시장) 주도로 개혁해야 했는데, 개혁이 철저하지 못해서 외환위기를 맞았다"는 식의 주장들(윤영관, 1999: 49-119; 강명세, 1999: 61-90)은 한 번 재논의될 필요가 있다. 왜냐하면 정부 주도 성장모형이 그래도 거의 온전히 유지되었던 노태우 정권 말기에는 국제수지가 다시 호전되고 있었기 때문이다. 경상수지 적자가 눈덩이처럼 불어나는 것은 김영삼 정권의 정책 전환이 본격적인 효과를 나타내는 1994년 이후다.[4] 이것은 "구 성장모형이 경제 상황 특히 국제수지를 악화시켰다"는 주장에 대한 명백한 반증(反證)이다. 또한 김영삼

2) 〈연도별 실업률〉

	1994년	1995년	1996년	1997년	1998년	1999년	2000년	2001년	2002년	2003년
실업률(%)	2.2	1.9	2.3	3.1	8.0	4.9	4.2	3.5	3.1	3.6

출처: 한국은행 경제통계시스템.

3) 〈연도별 자살자 수〉

	1992년	1993년	1994년	1995년	1996년	1997년	1998년	1999년	2000년
합계	7,401	7,608	7,451	7,709	8,632	9,109	12,458	11,713	11,794
남	5,218	5,531	5,306	5,455	5,973	6,472	8,911	8,341	8,448
여	2,183	2,077	2,145	2,254	2,659	2,637	3,547	3,372	3,346
	2001년	2002년	2003년	2004년	2005년	2006년			
합계	12,277	n.a.	13,005	13,293	14,011	12,968			
남	8,847	n.a.	9,134	9,385	9,611	8,820			
여	3,430	n.a.	3,871	3,908	4,400	4,148			

출처: 경찰통계연보, 범죄통계연보(각 연도).

4) 1991년에 76억 달러 적자가 났던 경상수지는 1992년 24억 달러 적자로 호전되었고, 김영삼 정권의 첫해인 1993년에는 20억 달러 흑자로 돌아섰다. 그러나 이후 다시 악화되었다. 1994년 44억 달러 적자, 1995년 97억 달러 적자, 1996년 238억 달러 적자, 1997년 102억 달러 적자(통계청 http://kosis.kr/).

정권은 실기(失機)하면서 구 성장모형을 바꾸지 못한 것이 아니라, 정부-재벌 협력 체제에서 적어도 정부 측의 핵심은 제대로 바꿨다. 정권 초기에 구 모형의 핵심인 「경제사회개발 5개년계획」을 폐기하고 「신경제100일계획」이라는 단기 경기부양책을 실시했고, 1993년 7월에는 노태우 정권이 재벌의 문어발식 사업 확장을 억제하기 위해 도입했던 업종 전문화 정책을 사실상 폐기시킨 「신경제5개년계획」을 수립했고(정영태, 1995: 37-39), 구 모형의 핵심 기구였던 경제기획원도 폐지했으며, 관치금융의 대명사이던 재무부 금융규제 기구들도 대폭 축소했다.[5]

이런 사실들을 고려해 보면 외환위기는 구 성장모형이 필요 이상으로 오래 유지되어 초래된 것이 아니라 오히려 구 성장모형이 너무 빨리 혹은 적절한 대안 없이 폐기되었기 때문에 초래되었거나(Weiss, 1998: xiii-xiv; Chang et al., 1998: 735), 금융자유화에 비례하지 못하는 불충분한 금융 감독 때문에 초래된 것으로 보인다(하태수, 2002a: 1-2). 규제 완화와 경제자유화가 당시의 세계적 추세여서 거스를 수 없었다면, 적어도 부작용이 일어나지 않도록 점진적으로 추진하든가 또는 정부 대신 재벌을 견제할 수 있는 제도를 정비해놓고 추진했어야 했다. 새로운 환경이 도래해 구 모형이 더 이상 최선책이 아니라고 해서 그것을 무작정 폐기한 것은 신중하지 못하고 무분별한 선택이었다. 김영삼 정권은 과거 군사정권들과의 차별성에 집착하고, OECD 가입을 정권의 정치적 업적으로 내세우려는 의도 때문에 정치경제 영역에서 이런 우(愚)를 범한 것으로 보인다.

제 2 절 행위자

1 김영삼 대통령

대통령은 당선되는 순간부터 역사에 성공한 대통령으로 남고자 하는 새로운 목

5) 김영삼 정권은 1993년 정권 출범 초기 몇 달 동안 재벌 개혁에 대한 강한 의지를 보였으나, 1993년 6월 초를 기점으로 재벌지원정책으로 급변했고, 1993년 말 우루과이 라운드 쌀시장 개방 파동을 겪은 후 경제 개혁 의지가 크게 위축되었다(김종미 · 이성로, 2000: 156, 159; 정태환, 2006: 452).

표를 설정하는 경향이 있다(Moe, 1995: 140-141). 따라서 정부조직 개편은 이 목표를 달성하는 데 도움이 되는 쪽으로 추진될 가능성이 높다. 김영삼 대통령의 경우 앞선 군부정권들과 달리 민주주의적 통치 방식으로 그들이 이룩했던 경제 측면의 성과를 능가하는 성과를 보여주고자 하는 욕구가 매우 강했다(김영삼, 2001a: 173-176; 박관용, 2001: 100). 김영삼 대통령은 오랜 야당 생활을 통해 선거를 통한 정권 교체를 민주주의의 핵심으로 인식했기 때문에 정권 교체를 위해 전력을 다해 투쟁했다. 그러나, 정작 자신이 집권한 후에 구현할 일관성 있는 통치철학과 관련해서는 준비가 부족했다. 또한 그는 오랜 야당 생활 동안 정치적 탄압을 받아왔기 때문에 비밀주의적 정치와 상징적 정치가 몸에 배어 있었다. 주요 개혁 조치를 비롯한 중요한 의사를 결정할 때 사전에 여러 사람으로부터 의견을 청취하더라도 최종 결정은 독단적으로 결정했고, 시행 시기는 정치적 효과 극대화를 위해 지지율의 추이를 보면서 결정했다. 심지어 측근들조차도 깜짝 놀랄 정도로 발표 시점을 택해 정치적 위기를 돌파하는 계기로 이용하곤 했다. 또한 위기를 돌파하거나 선거에서 승리하기 위해서라면 타당성과 구체성이 다소 떨어지더라도 강력한 상징적 수사를 사용하는 데 주저하지 않았다. 신한국, 국제화, 세계화, 역사바로세우기 등 구체적 내용은 모호하고 일관성이 떨어짐에도 불구하고 끊임없이 새로운 화두를 제시했다. 정부조직 개편에서도 갑작스러운 의사 결정이나 타당성이 결여된 상징적 조치 등이 나타날 가능성이 높았다.

2 청와대 비서실과 총무처

정부조직 개편과 관련해 청와대 비서실의 비서실장, 경제수석비서관, 행정수석비서관 3인이 최종 개편안 마련에 깊이 관여했다. 대통령의 국정 운영 양식이 위에서 언급한 것과 같았기 때문에 대통령의 진의를 전달하는 비서들이 상당한 수준의 역할을 할 수밖에 없었다. 정부 측에서는 정부조직 개편을 담당하는 총무처의 장관, 조직관리과장, 사무관 한 명이 깊숙이 개입했다. 대통령이 비밀 엄수를 매우 강조하고 사실상의 개편안이 행정쇄신위원회에서 정해진 상태였기 때문에 총무처 측에서 참여한 인사들은 매우 적다.

3 이해관계자로서 행정관료

행정부 관료들은 정부조직 개편에 저항하거나 기회를 포착해서 기구 확대를 꾀하는 이해관계자로 행동했다. 당시 경제기획원은 고질적인 승진 적체와 사정 바람으로 일할 의욕을 잃고 있었는데 기구 폐지론까지 나돌자 거의 공황 상태에 빠졌다. 경제기획원은 "공직사회의 동요로 「신경제5개년계획」의 성공적 추진에 문제가 생길 수 있다"는 정책 파업 협박과 더불어 부총리가 직접 청와대 측에 심한 배신감과 불안감을 표시할 정도로 강하게 저항했다. 하도 저항이 강해서 청와대 경제수석비서관이 진화에 나설 정도였다(이용웅, 1993: 46-47). 당시 청와대 경제수석비서관이던 박재윤은 7월 초 「신경제5개년계획」이 발표된 뒤 경제기획원의 고참 사무관 이상을 청와대로 불러 노고를 치하한 후 "기획원은 없어지지 않는다. 안심하라"고 격려했다. 당시 경제기획원은 "사회가 다원화될수록 조정기구가 더 필요해진다. 또한 외무부는 전문성이 부족해서 통상 문제를 전담할 수 없다"고 주장했다. 조직 축소설이 나돌던 과기처도 실·국장들이 총동원되어 행정쇄신위원회는 물론 청와대에 줄을 대어 로비에 열중했다.

관료들의 저항은 정부조직 개편 작업을 중단시킬 정도로 강했다. 김영삼 대통령은 1993년 6월을 기점으로 사실상 정부조직 개편을 보류했다. 임기 첫해인 1993년에 부정부패 척결을 위한 고강도 사정이 전개되자 공무원들은 복지부동했고, 경제 사정도 나빠졌다. 그럼에도 불구하고 김영삼 정권은 1993년 8월 12일에 금융실명제 실시를 발표했다. 그것을 강력하게 시행하기 위해서는 경제관료들의 도움이 절대적으로 필요했기 때문에 그들의 불만을 누그러뜨리기 위해 정부조직 개편을 잠시 미뤘다(고창훈, 1993: 46; 이용웅, 1993: 44-45; 정용덕, 1995: 73-74; 김영삼, 2001a: 375).

반면에 기구 확대 기회를 포착한 일부 부처의 관료들은 조금이라도 더 챙기기 위해 기민하게 움직였다. 체신부는 장관이 직접 나서 청와대 비서실장과의 인연을 이용해 부처 영역 확대를 꾀했고, 통합이 거론되던 총무처와 공보처는 서로 "저쪽은 없어져도 되지만 우리 조직은 꼭 있어야 한다"는 식으로 주장했다. 외무부와 안기부는 해외 주재 안기부 요원 축소를 둘러싸고 대립했다. 외무부는 이들의 숫자를 줄이려 했고, 안기부는 그들을 그대로 둔 채 통상정보 관련국을 신설한 후 추가로 100여명 정도의 경제전문가를 해외에 내보낼 계획을 발표했다. 외무부는 또한 공보처 폐지설이 나돌자 재빨리 해외 주재 공보관이 외무부로 통합되어야 한다고 주장했다(이용웅, 1993: 47).

제 3 절 제도적 맥락

1 행정쇄신위원회

김영삼 후보는 대선 기간 중에 간소하면서도 능률적인 정부를 구현하기 위해 학계・재계 등 민간 전문가들로 구성된 행정쇄신위원회를 설치하겠다고 공약했었다. 대선 후 국무총리실, 총무처, 청와대 행정수석비서관실이 실행 방안을 협의한 후 국무총리실이 범정부적인 차원에서 행정쇄신 업무를 총괄 담당하기로 결정했다. 행정쇄신위원회를 대통령 직속 자문기구로 설치하되 실무위원회를 국무총리실에 설치해 범정부적인 행정 지원 체제를 갖추기로 했다. 선행 정권의 행정개혁위원회는 장기간에 걸쳐 연구, 심의한 뒤 이를 보고서로 작성해 정부에 일괄적으로 건의하는 역할만 수행했는데 반해, 이 정권의 행정쇄신위원회는 심의, 의결, 시행에 이르는 전 과정을 담당하게 했다. 그럼에도 불구하고 행정쇄신위원회는 대통령 자문기구였기 때문에 그 산하에 국무총리 행정조정실장이 위원장인 실무위원회[6]와 실무작업반을 설치하고, 대통령 비서실은 행정수석 밑에 행정 쇄신을 전담하는 행정쇄신비서관실을 설치해 실무 차원에서 지원하게 했다.[7] 행정쇄신위원회는 여러 준비 작업을 거쳐 1993년 4월 20일에 발족되었다.

---

6) 사실상 모든 작업이 여기에서 이뤄졌다(이용웅, 1993: 44).

7) 이에 대해 외양상으로는 국무총리 행정조정실과 교수 같은 민간위원들이 참여해 정부 전 영역과 사회 각계의 의견들이 골고루 반영되는 것 같았지만 실상은 "청와대 비서실 행정수석 밑 행정팀의 독주였다"고 보는 견해도 있다(이용웅, 1993: 45).

표 8-1 행정쇄신위원회 위원 명단

위원장	박동서
위원	교수: 김광웅, 김안제, 황용주 경제인: 김영환, 김재철, 박상규 국책연구소장: 노정현, 박영철, 최동섭, 황인정 사회인: 박정희(사회단체), 박종근(노동), 양병휴(언론), 인명진(종교)
실무 위원	위원장: 강봉균
	일반행정분과: 김덕봉, 강빈, 안문석, 정태수, 정용덕, 최병선
	경제행정분과: 이기호, 김기옥, 김일섭, 방석현, 안병우, 최강환, 정판영
	사회행정분과: 김병호, 남현욱, 신대균, 원제무, 정수부, 정진룡
민간 연구 위원	일반행정: 김병국, 유용찬, 이영근
	경제행정: 이승철, 박헌주
	사회행정: 김진수, 박순인

출처: 행정쇄신위원회, 1995: 560-563.

2 국회

1993년 2월 5일 현재 국회 행정위원회 의석 분포는 민자당 8석, 민주당 6석, 통일국민당 2석이었다. 위원장은 통일국민당 윤영탁 의원이었다. 여 · 야가 동수이지만 위원장이 통일국민당이라 여당이 일방적으로 처리할 수만은 없는 상황이었다. 의안 통과를 위해서는 야당의 입장을 어느 정도 수용해야 할 필요가 있었다. 법제사법위원회 의석 분포는 민자당 8석, 민주당 5석, 통일국민당 2석이었고 위원장은 민자당 현경대 의원이었다. 의석 분포나 위원장의 소속 당을 보거나 여당이 타협 없이도 단독으로 처리할 수 있는 구조였다. 본회의 의석 분포는 민자당 161석, 민주당 95석, 통일국민당 24석, 기타 군소정당 및 무소속 14석이었다(국회사무처, 1993: 29-36, 39). 역시 야당과 타협 없이 여당이 단독으로 처리할 수 있는 구조였다.

1994년 개정 과정에 작동한 국회 행정경제위원회 의석 분포는 민자당 10석, 민주당 5석, 기타 1석이었다. 여당이 타협 없이 단독으로 처리할 수 있는 구조였다. 법제사법위원회 의석 분포는 민자당 8석, 민주당 5석, 기타 1석이었다. 위원장은 민자당 박희태 의원이었다. 역시 여당이 타협 없이 단독으로 처리할 수 있는 구조였다. 본회의 의석 분포는 민자당 177석, 민주당 98석, 기타 군소정당 및 무소속 23석으로 역시 여당이 단독으로 처리할 수 있는 구조였다(국회사무처, 1995: 33-39, 51).

제 4 절 거시적 환경

1 국제 관계

소련을 비롯한 공산주의 국가들의 연이은 붕괴와 노태우 정권이 추진한 북방정책 때문에 국제적으로 고립되기 시작한 북한은 생존 전략으로 핵무기 개발에 모든 것을 걸었다. 1993년 초 북한이 국제 핵사찰을 거부해 한반도에 1차 핵위기를 일으키자 미국은 1994년 6월 16일 의정부에 300여 명의 작전, 정보, 군수 전문가들을 소집시켜 구체적인 전쟁 시나리오를 작성하기 시작했다. CNN도 서울에 보도 인력을 증강 배치했다. 김영삼 대통령이 클린턴(Bill Clinton) 대통령과 격하게 언쟁을 벌이면서 전쟁에 반대했고, 특사로 북한에 갔던 카터(Jimmy Carter) 전 대통령이 남북정상회담의 계기를 마련해줘 다행히 전쟁 발발은 모면했다(강정구, 2000: 853-854; 김영삼, 2001a: 315-318; 서진영, 2001: 321). 이후 남과 북은 접촉을 통해 1994년 7월 25일부터 27일까지 정상회담을 열기로 합의했지만, 김일성이 1994년 7월 8일에 갑자기 사망하는 바람에 무산되었다.

국제적 차원에서 무역자유화 움직임이 지속되었다. GATT를 대체할 다자간 자유무역 체제를 만들기 위한 협상(우루과이 라운드)이 1993년 12월에 타결되었다. 보호무역주의의 철폐를 골자로 하는 이 협정은 국제 경제 경쟁력이 약한 개발도상국에 대해 선진국이 핵폭격과 같은 피해를 주는 것으로서, 대한민국은 이 협정으로 상품, 금융, 건설, 유통, 서비스 등 모든 분야에서 외국에 문호를 열어야만 하는 상황에 직면했다. 미국과 유럽 국가들을 금융업을 핵심으로 하는 서비스업 시장 개방, 쌀과 쇠고기를 핵심으로 하는 식량시장 개방, 자동차 관세 인하 등을 강하게 요구했다.

2 역사적 환경

남북으로 분단된 한반도에서 30년간 재벌 위주로 경제 성장을 꾀하던 경상도 출신 군사정권 통치라는 역사적 유산을 물려받은 김영삼 정권은 남북 통일 기반 조성, 재벌 중심의 경제구조 개편, 지역 감정 해결, 광주 문제를 포함한 과거 문제 청산 등 해야 할 일이 산더미처럼 많았다. 32년 만에 군사정권에서 민간정권으로 교체되었기 때문에 국민들의 기대감은 무척이나 강했고, 대통령이나 정권 담당자들 자신도 엄청난 의지와 포부를 가지고 있었다.

그러나 다른 한편으로는 구조적으로 한계가 있었다. 김영삼 정권은 1990년에 신군부 정권 세력인 민주정의당, 구 군부정권 세력인 신민주공화당과 합당을 해서 그들의 지지와 협력으로 탄생했다. 30년간 누적된 구조적 문제를 해결하기 위해서는 기득권 세력을 공격할 수밖에 없고, 그렇게 하자면 기득권을 대변하고 있는 민주정의당 세력 및 신민주공화당 세력과 충돌할 수밖에 없었다. 그런데 그렇게 충돌하다 보면 정권의 정치적 기반이 약해질 수 있는 위험이 도사리고 있었다(김태룡, 1997: 2-3; 이영조, 1997: 14; 고창훈, 1993: 45; 이강로, 1993: 151-153, 159; Kim, 1995: 197; 김성윤, 1996: 11; 1997: 1; 이원종, 2001: 163-168). 역사의 흐름 측면에서 보면 대대적인 개혁이 필요했지만, 정치 권력 측면에서는 기득권 세력의 분포가 만만치 않았다.

3 당대의 지배적 사상

국민은 민간인 정권의 출범에 발맞춰 여러 가지 새로운 가치를 기대했다. 대표적인 것을 꼽으면 군대식 권위주의 청산, 정치적 민주주의 심화, 재벌 중심의 경제구조 개편, 사회 전반에 만연한 부정부패 척결, 그동안 개발 논리에 밀려왔던 환경 및 생태계 파괴 중단 및 복원, 지방분권 실시 등이었다(이영조, 1997: 12; 박우순, 1998: 6; Chang, 1998: 440; 강정구, 2000: 843; 846-859; 김영삼, 2001a: 23-25; 정태환, 2006: 445).

미국을 중심으로 정보화가 세계의 새로운 추세로 부상했다. 미국의 클린턴(Bill

Clinton) 정권(1993~2001)은 냉전이 종식되자 밖으로는 무역자유화 정책으로 미국의 무역수지 적자를 해결하려고 했고, 국내적으로는 정보화를 통해 정부와 경제의 혁신을 꾀했다. 정부 영역에서는 정부성과평가단(NPR)을 조직해 앨 고어(Al Gore) 부통령을 중심으로 정부재창조운동을 본격 추진했고, 민간 경제에서는 인터넷을 통한 혁신을 활발하게 전개했다.

제 5 절 정부조직 개편

앞에서 언급된 거시적 환경의 영향을 고려하면 김영삼 정권은 남북 관계 급변 혹은 남북 통일 대비, 무역자유화 대비, 정보화 대비, 재벌 중심의 경제구조 개혁, 지역 감정 해결, 광주 문제를 포함한 과거 문제 청산, 군대식 권위주의 청산, 정치적 민주주의 심화, 사회 전반에 만연한 부정부패 척결, 환경 보호 강화, 지방분권 실시 등을 위한 정부조직 개편을 추진할 필요가 있었다.

1 1993년 2월 개편 분석

1) 국회 심사 및 표결

1993년 2월 23일자 「정부조직법」 개정은 민자당 김중위 의원 외 21인이 1993년 2월 13일에 개정안을 발의하면서 시작되었다. 주요 내용은 문화부와 체육청소년부를 통합해 문화체육부를 신설하고, 동력자원부를 폐지해 상공부에 통합시키는 것이었다. 행정위원회 전문위원이 "동자부 폐지에 신중해야 한다"고 보고했고, 민주당 채영석 의원과 김충현 의원이 질의를 했다(구체적 질의 내용은 <표 8-2> 참조). 김중위 의원이 답변을 하고, 여 · 야 의원들 사이에 간담회가 열렸다. 장재식 민주당 정책위 의장이 동력자원부 폐지 반대론을 폈고, 민자당 최병렬 의원은 정권 출범 이전에 국무위원 숫자를 확정시킬 필요가 있음을 제기했다. 여 · 야 의원 사이에 합의가 이뤄지지 않아 표결이 실시되었고, 표결 결과는 13명 재석에 찬성 11,

표 8-2 1993년도 개정안 국회 심사 과정

	여당 주장	야당 주장
개정안	〈김중위 의원 외 21인 발의 내용〉 1. 문화부 + 체육청소년부 → 문화체육부 2. 상공부 + 동력자원부 → 상공부	〈야당의 수정안〉 1. 명칭: 문화체육부 대신 문화청소년부 2. 동력자원부 존치
개편 시기, 폭	– 한국이 영·불·독보다 국무위원이 4~5명 많다. 줄여야 한다. 일단 장관을 임명하면 폐지하기 어렵다. 정권 출범기 장관 임명 전에 폐지해야. 종합적 준비를 하려면 시간이 많이 필요하다.	– 종합적으로 준비해서 내년에 하자. 우리 정부비효율성은 복지 때문이 아니라 군사조직·안기부·기무사 등 정보기구, 각종 인허가를 담당하는 기구, SOC 확충에의 정부 개입, 공기업을 통한 시장 개입 때문. 작은 정부를 구현하려면 이런 기구들을 개편해야. 체육청소년부나 동자부로 작은 정부 달성 못함.
개편 대상	– 다른 부처와 기능 연계가 약한 부처가 동자부와 체육청소년부. 두 부처는 학계나 언론계로부터 꾸준히 개편 요구가 제기되어 왔음.	– 장관 숫자를 줄이려면 정무1·2장관, 공보처 장관 등을 없애라. 왜 동자부와 체육청소년부만 없애나?
의견 수렴	– 행개위 때 폭넓은 의견 수렴 거침. 행개위 건의안에 포함된 내용들임. – 내년에 더 할 예정	– 행개위만 믿고 전문가 의견 수렴을 안 함. – 행개위가 이 두건만 건의한 것은 아님. 다른 건의안은 왜 개편 안 하나?
개편 효과	– 장기적 예산 절감 효과가 큼. 일단 확대 추세에 제동을 거는 데 의의가 있음.	– 예산 절감 효과 최대 20억, 공무원도 4명 감원에 불과. 겨우 이것 줄이자고 공무원들 불안하게 하나?
청소년	– 교육부로 보내면 학교 청소년 문제로 국한됨. 문화시설 이용 업무 등은 소홀해짐. – 수정: 청소년 업무 담당 차관보 1인 신설	– 청소년 업무를 교육부로 보내자. – 체육 기능보다 청소년 기능이 중요함. 문화청소년부로 하자.
환경, 에너지	– 에너지 문제는 생산이 아니라 수입. 기본적으로 통상 문제. 에너지부가 있는 나라는 대부분 에너지 생산국. 에너지 수입국들은 에너지부 없음. – 환경부의 핵심은 오염 방지다. – 수정: 명칭을 상공자원부로	– 첨단기술은 에너지를 많이 필요로 함. 동자부를 없애지 말고 오히려 기능을 강화시키자. 에너지부를 가지고 있는 나라들이 많음. – 정 없애려면 환경부와 통합하자. – 굳이 상공부하고 통합시키려면 명칭을 상공자원부로 하자.

⇨ ♺ ⇦

⇓

〈국회 행정위원회 수정안(최종 통과 내용)〉
1. 문화부+체육청소년부 → 문화체육부 단 문화체육부에 청소년 업무를 전담하는 차관보 1인 신설 문화업무 담당 차관보는 없음. 2. 상공부 + 동력자원부 → 상공자원부 새 기구 명칭을 당초 상공부에서 상공자원부로 수정

⇨♺⇦: 의견 충돌과 타협

출처: 국회, 1993a: 1–5, 12–16; 1993b: 1–27; 1993c: 2–11; 1994d: 4–9.

반대 2였다(국회, 1993a: 1－5, 12－16; 1993b: 1－27). 정당별 의석 분포를 고려해 볼 때 야당 의원들 중 최소 3명이 여당 안에 찬성한 것으로 보인다.

1993년 2월 23일에 개회된 법사위원회에서는 김중위 의원이 제안 설명을 했다. 당초안과 더불어 행정위원회에서 수정된 내용[8)]까지 설명했다. 이어 민주당 강수림, 이원형, 강철선 의원이 질의를 했다. 질의 내용은 행정위원회에서 민주당 의원들이 했던 내용과 크게 다르지 않았다. 역시 여·야 간 합의가 이뤄지지 않아 표결이 실시되었다. 표결 결과는 재석 11인 중 찬성 8, 반대 3으로 행정위원회 수정안이 그대로 통과되었다(국회, 1993c: 2－11). 야당 의원들 일부가 표결에 불참한 것으로 보인다.

2월 23일에 열린 본회의에서는 행정위원회 대표로 민자당 박명환 의원이 당초 발의안과 수정 내용을 설명했다. 여·야 의원들이 찬반 토론을 했는데 내용은 행정위원회와 법제사법위원회에서 논의되었던 것들과 대동소이했다. 여·야 간 합의가 이뤄지지 않아 표결이 실시되었고, 표결 결과 재석 227석 가운데 찬성 164, 반대 58, 기권 5로 행정위원회 수정안대로 통과되었다(국회, 1993d: 4－9). 의석 분포를 볼 때 야당 의원들 중 최소 3인 이상이 찬성한 것으로 보인다.

2) 논평

이 개정은 김영삼 정권이 당면한 새로운 시대적 요구에 대응하는 개편이라기보다 전임 노태우 정권이 미처 끝내지 못했던 개편의 연장선상으로 보는 것이 더 적절하다. 굳이 의의를 찾고자 한다면 어떻게든 작은 정부의 모양새를 갖추기 위한 정치편의주의적 개편이었다고 볼 수 있다(김현구, 1993: 34). 우선 개편 시기가 김영삼 대통령의 취임 전이고, 발의 주체도 정부가 아니라 여당 의원 21명이었고, 개편 사안도 노태우 정권의 행정개혁위원회가 제안했던 내용 중에서 1990년「정부조직법」개정에서 제외되었던 것들이다. 동 위원회가 제안했던 정부조직 개편안 중에서 1990년 개정에서 제외된 부처는 경제기획원, 농림수산부, 교통부, 노동부, 동자부, 체육부 등인데(행정개혁위원회, 1989: 130－249; 하태수, 2011b: 13－14), 그 중에서도 동자부와 체육부가 다른 부처들에 비해 부로서의 위상이 더 약한 것으로

8) 문화체육부에 청소년 업무 담당 차관보 1인 신설, 상공부 명칭을 상공자원부로 변경.

지목되었다. 특히 체육부의 경우 행정개혁위원회는 폐지를 건의했었는데 1990년 개정에서 오히려 체육청소년부로 확대되었고, 김영삼 대통령의 정치적 경쟁자였던 박철언 의원이 장관을 맡았던 관계로 생존, 확장에 대해 정치적 의혹을 많이 받아 왔었다. 정권 교체기에 가장 먼저 개편 대상이 된 데에는 이런 정치적 배경도 강하게 작용했을 것으로 사료된다.[9] 여당이 개편 과정에서 야당의 주장을 일부 수용해 문체부에 청소년 담당 차관보 1인을 설치하고 상공부 명칭을 상공자원부로 바꾸는 쟁점 연계 협상을 한 것은 어떻게든 개편에 소극적인 야당의 동의를 얻어내어 새 대통령 취임 이전에 개편을 마무리짓기 위한 고육지책의 결과로 보인다. 법률안은 새 대통령 취임(2월 25일) 이틀 전(2월 23일)에 가까스로 처리되었다.

2 1994년 개편

1) 행정쇄신위원회 개편안

행정쇄신위원회는 1993년 6월 초에 다음과 같은 획기적인 정부조직 개편 시안을 마련했다. ① 작은 정부 구현을 위해 기존에 22명이던 국무위원 수를 16~18명으로 줄인다. ② 시장에 군림하던 경제기획원을 폐지하고, 총리실 혹은 청와대 직속으로 국가기획처를 신설해 경제정책의 취합 조율 기능만을 맡긴다. ③ 건설부와 교통부를 통합해 사회간접부를 만들고, 과학기술처의 산업기술 개발 부문을 상공자원부로 이관시키며, 체신부는 정보통신부로 개편해 공보처의 방송전파 관리 업무를 같이 맡긴다. ④ 보건사회부, 노동부, 환경처 등도 다른 부처로 통합시키고 총무처와 공보처를 폐지한 후 총무처 인사 기능은 청와대 산하에 신설되는 중앙인사위원회로, 공보처의 공보 기능은 청와대 공보수석실로 통합시킨다. ⑤ 통상조직은 기존처럼 소관 부처별 통상 기능을 유지시키되 경제기획원의 대외경제조정실을 없애고 부처 간 통상정책의 이견 조정이 필요한 경우에는 총리실이나 청와대에서 맡

9) 야당 의원들이 여당 의원들에게 "본격적인 개혁은 행정쇄신위원회를 설치해 광범위한 의견을 수렴한 다음에 추진하겠다고 하면서 왜 동자부와 체육청소년부 개편은 서두르는지 모르겠다. 다음에 할 때 같이하자"고 요청했음에도 불구하고, 여당이 그냥 감행한 것을 보면 이런 정치적 측면의 설명이 어느 정도 설득력 있다.

거나 한국무역대표부를 만든다. ⑥ KDI 등 23개 정부출연기관을 민영화 혹은 폐지시킨다. ⑦ 안기부, 기무사, 검찰, 경찰 등 권력기관의 권한을 축소시키고 본래 목적으로 전문화시킨다. ⑧ 지방에 군림하던 내무부를 지방자치부로 축소시키고 인사권의 일부를 지방자치단체로 이관한다. ⑨ 재무부의 증권보험국을 축소시키고 상공자원부, 보사부, 노동부, 과기처 등의 일부 부서를 통폐합한다(이용웅, 1993: 45－46; 정영태, 1995: 35).

2) 정부조직 개편의 전개

행정쇄신위원회의 개편안이 발표되자 관련된 부처의 관료들이 민감하게 반응했다. 특히 축소 대상 기구의 관료들은 나름대로의 존립 근거를 제시하며 강하게 반발했다. 김영삼 대통령은 금융실명제 등 자신이 시급하게 생각한 정책들을 먼저 시행하기 위해 이러한 반발을 수용해 정부조직 개편을 미뤘다. 그러다가 호주 시드니에서 개최된 APEC 회의에 참석 중이던 1994년 11월 17일 세계화[10] 선언을 하면서 기습적으로 정부조직 개편 작업을 재개했다. 청와대 비서실에서 비서실장, 경제수석비서관, 행정수석비서관 세 명이 깊이 참여했고 총무처에서는 장관, 조직관리과장, 사무관 한 명이 깊숙이 개입했다.[11] 당시 정부는 대통령의 선언 발표 후 단 10일 만에 준비를 마치고 12월 3일에 개편안을 발표했는데, 이런 식의 발표는 김영삼 대통령이 좋아하는 정치적 충격 요법으로 사용된 성격이 강하다.[12] 당시 김영삼 정권은 1994년 9월에 발생한 인천 지방공무원의 세금도둑 사건, 10월 21일에 발

10) 김영삼 정권이 내세운 세계화는 "투명성 · 개방성 · 깨끗한 정부와 사회에 관한 것이며, 보호와 규제로부터 초래되는 비효율성과 잘못된 관행을 척결하고, 세계적 수준으로 제도화된 체제를 갖추는 것"이었다(정태환, 2005: 291).

11) 청와대 비서실장 밑의 비서관들, 경제수석비서관 및 그 밑의 비서관들은 모두 경제기획원 출신이었고, 행정수석비서관 및 그 밑의 주요 비서관들은 내무부 출신이었다. 그래서인지 몰라도 경제기획원, 내무부, 총무처의 조직 감축 수준은 기대 이하였다. 경제기획원은 외양상 재무부에게 합병당한 것으로 보였지만 실제로는 경제기획원이 재무부를 합병한 것이었다. 관료들이 정책 형성과정에 참여해 자기 소속 조직을 크게 감축시키지 않은 것이다(조선일보, 1994.12.4; 한국경제신문, 1994.12.4; 정용덕, 1995: 69).

12) 그러나 김영삼 대통령은 회고록에서 다른 내용을 밝혔다. 즉, 세계화 구상 발표 한 달 전인 1994년 10월에 이미 박동서 행정쇄신위원회원장을 불러 정부조직 개편 작업을 재개할 것을 지시했었다는 것이다. 단 공무원들의 기득권 싸움에 말려들지 않기 위해서 비밀리에 작업해달라고 요구했을 뿐이라는 것이다(김영삼, 2001a: 374－376).

생한 성수대교 붕괴 사고, 12월 2일의 예산안 날치기 통과 등으로 정치적 궁지에 몰려 있었다. 정부조직개편안 발표로 국민들의 관심을 전환시켜 불리했던 정치 국면에서 빠져나오려 했다(국회, 1994a: 27－28, 30, 32; 1994b: 31－32; 국회, 1994c: 2, 21－22, 29－31, 38; 정용덕, 1995: 73－74; 김영삼, 2001a: 374－379).

내용 측면에서 보면 세계화 선언은 이전까지 견지했던 개혁 강조 시각에서 벗어나, 국내 재벌에 대한 직·간접적 지원을 강화하는 지나치게 친재벌적으로 흐른 방향 전환이었다.[13] 당시 선진국들은 한국 시장 개방 압력을 가하면서 한국 시장을 잠식하고 있었지만, 한국 기업들의 해외 수출은 변변치 않아 큰 폭의 국제수지 적자가 발생하고 있었다. 이런 경제 문제를 해결하기 위해서는 한국 기업들의 수출 증가가 불가피했고, 이것은 곧 수출의 대부분을 담당하고 있던 재벌들의 경쟁력 강화 필요성을 의미했다. 즉, 재벌의 요구를 들어주지 않고서는 자본주의 사회인 한국에서 김영삼 정권의 존립이 어려워지는 상황에 당면했던 것이다. 당시 재벌의 요구는 규제 완화로 집약되는데 특히 시장 진입 규제 및 금융 규제 철폐를 강하게 요구했었다. 이런 요구들이 정부조직 측면에서 표현된 것이 작은 정부론이었다(정영태, 1995: 44－45; 정태환, 2005: 290).

3) 국회 심사 및 표결

(1) 행정경제위원회

1994년 12월 23일자 「정부조직법」 개정은 1993년 2월 29일 민주당 이영권 의원 외 94인이 개정안을 제출하면서 시작되었다. 이 개정안은 국가안전기획부의 범죄수사 권한을 폐지해 정보 및 보안 업무에 집중하도록 하고, 공보처를 국무총리 소속 공보실로 축소시키며, 2개의 정무장관실을 통합할 것을 제안했다. 이어 대해 전문위원은 3개 제안에 대해 모두 부정적 의견을 표시했다.[14] 총무처 장관도 공보처

13) 이때부터 개혁의 성격이 수구적으로 변질, 재정의되었다. 정권 초기에는 군사정권들이 남긴 부정적 유산을 척결하는 것이 개혁이었는데, 이때부터는 경쟁력 강화를 위한 제도 개선이 개혁이었다(정태환, 2005: 290).

14) 1994.1.5. 「국가안전기획부법」 개정으로 수사 대상에서 찬양고무죄, 불고지죄 제외. 이제 수사 범위는 국가 안위에 직결된 대공 사범에 국한되어 있는 상황이었다. 정무1장관은 당정, 정부－입법부 관계 조율, 정무2장관은 여성정책 총괄로 그 기능이 엄연히 다르다. 통합하는 것은 무리다. 공보처 축소도 신중해야 한다. 과거 정권에서 정권 유지 기능을 수행한 것도 사실이지만 북한과의 사상적 대결을 해야 하는 필요도 아직 남아 있다(국회, 1994a: 22－23; 박관용, 2001: 102).

폐지안에 대해 동의하지 않았다.[15] 1994년 12월 1일에는 민주당 김덕규 의원 외 97인이 또 다른 개정안을 제출했다. 「경찰법」과 「공정거래법」에 규정되어 있는 경찰과 공정거래위원회 조직을 「정부조직법」에 설치 근거를 명시하면서 경찰위원회와 경찰청을 국무총리 소속으로 이전시키고, 공정거래위원회를 국무총리 소속으로 독립시키자고 제안했다. 이에 대해 입법조사관은 경찰위원회와 경찰청의 소속을 변경시키는 문제는 신중해야 한다는 의견을 피력했고, 공정거래위원회를 국무총리 소속으로 바꾸는 것은 정부개정안에도 포함되어 있다고 발언했다(국회, 1994b: 10).

1994년 12월 6일에는 정부가 개정안을 제출했다. 주요 내용은 첫째, 경제기획원과 재무부를 통합해 재정경제원을 신설하는 것이다. 재정과 예산 기능의 연계성 확보를 위한 것으로 금융·보험·외환관리 등 규제 조직의 축소, 관련 규제의 획기적 완화, 각 부문별 정책의 자율성 제고 등의 효과를 의도했다. 둘째, 공정거래위원회를 국무총리 소속으로 독립시켜 경쟁 촉진 및 불공정행위 감시를 강화하는 것이다. 시장경제 원리에 기초한 경제정의 실현이 목적이었다.[16] 셋째, 상공자원부를 통상산업부로 개편하는 것이다. 무역 및 통상 교섭 수행 능력 강화, 자원정책 및 산업생산 지원 기능의 체계화, 규제 완화 및 국가경쟁력 강화가 개편의 목적이었다. 넷째, 체신부를 정보통신부로 개편하는 것이다. 상공자원부, 과학기술처, 공보처의 정보통신 관련 기능을 통합시키고, 우정 기능은 향후 공사화하기로 했다. 이것은 국가 발전의 전략산업으로서 정보통신사업 육성 체제를 확립하기 위한 것이었다. 다섯째, 건설부와 교통부를 통합해서 건설교통부를 신설하는 것이다. 사회간접자본에 대한 투자와 운영의 효율적 연계 체제를 확립하고, 교통부의 관광 기능은 문화체육부로 이관시켰다. 물류와 교통 등 경제사회적 현안에 효율적으로 대처하기 위한 것이었다. 지방자치제의 전면 실시에 앞서 지방자치단체에 넘겨줘야 할 집행 기능들을 미리 정비한다는 의도도 있었다. 여섯째, 국무총리 행정조정실장에게 차관회의 의장 역할을 부여해서 정책 조정 기능을 강화시키는 것이다. 경제기획원의 기획 조정 및 심사 평가 기능 이관과 더불어 정부 시책 추진의 능률성 및 효과성 제

15) 공보처를 아예 없애는 것보다는 방송매체국과 신문국을 통합해서 신문방송국을 만들어 국을 하나 없애는 것이 현실적이다. 해외홍보관과 해외문화관 기능은 문체부로 이관시켰다(국회, 1994a: 21, 27).

16) 구체적인 하부조직 개편은 위원장(차관급)의 국무회의 및 경제장관회의 배석권 부여, 조사국을 조사 1국과 조사 2국으로 확대 개편, 준사법적 기능 강화를 위한 법제관(3심의관) 신설이다.

고를 위한 조치였다.[17] 일곱째, 환경처를 환경부로 승격시키는 것이다. 환경 보존 정책의 집행 기능 강화를 위한 것이었다. 환경처는 1991년 3~4월에 낙동강 페놀 오염 사고가 발생했을 때조차도 강력한 환경정책을 집행하지 못했던 문제가 있었다(김영삼, 2001a: 378). 여덟째, 보건사회부를 보건복지부로 개편해 국민복지정책 기능을 강화시키는 것이다(국회, 1994b: 17-18; 행정쇄신위원회, 1995: 364-375; 김영삼, 2001a: 376-378).

정부의 「정부조직법」 개정안에 대해 전문위원은 대체로 긍정적 의견을 피력했지만, 재경원 신설에 대해서는 권한 집중, 조직 상하 간 의사소통 문제 등의 우려를 표명했다. 또한 공정거래위원회의 경우 독립시키는 것에 그치지 말고 준입법적, 준사법적 권한을 더욱 강화시킬 필요가 있다고 발언했다(국회, 1994b: 19-20).

행정경제위원회는 1994년 12월 9일에 처음 개최되었고, 1994년 12월 12~13일에 걸쳐 열렸다. 그런데 3일에 걸친 토론에도 불구하고 여·야 간 의견 차이가 좁혀지지 않아, 7명으로 구성된 정부조직법안심사소위원회를 구성해 19일부터 22일까지 4일간 심사하기로 했고,[18] 12월 20일에는 공청회까지 개최했다. 여당의 의뢰로 전 총무처 장관 김용래, 서울대 행정대학원 교수이면서 국책연구소 소장이던 방석현 교수 2명이 선정되었고, 야당의 의뢰로 오연천 서울대학교 행정대학원 교수와 서경석 경실련 사무총장이 선정되었다. 22일 소위는 민주당 개정안들을 본회의에 부의하지 않기로 결정하고, 정부개정안을 일부 수정해서 채택하기로 합의했다. 주요 합의 내용은 다음 네 가지였다. 첫째, 공정거래위원회는 예산, 인사, 교육훈련 기타 행정사무에 관한 법령을 적용함에 있어서는 「정부조직법」 제2조 제2항의 규정에 의한 중앙행정기관으로 본다. 둘째, 비경제 부처 개편 필요성은 양당이 공통으로 인식한다. 조속한 시일 내에 실시할 것을 정부에 촉구한다. 셋째, 한국은행 독

17) 내각을 통해 집합적·협의제적 방식으로 정책을 조정하는 영국이나 일본과 달리, 우리나라는 계서제적 방식으로 정책을 조정해 왔다. 청와대 비서실이 하거나, 경제기획원을 통해서 했다. 경제기획원 장관은 부총리 지위, 예산사정권, 예산배정권 등을 가지고 있어 다른 장관들보다 한 차원 위였다. 국무총리 행정조정실의 조정 능력이 강화되기는 하지만, 사실상의 조정 실권은 앞으로도 재경원 장관이 계속 행사할 것으로 보였다. 기획 기능은 과거에 비해 많이 축소되어 사실상 실권이 없고, 심사평가 기능도 가장 중요한 공기업 평가 기능은 재경원에 남았다. 반면 재경원은 예산실 이외에 금융, 세제, 국고 기능까지 거느리게 되어 권한이 기존의 경제기획원보다 더 강해졌다(정용덕, 1995: 66, 71-72).

18) 소위는 민자당 의원 4명(조용직·이명박·차화준·현경대)과 민주당 의원 3명(유준상·강철선·문희상)으로 구성되었다. 위원장은 민자당 조용직 의원(국회, 1994e: 1-2).

립 문제는 재무위원회 소관이기 때문에 재무위에서 조속히 처리하도록 양당 총무에게 건의한다. 넷째, 예산실 위치 문제는 소위에서 유보하고 전체회의에서 다시 논의한다.[19] 이어 행정경제위원회 위원장이 합의 처리를 하려고 했으나 민주당 유준상 의원이 반대 토론을 하는 바람에 표결에 부쳐졌고, 표결 결과는 재석 14인 중 찬성 9, 반대 5로 통과되었다. 소위 보고대로 야당안은 본회의에 부의하지 않고, 정부 원안에서 공정거래위원회에 중앙행정기관의 지위를 부여하는 내용만 수정했다(국회, 1994e: 6). 민자당 의원 1명과 기타 1명이 결석한 상태에서 민자당 의원들은 모두 찬성하고 민주당 의원 5명은 모두 반대한 것으로 보인다(국회사무처, 1995: 51).

(2) 법제사법위원회

법제사법위원회도 행정경제위원회 의결 직후인 동일 12월 22일에 개최되었다. 총무처 장관이 제안 설명을 했고, 전문위원은 큰 문제가 없음을 보고했다. 이후 여야 의원들의 대체토론이 있었다. 야당 의원들은 행정경제위원회에서 제기되었던 문제들을 재차 제기했고, 여당 의원들은 "이미 여야 간에 이미 타협된 문제다. 빨리 토론을 종결하고 의결을 하자"고 했다. 박희태 위원장도 "모처럼 여야가 합의한 날이기 때문에 시간 끌지 말고 빨리 처리하자"고 했다.[20] 축조심사도 생략되었고, 위원장이 야당 의원들의 반대에도 불구하고 표결 없이 가결시켰다(국회, 1994f: 34, 41, 43).

(3) 본회의

본회의는 12월 23일에 개최되었다. 민자당 조용직 의원이 행정경제위원회를 대표해 심사 결과를 보고했다. 정부 원안에서 공정거래위원회만 수정했음을 보고했다. 민주당 강철선 의원과 새한국당 이종찬 의원이 반대 토론을, 민자당 차화준 의원은 찬성 토론을 한 후, 황낙주 국회의장이 표결을 실시했다. 재석 259명에 찬성 171, 반대 79, 기권 9로 행정경제위원회 수정안대로 가결되었다(국회, 1994g: 2, 7). 민주당과 군소정당 소속 의원들이 많이 결석하고, 참석한 민자당 의원들은 대부분 찬성한 것으로 보인다.

---

19) 예산실 위치와 관련해 민주당은 행정경제위원회 전체회의에서 "총리실로 보내자"는 입장을 철회했다(국회, 1994e: 1-3).

20) 행정경제위원회 심사와 별도로 여·야 총무 사이에서도 모종의 협상이 전개되고 있었다(국회, 1994c: 13).

4) 여 · 야 간 주장과 반박

여기서는 행정경제위원회, 법사위원회, 본회의 등에서 나왔던 여 · 야 의원들 사이의 질의 · 응답을 사안별로 대조시키며 비교하고자 한다. 주로 야당인 민주당 의원들이 정부안에 대해 비판적 질의를 많이 했다.

(1) 졸속 입안 문제

야당 의원들은 "왜 공청회, 청문회, 입법예고, 차관회의 등 법률 제정에 필요한 사전 절차들을 밟지 않고 밀실에서 입안했는가? 이해관계자, 야당은 물론 해당 부처 장관들까지도 국무회의에 참석해서 자기 부처의 변화에 대해 알았을 정도였다"고 추궁했다. 이에 대해 총무처 장관은 "1993년 4월부터 행정쇄신위원회를 구성해서 오랫동안 연구해 왔다. 정부조직 개편 문제는 이해관계가 엇갈리는 것이라 공직사회의 동요를 막고자 전격적으로 단행할 필요가 있어서 비공개로 했고 국회에 설명하기 전에 언론에 발표했다. 입법예고를 안 한 것은 정기국회 일정이 촉박해서였다"고 답변했다(국회, 1994a: 30-32; 1994b: 37; 1994c: 2).

(2) 개편 폭

야당 의원들은 "행정쇄신위원회안과 총무처 원안은 굉장히 진취적이었는데, 최종안은 크게 후퇴했다. 박동서 행정쇄신위원회 위원장은 행정쇄신위원회 건의안이 20%도 반영되지 않았다고 했다. 대통령 측근들이 과도하게 개입한 것 아닌가? 작고 강한 정부를 하려면 비경제 분야 부처들도 고쳐야 하는데 왜 이들은 개편하지 않았나? 청와대 수석비서관 회의에서 비경제 부처를 대상으로 2차 정부조직 개편을 추진할 필요가 있다는 의견이 제기되었다고 한다. 또 한 번 공직사회에 풍파를 일으킬 것이다. 그러니 절차 밟으면서 한 번에 하자. 또한 그동안 지속적으로 개편 대상으로 거론되던 총무처, 내무부, 국가보훈처, 병무청 등도 포함되지 않았다. 문화재관리국도 행정쇄신위원회 안에서는 문화재관리청, 총무처 원안에서는 문화재관리원이었는데, 최종안에서는 제외되었다. 세계화하려면 교민청이 필요하다. 공보처는 독재정권의 자기과시 도구이니 축소시키자"고 질의했다(국회, 1994a: 30-32; 1994b: 33-36; 1994c: 19, 26-31, 38). 이에 대해 총무처 장관은 "비경제 부처를 대상으로 하는 대폭적인 2차 개편 계획은 없다. 과거 행정개혁위원회 건의안, 행정쇄신위원회 건의안, 한국행정연구원 연구 결과, 학계 연구 결과, 기타의 것들을 종합적으로 참고해서 만든 것이다. 청와대 대통령 측근이 따로 마련했다는 말은 사실과 다르다"고 답변했다(국회, 1994a: 30-32; 1994b: 37; 1994c: 2).

(3) 재정경제원 신설

야당 의원들은 "세제, 국고, 예산, 금융 기능을 한 기관에 집중시켜서 부총리급 기구를 만드는 나라는 세상 어디에도 없다. 일본에서도 대장성과 경제기획처가 분리되어 있고, 그나마 대장성을 없애려고 한다. 한 기관에 통합시켜 놓으면 정책의 일관성은 생기겠지만 민간화, 자율화 측면하고는 거리가 멀다. 운영과 의사소통에서도 어려움이 예상된다. 예산과 재정 기능을 합치면 적어도 통화 및 금융 기능은 분리시켜야 한다. 특히 중앙은행의 독립성을 제고해야 한다. 재경원 장관이 금융통화위원회 위원장직을 계속 맡는다는 것은 잘못된 것이다. 한국은행 총재가 금융통화위원회 위원장을 겸임해야 하고, 위원장의 정치적 중립을 보장하기 위해 임명 시 국회 동의를 얻게 해야 한다. 정부안대로 하면 재경원, 총리, 대통령 3단계 조정 체계가 되는데 이것은 효율적이지 않다. 금융 및 통화 기능을 분리하지 않으려면 예산 기능이라도 총리실 혹은 각 부처로 나눠주어 정부기구들 사이에 견제와 균형이 작동하도록 해야 한다. 예산실을 총리 산하로 옮기고, 예산실장을 정무직 차관급으로 하면 정부위원이 되기 때문에 국회에 나와서 답변을 할 수 있게 된다. 그리고 정책 심사평가 기능을 예산 기능과 같은 기구에 통합시켜야 한다. 기구 명칭을 재정경제원이 아니라 재정경제부로 해야 한다. 조정 기능과 집행 기능이 통합되면 부(部)로 하는 것이 맞다. 재정경제부로 해야 부령(部令)도 발령할 수 있다. 재정경제원으로 하면 부령을 발령하지 못하고 총리를 통해 총리령을 발령할 수밖에 없는데, 이렇게 하면 집행 업무 수행에 문제가 많을 것이다"고 주장했다(국회, 1994b: 22, 33-36; 1994c: 19-20, 26-31; 1994d: 14-15, 24-29, 35-37; 1994f: 38).

이에 대해 정부와 여당은 "내각책임제 정부이기는 하지만 일본과 영국에서는 여러 기능을 통합해서 가지고 있는 정부기구들이 있다. 금융 규제 업무를 담당하던 국들이 대폭 축소되기 때문에 재경원의 권한이 지나치게 강하다고 볼 수 없다. 이런 축소는 금융자본 시장의 개방 및 지방화 시대에 대비한 것으로 재경원이 금융자본 시장에서 손 떼는 것부터가 한국은행에 독립성을 일부 부여하는 것과 마찬가지 효과를 낼 것이다. 금융 감독 기능은 정부가 가지고 있어야 하지만, 어차피 금융자본시장이 개방되기 때문에 업무검사니 인·허가 등은 그만두고 회계검사 정도로 권한을 줄여야 할 것이다. 금융감독청 신설도 바람직하지 않다. 향후 지향 방향은 권한을 분산시켜 기구를 늘리거나 인력을 증가시키지 말고, 제한된 인력으로 선별적 감독을 하는 것이다. 예산실도 통합되는 재경원에 두는 것이 좋다. 이번 개혁의 취지가 총 재원 배분을 효율화하고 체계화하자는 것인데, 예산을 떼어 놓으면 그런 의미가 반감될 것이다"고 답변했다(국회, 1994c: 17-18; 1994d: 2-7; 24, 30-31).

(4) 통상 관련 정부 기구

야당 의원들은 "통상 기능이 지금 여러 부처에 분산되어 있어 우루과이 라운드 협상에서 놓친 것이 많은 것 아닌가? 통상산업부에 집중시키는 것이 낫지 않겠나? 그리고 통상산업부가 단순히 통상 업무를 맡는다고 하지 말고, 좀 더 적극적으로 통상의 진흥 및 조정이라고 표현하는 것이 어떤가?"라고 질의했다(국회, 1994c: 38; 1994d: 16).

이에 대해 총무처 장관은 "산업자원부를 통상산업부로 전환하는 이유는 세계화 대응 역량을 제고하고, 규제 기능을 축소해 기업의 자율성을 확보하기 위한 것이다. 통상에 관한 종합정책은 통상산업부에서 수립하지만, 각 부처를 모두 통상 부처화해서 전문 인력을 양성하고, 자기 부처 고유 업무에 대한 대외 협력 및 통상 기능을 각 부처에서 수행하게 하려 한다. 예를 들어 농수산물 통상은 농림수산부가 협상하도록 하는 것이다. 그렇게 하는 이유는 우리나라가 당분간 방어적 통상 업무를 할 수밖에 없기 때문이다"[21]라고 답변했다(국회, 1994c: 9, 38; 1994g: 2).

(5) 정무장관실

야당의 개편안에 대해 총무처 장관은 "정무장관실 2개는 업무의 성격이 크게

---

21) 당시 주요 행정학자들도 이런 분산형 산업통상부 혹은 통상산업부를 통상행정 체제의 대안으로 제시했었다(최병선, 1993; 김현구, 1993: 50). 통상 관련 기능의 분산 내용을 보면 농림수산부 농업협력통상관을 국제농업국으로, 체신부 정보통신협력관은 정보통신부 정보통신협력국으로 각각 승격시켰다. 또한 경제기획원 대외경제국이 재무부 경제협력국과 통합되어 재경원 대외경제국으로 유지되었다. 다만 상공자원부를 통상산업부로 개칭한 것은 적어도 명칭 상으로는 통상산업부가 대외통상 문제의 중심 기구임을 밝힌 것이다(정용덕, 1995: 65-66).

다르기 때문에 통합하기 어렵다. 또한 제2정무장관실을 여성부로 바꾸기도 어렵다. 외국의 경우를 봐도 여성부가 있는 나라는 드물다"는 의견을 표명했다(국회, 1994c: 45-46; 1994d: 3-5). 그러자 야당 의원들은 "반드시 여성부를 신설하라는 것이 아니다. 여성 관련 정책 기능과 집행 기능을 한 기구에 통합하라는 뜻이다. 가령 보건사회부를 보건복지부로 바꾸고 거기에 여성담당 차관이나 차관보를 두는 것은 어떤가?"라고 재질의했다(국회, 1994c: 46).

(6) 해양 분야 정부 기구

야당 의원들은 "행정쇄신위원회 건의안에 따라 수산청, 해운항만청, 수로국 등을 통합해 해양관리청이나 해양산업부를 신설하는 것은 어떠냐?"고 질의했다. 총무처 장관은 "지금 당장 해양부를 만들기는 어렵다"고 답변했고, 여당 측 방석현 교수는 "건교부 밑에 해운관리청을 만드는 것은 생각해 볼 만하다"고 발언했다(국회, 1994c: 26-28, 46; 1994d: 44-45).

(7) 경찰위원회와 경찰청

민주당은 "현재 정치적 성격이 강한 내무부 소속 경찰위원회와 경찰청을 국무총리 소속으로 독립시키고, 정치적 중립성을 강화시키기 위해서 위원장은 국무위원급으로 정하고, 위원 6명은 모두 상근 정무직으로 하자. 위원장은 「헌법」이나 법률을 위반하면 탄핵 대상이 되고, 국무총리와 대통령의 감독을 받고, 위원 상호간에도 견제가 작동하게 설계하자"고 제안했다. 민주당 측 오연천 교수는 "경찰청을 국가경찰위원회 밑에 위치시키는 것은 신선한 구상으로 좋다고 생각한다"고 발언했고, 경실련 서경석 사무총장은 "경찰을 국가경찰과 지방경찰로 이원화한 후 지방경찰은 지방자치단체 산하에 두며, 국가경찰은 국무총리 밑에 경찰위원회를 두고 그 밑에 경찰청을 두어야 한다"고 의견을 개진했다. 이런 주장들에 대해 총무처 장관은 "국무총리 산하 경찰위원회로 하면 신중성과 독립성은 제고되지만, 기동성은 떨어진다. 현재도 내무부 소속 경찰위원회를 운영하면서 단독제의 단점을 어느 정도 보완하고 있다. 그리고 총리 밑에 집행기구인 청을 둔 적이 없다"고 반대했다. 여당 측 김용래 전 총무처 장관은 "수직적, 계층적 조직에 체질화되어 있는 현행 경찰의 형편을 고려해 볼 때 위원회형보다는 독립형이 더 효율적일 것"이라고 발언했다(국회, 1994c: 51-53; 1994d: 3-5, 12, 16).

(8) 보건사회 분야

야당 의원들은 "행정쇄신위원회 건의안을 근거로 보건사회부와 노동부를 통합시키고 여기에 국가보훈처까지 통합시키자"고 했다. 야당 측 오연천 교수는 "복지 기능을 강화하기 위해서는 예산 배분 구도의 설정과 이를 뒷받침하는 조세 제도의 개혁이 필요하다"고 발언했다. 서경석 경실련 사무총장도 복지 기능 강화의 필요성을 역설함과 동시에 "국가보훈처를 폐지한 후 보건복지부에 통합시켜야 한다"고 주장했다. 총무처 장관은 "보건사회부는 복지 쪽으로 강화시키고, 노동부는 노동행정을 강화시켜야 하기 때문에 통합할 수가 없다. 국가보훈처는 관련 국민들의 정서 때문에 통합하기 어렵다"고 답변했다(국회, 1994c: 49; 1994d: 12, 16).

(9) 국무총리 행정조정실장

야당은 "행정조정실장에게 차관회의 주재 권한을 부여하는 것에는 반대하지 않지만 명칭은 실장이라고 하지 말고 행정조정차관이라고 하자. 실장이 차관회의를 주재한다는 것은 어감이 어색하다. 수석차관이 차관회의를 주재하게 하는 것이 맞다"고 제안했다(국회, 1994d: 24). 이에 대해 정부 여당 측은 별 반응을 보이지 않았다.

(10) 공보처

야당은 "공보처를 폐지하고 국무총리 소속 공보실로 축소시키자. 공보처라는 것은 독재정권의 자기 과시 기구이고, 청와대 공보수석실하고도 기능이 중복된다. 진정한 문민정부라면 이것을 폐지하고 국무총리실 산하 공보실로 축소시켜 순수한 공보 업무만 하게 하는 게 적당하다"고 주장했다. 서경석 경실련 사무총장도 "그렇게 축소시키고 방송 기능은 방송위원회로 독립시켜야 한다"고 주장했다. 새한국당 이종찬 의원은 한 발 더 나아가 "총무처와 공보처를 통합해야 한다"고 주장했다. 정부와 여당 측은 "공보처 신문국과 방송매체국을 통합해 신문방송국으로 축소시키고, 전파 등 정보통신 관련 기능은 신설되는 정보통신부로 이관시키자. 공보실로 축소시키는 것에는 반대한다. 단 공보처 기능 중 언론 및 광고에 대한 규제 기능은 축소해야 할 것이다"고 응답했다(국회, 1994c: 38; 1994d: 3-5, 12; 1994g: 7).

(11) 여・야 합의 사항

국가안전기획부 수사권 문제와 공정거래위원회 독립 문제는 이미 해결되었거나 여야 의견이 동일해서 쉽게 타결되었다(국회, 1994c: 47). 정보통신부,[22] 건설교통부,[23] 환경부와 관련해서도 여야 의견이 일치되어 논란이 없었다.

5) 논평

앞서 밝힌 것처럼 김영삼 정권은 남북 관계 급변 혹은 남북 통일 대비, 무역자유화 대비, 정보화 대비, 재벌 중심의 경제구조 개혁, 지역 감정 해결, 광주 문제를 포함한 과거 문제 청산, 군대식 권위주의 청산, 정치적 민주주의 심화, 사회 전반에 만연한 부정부패 척결, 환경 보호 강화, 지방분권 실시 등을 위한 정부조직 개편을 추진할 필요가 있었다. 이 중에서 실제 이뤄진 개편은 신자유주의 추세에 대응해 통상산업부를 설치한 것, 경제자유화를 위해 재무부를 약화시키고 재경원을 만든 것, 정보화 추세에 대응하기 위해 정보통신부를 신설한 것, 환경 보전을 위해 환경부로 격상시킨 것, 내무부의 지방 통제 부서들을 조금 축소시키고 방재 기능을 확대한 것[24] 정도로 볼 수 있다. 개편의 주목적은 경제정책 조정의 효율성을 제고하

22) 그동안 정책조정이 어려운 가장 전형적인 예가 정보통신 행정이었다. 체신부를 정보통신부로 승격시킨 것은 정책조정 체계 정비를 위해서였다. 기존 체신부 외에 상공자원부 전자정보국, 과기처 기술개발국, 공보처 방송매체국 등을 통합 일원화시켰다(정용덕, 1995: 64).

23) 종래 SOC 투자와 운영 기능이 건설부와 교통부에 분산되어 있었는데, 단일 기구로 통합해 양 기능을 유기적으로 연계하고자 한 것이다. 부처 간 업무 비협조의 대명사였던 건설부의 도로 건설 기능과 교통부의 도로 운영 기능이 한 지붕 아래 놓이게 되었다(정용덕, 1995: 65).

24) 내무부 내부 개편은 「정부조직법」이 아니라 대통령령인 직제 수준에서 개편이 진행되었다. 당시에 있었던 직제 수준의 개편은 다음과 같다. ① 내무부: 지방기획국 폐지 후 지방행정국으로 통합. 지방재정국과 지역경제국을 지방재정경제국으로 통합. 방재계획관을 방재국으로 확대. ② 교육부: 대학정책실을 대학교육지원국으로 축소. 심의관을 4인에서 2인으로 축소. 국립교육평가원(차관급)을 폐지하고 교육평가 업무는 교육개발원에 위탁 실시. 장학실을 교육정책실로 개편. ③ 농림수산부・농촌진흥청: 농림부 농업구조정책국・농산국・양정국을 농업정책실(3심의관)로 통합. 농산물유통국을 유통정책국・원예특작국으로 분리. 농업협력통상관을 국제농업국으로 확대. 농진청 농촌지도직 등 현장 공무원의 단계적 지방직화 추진. 농업정책 기능과 집행 기능의 체계화. 국제 협력・투자심사 등 개방 대응 능력 보강. ④ 문화체육부: 생활문화국을 문화정책국에 통합시킴. 체육지원국을 체육정책국에 통합시킴. 교통부의 관광국 이관받음. ⑤ 총무처: 정부청사기획운영실장 직급을 1급에서 2급으로 하향 조정. ⑥ 과학기술부: 기술개발국 폐지 후 기술진흥국으로 통합(1심의관). 인력정책관을 기술인력국으로 확대. ⑦ 공보처: 신문국・방송매체국을 신문방송국으로 통합. 방송매체국의 정보통신 관련 기능은 정보통신부로 이관. 해외문화관(6인)을

는 것이었다. 노태우 정권이 추진했던 '국토통일원 → 통일원' 개편을 남북 통일 기반을 조성하기 위한 조치였다고 간주해 제외하더라도 재벌 중심의 경제구조 개혁, 지역감정 해결, 과거 청산, 군대식 권위주의 청산, 정치적 민주주의 심화, 부정부패 척결, 지방분권 등을 위한 정부조직 개편이 향후 추가될 필요가 있었다.

재벌 구조조정을 위해서는 단순히 재벌 계열사 간 불공정 거래 행위를 단속하는 공정거래위원회를 넘어서는 좀 더 확실한 재벌 견제 제도가 요청되었다. 군대식 권위주의 청산, 정치적 민주주의 심화, 지방분권 본격화를 위해서는 억압기구 및 집행기구의 개편이 필요했는데 이번 개편에서 모두 제외되었거나 미흡했다. 안기부는 정권 초에 개혁되었다고 하는데 그 내용이 알려지지 않아 진짜로 개혁이 되었는지 의문이다. 검찰, 국세청, 관세청 등은 개편 대상에서 제외되었다. 감사원도 헌법기관이라 제외되었다. 총무처는 중앙인사위원회 설립이 기대되었으나 청사기획운영실장 직급만 낮아지는 선에서 그쳤다. 공보처는 폐지가 논의되었으나, 2국이 1국으로 통폐합되고, 방송매체국을 정보통신부로 이관하는 선에서 그쳤다. 내무부는 지방자치 시대를 맞아 대폭적인 기능 및 기구 축소가 기대되었지만 종래 수행하던 기능들이 거의 그대로 살아남았다. 중앙경찰과 지방경찰의 분리 문제도 다뤄지지 않았다(정용덕, 1995: 79-80).

개편의 폭이 기대보다 좁은 이유 중 하나는 관료들의 저항이었다. 행정쇄신위원회가 개편안을 제안한 후 통폐합 대상 부처의 관료들은 정책 과정(개편안 입안 과정) 참여를 통한 영향력 행사, 정책 파업 협박, 인맥을 이용한 로비 등을 통해 강하게 저항했다. 대통령의 상징정치도 개혁의 불철저함에 일조했다. 대통령은 겉으로는 국민의 기대에 부합하려고 하는 성향이 강했지만, 실제로는 그런 기대를 저버렸다. 표와 지지도 제고를 위해 단기적으로 임기응변하는 데는 능했지만 진실하게 내실을 기하는 데는 부족한 모습을 보였다. 예를 들어, 과거에는 경제기획원 차관이 차관회의를 주재하던 것을 개정을 통해 국무총리 행정조정실장이 차관회의를 주재하도록 만들었다. 정책 결정이 경제 일변도에서 벗어나, 각 분야를 균형 있게 고려하게 하기 위함이었다. 그러나 초대 행정조정실장에 경제기획원 출신을 임명해 이런 의의를 살리지 못했다. 둘째, 보건사회부를 보건복지부로 바꾸면서 복지를

문화체육부로 이관. ⑧ 조달청: 내자국·외자국을 구매국으로 통합. 조정국·물자국을 관리국으로 통합(행정쇄신위원회, 1995: 364-375).

크게 강조했지만 실제로는 의료보험국과 국민연금국을 연금보험국으로 통폐합해 오히려 복지기구를 축소시켰다(정용덕, 1995: 70-72).

제도적 맥락인 국회 상황도 주의깊게 살펴볼 필요가 있다. 김영삼 정권은 국회에서 과반수를 확보하고 있었기 때문에 공정거래위원회에 중앙행정기관 지위를 부여한 것을 제외하고는 당초 정부안을 그대로 통과시켰다. 법사위에서 여당 의원이 "「정부조직법」은 이미 여야 간에 타협된 문제"라고 말하는 것을 보면 여·야가 일괄 거래 협상을 통해 다른 사안들에서는 여당이 야당에 양보를 하는 대신 「정부조직법」에서는 야당이 여권에게 양보를 한 것으로 보인다.[25)]

제 6 절 결과 및 함의

1 정부조직 개편의 부작용: 1997년 외환위기

1) 외환위기를 초래한 원인들의 인과적 흐름

1997년 말에 한국이 IMF에 구제금융을 신청할 수밖에 없었던 가장 가까운 원인은 미국과 일본 채권자들의 냉정한 채권 회수였다. 이들은 한국 금융 시스템 전반에 대한 불신이 커지자 위험을 느끼고 신속하게 한국에서 돈을 회수했다. 이 과정에서 김영삼 정권의 외교 실패가 간접적 원인으로 작용했다. 한국 정부가 미국과 일본 정부에 협조를 요청하고, 미국과 일본 정부가 자국의 채권자들에게 한국 채권 회수를 자제해달라고 요청했다면, 한국은 어려운 경제 상황에도 불구하고 적어도 IMF에 구제금융은 신청하지 않았을 가능성이 높았다. 그러나 김영삼 정권은 북핵 문제를 둘러싸고 미국 클린턴 정권과 틀어졌고, 과거사 문제로 일본 정권과 사이가

25) 제171회 임시국회는 1994년 12월 19~23일에 걸쳐 열렸다. 이 임시국회는 앞선 정기국회에서 미처 처리하지 못한 쟁점들을 처리하기 위해 여야 합의로 개최되었다. 당시 쟁점들 중 대표적인 것은 「정부조직법」 개정안, 「감사원법」 개정안, 「지방자치법」 개정안 등이었다(국회사무처, 1995: 15, 63-108). 협상 과정에서 여당이 「감사원법」이나 「지방자치법」에서 야당에게 양보하는 대신 「정부조직법」에서는 야당의 양보를 받아낸 것으로 추정된다.

나빠져서[26] 경제위기에 직면했을 때 미국과 일본 정권의 협조를 이끌어내지 못했다(김창기, 2000: 120-128; 김광일, 2001: 144; 서진영, 2001: 320-321).

한국 금융 시스템 전반에 대한 불신이 증가한 원인은 은행들의 부실채권 증가 때문이다. 은행들의 부실채권 증가는 첫째 재벌 계열사들의 부실화에서 비롯되었다. 당시 재벌 계열사들은 주식시장에서 증자를 통한 직접금융보다는 은행 차입금을 이용하는 간접금융에 크게 의존했었다. 그래서 부실 재벌 계열사들의 증가는 곧바로 은행들의 부실채권 증가로 이어졌다.[27] 또한 종금사들의 해외 채권 부실화도 한국 금융 시스템의 전반적인 부실화에 기여했다. 당시 종금사들은 미국이나 일본에서 저리의 단기 자금을 차입해 동남아 지역에 장기 고금리로 막대한 양의 돈을 대출해주고 있었는데 이 지역에서 거품경제가 붕괴하면서 자산 가격이 하락하자 동남아 채무자들이 차입금을 상환하지 못했고 이것은 고스란히 한국 종금사들의 부실로 이어졌다.

한국 재벌 계열사들의 부채 비율이 상승했던 핵심 원인은 이들이 시장에 진입한 후 치열한 경쟁에서 살아남기 위해 무리수를 뒀기 때문이다. 예를 들면 시장 점유율을 제고해 경쟁기업을 시장에서 구축하고자 일단은 손해를 보는 판매를 하거나, 경쟁 기업을 합병하기 위해 은행 빚을 과도하게 끌어들였다. 종금사들도 상황은 마찬가지였다. 상호간의 치열한 경쟁에서 살아남기 위해 일본이나 미국에서 저리의 단기 외채를 얻어다가 동남아 지역에 고리로 장기 대출을 놓는 위험천만한 만기 불일치 외환 영업을 했던 것이다(Demitriades & Fattouh, 1999: 788-789; Haggard, 2000: 16; Lee, 2000: 125-129).[28]

제조업이든 제2금융권이든 재벌 계열사들이 치열한 경쟁에 직면할 수밖에 없었던 이유는 이들이 이미 공급이 포화 상태인 시장에 진입했거나, 규모가 작은 시장에 너무나 많은 재벌 계열사가 진입했기 때문이다. 삼성이 이미 현대, 대우, 기아그룹에 의해 공급 포화 상태이던 자동차산업에 진출한 것, 1994~1995년에 걸쳐 24

26) 김영삼 대통령은 한-일 관계에서 과거사 문제와 관련해 "버르장머리를 고쳐놓겠다"고 발언하고, 무역역조 등 기타 문제들에 대해서도 '할 말은 한다'는 입장을 강하게 견지했었다(김영삼, 2001a: 194-200, 260-264; 서진영, 2001: 321).

27) 1994~97년 사이에 30대 재벌의 평균 부채 비율이 355.7%에서 518.9%로 크게 상승했다(Lee, 2000: 124).

28) 종금사 총부채에서 1년 미만 단기차입금 비율은 1992년 43.7%에서 1993년 53.5% 1996년 58.3%로 올라갔다(동아일보, 1998.2.7).

개의 종금사가 신규 진입한 것[29] 등이 대표적인 예다. 이와 같이 재벌이 신규 계열사들을 설립해 이미 공급 포화 상태인 산업에 문어발식 진입을 하고, 급작스럽게 종금사들을 설립할 수 있었던 원인(遠因)은 김영삼 정권의 진입 규제 완화 정책과 그것에 조응한 정부조직 통폐합 개편이다(Haggard, 2000: 16). 김영삼 정권은 선행 군사정권들과의 차별성 부각을 위해 그리고 시장 개방 확대 및 세계화 추세에 맞서 국내 기업의 국제 경쟁력을 제고하기 위해 각종 진입 규제를 폐지하고 재벌들을 감독하던 정부기구를 축소·통폐합시켰다.[30] 이상의 논의를 흐름도로 정리하

그림 8-1 외환위기 원인들의 선·후 관계

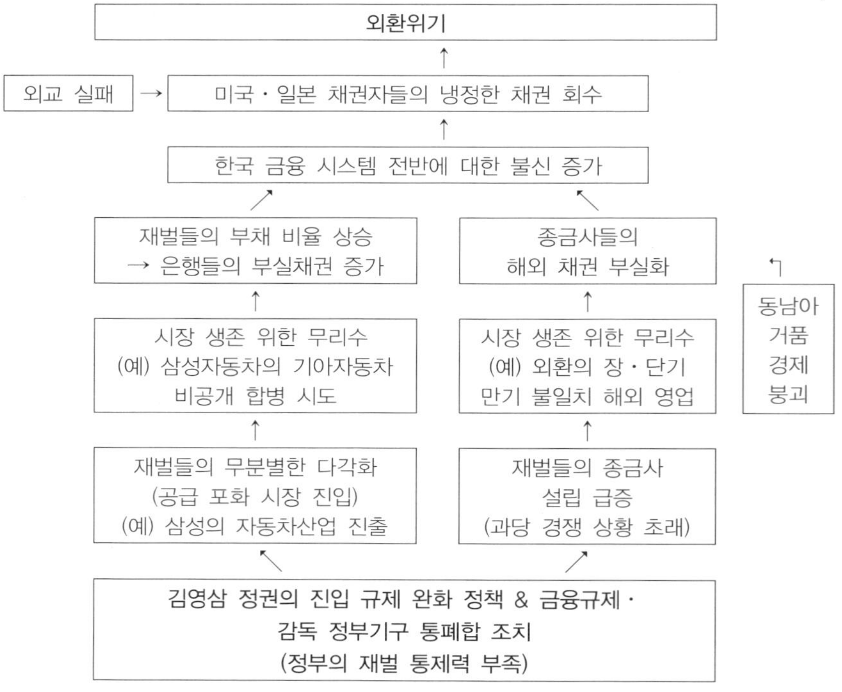

29) 1994년에 9개의 단기투자회사들이 종금사로 전환되었고, 1995년에 15개의 종금사들이 새로 설립되었다.

30) 당시 김영삼 정권의 전 경제부처가 천편일률적으로 규제 완화 정책을 추진한 것은 아니었다. 통상산업부는 급격한 경제자유화와 규제 완화에 신중하며, 재벌들에 대한 주력업종 제도를 유지하면서 재벌의 무분별한 사업다각화를 막고 있었다. 김영삼 정권도 처음에는 규제 완화 확대 정책에

면 [그림 8-1]과 같다.31)

2) 정부조직 개편이 경제에 미친 영향

나라 경제에서 차지하는 비중이 막강했던 재벌들은 한국 사회에서 두 얼굴을 가진 야누스였다. 사적 이윤 추구와 더불어 공적 기능도 수행하도록 적절하게 규율될 때에는 세계 시장에 진출하는 수출 첨병 역할을 수행해 나라 경제에 큰 공헌을 하지만, 어떤 견제나 규율도 받지 않고 공적 성격을 망각한 채 자기들의 협리(狹利)만 추구할 때는 나라 경제를 나락으로 떨어뜨릴 수도 있는 존재였다.32) 그렇기 때문에 박정희 정권 이래 역대 군부정권은 재벌의 경제 활동을 지원하면서도, 규제정책과 경쟁정책을 통해 지속적으로 재벌들을 규제, 견제, 감독해 왔다.

한국 경제는 1963년 이래 재벌 중심의 수출 주도 전략으로 성장해 왔기 때문에 김영삼 정권 역시 아무리 군사정권들과의 차별성을 강조하고 싶었더라도 단기간에 재벌들을 완전히 해체할 수는 없었을 것이다. 그렇다면 과거 정권들처럼 재벌을 규율, 감독하면서 동시에 그런 정책들을 집행할 수 있는 제도적 능력을 유지하거나 혹은 재벌들에 대한 규제 완화, 자유화 조치를 취하되 정부 대신 재벌을 규율할 수 있는 대안적인 제도를 마련해 놨어야 했다. 그런데 김영삼 정권은 이것도 저것도 안 했다. 규제 완화, 자유화 조치를 취하면서 동시에 정부조직도 개편해 정부의 감

반대했었다. 그러나 당시 자유주의 관료들 특히 청와대 경제수석들(한국개발연구원 출신의 구본영, 경제기획원 출신 한이헌과 이석채)과 재경원의 고위 관료들 및 재경원 산하 한국개발연구원과 대외경제정책연구원은 급격한 자유화를 강조했다. 초강력 부처인 재경원이 자유화를 강조하니 통상산업부도 자기 목소리를 크게 낼 수 없었고, 결국 굴복해서 삼성자동차의 신규 진입을 허가했던 것이다(Lee, 2000: 121-126).

31) 단임 대통령제에서 비롯된 레임덕 현상, 한국 국민의 다소 이른 과소비 행태, 해외 헤지펀드의 원화 공격 등도 1997년 외환위기의 원인으로 논의되었지만(한국일보, 1998.7.27), 이들은 지엽적 혹은 위기 발생 이후의 말기 현상들로 보인다.

32) 유한책임(有限責任, limited liability)의 특권을 갖는 주식회사 제도는 본래 19세기 중반 영국에서 운하·철도 등 막대한 자본이 요구되는 공공사업을 수행하게 하기 위해 정부가 예외적으로 설립을 '특허'한 결과 나타난 공공적 성격을 가진 제도다. 훗날 신고제로 설립이 자유화되었지만 제도 탄생의 역사적 맥락을 망각해서는 안 된다. 더욱이 한국 재벌들은 1963년 이래 박정희 정권이 수출 주도 경제 성장을 위해 의도적으로 각종 특혜를 몰아주면서 '육성'한 역사적 파생물이다. 제도의 본래 취지 및 한국 고유의 현대사를 망각하고 오로지 자기들의 사적 이윤만을 추구하는 것은 옳지 않다. 사적 이윤 극대화와 사회적 공적 기능 수행이 충돌한다면 양자를 절충시키는 지혜가 있어야 한다.

독 능력을 약화시켰고 그러면서도 대안적인 제도들은 마련해놓지 않았다. 그 결과 한국 사회에서 강자였던 재벌들은 아무런 견제나 통제를 받지 않고 자신들의 경제력을 마음껏 휘두를 수 있는 절대 강자가 되었다.

좀 더 구체적으로 보면, 김영삼 정권은 1994년 12월「정부조직법」개정과 거의 동시에 진행된 해당 기구의 직제 개정을 통해 재벌의 돈줄 역할을 하는 종금사와 은행을 규제, 감독하는 기구를 크게 축소시켰다. 본래 종금사들은「종합금융회사에 관한 법률」제8조에 따라 재무부의 감독을 받고 있었다. 그런데 1994년 말 정부기구 개편 때 재무부가 폐지되어 공식적으로는 감독 기구가 없어졌고, 동 법률 개정으로 1996년 4월 1일부터는 재경원의 감독을 받게 되었다. 그러나 이미 재경원은 기구 개편의 여파로 감독 인력을 크게 감소시켜 사실상 종금사들을 감독할 수 있는 제도적 능력이 없었다. 김영삼 정권은 금융, 증권, 보험, 외환 등 금융 관련 규제를 획기적으로 완화시키기 위해 재무부 재무정책국, 금융국, 증권보험국, 국제금융국 네 개 국을 재경원 금융정책실(4과/3심의관/8담당관)로 통폐합했다.[33] 또한 경제기획원 경제기획국과 정책조정국도 재경원 경제정책국으로 통폐합시켰다. 그리고 경제기획원 경제협력국을 폐지해서 재경원 대외경제국에 흡수 통합(1심의관)시켰고, 심사평가국은 국무총리 행정조정실로 이관시켰다. 기구 개편 이전에 재무부 정원은 538명, 경제기획원 정원은 554명이었는데, 통합 신설된 재경원 정원은 787명에 불과했다.[34] 즉, 양 기구 통합 과정에서 305명의 정원을 축소한 것이다. 양 기구에서 여덟 개 국이 축소 개편 대상이었기 때문에 각 국당 대략 38명씩 감축된 것으로 추정된다(305명÷8국). 이것은 금융 관련 네 개 국에서 대략 152명의 인력이 감축되었음을 의미한다. 좀 더 자세히 언급하면 종금사의 외화 차입 문제에 관련된 재무부 부서는 종금사 업무의 지도 감독을 담당하던 '금융국 특수금융과'와 상업차관 및 민간자산의 해외 운용 업무를 담당하던 '국제금융국 국제금융과'다.[35] 금융국과 국제금융국은 각기 네 개 과로 구성되어 있었기 때문에 각 과는 대략 9~10명의 인원으로 구성되어 있었을 것이다. 종합해 보면, 김영삼 정권의 정부조직 개편으로 인해 재무부 두 개 과에서 대략 18~20명의 종금사 외환 업무 감독 인력이 사

33)「재경원직제」제14조.

34)「재무부 · 경제기획원 · 재경원 직제」별첨.

35)「재무부직제」제14조, 제17조.

라졌다.[36] 훗날 외환위기 발생 후 금융감독원으로 통합된 신용보증관리기금이 정부기구 개편과 상관없이 재무부(이후 재경원) 산하단체로서 종금사 업무를 담당하고 있었지만, 이 기구의 핵심 업무는 예금자 보호였다.[37] 본질상 단기금융회사들의 업종협회로 종금사들의 무분별한 외환 업무를 감독할 업무 권한, 의지, 제도적 능력이 없는 기구였다.[38]

재벌들을 견제할 수 있는 대안 제도들이라도 구비해 놨다면 상황은 크게 달라졌을 것이다. 최소한 한국은행 독립성, 기업 회계의 투명성, 증권 집단소송제, 소비자 집단소송제만이라도 정착되었다면 소액 주주들과 소비자들은 사법 제도의 힘을 빌려 재벌 소유경영자들의 무분별한 사업다각화 등을 견제하는 대항 권력(Galbraith, 1952: 118) 역할을 수행했을 것이다. 그러나 김영삼 정권은 이런 최소한의 제도조차 도입하지 않았다.

2 결론

김영삼 정권은 세계화를 명분으로 1994년 12월에 경제부처들을 대대적으로 개편했다. 그러나 그 결과는 참담했다. 정권의 임기가 끝나기도 전에 6·25전쟁 이후 최대 사변이라는 외환위기가 발생했다. 실업이나 자살 등 시장경쟁 탈락자들이 겪은 희생과 고통은 돈으로는 환산할 수 없을 만큼 컸다.[39] 정부조직 개편은 정부를 둘러싸고 있는 환경적 맥락에 맞게 수행되어야 바람직한 결과를 초래할 수 있다. 그리고 한 나라 존립에 결정적 영향을 미치는 영역에서는 효율성 기준보다 가외성

36) 국민국가(nation-state)는 세계화가 가장 많이 진전된 국제금융 분야에서도 여전히 중요한 역할을 수행한다. 국제자본은 시장에 접근하고, 공평한 경쟁의 장을 확보하기 위해서라도 국민국가에 의존할 수밖에 없다. 세계화된 경제는 결코 국민국가가 존재하지 않는 역외(offshore) 어딘가에서 작동하는 것이 아니다. 국민국가들이 제공하는 정치적 틀 내에서 작동한다(Kapstein, 1994: 2, 6, 184; Zysman, 1996: 157). 이런 관점에서 본다면 세계화와 국내 기업들의 국제 경쟁력 제고를 위해 한국 정부의 규제와 감독 권한을 삭제하고, 국제금융 관련 정부 인력들을 대폭 감축했다는 것은 큰 잘못임을 알 수 있다. 상황에 맞게 규제의 내용을 바꿔 재규제(reregulation)해야 했고(Vogel, 1996: 137-166), 세계화로 외환 거래량이 증가하면 오히려 정부의 감독 인력을 증가시켰어야 했다.

37) 「신용관리기금법」 제1~2조, 제10조.

38) 종금사뿐만 아니라 일반 은행 영역도 사정은 비슷했다(Lee, 2000: 124).

39) 박우순(1998: 13)은 규제 완화와 정부조직 개편을 추진할 때 그 조치들이 국민 다수의 자유와 인권에 어떤 영향을 미칠 것인지에 대해서도 진지하게 고민해야 한다고 지적한다.

기준에 입각해 정부기구를 편제하고(하태수, 2006: 171-173), 외국에서 개발된 이론이나 제도를 수입, 이식할 때에는 맥락 정합성(contextual congruity)을 고려해 토착화시킬 필요가 있다.[40] 그런데 김영삼 정권은 이런 사항들을 완전히 무시했다. 재벌들이 무분별하게 은행 빚을 얻어다가 사업다각화에 나섰다고 그들만 나무랄 일이 아니다. 한국에 맞지 않는 처방을 무비판적으로 도입하고 시행한 당시 정권의 핵심 정책결정자들은 더 큰 비판을 받아야 한다. 특히 김영삼 대통령은 선행 군사정권과의 차별성 부각, 임기 내 뚜렷한 업적 달성을 통한 성공한 대통령 되기 등에 연연하지 말고 당시의 한국 상황을 주도면밀하게 진단해서 개혁을 추진했어야 했다.[41] 당시 정책 결정 과정에서 주된 역할을 했던 고위 관료들,[42] 정치인들, 민간 지식인도 책임에서 자유로울 수 없다. 이들은 규제 완화, 작은 정부론이 세계적 추세이니까 우리에게 맞는지 아닌지 따져보지도 않고 무비판적으로 소개하고 도입했다. 야당 의원들 역시 책임에서 자유로울 수 없다. 정부와 여당이 중요한 점을 간과하고 있으면 지적해서 경종을 울려야 했는데 그렇지 못했다. 재경원으로의 권한 집중만 집중적으로 비판했지 금융 감독 완화가 가져올 문제를 비판하지는 않았다.

김영삼 정권 당시 한국은 다른 나라들에서는 찾아보기 힘든 독특한 특성들을 여러 가지 가지고 있었다. 국가-시민사회 관계 측면에서 조선 5백여 년의 수탈국가의 역사, 일제 총독부의 강권 통치, 역대 군부 파쇼 정권의 독재로 인해 시민사회는 미발달되어 있었고, 시민 의식도 성숙되지 않아 국민은 사회 문제를 스스로 해결하려고 하기보다는 정부가 개입해서 해결해주기를 바라는 경향이 강했다. 1986~87년 민주화운동 이후 시민사회 성숙의 기회의 창이 열렸지만 3당 합당으로 다시 닫히고 말았다. 정치에서는 강력한 대통령제 정부구조를 가지고 있었고, 지방자치는 이제 막 시작 단계였다. 안보에서는 1993~94년에 북한과 전면전 일보 직전까지 갔었고, 세계 2위 경제대국 일본과 과거사 및 영토 문제로 분쟁 중이었으며,

40) 외국 제도의 이전과 토착화에 대한 좀 더 깊은 논의는 하태수(2002b)를 참고 바람.

41) 그러나 한 번 더 생각해 보면, 지역 감정·색깔론 등에 빠져서 애초에 그런 능력이 없었던 대통령 후보를 선거 과정에서 걸러내지 못한 당시 한국 유권자들의 책임이 가장 크다.

42) 1993~1994년 시기에 경제정책을 좌우했던 주요 인물은 박재윤 청와대 경제수석, 이경식 경제부총리, 홍재형 재무장관, 김철수 상공장관, 한이헌 공정거래위원장, 서상목 민자당 정책조정실장 등이었는데 모두 경제활성화에 최우선을 두었다. 재벌 중심의 경제력 집중을 견제와 균형 관점에서 바라본 사람이 없었다. 설상가상으로 박재윤 수석의 독주가 심해서 이들 사이에 팀워크도 좋지 않았다(신현만, 1993: 57, 61).

인구 대국 중국은 한창 비상 중에 있었다. 인구밀도는 세계에서 가장 높은 편에 속했다. 경제에서는 여러 가지 악조건에도 불구하고 1963년 이후 수출 주도 경제 성장 전략으로 1인당 GDP는 중진국 수준에 도달했지만 그 이면에서는 정부 외에 아무도 견제할 수 없었던 재벌이라는 거대 괴물이 생겨났다.

반면에 규제 완화, 작은 정부 운동이 시작된 영국은 한국과 여러 면에서 달랐다. 우선 섬나라라는 지정학적 특성 때문에 역사를 통해 비교적 국가 안보가 안정되어 있었다. 그 결과 유럽 대륙 나라들에 비해 중앙상비군의 필요성이 약했고, 이것은 사회 전 영역에 큰 영향을 미쳤다. 일찍부터 민주화 · 분권화가 도입될 수 있었고, 중앙정부에서는 의원내각제 중앙-지방 관계에서는 지방자치가 꽃을 피웠다. 주변에 프랑스와 독일이라는 경쟁국들이 있었지만 한-일, 한-중 관계에 비하면 압도적으로 열세인 상황도 아니었다. 경제에서는 세계 최초로 산업혁명을 시작한 바람에 민간자본 위주로 경공업, 중공업, 서비스업으로 단계를 밟아 성장해 나갔다. 동시에 주식회사 제도, 집단소송 제도, 신용평가 시스템 등 자본주의 발전 단계에서 시장의 작동에 필요한 제도를 차근차근 고안, 사용해 왔다. 1인당 GDP 수준도 한국보다 훨씬 높았다.[43] 경제구조는 금융업과 관광업 중심이어서 중후장대(重厚長大) 제조업 위주인 한국 재벌처럼 경제력 집중도가 높은 경제 주체들도 존재하지 않았다. 영국에서 시작된 규제 완화, 작은 정부 조치는 최소한 이 같은 여건이 동반될 때 비로소 제대로 작동되는 처방이었다(Hunt, 1936: 116-120; Hannah, 1983: 19-29, 55-60, 79; Charkham, 1994: 250-258, 321-322; Chaudhry, 1994: 2-7; Lane, 1994: 80; Aoki, et al., 1996: 12-13; Wilks, 1998: 134; Hirst, 1998: 356-358; Gamble et al., 1999: 3-4, 15-21; Clift et al., 2000: 51-82; Gamble et al., 2000a: 3-7; Gamble et al., 2000b: 41-42; Ha, 2001: 65-74).

한국처럼 국민들이 정부만 쳐다보고 있고, 실제로도 정부를 제외하면 재벌을 견제할 주체가 없었던 나라에서는 완전히 맥락이 다른 나라에서 발전된 규제 완화, 작은 정부 같은 처방을 함부로 도입하면 안 되는 것이었다. 앞선 군사정권들이 30

43) 민진(1993: 798)에 의하면 1인당 GNP가 높은 나라일수록 경제에 대한 정부 간섭이 줄어들어 정부가 간소해진다. 이런 측면을 고려할 때, 고소득 국가 영국이 작은 정부 한다고 중진국 한국이 무작정 따라한 것은 적절하지 않은 조치였다. 1994년 현재 영국의 1인당 GDP는 20,414 달러(세계15위)였고, 한국은 11,395 달러(세계 37위)였다(www.nationmaster.com/red/graph/2011.6.20. 검색).

년 동안 사용한 시스템이 식상했을 수도 있고, 민주 문민시대를 맞아 국민들에게 뭔가 새롭고 신선한 것을 보여주고 싶은 욕구가 강했을 수도 있다. 그러나 무릇 일국의 통치 세력과 그들을 뒷받침하는 지식인들은 나라의 운명에 대해 신중 또 신중했어야 했다. 자국의 상태는 고려하지 않고 남들이 좋다고 하니까 무비판적으로 따라한 것은 아주 큰 잘못이었다.

제 9 장 김대중 정권 출범기*

제 1 절 들어가며

1997년 11월 21일 한국의 김영삼 정권은 IMF에 구제금융을 신청해 6·25 이후 최대 사변이라 일컬어지는 외환위기의 정점을 찍었다. 같은 해 12월에 치러진 대통령 선거에서 새정치국민회의의 김대중 후보가 당선되어 37년 만에 여·야 간 수평적 정권 교체가 일어났다. 정권의 지역적 기반으로 보면 경상도 정권에서 전라도 정권으로, 김영삼 정권이라는 징검다리가 있기는 하지만 군사정권에서 민주정권으로, 오랫동안 핍박을 받아오던 야당 지도자가 대통령으로 당선된 정권 교체였다.

정권 교체뿐 아니라 나라의 경제 위기 극복이라는 시급한 과제도 있었기 때문에 정부조직은 대통령 권한 강화 쪽으로 개편될 것으로 예상되었다. 위기를 극복하기 위해서는 신속한 의사 결정이 필수이고 이를 위해서는 집권적 시스템이 좀 더 적절하기 때문이다. 또한 거의 40년 만에 일어난 정권 교체였기 때문에 그동안 누적된 정치, 경제, 사회구조의 문제를 개혁하는 데에도 집권적 시스템이 좀 더 적절하다고 생각되었다. 그렇지만 정부조직 개편은 예상처럼 전개되지 않았다. 여당이 제시한 개편안은 대통령 중심의 집권적 시스템을 의도했으나, 야당의 반대와 수정

* 이 장은 하태수(2009a)를 수정·보완한 것이다.

요구 때문에 원안대로 통과되지 않았다.

나라가 전쟁이나 큰 경제 위기를 겪으면 기존의 역사 흐름 경로와는 다른 새로운 역사 전개의 경로가 형성될 것으로 예상하기 쉽다. 그러나 현실을 좀 더 자세히 들여다보면 그렇게 될 가능성은 높지 않다. 기존의 사회 권력구조가 완전히 붕괴되어 기초부터 다시 사회를 구축해야 하는 때에는 새로운 역사 경로를 형성할 수 있지만 그렇지 않은 경우라면 기존의 권력구조가 개혁 과정에 영향을 미칠 수밖에 없고, 그 결과 급격한 변동은 나타나기 어렵다.

제 2 절 행위자

1 김대중 대통령과 김종필 총리

김대중 정권 출범기의 정부조직 개편에 가장 큰 영향을 미친 행위자는 연합정부를 구성하기로 한 새정치국민회의와 자유민주연합의 김대중, 김종필 총재 두 명이다. 1997년 10월 27일 새정치국민회의[1] 김대중 총재와 자유민주연합[2] 김종필 총재는 서울 청구동 김종필의 자택에서 1년 6개월 정도를 끌어온 새정치국민회의와 자유민주연합 간 대통령 후보 단일화 협상을 끝내면서 새정치국민회의 김대중 후보로의 단일화에 합의했다. 당시 호남을 지지 기반으로 하는 김대중 후보는 한국정치의 지역적 구도 때문에 자력으로는 당선되기 어려웠고, 충청 지방을 지지 기반으로 하는 김종필 후보도 지지도가 너무 낮아 당선 가능성이 거의 없었다. 어떻게

1) 1992년 대통령 선거 후 정계 은퇴를 선언했던 김대중이 1995년 6월 제1회 지방선거를 계기로 민주당 후보 경선 과정에 개입하고 지원 유세를 하면서 사실상 정계에 복귀했다. 지방선거에서는 민주당이 압승을 거뒀다. 김대중은 기세를 몰아서 1995년 7월 17일 새정치국민회의를 창당했다. 민주당 소속 국회의원 95명 중 65명이 새정치국민회의로 옮겼다. 그러나 1996년 4월 제15대 국회 총선에서는 야당 분열로 인해 참패했다. 총 299석 중 79석을 얻는데 그쳤다. 2000년 1월 20일 제16대 총선을 3개월 앞두고 새천년민주당 창당으로 해산되었다.

2) 민자당 공화계가 탈당해 창당한 정당이다. 김영삼 대통령과 민자당은 민주계는 1994년 말부터 개혁과 세계화를 내세워 김종필의 일선 후퇴를 요구했다. 이에 김종필은 1995년 1월 민자당 대표위원직을 사임하고, 2월 9일에 탈당하고, 3월 30일에 현역 국회의원 5명과 함께 자유민주연합을 창당했다. 이듬해인 1996년 4월 12일 제15대 국회 총선에서 50석을 획득했다.

든 두 후보가 연합해야 여당인 한나라당의 이회창 후보를 꺾을 수 있는 구도였다. 자유민주연합은 대선 후보직을 양보하는 대가로 정권 교체 후 김종필을 실세형 국무총리로 임명할 것, 지방선거 수도권 광역단체장 중 한 명을 자유민주연합 소속으로 할 것, 1999년 말 독일식 순수내각제로 개헌할 것, 개헌 뒤 대통령과 총리 중 우선택일권 보유, 대선 뒤 공동정부 구성에서 장관직을 철저히 5:5로 나눌 것(특히 경제부처 장관은 총리가 임명)[3] 등을 확보했다. 그러나 양당은 아직 이 시점에서는 대선 승리 후의 정부조직 개편의 구체적 내용에 대해서는 합의하지 않았다. 새정치국민회의는 장관직을 5:5로 나누더라도 정부조직 개편을 통해 실권은 자기들이 쥐고 있으려는 정치적 계산을 했던 것으로 보인다(조선일보, 1997.1.26).

김대중은 1971년 40대 기수론을 내세워 신민당 대선 후보로 선출되었고 대통령 선거에서 95만 표 차이로 박정희 대통령에게 패했을 정도로 야당의 중심 인물로 부상했다. 1970년대에 납치 등 수많은 정치적 탄압을 받았고, 박정희 대통령 서거 후 제5공화국 출범기에는 내란 음모를 받아 사형 선고, 수감, 미국 망명 등의 고초를 겪었다. 정계 복귀 후 1987년 대통령 선거에서 평화민주당 후보로 다시 출마했으나 노태우, 김영삼에 이어 3위에 그치고 말았다. 노태우 정권 출범 후에는 3당 합당으로 인해 외롭게 야당을 지켜야 했고, 1992년 대선에서 다시 민자당 김영삼 후보에게 패배해 정계 은퇴 후 영국으로 건너갔다가 1995년에 다시 복귀했다. 평생 야당의 길을 걸어온 그는 군사정권과 다른 통치 이념을 가지고 있었다. 우선 남북관계 측면에서 북한의 실체를 인정하는 통일 방식을 주장했고, 경제 성장 전략 측면에서는 재벌 위주의 불균형 성장이 아니라 중소기업 위주의 균형 성장을 주장했다. 1997년 대선 승리 후 "대대적 개혁을 하려고 했는데 외환위기가 일어났다. 차라리 잘 됐다"는 발언[4]을 했다고 알려졌을 정도로 정권 교체 후 지난 40여 년 간 채택되어온 한국의 통치 전략을 근본적으로 바꾸려는 생각을 가지고 있었다.

김종필은 육군사관학교 졸업 후 군 장교로 경력을 시작해 5·16쿠데타와 공화

3) 그러나 조각 과정에서 5:5 나누기 약속은 제대로 지켜지지 않았다. 자유민주연합은 국무총리, 국무조정실장, 6개 경제부처 장관직, 금융감독위원장직 등을 받는 데 그쳤다. 6개 경제부처는 재정경제부, 건설교통부, 보건복지부, 해양수산부, 환경부, 과학기술부다. 또한 자유민주연합은 16여 개 광역자치단체장의 50%, 서울시장 공천권, 안기부장, 국방 장관, 총선 공천권 50%, 중대선거구로의 전환, 총리를 본인 의사에 반해 해임시키지 못하는 등의 총리 임명 관련 법제화 등도 요구했지만 새정치국민회의의 거부로 얻어내지 못했다(한겨레 정치부, 1998: 11-14).

4) 그러나 정작 본인은 그런 말을 한 적이 없다고 부인했다.

당 창당을 주도했고, 1971년 6월 4일부터 1975년 12월 18일까지 국무총리를 지냈다. 소위 박정희 정권의 2인자로 박정희 대통령이 퇴임한다면 후임 대통령이 될 1순위 후보였다. 그렇기 때문에 박정희 정권 동안 항상 권력기관의 감시를 받기도 했다. 5공 출범 후에는 정치 활동을 금지당하다가 1987년에 신민주공화당 후보로 대통령 선거에 출마해 4등을 했다. 1990년 1월 22일 정국 안정을 위해 3당 합당을 했다가 1995년 2월 민자당을 탈당해 자유민주연합을 창당했다. 만년 2인자 소리를 들을 정도로 정치를 하면서도 대통령이 되고자 하는 의지가 강하지 않았다. 대한민국 역사의 '기승전결' 발전론을 주장하면서 1960~70년대에는 한국의 경제 성장을 위해 노력했고, 3당 합당 이후에는 내각제 개헌을 위해 노력했다. 정치적 억압이라는 어두운 면이 있기는 하지만 경제 성장 달성이라는 성과를 자랑스러워하면서 산업화 과정을 비판하는 세력들에 맞섰다. 1997년 대선 후보 단일화와 관련해서는 '박정희 대통령을 대신해 김대중 후보가 받았던 정치적 탄압을 보상'해주려고 한 개인적 동기와 김대중 후보의 당선 후 예상되는 '급격한 변화를 방지'하려고 하는 국가적 동기 두 가지가 있었던 것으로 보인다. 정권 교체 후 1998년 3월 3일부터 2000년 1월 12일까지 국무총리를 지냈다.

2 한나라당

김영삼 정권 당시 집권 여당이던 신한국당[5]이 1997년 11월 21일 통합민주당과 합당하면서 당명을 한나라당으로 바꿨다. 1997년 말 즈음 김영삼 대통령의 친인척 비리, 대기업들의 연쇄 부도, 외환위기 등으로 정부에 대한 지지율이 매우 낮아졌다. 설상가상으로 대선을 한 달 앞둔 상황에서 신한국당 이회창 후보는 아들의 병역 비리 의혹 등으로 위기에 몰려 있었다. 그런 상황에서 김영삼 대통령이 경선에서 패배한 후 탈당해 국민신당을 창당한 이인제 후보를 지원한다는 설이 난무하고,

5) 1990년 1월 3당 합당으로 탄생한 민자당은 1995년 12월 6일 신한국당으로 변경된다. 공화계의 탈당, 1995년 6월 지방선거 참패, 노태우 비자금 사건 발생 및 수감 등 민자당에 악재가 발생하자 김영삼 대통령이 변경을 단행한 것이다. 외부 인사를 대폭 영입해 기존 현역 의원 42%를 교체했다. 그러나 1996년 4월 국회 총선에서 138석을 확보해 과반수 확보에 실패했다. 선거 후 무소속 당선자들과 통합민주당 인사들을 영입해 과반수를 갖췄으나 여론의 비판을 많이 받았다.

김대중 후보 비자금 의혹에 대해 검찰이 수사 유보 결정을 내리자 이회창 후보는 김영삼 대통령에게 탈당을 요구했다. 그리고 1997년 11월 7일 민주당 총재 조순(趙淳)과 '3김 시대 청산', 'DJP연합'의 부당성 등을 주장하며 당 대 당 통합과 대통령 후보 단일화에 합의했다. 두 당은 1997년 11월 21일 합당하면서 당명을 한나라당으로 정했다. 김영삼 정권이 1997년 12월 3일 신자유주의(新自由主義)를 도입한다는 조건 하에 IMF와 구제금융 양해각서를 체결하자 민심 이반은 가속화되었다. 12월 18일에 치러진 대선에서 한나라당은 패배했고 야당으로 전락했다.

3 조순 총재

조순은 1997년 대선 과정에서 세의 열세를 느끼고 이회창의 신한국당과 합당해 한나라당을 창당한 후 초대 총재가 되었다. 그는 전직 서울대 경제학과 교수로 한국 경제 발전에 기여하고자 하는 공명심이 강했다. 젊은 시절 한국의 케인스(John M. Keynes)가 되겠다고 마음먹고 미국 유학길에 오르기도 했다. 정부조직 개편과 관련해서는 대통령의 권한이 지나치게 강화되는 것을 저지하면서도 새 정권이 신속하게 국난을 수습할 수 있는 토대를 마련하기 위해 협상 과정에서 먼저 양보안이나 타협안을 제시하는 등 유연한 태도를 보였다.

제3절 제도적 맥락

1 정부조직 개편 심의위원회

새정치국민회의는 심의위원회를 구성해 정부조직 개편안을 마련했다. 1998년 1월 4일 새정치국민회의 박상천 원내총무는 자유민주연합, 한나라당, 국민신당 등에 현역 국회의원 1명씩을 심의위에 참여시켜 줄 것을 요청했다. 심의위원회는 위원장 박권상, 국회의원 4명, 박동서 김영삼 정부 행정쇄신위원장, 김광웅 서울대 교수, 김철수 서울대 교수, 고려대 이문영 교수 등 모두 12명의 심의위원으로 구성되었다. 그리고 동 위원회 밑에 10여명으로 구성되는 실행위원회를 두었다.[6] 새정치국민회의는 이 심의위원회를 통해 자유민주연합과 한나라당과의 협상을 타결지으려고 했으나, 한나라당이 나중에 독자 개편안을 제출함에 따라 여기서 마련된 개편안은 사실상 새정치국민회의-자유민주연합안이 되었다. 1월 7일에 심의위원회 첫 회의가 열렸는데 김영삼 정부 행정쇄신위원회안, 총무처안, 공공정책학회안, KDI안 등을 참고해서 1월 26일까지 최종 개편안을 마련하기로 했다.

2 국회

당시 「국회법」[7]에 따르면 「정부조직법」 개정안이 발의되면 국회는 행정위원회에 심의를 의뢰하고 행정위원회는 대체 토론을 마친 후 다시 소속 소위원회인 법안심사소위원회의 심사 결과를 반영해 본회의 부의 여부를 결정해야 했다. 행정위원회와 법안심사소위원회의 의결 정족수는 재적위원 과반수 출석과 출석위원 과반수 찬성이었다.[8] 행정위원회는 심사 후 독자적인 법률안을 제안할 수 있었다.[9] 이 경우 행정위원장이 제출자가 되었다. 행정위원회는 개정안을 본회의에 부의하기로 결정하면 개정안을 법제사법위원회로 넘기고 동 위원회가 자구 심사를 통과시켜 본회의로 넘긴다. 본회의는 개정안을 표결에 부쳐 재적의원 과반수 출석에 출석 의원 과반수 찬성으로 통과시킬 수 있었다.[10] 이 절차에 따르면 국회 행정위원회, 행정위원회 소속 법안심사소위원회, 법제사법위원회, 국회 본회의 네 곳이 「국회법」에 따른 거부점이고 각 거부점에서 거부권을 행사할 수 있는 정파가 거부권자다.

1997년 12월 31일 현재 국회 본회의 교섭단체별 의석 분포를 보면 전체 294석

6) 실행위원장은 김광웅 서울대 교수가 맡았다. 당시 김대중 대통령 당선자와 새정치국민회의가 「정부조직법」 개정 문제에 대해 특별히 이견을 보인 징후가 없고, 심의위원회와 실행위원회의 민간위원들을 대통령 당선자가 임명했기 때문에 대통령과 새정치국민회의를 별도의 행위자로 볼 필요는 없다. 즉 이 쟁점에 관한 한 대통령과 새정치국민회의는 동일한 행위자다.

7) 제37조 1항 3호, 제58조 2항.

8) 「국회법」 제54조, 제57조 6항.

9) 「국회법」 제51조.

10) 「국회법」 제109조.

중 한나라당 162석, 새정치국민회의 77석, 자유민주연합 43석, 국민신당 8석, 무소속 4석이다.[11] 행정위원회는 전체 14석으로 구성되어 있는데 한나라당 9석, 새정치국민회의 3석, 자유민주연합 1석, 무소속 1석이다. 위원장은 새정치국민회의 김인곤 의원이다. 법안심사소위원회는 전체 6석인데 한나라당이 4석, 새정치국민회의 1석, 자유민주연합 1석이었다. 법제사법위원회는 전체 15석으로 구성되어 있는데 한나라당 8석, 새정치국민회의 4석, 자유민주연합 2석, 무소속 1석이다. 위원장은 한나라당 변정일 의원이다(국회사무처, 1998: 65).

이러한 의석 분포를 보면 대통령을 배출한 새정치국민회의가 거부점 네 곳에서 상대해야 하는 거부권자는 한나라당이었다. 즉, 국회에서 최소 승자연합을 구성해서 「정부조직법」 개정안을 법률로 통과시키기 위해서는 한나라당의 동의를 얻어야만 했다. 새정치국민회의와 자유민주연합이 연합해도 전체 의석의 과반수를 확보할 수 없었기 때문이다. 그런데 문제는 여기서 그치지 않았다. 제15대 대선에서 새정치국민회의는 자유민주연합과 대선후보 단일화를 이루면서 선거에서 승리하면 새정치국민회의-자유민주연합 공동정부를 구성하기로 공개적으로 약속한 만큼 한나라당과 최소 승자연합을 구성하기 전에 자유민주연합의 동의를 얻어야만 했다.[12] 즉 새정치국민회의는 「정부조직법」 개정안을 통과시키기 위해서는 먼저 자유민주연합과 합의해야 했고, 그 다음에는 한나라당과 타협해야만 하는 상황이었다.

3 여 · 야6인회의

국회 의석 분포상 대통령 당선자를 배출한 새정치국민회의는 독자적으로 정부

11) 참고로 1996년 4월 11일 제15대 국회 총선 결과는 신한국당 139석(지역구 121 + 전국구 18), 새정치국민회의 79석(66+13), 자유민주연합 50석(41+9), 통합민주당 15석(9+6), 무소속 16석(조선일보, 1996.4.12).

12) 제15대 대선에서 김대중 후보는 대전 · 충청 지역을 제외한 지역에서 전체적으로 한나라당 이회창 후보에게 17,000표 차이로 패했지만, 충청 지역에서 40만 표 차이로 승리함으로써 결국 당선될 수 있었다(한겨레 정치부, 1998: 299; 강창희, 2009: 148-149). 즉, 자유민주연합 때문에 대선에서 승리할 수 있었던 것이다. 이런 이유로 인해 대선후보 단일화 때 자유민주연합과 맺은 공동정부 구성 약속을 깨고 한나라당과 연정을 구성할 수 있는 가능성은 사실상 0에 가까웠다. 한나라당 정권이 외환위기 발생에 대한 일차적 책임이 있다는 점도 한나라당과의 연정을 사실상 불가능하게 만들었다.

조직 개편안을 처리할 수 없었고, 연정의 상대인 자유민주연합과 연합해도 과반수가 안 되어 정부조직 개편안을 처리할 수 없었다. 불가피하게 자유민주연합, 한나라당과 모두 같이 협상할 수밖에 없는 상황에 놓였다. 3당은 협상을 하기 위해 각 당의 원내총무와 정책위의장 2명을 협상 대표로 선정해 '여·야6인회의'를 구성했다. 참여자를 보면 새정치국민회의는 박상천 원내총무와 김원길 정책위의장, 자유민주연합은 이정무 원내총무와 허남훈 정책위의장,[13] 한나라당은 이상득 원내총무와 하경근 정책위의장이다. 이 회의는 1998년 2월 11일에 첫 회의를 열었고, 2월 16일 6차 회의에서 협상을 타결지었다.

제 4 절 거시적 환경

1 국제 관계

남북 관계는 1994년 7월 김일성 사망 이후 매우 악화된 상태였다. 1995년에 한국이 쌀 15만 톤을 지원하고 1996년에 한반도에너지개발기구(KEDO)가 원자로 건설사업을 시작하는 등 관계 개선 움직임도 있었지만 김영삼 정권의 김일성 조문 금지 조치(1994년), 1996년 9월에 발생한 북한 잠수함 강릉 침투 사건, 1997년 2월 황장엽 망명 사건, 같은 해 7월의 김정일 처조카 이한영 피살 사건 등으로 인해 남북 관계는 크게 악화되었다.

한·미 관계도 상당히 악화된 상태였다. 미국의 클린턴(Bill Clinton) 대통령은 1994년 한국의 김영삼 정권을 배제한 채 북한 영변에 대한 폭격 검토와 포기, 북한과의 제네바 합의 등을 진행했다. 1994년 핵 위기 국면에서 미국과 북한은 "북한이 핵 프로그램을 동결하는 대신 핵폭탄 제조용 플루토늄을 생산해내지 않는 새로운 원자로 건설과 중유 공급"에 합의했다. 김영삼 정권은 미국이 북한 폭격을 검토할 때에도, 카터(Jimmy Carter) 전 대통령이 북한을 방문해 미국–북한 관계를 개선하고자 회담을 할 때에도 아무런 사전 상의를 받지 못했다. 이와 관련해 김영삼 대통

13) 자유민주연합 허남훈 정책위의장은 중간에 이태섭 의원으로 교체되었다.

령은 미국 측에 상당히 강한 불만을 표시했는데 이후 한·미 관계는 크게 악화되었다.

한·일 관계도 악화되어 있었다. 김영삼 대통령은 1995년 11월 14일 일본의 계속되는 역사 망언과 독도 망언에 대해 "버르장머리를 고쳐놓겠다"고 화를 냈는데 일본도 정부 관계자가 나서서 유감을 표명할 정도로 반발했다. 이때 악화된 관계 때문인지 몰라도[14] 일본 정부와 금융계는 1997년 말 한국이 외환위기에 직면했을 때 전혀 도와주지 않았다.

김대중 정권이 당면했던 가장 어려운 환경은 외환위기였다. 김영삼 정부가 1997년 11월 21일 IMF에 구제금융을 신청하면서 IMF가 요구하는 고강도 구조조정 조건을 받아들임에 따라 김대중 정부는 불가피하게 구조조정을 해야 하는 상황에 직면했다. IMF를 실질적으로 지배하고 있던 미국과 영국의 금융자본은 지난 30년간 한국의 고도 성장을 이끌어 온 '관치금융－재벌－불균형 성장' 레짐을 해체하고 한국의 민간은행, 공기업, 재벌 계열 대기업 중 수익성이 높은 것들을 헐값에 매수하려고 했다. 오랫동안 야당 생활을 했고 중소기업 중시 성장전략을 가지고 있어서 외환위기가 아니더라도 기존 경제구조를 개혁하려고 했던 김대중 대통령 당선자 입장에서는 이런 국제적 압력이 국내 이해관계자들의 개혁에 대한 저항을 극복하는 데 도움이 될 수도 있었지만, IMF가 구조조정의 구체적 내용까지 제시했기 때문에 개혁을 추진하는 과정에서 발휘할 수 있는 재량의 폭이 많이 줄어들었다(김대중, 1997a: 215－234; 김대중, 1997b: 138－151).

2 역사적 환경

1997년 12월 18일 대선 결과는 크게 세 가지 면에서 역사적 의의를 가졌다. 첫째, 대한민국 역사상 처음으로 여·야 간 수평적 정권 교체가 일어났다는 것이다. 1961년 5·16 쿠데타로 시작된 영남 기반 정권이 종지부를 찍은 것이다.[15] 김대중

14) 이와 관련해 "일본은 도와주려 했으나, 미국이 일본의 지원에 반대해 도와주지 못했다"는 설이 있기는 하다.

15) 1993년 김영삼 정부의 출범으로 군사정권의 성격은 약화되었지만, 영남 중심성은 그대로 유지되었다.

정권은 지난 37년 동안 쌓인 적폐를 제거하고 그동안 소외되었던 계층과 지역을 보듬어 안아야 할 과중한 역사적 임무를 띠게 되었다. 정부가 도시 빈민, 중소기업 근로자, 장애인, 농민, 지역적으로는 강원, 충청, 호남 지역을 중점적으로 보살필 필요가 있었다. 정치 측면에서는 국민의 자유와 인권 신장을 위해 전임 정권들과 차원이 다른 민주주의를 실시할 필요가 있었고, 경제 측면에서는 외환위기를 극복하고 한국 경제의 경쟁력을 제고하면서도 서민들의 피해를 최소화하는 조치를 취해야만 했다.

둘째, 대한민국 역사상 처음 시도되는 연정을 운영해야 하는 상황이었다. 이른바 3김을 구성하던 김대중과 김종필이 공동정부를 구성함으로써 지역적으로는 호남과 충청이, 이념적으로는 중도좌파와 우파가, 정치적으로는 전통적 야당과 5 · 16 원조가 결합했다. 양 정파 간 이질적 성격이 너무나 강해 연정이 성공하면 국민 화합이라는 큰 과제를 해결할 수 있을 정도였다. 김대중 정부는 개혁과 국민 화합이라는 다소 모순되는 과제들을 큰 혼란 없이 수행해야 하는 어려운 상황에 놓여 있었다.

셋째, 남북 관계에서 새로운 통일 방향을 모색해야 하는 상황이었다. 전임 정권에서 전쟁 일보 직전까지 갔었기 때문에 우선 양측 간 긴장을 완화하고 궁극적으로는 평화적인 방법으로 민족을 통일하는 새로운 전략을 추진해야 할 역사적 사명이 있었다.

3 당대의 지배적 사상

국내적으로는 복지와 형평에 대한 요구가 사회에 팽배했다. 새정치국민회의와 김대중 당선자는 오랫동안 야당 생활을 하면서 임금 노동자 · 농민 · 여성 · 장애인 등 주로 사회적 약자를 대변하는 중도좌파 정치 세력이었다. 그래서 그동안 불균형 성장 과정에서 소외되었던 사람들에게 더 많은 혜택이 돌아가게 하는 정책의 대전환이 기대되었고 예상되었다.

그러나 김대중 정부가 출범하는 시점에서 세계의 지배적 사상은 신자유주의였다. 1997년 5월 1일에 치러진 영국 총선에서 노동당이 압승을 거둬 정권을 교체했지만[16] 노동당 정권이 추진한 경제정책도 보수당 정권의 정책과 크게 다르지 않았다.[17] 세계적으로는 오스트레일리아, 뉴질랜드 같은 앵글로색슨계 나라들뿐만 아니라 심지어 독일과 프랑스까지 신자유주의 물결에 동참하고 있었다. 설상가상으로 외환위기까지 겹쳐 한국도 사회 전반에 걸쳐 신자유주의를 추구하지 않을 수 없는 상황이었다.

제 5 절 • 정부조직 개편

앞에서 논의한 거시적 환경의 내용을 보면 가장 시급하고 중요했던 정부조직 개편 수요는 외환위기 극복이었다. IMF와 체결한 협정에 따라 국내 경제구조를 개혁할 정부기구를 정비할 필요가 있었다. 다음으로 남북 관계, 한미 관계, 한일 관계를 개선하는 데 필요한 정부조직을 정비할 필요가 있었다.

한편 국내 정치 측면에서 강하게 요청되던 복지와 형평을 구현하기 위한 정부조직도 정비될 필요가 있었다. 끝으로 이 정권이 다른 정권들과 달리 연정이었기 때문에 연정 세력 간에 맺어진 약속도 정부조직 개편에 반영되어야만 했다. 두 정파가 명시적으로 장관직을 5 : 5로 나누기로 약속했기 때문에 정부조직 개편이 이것에 영향받을 가능성이 높았다.

1 정부조직 개편 개요

1998년 2월 17일 새벽에 통과된 「정부조직법」 개정안은 총 41개 기구 중 13개가 신설될 정도로 변화 폭이 컸다. 기존의 '2원 · 2정무장관 · 5처 · 14부 · 14청 · 1

16) 전체 659석 중 노동당은 418석, 보수당은 165석, 자유민주당은 46석을 차지했다(https://ko.wikipedia.org/wiki/1997_영국_총선).

17) 국내 정치 분야에서는 큰 변화가 있었다. 스코틀랜드와 아일랜드의 자치권을 대폭 확대해 이전까지 심각한 문제였던 지역 간 갈등 문제를 해결했다.

국'이 '3위원회 · 1실 · 2처 · 17부 · 16청 · 1본부 · 1외국'으로 바뀌었다. 김영삼 정부 말기 편제는 국무총리 밑 부총리 2인, 2인 이내 정무장관(정무 · 여성), 재정경제원(조달청 · 국세청 · 관세청 · 통계청), 통일원, 총무처, 과학기술처(기상청), 공보처, 법제처, 국가보훈처, 외무부, 내무부(경찰청), 법무부(검찰청), 국방부(병무청), 교육부, 문화체육부(문화재관리국), 농림부(농촌진흥청 · 산림청), 통상산업부(중소기업청 · 특허청), 정보통신부, 환경부, 보건복지부, 노동부, 건설교통부(철도청), 해양수산부(해양경찰청)였다. 반면 김대중 정부 초기 편제는 기획예산위원회, 여성특별위원회, 중소기업특별위원회, 국무총리 밑 공보실, 법제처, 국가보훈처, 재정경제부(예산청 · 국세청 · 관세청 · 조달청 · 통계청), 통일부, 외교통상부(통상교섭본부), 법무부(검찰청), 국방부(병무청), 행정자치부(경찰청), 교육부, 과학기술부(기상청), 문화관광부(문화재관리국), 농림부(농촌진흥청 · 산림청), 산업자원부(중소기업청 · 특허청), 정보통신부, 보건복지부(식품의약품안전청), 환경부, 노동부, 건설교통부(철도청), 해양수산부(해양경찰청)였다. 내용을 보면 당시 세계적 추세인 작고 효율적인 정부나 경제 위기 극복을 위한 행정수반 중심의 집권적 정부가 아니었다.[18] 36개 기관이 41개 기관으로 확대되었고, 대통령을 배출한 새정치국민회의가 의도했던 경제 위기 극복을 위한 대통령으로의 집권화도 구현되지 않았다.

2 정부조직 개편 심의위원회 개편안

심의위원회는 1998년 1월 15일에 개편안 1차 시안을 발표했고, 1월 19일~20일에는 심의위 실행위원회가 1차 시안에서 통폐합 및 위상 격하가 거론된 부 · 처 · 청을 상대로 의견을 수렴했다.[19] 1월 26일에는 최종 개편안을 확정하고 대통령 당선자에게 보고했다. 이 개편안에 대해 자유민주연합 의원들은 내각제로 가는 과도기적 정부가 대통령의 권한을 지나치게 강화시켜 놓았다고 비판하면서 깊은 우려를 표명했지만 공동정부의 파열을 우려해 강하게 이의를 제기하지는 않았다(조선

18) 특히 대통령 밑의 기획예산위, 여성특위, 중소기업특위는 내각의 예산청, 보건복지부, 중소기업청과 중복되는 성격이 확연할 정도로 중복과 비능률의 소지가 강했다.

19) 민주평통 사무처 · 농진청 · 산림청 등 10여개 기관 소속 공무원을 회의에 참여토록 해 개편안에 대한 부처의 견해를 청취했다.

일보, 1997.1.26).

심의위원회가 확정한 개편안은 우선 대통령 직속기구로 기획예산처(장관급)[20]와 중앙인사위원회(장관급)[21]를 신설했다. 대통령이 「헌법」상 보장된 감사 기능 이외에 예산, 인사 기능까지 장악하게 하려는 의도였다. 박상천 의원 주장대로 경제 위기 극복을 위해 대통령의 강한 리더십이 요구되고 이를 위해 이런 조직구조가 필요한 측면을 부정할 수 없지만, 연정 파트너인 자유민주연합과 김종필 국무총리를 견제하려는 의도 역시 강했다고 볼 수 있다. 대선 전 김대중 후보는 "당선되면 본인은 외교, 국방, 안보에만 신경 쓰고 내치는 실세 국무총리에게 다 맡기겠다," "특히 예산실은 총리 직속으로 둔다"고 공약했었는데 이런 약속조차 지키지 않을 정도로 자유민주연합 세력을 견제했던 것이다. 또한 대통령 직속기구로 여성특별위원회와 중소기업특별위원회를 신설했다. 재벌보다는 중소기업 위주의 경제성장 전략을 가지고 있었던 김대중 대통령의 시각이 반영된 것이다.

국무총리 밑 행정조정실(차관급)은 국무조정실(장관급)로 격상되었다. 기획, 정무조정, 심사·평가 기능을 강화해 국무총리의 내각 통할 기능을 강화시키기 위한 것이었다. 총리의 권한을 강화하기 위해 기존의 부총리제를 폐지해 재정경제원을 재정경제부로, 통일원을 통일부로 격하시켰다. 이 과정에서 재정경제원에 있던 예산 기능은 기획예산처로, 금융 기능은 금융감독위원회로, 대외통상 기능은 외교통상부로 이관시켰다. 또한 민주평통 사무처를 폐지하고 통일부에 흡수시켰다. 법제

20) 새정치국민회의 박상천 의원의 주장: 기획예산처를 재경부에서 분리시킨 이유는 그렇게 해야 노동부나 보건복지부 같은 힘없는 부서들도 예산을 제대로 쓸 수 있기 때문이다. 재경부가 하면 경제 우선 논리 때문에 사회 분야 예산은 크게 삭감될 수밖에 없다. 과거 재경원이 재무·예산 기능을 다 가지고 있었는데 그러다보니 내부 의사소통이 잘 안 되고 경제 위기에도 재빨리 대응하지 못했다. 나눠놓는 것이 더 낫다. 그럼 왜 대통령 산하인가? 국무총리는 보좌·조정 기능이 주이고, 대통령은 집행 기능이 주다. 그래서 대통령 밑으로 간 것이다. 또한 현실적인 이유도 있다. IMF 경제 위기를 극복하기 위해서는 대통령이 진두지휘를 할 수밖에 없다. 미국도 1939년에 루스벨트(Franklin D. Roosevelt) 대통령이 대공황을 극복하기 위해 원래 재무성에 있던 예산실을 떼어내 대통령 직속으로 관리예산처(OMB)를 만들었다. 그리고 대통령이 강화된다고 하는데 비서실을 축소하고 약화하는 대신 기획예산처 하나 가지고 온 것이다. 국무총리가 실권이 없다고 하는데 안 그렇다. 경제계 검찰인 공정거래위원회를 갖고 있고, 금융검찰인 금융감독위원회를 갖고 있다. 또한 심사·평가 기능도 갖고 있어서 국무총리의 국무위원 해임건의안에 직결된다. 공보실도 가지고 있다(국회, 1998a: 22－27).

21) 그동안 특정 지역 인사 차별 문제가 많았던 공무원 인사를 개혁해서 공정하고 중립적인 인사를 확립하기 위해 신설했다.

처, 국가보훈처, 비상기획위원회는 기관장 직급을 장관에서 차관으로 격하시켰다. 공보처는 공보실로 축소시키고 일부 기능을 문화부와 정보통신부로 이관시켰다. 과학기술처는 과학기술부로 확대 개편했다.

부·청 수준에서는 해양수산부를 폐지하고 해운항만청은 건설교통부로, 해양경찰청은 경찰청과 통합시켰다. 수산 기능은 농림부로 넘겨 농림부를 농림수산부로 확대 개편했다. 또한 외무부를 외교통상부로 개편하면서 그 밑에 통상교섭본부를 신설해 통상교섭 창구를 단일화시켰다. 보건복지부 산하에 있던 식품의약품안전본부는 식품의약품안전청(1급 기관)으로 확대시켰다. 내무부를 해체해 지방행정 기능은 지방자치단체로 보내고, 자연 보호·국립공원 관리 업무는 환경부로 이관시킨 다음 잔여 기능과 인사 기능이 제외된 총무처를 통합해 행정자치부를 신설했다. 정무제2장관실은 폐지했다. 농림부 산하에 있던 산림청은 환경친화적인 산림행정을 위해 환경부로 이관시켰다. 통상산업부는 중소기업정책을 중소기업청으로, 통상 기능을 외교통상부로 보낸 후 산업자원부로 개편되었다. 문화체육부는 체육 기능을 민간으로 이양해 문화부로 개편되었고 공보처로부터 출판, 방송, 해외 홍보 기능을 가져왔다. 농촌진흥청, 병무청, 조달청, 산림청은 행정간소화를 위해 청장 직급이 차관급에서 1급 공무원으로 격하되었다. 장관급 부서를 7개 통·폐합하고, 국무위원은 21명에서 16명으로, 장관급은 33명에서 24명으로, 차관급은 67명에서 57명으로 줄였다(국회, 1998a: 3-4; 조선일보, 1998.1.26).

3 한나라당 독자 개편안

한편 한나라당은 1월 26일 심의위원회가 발표한 개편안에 대해 '작은 정부 큰 대통령'으로 제왕적 대통령이 생길 우려가 있다고 반발하며 독자적 개편안을 국회에 제출하겠다고 선언했다. 대통령이 예산, 인사, 감사 기능을 다 갖는 것은 엄청난 문제로 대통령 직속으로 기획예산처와 중앙인사위원회를 설치하는 것은 반드시 저지하겠다고 선언했다.[22] 또한 부처 수를 16개로 줄이는 것으로는 부족하며 12개로

22) 그러나, 심우영 당시 총무처 장관에 의하면 기획예산처 신설, 중앙인사위원회 신설, 부총리제 폐지, 행정조정실의 국무조정실로의 격상, 외교통상부 설치 등 한나라당이 반대하는 쟁점들은 한나라당의 예상과 달리 대부분 김영삼 정부의 행정쇄신위원회가 낸 아이디어였다(국회, 1998a: 31).

표 9-1 「정부조직법」 개정안 여·야 쟁점 비교

쟁점	국민회의-자민련 案	한나라당 案	협상 후 최종 결과
예산	– 대통령 직속 기획예산처(장관급) 신설	– 재경부 내에 존치	– 대통령 밑 기획예산위원회와 예산청으로 분리
인사	– 대통령 직속 중앙인사위원회(장관급) 신설	– 국무총리 직속 중앙인사위원회(차관급) 신설	– 신설되지 않음.
여성	– 정무2장관 폐지하고 대통령 직속 여성특별위원회 설치	– 정무2장관을 여성정무 장관으로 개칭	– 대통령 밑 여성특별위원회 신설
중소기업	– 대통령 직속 중소기업특위 신설	– 신설 반대. 중소기업청과 중복	– 대통령 밑 중소기업특별위원회 신설
재경원	– 재경부로 격하. 예산 기능은 기획예산처로, 금융 기능은 금융감독위원회로, 통상 기능은 외교통상부로 이관	– 재경부로 격하. 금융과 통상 기능은 떼어내되 예산 기능은 보유	– 재정경제부. 산하에 예산청 신설
총리실	– 행정조정실을 국무조정실(장관급)로 승격 – 국무총리 비서실(차관급)은 현행 유지	– 행정조정실(차관급) 현행 유지 – 국무총리 비서실장을 1급으로 격하	– 국무조정실 신설. 국무조정실장은 장관급, 비서실장은 차관급
총무처, 내무부, 환경부	– 총무처와 내무부를 통합 행정자치부로 – 환경부는 현행대로 유지	– 내무부와 환경부를 통합해 자치환경부 신설 – 총무처를 차관급으로 축소 개편	– 행정자치부 신설 – 환경부 유지
통상	– 외무부를 외교통상부로 개편하고, 소속으로 통상교섭본부 설치	– 대외통상부 신설	– 외교통상부 신설. 내부에 통상교섭본부 신설
해양수산, 농림	– 해양수산부를 폐지하고 농림부를 농림수산부로 개편	– 해양수산부와 농림부를 현행 유지	– 해양수산부와 농림부 현행 유지
문화 체육부	– 문화부로 개편	– 문화부로 개편하고 산하에 관광청 신설	– 문화부로 개편. 관광청 신설 없음.
산림청	– 농림부에서 환경부로 이관	– 농림부 산하 현행 유지	– 농림부 산하 현행 유지
병무청, 조달청, 산림청, 농진청, 식의약청	– 청장 직급을 1급으로 격하	– 외청의 청장 직급을 차관급으로 유지	– 청장 직급을 차관급으로 유지

주: 여·야 간 의견이 일치된 것은 제외.
출처: 조선일보, 1998.2.9; 국회, 1998a: 2-4, 6-8.

감사원은 헌법기관이기 때문에 개헌을 하지 않는 한 변경시킬 수 없었다.

줄여야 한다고 주장했다.

한나라당 의원 162명은 2월 9일 국회에 독자 개정안을 제출했다. 대통령 직속 기관은 김영삼 정부 때와 큰 변화가 없다. 국무총리 밑의 비서실장은 1급으로 격하시켰고 행정조정실(차관급)은 그대로 유지시켰다. 총무처, 법제처, 국가보훈처는 장관급에서 차관급으로 격하시키고, 공보처는 공보실로 축소시켰으며, 과기처는 과기부로 확대했다. 그리고 새로 국무총리 직속으로 중앙인사위원회(차관급)를 신설했다. 부총리제를 폐지해 재경원(부총리)을 재경부(장관급)로 격하시키되 예산 기능은 그대로 존치시키고, 통일원(부총리)도 통일부(장관급)로 격하시켰다.

부·청 수준에서는 대외통상부를 신설해 통상 교섭 기능을 단일화하고, 정무2장관실을 여성정무장관실로 개칭하고, 해양수산부는 그대로 존치하고, 내무부와 환경부를 통합해 자치환경부를 신설하고, 통상산업부를 산업자원부로 개편했으며, 문화체육부를 문화부로 개편하고 산하에 관광청을 신설했다. 병무청, 조달청, 산림청, 농촌진흥청, 식품의약품안전청의 청장 직급을 차관급으로 정했다(국회, 1998a: 7-8). 이상 논의된 새정치국민회의-자유민주연합 개편안과 한나라당 개편안을 정리하면 <표 9-1>과 같다.

4 여·야 간 협상

국회 거부점들의 절차는 1998년 2월 10일부터 2월 17일 새벽까지 진행되었지만 거부점들 내에서 전개된 여·야 간 논쟁만 가지고는 협상 과정 전체를 파악할 수 없다. 사실 관계를 보면 국회 외부에서 여·야 대표들이 협상을 하고(여·야6인회의) 그 결과를 국회 거부점들에서 처리했기 때문에 거부점 내·외를 모두 살펴봐야 한다.

1) 여·야6인회의

김대중 대통령 당선자는 1998년 1월 30일 정국의 순항을 위한 입장 조율을 위해 신라호텔에서 연정 파트너인 자유민주연합의 김종필, 박태준과 회동하고 이어 새정치국민회의의 조세형 총재권한대행, 이종찬 대통령직인수위원장, 한광옥 노사정위원장, 자유민주연합 김복동 수석부총재, 김용환 비대위대표 등이 합석한 만찬을 가졌다. 제188회 임시국회가 개회 중인 2월 11일에는 한나라당 조순 총재 및 이한동 대표와 회동해 정국 현안에 대한 협조를 요청했다. 특히 「정부조직법」 개정안, 고용조정 및 실업대책 및 기업 구조조정 관련 법안, 추경예산안, 인사청문회 관련 법안 등 임시국회 4대 현안을 타결하기 위해서 새정치국민회의, 자유민주연합, 한나라당의 원내총무와 정책위의장이 참여하는 '여 · 야6인회의'를 구성하자고 제안했다.23)

2월 11일 오후 김수한 국회의장 주재로 제1차 '여 · 야6인회의'가 열렸다. 여기서 6인은 「정부조직법」은 여 · 야 의견차를 최대로 좁혀 가급적 제188회 국회에서 처리하기로 합의했다. 2월 12일에 2차 '여 · 야6인회의'가 열렸으나 절충에 실패했다. 4대 현안 일괄 타결을 시도했지만 추경예산안과 「인사청문회법」 처리 시기를 놓고 맞서 절충에 실패했다. 2월 13일에 3차 '여 · 야6인회의'가 열려 일부 의견 접근이 있었지만 타결에는 이르지 못했다. 2월 14일 4차 '여 · 야6인회의'에서는 좀 더 의견 접근이 있었지만 타결에 이르지 못했고 임시국회 회기를 16일까지 연장하기로 합의했다. 2월 15일 5차 '여 · 야6인회의'가 열렸지만 양측 모두 더 이상은 양보할 수 없다고 하는 바람에 또 결렬되고 말았다. 그러나 2월 16일 한나라당 조순 총재와 김대중 대통령 당선자가 모두 조금씩 양보해 협상을 타결했고, 국회는 2월 17일 새벽 1시 27분에 속개된 본회의에서 「정부조직법」 개정안을 통과시켰다. 외환위기 극복이라는 국난 극복을 위해 여 · 야 지도자가 극단을 피하고 조금씩 양보함으로써 새 정권 출범 이전에 정부조직 개편을 매듭지은 것이다.

2) 여 · 야 간 협상

새정치국민회의-자유민주연합 연정 세력과 한나라당은 「정부조직법」 개정을 둘러싸고 일괄 거래 협상과 쟁점 연계 협상을 벌였다.

(1) 일괄 거래 협상

2월 13일 제3차 '여 · 야6인회의'에서 야당인 한나라당이 먼저 4대 쟁점 중에서 비(非) 「정부조직법」 영역에서 세 가지를 양보했다. 첫째, 인사청문회는 새 정부

23) 2월 12일에는 국민신당 이만섭 총재와 이인제 상임고문도 만나 정국 협조를 요청했다.

첫 조각에서는 적용하지 않고 6개월 후부터 적용하겠다. 둘째, 고용조정제를 포함한 노동 관련 법안을 제188회 임시국회 회기 내에 처리하겠다. 셋째, 추경예산안은 신정부 출범 뒤에 편성하겠다. 그러자 새정치국민회의도 중앙인사위원회 건을 양보해 설치하지 않기로 했다. 그렇지만 예산실을 재경부 산하로 두자는 한나라당의 요구는 수용하지 않았다(조선일보, 1998.2.13).

2월 14일에는 한나라당이 기존 입장에서 많이 후퇴해 기획예산처를 대통령 직속으로 두는 것으로 양보하는 대신 국회 예결위를 상설기구화하는 등 입법부의 감시·견제 기능을 대폭 강화시키자고 요구했다. 또한 해양수산부와 정무2장관실 존치 등도 요구했다. 그러나 새정치국민회의-자유민주연합은 이 제안들을 거부했다(조선일보, 1998.2.14).

그러자 한나라당은 2월 15일 제5차 '여·야6인회의'에서 다시 강경 입장으로 돌아갔다. 새정치국민회의-자유민주연합이 "기획예산처장의 직급을 장관급에서 차관급으로 격하시키고, 국회 출석을 의무화하고, 국회예결위를 상설기구화"하자는 타협안을 제시했지만 "무슨 조건을 걸고 나와도 기획예산처를 대통령 직속으로 만드는 것은 안 된다. 총리 산하 별도 기구나 재경부 산하로 할 수밖에 없다"고 못을 박았다. 그러나 다른 한편으로는 대통령 직속으로 여성특위가 신설되는 만큼 여성부를 설치하지 않고, 해양수산부를 현재대로 유지하는 주고받기식 타협을 했다(조선일보, 1998.2.15).[24)]

2월 16일 여·야의 최고 지도자인 김대중 당선자와 조순 총재가 그동안 가장 큰 쟁점이었던 기획예산처 문제에서 의견을 좁히자 제6차 '여·야6인회의'는 이 문제를 매듭짓고, 다른 미합의 쟁점들도 쉽게 타결했다. 새정치국민회의-자유민주연합은 한나라당의 의견을 받아들여 외청의 청장 직급을 기존처럼 차관급으로 유지하고, 산림청도 기존처럼 농림부 산하에 존치하기로 했다.[25)] 대신 다른 영역에서는 한나라당의 양보를 얻어냈다. 외교통상부를 신설해 통상교섭 업무를 단일화하

24) 이날 협상 후 양측은 "더 이상의 양보는 없다. 만약 타결이 안 되면 한나라당은 「인사청문회법」을 단독으로 처리하고, 새정치국민회의-자유민주연합은 그냥 현행 「정부조직법」대로 조각을 하겠다"고 선언했다.

25) 해당 청의 관료들이 향후 야당이 될 한나라당 행정위 소속 의원들에게 "야당 의원으로 민원을 하려면 청장의 직급이 높아야 좋다"는 내용의 로비를 강하게 했고, 궁극적으로 협상에 반영된 것이다(조선일보, 1998.2.16). 이처럼 관료들도 정부조직 개편에 영향을 미쳤지만 어디까지나 국회의원들을 통한 간접적 영향에 그쳤다.

그림 9-1 일괄거래 협상

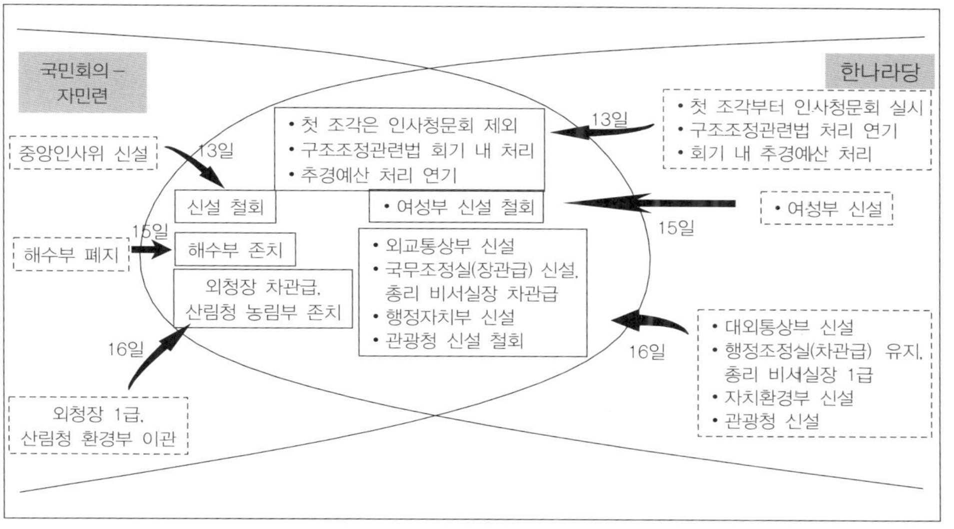

* ⊃,⊂ 호는 각 정파의 선호 영역을 의미한다. 호 내부가 수용 영역이다.
가운데 겹쳐지는 부분이 각 정파들의 선호가 일치하는 영역이다.

고, 국무조정실장 직급을 장관급으로 격상하고, 내무부와 총무처를 통합해 행정자치부를 신설하고, 관광청은 신설하지 않기로 했다(조선일보, 1998.2.16).

(2) 쟁점 연계 협상

2월 16일 오전 한나라당 조순 총재는 "대통령 직속 기획예산처를 분리해서 기획 기능은 청와대에 두고, 예산 기능은 총리실 혹은 재경부 산하에 두자"는 타협안을 제시했다. 그러자 기획예산처에 대해 조금도 양보하지 않던 새정치국민회의도 이날 오후 "대통령이 예산편성지침권을 갖고, 기획예산처는 재경부의 외청으로 하자"는 안으로 화답했다. 이날 저녁 7시 20분 제6차 '여·야6인회의'를 열어 "대통령 직속으로 기획예산위원회를 두고, 재경부 산하에 예산청을 설치한다"고 합의했다. 기획예산위원회는 재정 개혁, 예산편성지침의 작성, 행정 개혁을 맡게 되고 예산청(차관급)은 예산 편성, 집행, 감독 기능을 맡게 되었다(조선일보, 1998.2.16).

그림 9-2 쟁점 연계 협상

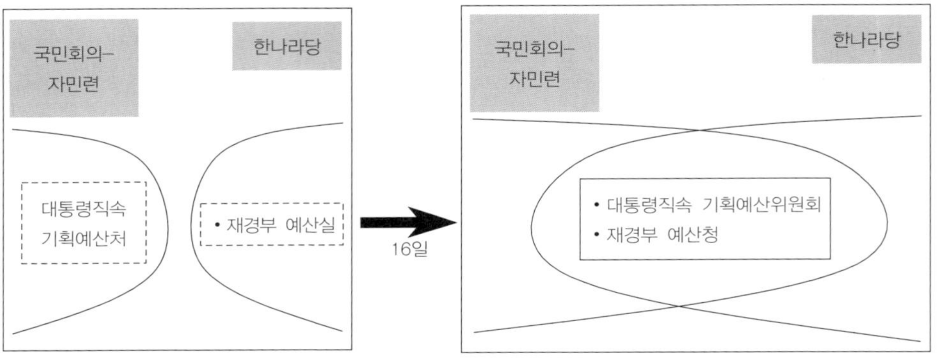

* ㄱ,ㄷ 호는 각 정파의 선호 영역을 의미한다. 호 내부가 수용 영역이다.
가운데 겹쳐지는 부분이 각 정파들의 선호가 일치하는 영역이다.

3) 국회 거부점 내에서의 논쟁과 표결 처리

「정부조직법」 개정안이 국회에서 법률로 통과되는 과정에서 거쳐야 할 거부점은 행정위원회, 행정위원회 법안심사소위원회, 법제사법위원회, 본회의 네 곳이다. 공식적으로는 이 네 곳에서 여・야 간에 협상과 타협이 벌어져야 했지만, 현실에서는 대부분 국회 외부의 '여・야6인회의'가 협상을 수행하고 국회 거부점은 이 협상 결과를 표결 처리해주는 역할에 그쳤다. 그럼에도 불구하고 거부점들에서 여・야 의원들이 논쟁을 벌였는데, 이들을 보면 개편되는 정부기구의 성격을 좀 더 깊게 이해할 수 있다.

(1) 행정위원회 및 법인심사소위원회 심사

제188회 임시국회 행정위원회는 김홍신 의원 등 21명이 발의한 「정부조직법」 개정안,[26] 새정치국민회의-자유민주연합 개정안, 한나라당 개정안 3개를 심의해야 했다. 행정위원회 김인곤(새정치국민회의) 위원장은 대체 토론을 진행한 후, 3개 법안을 모두 법인심사소위원회 심사에 부쳤다. 대체 토론에서는 주로 한나라당

26) 1997년 11월 7일에 발의된 이 개정안의 주요 내용은 보건복지부 식품의약품안전본부를 식품의약품청으로 확대 개편하자는 것으로 다른 두 안에 동일 내용이 포함되어 있어 독자적인 의미는 크지 않았다(국회, 1998b: 1-2).

의원들이 정부·여당 측 개정안에 대해 이의를 제기했다. 먼저 한나라당 김영선 의원은 여성부를 만들지 않고, 대통령 직속으로 여성특별위원회를 설치하는 것에 대해 우려를 표명했다(국회, 1998a: 17-22). 그러자 새정치국민회의 박상천 의원은 "여성부를 세우면 보건복지부와 노동부는 남성복지부와 남성노동부가 되고 만다. 중소기업부도 세우면 산자부는 대기업부가 된다. 여성특위에 사무국을 설치하겠다. 보건복지부에 여성정책실을 두어서 여기에서 여성 문제의 일선 집행을 책임지게 하겠다"고 응수했다(국회, 1998a: 22-27). 또한 새정치국민회의 신기남 의원은 "기존 각 부처에 흩어져 있던 여성 관련 업무를 한 부처에 다 모을 수 없는 현실 하에서 여성특별위원회가 현실적으로 여성들에게 가장 도움이 되는 조직 방식이다"라고 옹호했다(국회, 1998c: 3).

한편 한나라당 이해봉 의원은 "대통령이 인사와 예산 기능을 가져가면 국무총리는 힘이 없어서 내각을 통할할 수 없다. 국무총리 밑에 금융감독위원회를 둔 것은 그나마 다행이지만 법제처, 국가보훈처, 공보실, 청소년보호위원회, 비상기획위원회 같이 비권력적 기관들만 가지고는 국무총리가 각 부처를 통할할 수 없다. 대통령이 국무총리를 불신하고 대통령의 권한만 챙기다 보니 새정치국민회의안 같은 개정안이 나왔다. 해양수산부는 없애기로 했다가 김영삼 대통령과 김대중 대통령이 만나면서 존치로 바뀌었는데 그 이유는 김영삼 대통령 체면 유지와 경남 지역 유권자들을 위로하기 위한 것이다"라고 비판했다(국회, 1998a: 14-17).

또한 한나라당 김영진 의원은 "일반적으로 예산 기능은 감사 기능과 떼어놓는다. 그런데 새정치국민회의-자유민주연합 개편안은 재무와 감사를 대통령 직속으로 모아놨다. 기획예산처를 따로 떼어내 대통령 직속으로 하는 것은 작은 정부 논리에도 맞지 않는다. 통상 교섭 기능을 외무부와 통합시키면 비경제적 정치 논리 때문에 통상 기능이 죽을 수 있다. 지금은 수출이 제일 중요한데 이렇게 되면 안 된다. 통상은 별도 부처로 하거나 아니면 대통령실이나 국무총리실 직속으로 무역대표부를 설치하자"고 주장했다(국회, 1998a: 28-31).

행정위원회 법안심사소위는 김길환, 이상현, 이해봉, 조한천(이상 한나라당), 신기남(새정치국민회의), 이양희(자유민주연합) 의원 등 6명의 의원으로 구성되었는데, 이들은 2월 11일부터 16일까지 4차에 걸친 소위원회를 개최하고 총무처 차관 등 정부 관계관들을 출석시켜 심도 있는 심사를 진행했다. 심사 결과 이들은 3개

법안을 모두 본회의에 부의하지 아니하고, 대신 그 내용을 충분히 수렴해서 '행정위원회안'을 만든 후 제안키로 했다(국회, 1998c: 1－2). 국회 밖에서 전개되는 '여 · 야6인회의'의 타협 결과를 행정위원회안으로 만들어 이후 절차를 진행하려는 의도였다. 2월 16일 저녁에 제안된 행정위원회안은 여 · 야 간 최종 타협 내용과 같다. 법안심사소위가 단일 대안을 제안하고, 행정위원회에 참석했던 12명의 의원이 만장일치로 통과시켰고, 법제사법위원회를 경유해 본회의에 부의하기로 했다.

(2) 법제사법위원회

2월 17일 0시 6분에 열린 법제사법위원회에서는 행정위원회 신기남 의원이 "행정위원회가 마련한 대안을 그대로 통과시켜 달라"는 취지의 제안 설명을 했다(국회, 1998d: 1－2). 이어서 전문위원의 검토 의견 발표, 한나라당 안상수 · 최연희, 새정치국민회의 조순형 의원의 질문이 있었다. 전문위원은 "법제처장을 차관급으로 격하시켰는데, 업무 수행에 문제가 있어 보인다"는 의견을 피력했다(국회, 1998d: 2). 한나라당 안상수 의원과 최연희 의원은 "기획예산위원회 위원장이 국무위원도 아니고 정부위원도 아니기 때문에 국회가 예산에 문제가 있을 경우 불러서 물어보려고 해도 그럴 수가 없는 문제가 있다. 또 기획예산위원회는 국무총리나 국회의 견제를 받지 않고 총리나 국회가 위원장 해임 건의도 할 수 없다. 권력 분립 원칙에 어긋난다. 기획예산위원회는 대통령이 국무총리도 무력화시키고, 국무회의도 무력화시키며, 국회의 견제도 받지 않고 마음대로 예산 휘두르겠다는 얘기다. 지방자치단체장, 여 · 야 의원 모두 대통령에게 굽실거리게 되어 있다"고 문제를 제기했다. 새정치국민회의 조순형 의원은 "다 같이 대통령 직속 위원회인데 왜 기획예산위원회는 그냥 위원회이고, 여성특별위원회와 중소기업특별위원회는 '특별' 자가 붙는가?"라고 질의했다(국회, 1998d: 3－14).

이런 질의에 대해 새정치국민회의 천정배 의원은 "국무총리가 행정각부만 통할하게 되어 있지 대통령 직속기관까지 통할하게 되어 있느냐? 뭐가 위헌이냐? 정부위원은 차관급인데 기획예산위원장은 장관급 아니냐? 어떻게 장관급을 정부위원으로 규정해서 국회에 부를 수 있게 하는가?"라고 옹호했고, 새정치국민회의 신기남 의원은 "새정치국민회의는 일대 재정 개혁을 가하기 위해 기획예산위원회보다 훨씬 더 강력한 기획예산처를 만들려고 하다가 여 · 야 간 협상 과정에서 기획예산위원회가 예산편성지침 권한만 가지고 예산청에 집행·관리 기능을 주는 쪽으로 바뀐 것이다. 기획예산위원회가 예산편성지침권조차 없다면 개혁을 할 수 없다"고 옹호했다. 당일 법제사법위원회에 소속의원 13명이 출석했지만 의결 시에는 9명만이 재석했고 이 중 5명이 원안대로 찬성, 1명이 반대, 3명이 기권하여 행정위원회안이 수정 없이 통과되었다(국회, 1998d: 3-14). '여·야6인회의'를 통해 여·야 간 타협이 이뤄졌지만, 일부 야당 의원들은 그런 타협안에 대해서도 여전히 비판적인 의견을 가지고 있었다. 그렇지만, 큰 틀에서 이미 여·야 간에 타협이 이뤄진 만큼 법제사법위원에서 거부권을 행사하기에는 역부족이었다.

(3) 본회의

1998년 2월 17일 01시 27분에 열린 본회의에서 행정위원장 김인곤 의원이 「정부조직법」 개정안 제안 설명을 했다. 뒤이어 한나라당 안상수 의원이 반대 토론을, 새정치국민회의 박상천 의원이 찬성 토론을 했고 곧바로 표결이 실시되었다. 안상수 의원은 법사위에서 제기했던 문제점을 다시 한 번 전체 의원들에게 상기시키고 "기획예산위원회, 예산청이라는 제도는 3당 합의에 의한 것이지만 2월 16일에 생겨 2월 17일에 통과되는 것이다. 이렇게 중요한 제도를 여·야 대표 몇 사람이 모여서 뚝딱뚝딱 만들고 불과 하루 만에 행정위원회, 법사위원회, 본회의를 통과하는 것은 큰 문제다"라고 지적했다(국회, 1998e: 2-4). 이에 대해 새정치국민회의 박상천 의원은 "기획예산위원회안은 2일 만에 통과되는 졸속이 아니다. 행정쇄신위원회가 2년 동안 준비한 안, 총무처가 1년 반 준비한 안, KDI가 만든 안 세 가지를 토대로 심의위와 실무위가 검토한 것이다. 한나라당이 기획예산처가 집행 기능까지 다 갖는 것은 국회의원들에게 불리한 점이 많다고 해서 집행 기능을 예산청으로 떼어냈다. 경제 위기 극복을 위해 정부가 가지고 있는 수단이 금융정책과 재정정책 두 가지다. 금융정책은 한은의 독립으로 제한되어 있고, 남은 것은 재정정책밖에 없다. 재정정책은 예산 편성으로 구체화된다. 그래서 대통령 직속의 별도 기구를 둔 것이다. 그것도 집행 기능은 떼어냈다. 위헌이 아니다. 정보 수집과 수사를 하면서 국회 통제를 안 받는 국가안전기획부도 대통령 직속인데 헌법재판소가 1993년 4월에 위헌이 아니라고 했다. 또한 재경부 장관이나 예산청장을 통해 얼마든지 견제할 수 있다. 기획예산위원회가 하는 일은 예산편성지침을 짜서 재경부 장관에게 주는 것으로 끝이다. 기획예산위원장도 참고인으로 얼마든지 국회에 부를 수 있다. 안기부장도 국무위원도 아니고 정부위원도 아니지만 참고인으로 불러 물어보지 않느냐?"는 반론을 제기했다(국회, 1998e: 4－5). 찬반 토론 후에도 여야 간 합의가 안 되어 표결이 실시되었고 재석의원 203인 중 찬성 141, 반대 4, 기권 58로 행정위원회안, 즉 '여·야6인회의'가 타결한 「정부조직법」 개정안이 수정 없이 통과되었다(국회, 1998e: 5).

제6절 결과 및 함의

전쟁을 수행하거나 국가 재난급의 경제위기를 신속하게 극복하기 위해서는 행정수반 중심으로 의사 결정 권한을 집권화하고 정부기구를 가급적 간소화시켜 신속하면서도 혼란이 없는 의사 결정과 집행을 확보하는 것이 필요하다. 그래야만 나라 안의 가용 자원을 효율적으로 사용해 문제 상황에서 빨리 벗어날 수 있기 때문이다. 김대중 정권은 외환위기 외에도 대외적으로는 악화된 남북 관계·한미 관계·한일 관계를 개선하고, 대내적으로는 그동안 소외되었던 계층과 지역을 위한 균형화 정책을 추진해야 했다. 게다가 정치 민주화를 심화시키고, 40년 가까이 거의 동일 세력에 의한 통치로부터 초래된 여러 문제를 해결해야 했다. 참으로 복잡다단한 상황에 있었기 때문에 정부조직 측면에서는 가급적 기구 숫자를 줄이고 대통령 중심으로 의사 결정 권한을 집중시킬 필요가 있었다.

그런데 실제로 전개된 정부조직 개편을 보면 정부기관의 숫자는 오히려 조금 더 증가했고, 대통령으로의 집권화도 구축되지 않았다. 기존 상태에서 변화를 겪은 기관의 숫자는 많았지만 전반적으로 보면 정부조직이 축소된 것이 아니라 조금 확대되고 말았다. 개편 내용 측면에서도 기획예산위원회, 여성특위, 중소기업특위를 제외하면 거시적 환경에서 비롯되는 개편 수요를 충족시키기 위한 것이 별로 없다. 「정부조직법」 개정의 외양 역시 매끄럽지 않았다. '여·야6인회의'를 통해 여·야 간 대타협이 이뤄졌음에도 불구하고 협상에 참여하지 않은 야당 의원들은 타협 결과를 수용하지 않고 국회 법제사법위원회와 본회의에서 계속 비판을 제기했으며,

끝까지 합의 처리가 아닌 표결 처리를 했다.

이 사례는 정치 권력이 정부조직에 얼마나 큰 영향을 미치는지 여실히 보여준다. 김대중 대통령과 새정치국민회의는 연정 합의에 따라 자유민주연합과 권력을 분점할 수밖에 없었고, 설상가상으로 국회 과반수를 확보하고 있던 야당인 한나라당과 정치적 타협을 할 수밖에 없었다. 김대중 대통령은 일사불란한 경제위기 극복을 위해 경제정책 권한과 기구를 장악하고자 했지만 대선 후보 단일화 과정에서 자유민주연합과 맺었던 장관직 5 : 5 배분 약속 및 경제부처 장관직 자유민주연합 몫 약속, 김종필 국무총리 내정자의 위신을 세워주기 위한 국무총리 산하 기구들의 정비, 대통령 권한 강화에 대한 야당의 강한 거부감 때문에 그 뜻을 이루지 못했다. 야당은 여・야 간 일괄 거래 협상과 쟁점 연계 협상을 통해 양보한 사항도 많았지만 '예산기구와 인사기구를 대통령 직속으로 설치하는 것에 반대', '해양수산부 폐지 반대', '외청을 차관급 기관으로 유지시키기' 등은 끝까지 양보하지 않았다.

이후 새정치국민회의와 자유민주연합은 1999년 5월 24일 다시 한 번 정부조직을 개편해 김대중 대통령과 김종필 총리 간 혹은 두 정파 간의 권력 관계를 재조정했다. 대통령 직속으로 중앙인사위원회를 만들어 대통령이 고위공무원에 대한 인사권을 행사하는 대신, 대통령 직속 기획예산위원회와 재정경제부 예산청으로 나뉘어 있던 예산권을 국무총리실로 통합하고, 국무총리 밑에 있던 공보실을 국정홍보처로 확대했다. 정권 초기부터 경제부처 장관 인사권을 김종필 총리가 행사했기 때문에 예산권까지 김종필 총리에게 몰아주는 대신,[27] 대통령은 공무원 인사권을 확보한 것으로 보인다.[28] 대통령이 외환위기라는 발등의 불을 어느 정도 수습한 후 자신의 정치적 기반이던 호남 지역 출신 인사들이 과거에 당해 왔던 인사상 불이익을 본격적으로 시정하기 위해 움직이기 시작한 것으로 보인다.

두 정파 간 연정은 새정치국민회의 측이 1999년 말까지 개헌을 추진하지 않고 김대중 대통령이 남북정상회담을 추진하는 등 연정 약속에 없는 다른 일에 관심을 보이자 금이 가기 시작했고, 2000년 1월 12일에 김종필 총리가 사직하면서 결정적

27) 정권 초 2년 동안은 김대중 대통령이 예산편성지침권을 행사했기 때문에 예산 측면의 시급한 정치적 수요는 어느 정도 충족시켰을 가능성이 높고, 그렇기 때문에 국무총리에게 예산권을 넘겨줘도 큰 아쉬움이 없을 것으로 판단했을 것이다.

28) 이 밖에도 1999년 5월 24일 개정에서는 문화관광부 외국인 문화재관리국을 문화재청으로 확대했다.

으로 약해졌다. 후임 국무총리도 자유민주연합 인사(박태준)가 임명되었지만 두 정파 간의 공조는 전과 같지 않았고, 국무총리의 정치적 위상도 크게 약해졌다. 상황이 이렇게 변하자 새정치국민회의는 또다시 2001년 1월 29일에 정부조직을 개편해 부총리급 인적자원교육부를 신설하고 대통령 여성특별위원회를 여성부로 확대하는 개편을 추진했다. 2000년 국회 총선에서 자유민주연합이 교섭단체도 구성하지 못하는 참패를 해 힘이 약해지자 김대중 대통령이 이제 온전히 자신의 의도대로 정국을 운영하기 위해 개편을 단행한 것으로 보인다.

이런 결과에 대해 크게 두 가지 해석이 가능하다. 먼저 목적론적(teleocratic) 세계관(Spencer, 2004)에 의거하면 이런 개편은 '실패'다. 위기 극복을 위해 구현해야 할 어떤 바람직한 정부조직상이 있었는데 그것을 달성하지 못했기 때문이다. 한편, 제한된 합리성(Simon, 1955)과 다원주의적 민주주의 관점에서 보면 이런 개편은 '당연하고 다행스러운' 결과다. 정권을 획득한 최고 권력자나 그 정파가 완벽하게 합리적일 수 없기 때문에 그들의 생각만 100% 반영된 정부조직 편제보다는 다양한 정파들이 옳다고 보는 생각도 더불어 반영된 정부조직 편제가 오류를 범할 가능성이 더 낮기 때문이다. 좀 더 큰 틀에서 봐도 실패는 아니었다. 겉으로는 연정 참여세력 간에 그리고 여·야 간에 벌어진 치열한 밀고당기기로 인해 정부조직 개편이 정략에 찌든 누더기가 된 것 같지만 결과적으로는 새 정권 출범 이전에 정부조직 개편이 끝이 나 새 정권이 출범하자마자 국난 극복에 몰입할 수 있는 환경이 마련되었다.

김대중 정권의 성과는 단기적으로는 대부분 긍정적이었다. 우선 남북 관계가 햇볕정책, 개성공단, 남북정상회담 등을 통해 개선되어 김대중 대통령이 결국 노벨상까지 수상했다. 한·미 관계에서도 정권 초반에 미국의 클린턴 정권과 밀월 관계를 유지했고, 부시(George W. Bush) 정권 출범 후 남북 관계에 대한 의견을 놓고 잠시 갈등이 있었지만 결국에는 큰 문제 없이 유지되었다. 한·일 관계에서도 2002년 한·일월드컵을 성공적으로 개최하는 등 전반적으로 관계가 무난했다. 경제 측면의 성과는 특히 주목할 만하다. 한국은 2001년 8월 23일에 IMF로부터 빌린 지원금을 전액 상환했다. 만기보다 3년 일찍 상환한 것이고, 1997년 아시아 금융위기 때 IMF 지원금을 받은 나라들 중에서 가장 먼저 IMF 관리 체제에서 벗어난 것이다. 나아가 역대 IMF로부터 지원금을 받은 나라들 중 유일하게 4년 이내에 관리 체제를 벗어났다(한국일보, 2001.9.11). 다른 경제지표들도 좋았다. 당시까지 역대 정권 최초로 정권 기간을 종합해 무역수지와 경상수지 흑자를 기록했다. 5년간 누적 경상수지 흑자는 906억 달러였고, 연평균 증가액은 181억 1,400만 달러였는데 역대 정권 가운데 가장 좋은 기록이었다. 소비자물가 상승률도 연평균 3.5%로 역대 최저 수준이었다. 국내총생산(GDP) 증가율은 외환위기 직후인 1998년을 제외하면 4년간 연평균 7.3% 정도로 높았다.[29] 그러나 장기적으로는 부정적 결과도 나타났다. 외환위기 극복이라는 명분 아래 비정규직 제도를 도입하고 해고를 유연화해 실업자 양산을 초래했고, 경기 부양 명분 아래 신용카드 발급을 크게 완화해 카드대란을 일으켰다. 또한 일본과 어업 협정을 체결하면서 독도를 분쟁 지역으로 만들었다. 또한 북한의 핵 개발을 저지하지 못해 남북 간 불안의 씨앗을 키웠다.

29) https://ko.wikipedia.org/wiki/김대중#.; http://kosis kr/

제 10 장 노무현 정권 출범기*

제 1 절 들어가며

권위주의 타파를 추구한 노무현 정권은 등장에서부터 임기 말까지 한시도 쉬지 않고 기존 사회 질서를 바꾸려고 시도했고, 그 결과 한나라당으로 대표되는 기득권층의 반발이 심했다. 소위 '바람 잘 날 없었다'는 표현이 과장이 아닐 정도로 변화를 추구한 정권과 보수적 야당 사이에는 항상 긴장이 끊이질 않았다. 그렇기 때문에 노무현 정권은 다른 어떤 정권보다도 정부조직을 많이 개편했을 것으로 보인다. 상식적으로 생각하면 새로운 정책이 성공하기 위해서는 그 추진 체계인 정부조직이 같이 개편되어야 하기 때문이다.

그러나 실제 개편 내용을 살펴보면 그렇지 않았다. 오히려 예상과 정반대일 정도로 개편 폭이 적었다. 노무현 정권은 중앙정부 조직 측면에서 김대중 정권으로부터 넘겨받은 중앙정부 조직을 큰 변화 없이 그대로 사용했고, 필요할 때 기관장의 직급을 상향 조정하는 방식으로 대처했다. 즉, 첫 개편을 정권 출범 후 9개월이 지난 2003년 11월에야 추진했고, 개편을 추진하더라도 청(廳) 수준의 낮은 수준 개편을 자주 추진했다.

---

* 이 장은 하태수(2012)를 수정 · 보완한 것이다.

그렇지만 이것이 전부는 아니었다. 노무현 정권은 「정부조직법」이 아닌 대통령령 등으로 위원회조직을 만들어 새로 추진하는 정책들을 뒷받침했다. 앞선 정권들보다 위원회를 훨씬 많이 만들어서 후임 정권이 출범하자마자 대거 정리를 했을 정도였다. 정권 출범기에는 국회에서 여당의 의석이 과반수에 미달해 「정부조직법」 개정을 꺼렸을 가능성이 있고, 제17대 총선 뒤에는 잠시 국회 과반수 의석을 확보했지만 의석 불안이 계속되고 4대 개혁 추진으로 야당과의 대치가 심해져 「정부조직법」을 개정하는 대신 정부위원회를 대거 구성하는 우회 전략을 사용했을 가능성이 높다.

제 2 절 행위자

1 노무현 대통령

노무현 대통령은 상업고등학교를 졸업하고 독학으로 1975년 사법시험에 합격했다. 이후 판사로 1년을 재직하다가 그만두고 부산에서 변호사 개업을 했다. 부산에서 문재인 변호사와 함께 노동문제연구소를 열고 주로 인권 사건을 담당했다. 1988년 4월 제13대 국회 총선에서 통일민주당 후보로 출마해 당선되었고, 5공비리특위 위원으로 활동하면서 전국적으로 유명해졌다. 1990년 3당 합당 참여를 거부하면서 정치적 가시밭길을 걸었고, 훗날 김대중 정권에서 해양수산부 장관을 지냈다. 이러한 개인 이력에서 볼 수 있듯이 노무현 대통령은 정의감이 뚜렷하고 개인적 소신이 매우 강한 사람이었다. 독학으로 어렵게 판사가 되었음에도 불구하고 출세의 길을 포기하고 인권변호사의 길을 걸었다. 국회의원이 된 뒤에는 편한 여당 정치인의 길을 포기하고 힘든 원외 야당 정치인의 길을 걸었다. 지역 감정 타파를 위해 김대중의 민주당 깃발을 들고 일부러 당선 가능성이 낮은 부산에서 출마했다.

노무현은 새천년민주당의 대통령 후보가 된 뒤에도 당내에서 그리고 정치권 전체에서 비주류 취급을 받았다. 국민 경선을 통해 당당하게 대통령 후보가 되었음에도 불구하고 당시 여당 의원들조차 노무현을 대통령 후보로 인정하지 않으려 했다.

다른 대선 후보들과 비교해 볼 때 그의 경력이 상대적으로 초라했기 때문이다. 그는 사법고시를 합격하고 판사를 지낸 것을 제외하면 인문계 고등학교가 아닌 상업고등학교를 졸업했고, 대학교에 진학하지 않았으며, 국회의원은 제13대 때 단 한 번 당선되었을 뿐이고 그나마 3당 합당으로 의정 활동을 제대로 해 본 것은 채 2년이 안 되었다. 국민의 정부에서 장관을 지내긴 했지만 부처 위상이 가장 낮은 해양수산부 장관이었다. 김영삼, 김대중이라는 두 전직 대통령과 비교해 보면 그의 정치적 경륜은 크게 부족해 보였다.

대통령 후보로 결정된 후인 2002년 6월 13일에 치러진 지방선거에서 새천년민주당은 호남 지방과 제주도를 제외하고는 광역자치단체장을 한 명도 당선시키지 못하는 참패를 당했는데, 이것을 계기로 노무현 후보에 반대하는 민주당 정치인들이 신당 창당과 대통령 후보 교체를 강하게 추진했다. 이후 2002년 월드컵 바람을 타고 정몽준 의원의 인기가 올라가자 여당 내에서 정몽준을 새 대통령 후보로 교체하려는 움직임이 나타났다. 곧 일부 의원들이 탈당해 정몽준 의원을 지지하기 시작했다. 노무현은 정몽준과의 후보 단일화를 받아들였고, 단일화 방식도 자신이 불리하다고 평가되는 여론조사 방식을 흔쾌히 수용했다. 과거 자신의 지역구였던 서울 종로를 버리고 부산으로 지역구를 옮겼던 것처럼 옳은 일이라면 개인적으로 손해 볼 수도 있는 일을 마다하지 않은 것이다. 그런데 신기하게도 이때부터 노무현 후보에 대한 지지도가 다시 반등하기 시작했다. 이기고 지는 것을 초월해 자신을 내던지는 모습이 오히려 유권자들의 심금을 울리기 시작한 것이다. 2002년 11월 24일 텔레비전 토론 후 실시된 여론조사에서 노무현 후보가 극적으로 승리해 여권 단일 후보가 되었다.

그러나 정몽준은 대선 투표 전날인 12월 18일 밤 10시에 갑자기 새천년민주당과의 선거 공조 파기를 선언했다. 노무현 후보는 정몽준을 설득하기 위해 그의 자택을 방문했지만, 문전박대를 당하고 돌아설 수밖에 없었다. 그러나 이때에도 정몽준의 지지 철회는 노무현에게 전화위복이 되었다. 위기감을 느낀 진보 진영이 민주노동당을 지지하지 않고 노무현에게 표를 몰아주는 의외의 일이 일어났다. 노무현 후보는 대통령 선거에서 57만 표 차이로 이회창 한나라당 후보를 이기고 대통령에 당선되었다.

2 한나라당 인사들

한나라당 이회창 후보는 대선 패배 직후 정계 은퇴를 선언했다. 이후 한나라당 총재는 서청원, 최병렬, 박근혜로 이어졌다. 한나라당은 노무현 정권이 출범하는 2003년 2월 현재 국회 과반수는 확보하지 못했지만 과반수에 거의 근접하는 의석을 가진 제1당이었고, 이 점을 이용해 노무현 정권이 추진하는 정책들을 견제했다. 정부조직과 관련해서도 한나라당 의원들이 독자 개편안을 제출하는 등 적극적으로 대처했다.

3 기타 야당 의원들

의석 수가 얼마 되지 않는 소수 세력이었지만 한나라당 외 야당 의원들도 정부조직 개편안을 독자적으로 제출하는 등 적극적으로 대처했다. 여당과 한나라당 중 어느 당도 확실히 국회 과반수 의석을 차지하지 못했기 때문에 그 틈새를 파고들어 자신들이 원하는 바를 얻고자 했다.

제 3 절 제도적 맥락

1 국회 본회의

노무현 정권이 출범하는 2003년 2월 현재 국회는 제16대 국회였다. 제16대 국회 총선은 2000년 4월 13일에 있었다. 선거 결과를 보면 총 273석 중 한나라당이 지역구 112석, 비례대표 21석으로 총 133석을 확보했고, 새천년민주당은 지역구 96석, 비례대표 19석으로 총 115석을 확보했으며, 자유민주연합은 지역구 12석, 비례대표 5석으로 총 17석을 확보했다. 어느 정당도 원내 과반수를 확보하지 못했다. 그러나 대선 과정을 거치면서 의석 분포가 변화되어 노무현 정권이 출범하는 2003

년 2월에는 야당인 한나라당이 국회 의석의 54.78%(149석/272석)을 점유하고 있었다(국회사무처, 2004: 31). 노무현 정권이 야당의 협조 없이는 새로운 정책을 추진하기 어려운 상황이었다.

제17대 국회 총선을 앞둔 2003년 11월 11일 새천년민주당의 개혁파 의원들과 한나라당 개혁파 의원들이 '새롭고 깨끗한 정치 실현', '중산층과 서민이 잘사는 나라 구현', '더불어 사는 따뜻한 사회 건설', '한반도 평화 통일', '지역주의 타파'를 표방하며 47석을 가진 열린우리당을 창당했고, 노무현 대통령이 새천년민주당을 탈당해 이 정당에 입당했다(국회사무처, 2004: 31; 조선일보, 2004.4.16). 대통령을 지지하는 여당의 입지가 국회에서 더욱더 좁아진 것이다.

2004년 4월 15일에 실시된 제17대 국회의원 총선에서는 노무현 대통령 탄핵 사건을 계기로 열린우리당이 총 299석 중 지역구 129석, 비례대표 23석을 확보했고, 한나라당이 지역구 100석, 비례대표 21석을 확보했다.[1] 열린우리당은 국회 과반수를 확보하기는 했지만 절반에서 2석만 추가된 매우 불안한 과반수였다(조선일보, 2004.4.16).[2] 실제로 열린우리당의 과반수는 채 1년도 안 된 2005년 3월 10일에 붕괴되었다. 이상락 의원(2004.12.10), 오시덕 의원(2005.1.27), 복기왕 의원(2005.3.10)의 당선이 무효가 되어 의석이 149석으로 줄어들었다. 이후에도 김맹곤 의원(2005.3.25), 이철우 의원(2005.3.25)의 당선이 무효가 되어 의석이 더욱 줄어들었다(147석)(국회사무처, 2008: 114). 반면 한나라당은 같은 기간 당선 무효를 받은 의원이 1명에 불과해 의석 감소폭이 훨씬 적었다. 2005년 4월 30일에 보궐선거가 치러졌는데 열린우리당 의석이 146석으로 1석 더 줄어들어 여소야대 상황을 재역전시키지 못했다(조선일보, 2005.5.2).

상황이 이렇게 되자 노무현 정권은 2005년 7월 28일 지역 구도 극복을 위한 선거제도 개편을 전제로 총리지명권, 조각권 등을 한나라당이 행사하는 대연정을 한나라당에게 제안했다. 그러나 한나라당 박근혜 대표는 8월 1일에 거부 의사를 표명했다. 임기 마지막 해인 2007년 들어서는 다음 대선을 염두에 두고 호남 기반의 새천년민주당과 합당해야 한다는 요구가 당내에서 제기되었고, 의원들이 탈당하기

1) 새천년민주당이 지역구 5석 비례대표 4석을 확보했고, 자민련이 지역구 4 비례대표 4석을 확보했다.

2) 152/299석.

시작했다. 이후 탈당 의원들이 계속 늘어나 2007년 6월경에는 열린우리당 의석이 73석으로 축소되었다.

이처럼 노무현 정권은 2005년 4월 15일 제17대 총선 이후 잠시 동안만 국회 과반수를 확보했고, 나머지 기간 동안에는 국회 소수파였다. 야당들의 협조 없이는 「정부조직법」이 관할하는 수준의 정부조직을 용이하게 개편할 수 없는 상황이었던 것이다.

2 국회 행정자치위원회

「정부조직법」은 국회 행정자치위원회 소관 사항이다. 그리고 행정자치위원회 소속 야당(한나라당) 의원들은 여러 차례 "그동안 우리 행정자치위원회는 여・야 대치가 첨예했던 안건들에 대해서도 합의 처리한 자랑스런 관행을 지켜왔다"라고 상기시키면서, 합의가 이뤄지지 않은 상태에서 여당 소속 행정자치위원장이 표결로 통과시키려고 하는 것에 강한 반감을 표시했다. 앞에서 본 것처럼 본회의 의석 분포가 정부에 유리하지 않은 상황이었기 때문에 행정자치위원회 소속 야당 의원들의 이런 입장은 상당한 구속력을 가질 수밖에 없었다.

3 국회 법제사법위원회

국회 회의록을 보면 노무현 정권기에 국회 법제사법위원회에서 「정부조직법」 개정안이 부결된 사례는 없었다(국회, 2003d: 6; 2004b: 645; 2004h: 5; 2004l: 77; 2005e: 90; 2005o: 29). 행정자치위원회에서 통과되지 않았거나, 본회의에서 부결되었지, 법제사법위원회에서 통과되지 않은 경우는 없다. 심지어 야당 의원이 법제사법위원장을 맡고 있을 때에도 그랬다. 정부조직 개편과 관련해 법제사법위원회만큼은 노무현 정권에 큰 부담을 주지 않은 것으로 보인다.

제 4 절 거시적 환경

1 국제 관계

북한과의 관계에서 임기 초에 김대중 정권 때의 대북 송금을 놓고 어쩔 수 없이 특검[3]을 실시하는 등 미시적 차원에서는 다소 불화의 여지가 있었지만 큰 흐름에서는 북한을 흡수 통일 대상으로 인식하기보다는 동반자로 보고 평화 체제 구축에 중점을 두는 등 같은 시각을 공유했다. 노무현 정권은 2005년 9월 19일 2000년 '6 · 15선언'의 후속 조치 성격으로 6자회담 결과인 '9 · 19선언'을 채택했다. 북한은 핵을 포기하고, 미국과 일본은 북한과 수교하고, 6자는 북한에 경제 지원을 하고, 한반도에서 평화 수립을 지원한다는 내용이었다(오연호, 2009: 169－170). 그리고 김대중 대통령과 마찬가지로 2007년 10월 초 평양을 방문해 남북정상회담을 이어가기도 했다.

미국과의 관계는 2002년 6월 13일에 발생했던 효순－미선 압사 사건,[4] 북한 대응 문제, 전시작전권 이양 문제 등으로 좋지 않았지만[5] 그렇다고 해서 관계를 파국으로 몰고 가지는 않았다. 미국의 입장에 동조할 것은 동조해주면서 시각 차이를 일정 수준으로 관리했다. 2003년 초 미국－이라크전쟁이 발발하고 미국이 한국의 파병을 요청하자 2004년 6월에 이라크 파병을 결정했으며,[6] 2007년 4월 2일에는 한 · 미 FTA도 타결했다. 노무현 대통령은 한－캐나다 FTA를 통해 미국을 끌어들일 정도로 적극적으로 미국을 대했다. 노무현 대통령은 FTA와 관련해서 "불확실해

---

3) 김대중 대통령이 통치행위라고 선언했으면 넘어가려고 했는데, "나는 모르는 일이다"라고 부인하니까 관련자들의 부패 문제가 되어 할 수 없이 수사를 할 수밖에 없게 된 것이다. 그럼에도 불구하고 노무현 정권은 남북 관계에 미치는 파장을 줄이기 위해 해당 문제에 국한해서 수사를 하는 특검 방식을 택했다. 검찰이 수사하면 관련 문제를 모두 살펴볼 것이고, 이것은 남북 관계를 손상시킬 가능성이 높았기 때문이다(문재인, 2011: 229－231).

4) 경기도 양주에서 미군 장갑차에 의해 당시 중학생이던 신효순 양과 심미선 양이 압사당한 사건.

5) 당시 미국 국방장관이던 게이츠(Robert Gates)는 훗날 펴낸 자서전에서 2007년 노무현 대통령이 자신에게 "아시아에서 최대 안보 위협은 미국과 일본"이라고 말했다고 하면서, 그때 자신은 노무현 대통령을 '정신나간 사람'으로 생각했다고 썼다(동아일보, 2014.1.15).

6) 당시 미국의 북한 폭격을 막기 위한 타협책이란 주장이 제기되기도 했다(명계남, 2012).

도 뛰어들어야 낙오하지 않고 일찍 뛰어들면 남보다 앞서갈 수 있는 기회를 포착할 수도 있다"고 봤다(오연호, 2009: 190－197).

일본과의 관계는 전반적으로 좋지 않았다. 2003년 6월 고이즈미 준이치로(小泉進次郎) 수상과 정상회담을 갖고 공동선언문을 통해 2005년을 '한·일 우정의 해'로 지정하는 등 우호적 움직임도 없지 않았지만, 일본의 야스쿠니 신사(靖國神社) 참배와 역사 교과서 왜곡, 독도 영유권 주장 문제가 불거지자 노무현 정권은 친화정책에서 강경대응책으로 돌아섰다.7)

중국과의 관계도 중국의 동북공정(東北工程) 문제 등으로 좋지만은 않았다. 2004년 6월 중국의 동북공정 사무처가 공정의 내용을 공개하면서 한국의 언론이 보도를 했고, 두 나라 사이의 외교 문제로 커졌다. 동년 8월 24일 양국 정부는 한－중 관계, 고구려사 문제를 정치 쟁점화하지 않고 학술 연구에 맡기기로 합의해 일단 급한 불을 껐다.

노무현 정권은 수출시장을 확대하는 대신 국내 시장도 과감하게 개방하는 전략을 택해 여러 나라와 FTA를 추진했다. 미국, 칠레, 싱가포르, 유럽자유무역연합(EFTA), 동남아시아국가연합(ASEAN) 등과 협상을 타결했고 캐나다, 인도, EU와는 협상을 시작해 후임 정권들이 마무리할 수 있는 씨를 뿌렸다.

2 역사적 환경

노무현 정권은 해방 이후의 역사를 바라보는 새로운 시각에서 기존 정권들과 크게 달랐다. 해방 이후 친일파들이 제대로 청산되지 않아 특권과 반칙이 난무하는 상황이 초래되었다고 봤다. 그래서 지역 분열 정치문화를 청산하고, 투명하고 자율적인 시장경제를 촉진하며, 권위주의 문화를 청산하고, 부패를 근절하며, 시장 권력과 언론 권력을 제어하려고 했다(유시민, 2002: 308－309; 국정브리핑, 2008: 14, 186; 오연호, 2009: 247－255). 이런 역사적 과제들이 상징적으로 요약된 것이 노무현 정권이 역점적으로 추진한 '4대 개혁 입법'이다. 4대 개혁 입법이란 「국가보안법」

7) 노무현 대통령 서거 이후 공개된 문서에 따르면 독도에 일본 선박이 침범했을 때 지체없이 발포하라는 명령을 내렸고, 일본 선박은 즉시 퇴각한 것으로 드러났다.

폐지, 「과거사기본법」 제정, 언론 관계 3법 제·개정, 「사립학교법」 개정을 말한다. 언론 관계 3법은 「정기간행물법」 개정, 「방송법」 개정, 「언론중재 및 피해구제에 관한 법」 제정 등이다.

3 당대의 지배적 사상

노무현 정권이 출범한 시기에는 국내외 모두 갈등과 대결의 흐름이 강했다. 국내적으로 국민이 노무현 정권에 기대했던 것은 '권위주의와 지역주의 청산'이었다. 노무현 후보가 여당 대통령 후보 경선에서 급상승해 승리할 수 있었던 원인도 그가 당시 국민의 바람을 누구보다 정확히 파악하고 그것에 호소했기 때문이다. 노무현 후보는 우공이산(愚公移山) 접근법으로 한국 사회가 가지고 있었던 문제들에 정면으로 맞서온 정치 이력을 가졌고, 그것을 바탕으로 개혁을 내세워 국민들로부터 진정성을 인정받았다. 노무현 정권 출범 후 사회 전반적으로 개혁 세력과 기득권 세력 간의 대결과 갈등이 불가피했다.

국제적으로도 갈등과 대치, 극단적 신자유주의가 추구되었다. 의견이 다른 상대방을 이해하고 공생하기 위해 노력하기보다는 의견이 다른 상대방을 적으로 규정하고 싸우는 것이 시대의 분위기였다. 2001년 9·11 테러, 2001년 아프카니스탄 전쟁, 2003년 이라크전쟁 등으로 미국과 이슬람 세력이 국제적 차원에서 충돌했다. 당시 미국은 20세기 말에 활황이었던 IT경제의 버블이 꺼지면서 경제가 악화되어 국제적 차원의 관용과 여유를 발휘할 수 없었다.[8] 세계 평화나 국제 사회의 안정보다는 자국의 안정과 이익을 우선시했다. 일본도 소위 '잃어버린 10년' 경기 침체에서 벗어나기 위해 고이즈미 정권이 공격적으로 규제 완화와 민영화를 추진했다. 고이즈미 정권은 개혁에 반대하는 진영을 청산해야 할 악으로 규정하고 정치적으로 강하게 공격했다. 그 결과 1억 중산층 신화를 낳았던 일본적 고용 시스템은 철저하게 붕괴되었고, 1억 중산층 대신 격차 사회가 초래되었다.[9]

---

8) https://ko.wikipedia.org/wiki/조지_W._부시.
9) http://www.ohmynews.com/NWS_Web/view/at_pg.aspx?CNTN_CD=A0000326099

제 5 절 정부조직 개편

1 1차 개정 시도

첫 개정 시도는 정권 출범기인 2002년 말~2003년 초가 아니라 취임 후 9개월 정도가 지난 2003년 11월에 시작되었다. 정부안, 한나라당안(권태망 의원 대표 발의) 두 가지가 심사되었다. 주요 내용은 ① 행자부 밑에 소방방재청 신설,[10] ② 기획예산처 소관 행정 개혁 업무를 행정자치부로 이관, ③ 법제처장 및 국가보훈처장 직급을 장관급으로 격상, ④ 문화재청장 직급을 차관급으로 격상, ⑤ 행정자치부 소관 사무에 전자정부 업무를 추가, ⑥ 공무원 인사 업무를 행자부에서 중앙인사위원회로 이관, ⑦ 영・유아 보육 업무를 보건복지부에서 여성부로 이관 등이다(국회, 2003c: 5-9).

최종적으로 여・야 간에 합의가 이뤄지지 않아 두 가지 모두 국회 본회의에서 부결되었다. 여당과 야당 모두 국회 과반수 의석을 확보하고 있지 않은 상태였기 때문에 합의가 이뤄지지 않는 한 처리될 수 없는 구조였다. 189명의 의원이 표결에 참석했으나 전재희 의원 외 수정안, 행정자치위원회 수정안 모두에 대해 찬성표가 각각 86표, 83표밖에 나오지 않았다(국회, 2003e: 8).

---

10) 소방청 신설은 김대중 정권 때부터 논의되던 사항이다. 김대중 대통령은 소방청 신설을 공약으로 내걸었지만 지키지 않고 퇴임했다. 노무현 대통령이 소방방재청을 신설하도록 결심하게 만든 결정적인 사건은 그가 당선자 시절이던 2003년 2월 18일에 발생한 대구지하철 중앙역 화재다. 192명이나 사망할 정도로 큰 사건이었기 때문에 전 국민의 관심을 끌었는데, 정부는 특별재난지역 선포 이외에 수습을 위해 좀 더 가시적인 조치가 필요했다. 그래서 소방방재청 신설을 결심하게 되었다. 한편 과거에는 큰 재난이 발생하면 국정원(구 안기부) 직원들이 나와서 현장에 출동한 여러 기관의 직원들을 통제하는 지휘관 역할을 했다. 그러나 문민정부 출범 이후 이런 관행은 사라졌고 현장에서 혼란이 생기고는 했다. 대형 재난 발생 시 현장관리를 위해서도 지휘 체계를 정리할 필요가 있었다. 그러나 막상 노무현 대통령이 소방방재청 신설 지시를 내리자 행정자치부 민방위통제본부 쪽에서 "소방보다 넓은 범위의 방재청을 만들어야 한다"고 주장하기 시작했다. 이에 소방 공무원들은 똘똘 뭉쳐서 "소방자가 앞에 들어가는 기구여야 한다"고 주장했다. 같은 부처 내에서 소방공무원들과 재난 담당 일반직 공무원들 사이에 힘겨루기가 나타난 것이다. 정부는 양측의 의견을 모두 수용해 소방방재청을 신설하기로 했다(동아일보사, 2004: 56-57).

2 2차 개정 시도

제2차 개정 시도는 2004년 2월 9일에 시작되었다. 정부안, 전재희 의원(한나라) 외 개정안, 고흥길 의원(한나라) 외 개정안 세 가지가 심사되었다. 행정자치위원회 법안심사 소위는 3개 개정안을 통합해 행정자치위원회 수정안을 제안했다. 수정안의 내용은 2003년에 부결된 내용과 동일하다. ① 행자부 밑에 소방방재청 신설, ② 기획예산처 소관 행정 개혁 업무를 행정자치부로 이관, ③ 법제처장 및 국가보훈처장 직급을 장관으로 격상, ④ 문화재청장 직급을 차관급으로 격상, ⑤ 행자부 소관 사무에 전자정부 업무를 추가, ⑥ 공무원 인사 업무를 행자부에서 중앙인사위원회로 이관, ⑦ 영·유아 보육 업무를 보건복지부에서 여성부로 이관 등이다(국회, 2004a: 5-10). 법제사법위원회에서는 행정자치위원회 수정안을 수정 없이 의결했고, 본회의도 토론 없이 표결로 통과시켰다. 1차 개정 시도 이후 여·야가 서로 원하는 것을 수용하는 방식으로 국회에서 합의 처리한 것으로 보인다. 재석 158인 중 찬성 156인이었다(국회, 2004c: 39).

3 3차 개정 시도

제3차 개정 시도는 2004년 8월 24일에 시작되었다. 정부가 개정안을 제출했는데 내용은 '① 과학기술 분야 부총리 1인 신설하고 과학기술부 장관이 겸직, ② 과기부 내에 과학기술혁신정책을 조정할 과학기술혁신본부 설치, 본부장은 차관급' 이었다(국회, 2004d: 3). 행정자치위원회는 법안심사소위 심사를 거쳐 정브 원안대로 통과시켰다. 법제사법위원회와 본회의도 정부 원안대로 통과시켰다(2004h: 1-5). 2004년 4월 국회 총선에서 여당인 열린우리당이 국회 과반수를 확보한 후 세 번째로 열리는 국정 현안 처리를 위한 단기(5일) 임시국회였고(국회사무처, 2008: 15), 정부조직 개편의 내용도 실무적 성격이 강해 여·야 간에 큰 정쟁 없이 신속하게 통과된 것으로 보인다.

4 4차 개정 시도

제4차 개정 시도는 2004년 11월 29일에 시작되었다. 주요 내용은 '① 철도공사로의 전환에 따른 철도청 폐지(행자부 안), ② 통계청장 직급 향상(열린우리당 박병석 의원 외), ③ 기상청장 직급 향상(한나라당 강재섭 의원 외), ④ 산자부 내 에너지자원본부 신설(한나라당 맹형규 의원 외)' 등이다. 행정자치위원회 법안심사소위에서 행자부안만 통과되고, 나머지 의원 발의안들은 모두 계류 결정이 났다(국회, 2004i; 2004j; 2004k). 법제사법위원회와 본회의도 별 토론 없이 정부안을 통과시켜 철도청을 폐지시켰다(국회, 2004l: 77; 2004m: 4). 의원들이 제출한 개편안은 정부와 공감대가 형성되지 않아 일단 계류된 것으로 보인다. 노무현 정권은 철도를 민영화하고자 했는데, 철도청 폐지 이후로 중간 단계인 철도공사가 설립되었다.

5 5차 개정 시도

제5차 개정 시도는 2005년 2월 21일에 시작되었다. 행자부가 개정안을 제출했는데 주요 내용은 '① 4개 부처에 복수차관제 도입, ② 보건복지부의 가족정책 업무 여성부로 이관하고 여성부를 여성가족부로 변경, ③ 문광부 청소년 관련 업무를 청소년위원회로 이관, ④ 조직 내부에 팀제 도입, ⑤ 건설교통부를 국토교통부로 개칭' 등이었다(국회, 2005a: 38). 여・야가 장기간 격렬한 토론을 거친 후에 행정자치위원회 법안심사소위에서 복수차관제 삭제, 건교부 명칭은 기존 상태 유지, 나머지 3개 내용은 정부안대로 하기로 합의했다. 행정자치위원회 전체회의, 법제사법위원회, 본회의에서도 법안심사소위의 여・야 합의가 존중되어 그대로 통과되었다(국회, 2005d: 14; 2005e: 90; 2005f: 29). 부처 간 업무 이관과 팀제 도입 등 실무적 성격이 강한 내용들은 이견 없이 통과되었지만, 고위직 증가 및 부처 명칭 변경 등 정치적 측면에서 여・야 간 이견이 있는 건들은 보류되었다.

정부 여당의 입장에서는 2004년 정기국회에서 4대 개혁 관련 입법을 추진하기 시작한 후 야당의 강한 반발에 직면한 상황이어서 시급하거나 우선순위가 높지 않은 안건은 가급적 야당의 동의를 얻은 후에 처리하려고 했다. 이 당시 여당은 상당히 불안한 과반수(150석/299석)를 확보하고 있는 상황이어서 무리하게 추진하지 않은 것으로 보인다(국회사무처, 2008: 114).

6 6차 개정 시도

제6차 개정 시도는 2005년 4월 18일에 시작되었다. 행정자치부가 개정안을 제출했는데 내용은 '① 복수차관제 도입, ② 통계청장과 기상청장 직급 차관으로 격상, ③ 국방부 밑에 방위사업청 신설, ④ 건교부 명칭을 국토교통부로 개명, ⑤ 교육인적자원부 내에 인적자원혁신본부를 신설'이었다(국회, 2005g: 66). 행정자치위원회는 정부개정안을 법안심사소위로 넘겼는데, 법안심사소위는 통계청장과 기상청장 직급 상향에만 합의하고 나머지는 합의를 못해 행정자치위원회 전체회의에 넘기기로 결정했다. 행정자치위원회 전체회의는 다음날 공청회를 거치고, 그 후 다시 법안심사소위를 열었지만 여・야 간 합의를 도출하지 못했다. 모든 안건을 6월 국회에서 다시 논의하기로 했다(국회, 2005l: 14).

7 7차 개정 시도

2005년 6월에 열린 국회에서는 4월에 정부가 제출했던 개정안에 더해 의원들도 여러 가지 개정안을 제출했다. ① 원자력의 의미를 원자력의 진흥 및 규제로 구체화(열린우리당 변재일 의원 외), ② 재경부에 국유재산관리본부를 신설(한나라당 김양수 의원 외), ③ 인사청문회 대상에 각 부 장관을 포함(한나라당 유정복 의원 외), ④ 문화관광부 명칭을 문화예술부로 바꾸고 그 산하에 관광청을 신설(한나라당 이재오 의원 외), ⑤ 국정홍보처 산하 해외홍보원을 「정부조직법」에 명기(열린우리당 노웅래 의원 외), ⑥ 법무부 장관 소속으로 교정청을 신설(열린우리당 문학진 의원 외) 등이었다. 행정자치위원회는 이 모든 안건을 법안심사소위에 넘겼는데, 대부분 여・야 간 합의가 이뤄지지 않아 표결로 '① 4개 부처에 복수차관제 도입, ② 통계청장과 기상청장 직급을 차관으로 격상' 두 가지만 통과시키고, 나머지는 모두 부결시켰다. 행정자치위원회 전체회의에서 민주노동당 이영순 의원이 다시 방위사업청을 신설하자는 수정안을 제안했으나 부결되었고, 법안심사소위가 제안한 수정안만 행정자치위원회를 통과했다(국회, 2005n: 35-47). 법제사법위원회는 두 가지 내용을 수정 없이 통과시켰다(국회, 2005o: 29). 본회의에서 또다시 민주노동당 이영순 의원이 행정자치위원회에서 넘어온 안에 방위사업청 신설을 추가하는 내용의 수정안을 제안했는데, 이번에는 표결에서 재석 170명 중 찬성 159, 반대 11로 통과되었다(국회, 2005p: 13-20).

8 여 · 야 간 일괄 거래 협상

방위사업청 신설은 6차 개정 시도에서 정부가 제안했지만 부결되었고, 다시 논의된 7차 개정 시도에서도 행정자치위원회 법안심사소위원회에서 열린우리당 의원과 한나라당 의원 사이에 합의가 안 되어 부결되었다. 당시 여당과 민주노동당은 "방위사업청을 통해 군 무기 구입 과정에서 군납업체와의 비리 등 부정부패를 줄이고 효율성을 높이자"고 주장했고, 한나라당은 "전문성과 투명성도 없고 충분한 감시 견제 장치도 없이 방위사업청장이 주도가 돼 엄청난 국민 혈세가 들어가는 무기 사업을 주도하면 어떤 일이 벌어지겠나? 투명화 빌미로 졸속적 군 문민화를 추진하는 것도 문제이고 국방부 고유의 전문성을 무시하는 것도 문제다. 방위사업청이 생기면 국방 예산의 절반 정도가 넘어가 국방부가 반쪽이 된다. 대통령이 임명하는 방위청장에 의해 사업이 추진되면 오히려 비리 발생 가능성이 높아진다"며 반대했다(오마이뉴스, 2005.6.30). 부결된 이후 여당은 방위사업청 신설을 더 이상 시도하지 않았다.

그러나 무기 구매 관련 부정부패를 없애려는 의지가 강했던 민주노동당은 당시에 전개되고 있던 정치적 상황을 매우 적극적으로 활용해 방위사업청을 되살려냈다. 당시 국회에는 윤광웅 국방부 장관의 해임건의안이 처리되고 있었는데 열린우리당은 과반수 의석 미달(146석)로 자력으로 해임건의안 채택을 막을 수 없는 상황이었다(국회사무처, 2008: 114). 이런 상황에서 민주노동당은 해임건의안 반대로 열린우리당을 도와주는 대신 그 대가로 열린우리당에게 방위사업청 신설 재추진을 요구했고, 본회의에서 그 건을 다시 제안한 후 열린우리당의 동의를 얻어 최종적으로 통과시켰다(오마이뉴스, 2005.6.30).[11)]

9 여 · 야 간 쟁점 연계 협상

소방방재청 신설과 관련해 정부는 처음에 "청장은 정무직 공무원, 차장은 별정직 또는 소방직 공무원"을 제안했다. 반면 한나라당 의원들은 "청장은 소방직 공무원이어야 한다"는 수정안을 발의했다. 여 · 야 간 합의가 도출되지 않아 2003년 12월 23일 국회 본회의에서 정부안과 한나라당안이 모두 부결되었다(국회, 2003e: 8). 2004년에 재개된 과정에서 정부는 야당의 취지를 반영해 "청장은 정무직 또는 소방직 공무원, 차장은 소방직 또는 별정직 공무원"으로 수정해 청장에 소방직이 임명될 수 있는 길을 열어놨다(국회, 2004a: 5). 그러자 한나라당 의원들도 "청장은 소방직 또는 정무직 공무원, 차장은 소방직 또는 별정직 공무원"으로 한 발 물러난 수정안을 발의했다(국회, 2004a: 9). 의원들은 행정자치위원회 심사 과정에서 정부안에 "청장이나 차장 중 1인은 반드시 소방직 공무원이어야 한다"는 단서를 추가하는 정도의 수정으로 타협을 했고(국회, 2004a: 10), 법제사법위원회와 본회의에서도 동일한 내용으로 통과시켰다(국회, 2004b: 45; 2004c: 39). 그래서 최종적으로는 "청장은 정무직 공무원, 차장은 별정직 공무원 또는 소방직 공무원으로 보하되, 청장이나 차장 중 한 명은 반드시 소방직 공무원으로 한다"로 정리되었다.[12)] 다른 기구의 개편과 관련해서는 쟁점 연계 협상이 나타나지 않았다(국회, 2005a; 2005b; 2005c; 2005d; 2005g; 2005h; 2005i; 2005j; 2005k; 2005l; 2005m; 2005n; 2005o; 2005p).

---

11) 물론 민주노동당은 겉으로는 이런 정치적 거래를 부인했다.

12) 소방은 1948년 정부 수립 시 내무부 치안국 소방과로 출발했다. 이후 1975년 소방국으로 확대되면서 경찰에서 분리되었다. 2004년 현재 전국의 소방공무원 숫자는 25,000명가량이고 최고위직인 소방국장은 중장급인 소방총감이다. 참고로 67,000명인 해군과 65,000명인 공군에는 최고위직이 대장급이다. 15만 명 정도인 경찰도 최고위직은 대장급인 치안총감이다. 소방방재청이 신설되면서 소방공무원들은 소방 최고위직인 소방총감의 직급을 대장급으로 올리고 소방방재청장을 맡게 하고, 차고위직인 소방정감은 중장급으로 하여 소방방재청 차장을 맡게 하려고 했다. 그러나 이런 움직임은 구성원 숫자에 비해 직급이 과도하게 상향된다는 비판을 받았고, 소방공무원들은 강하게 반발했다. 이런 갈등을 해결하기 위해 소방총감 직급은 그대로 중장급으로 하되 소방방재청 차장은 반드시 할 수 있도록 하는 안이 채택된 것이다(동아일보사, 2004: 56－57).

10 여 · 야 간 긍정적 조정 협상

여 · 야는 세 차례에 걸쳐 긍정적 조정 협상을 했다. 2004년 11월에 시작되는 4차 개정 시도 때부터 여 · 야는 정부조직 개편안을 안건별로 분리해서 처리했다. 논의되는 개편안의 일부에 대해 타협이 이뤄지지 않았어도 전체를 반대한 것이 아니라, 타협이 이뤄진 내용들은 통과시켰다. 국회의원들이 자신들도 국정에 책임을 져야 하는 일원임을 자각하고 국정의 동반자가 된 것이다. 4차 개정 시도에서 철도청 폐지를 통과시켰고, 5차 개정 시도에서 여성가족부로의 개편, 청소년 업무 청소년위원회로의 이관, 팀제 도입 세 가지를 통과시켰고, 7차 개정 시도에서 복수차관제, 통계청장과 기상청장 직급 상향, 방위사업청 신설 세 가지를 통과시켰다.

제 6 절 결과 및 함의

제4절에서 논의한 거시적 환경으로부터 제기되는 정부조직 개편 수요를 추출해 보면 첫째, 미국 · 일본 · 중국과의 관계를 관리할 기구들을 정비할 필요가 있었고, 둘째, FTA 추진에 필요한 기구를 정비할 필요가 있었으며, 셋째, 과거사 진상규명, 사립학교 개혁, 언론 개혁, 국민 인권 개혁 등을 추진할 기구들을 정비할 필요가 있었다. 그런데 총 일곱 차례에 걸쳐 시도된 정부조직 개편의 주요 결과를 보면 행자부 소방방재청 신설, 과기부 내 과학기술혁신본부(본부장 차관급) 설치, 철도청 폐지 후 철도공사 설립, 여성부를 여성가족부로 확대, 방위사업청 신설 등이다.[13] FTA 추진에 필요한 기구는 전임 김대중 정권에서 있었던 통상교섭본부 신설로 필요성이 충족되었다고 해석하더라도, 외교 관련 기구의 개편과 정권이 역점적으로 추진했던 4대 개혁 관련 기구의 개편은 시도도 되지 않았다.

그렇다면 노무현 정권은 어떤 방식으로 개혁정책 추진에 필요한 행정력의 뒷받침을 확보했을까? 노무현 정권은 국회 절차를 거쳐야 바꿀 수 있는 「정부조직법」

13) 기관장 직급 격상, 4개 부처 복수차관제 도입은 큰 틀에서 볼 때 새로운 정책의 추진을 위한 것이라기보다는 실무 수준의 미세 조정으로 보인다.

관할 대상 정부기구가 아닌 다른 정부기구를 개편해서 개혁정책 추진에 필요한 행정력을 확보한 것으로 보인다. 즉, 노무현 정권은 '국회 우회 전략'을 사용한 것으로 보이는데, 그 핵심은 수많은 정부위원회 신설과 재단 설립이었다.

노무현 정권은 1990년 3당 합당을 거부하면서 스스로 소수파를 자처했던 소위 '꼬마 민주당'을 모태로 했다. 그렇기 때문에 새천년민주당 대선 후보 경선 과정이 시작되기 전까지 노무현 후보가 승리할 가능성은 매우 낮았고, 심지어 후보로 결정된 다음에도 지지율이 낮아지자 바로 후보 교체 논의가 우후죽순 격으로 나타났다. 정몽준과의 후보 단일화를 위한 여론조사 승리, 대선 전날 정몽준의 후보 단일화 불인정 성명까지 거치면서 어렵게 당선되었음에도 불구하고 야당은 노무현 대통령을 대통령으로 인정하지 않는 언사들을 구사했다. 설상가상으로 여당 내 일부 세력도 대통령을 깔보는 듯한 태도를 계속 유지했다. 임기 첫 해인 2003년 11월에 의석수 감소를 감수하면서까지 새천년민주당을 탈당해 열린우리당을 창당한 것은 이런 맥락에서 일어났다. 당시 노무현 대통령은 국회, 여당, 야당에 대해 기대를 접은 것처럼 보였다. 그런 정치인들이 장악하고 있는 국회에 자신이 원하는 정책을 추진하기 위한 정부조직 개편안을 제출해 봤자 제대로 처리되지 않을 것이라고 생각한 것으로 보인다. 국회는 일단 개혁되어야 할 대상이었지 국정을 함께 논할 파트너는 아니었던 것이다. 2004년 제17대 국회 총선 후 열린우리당이 국회 과반수를 확보하자 그해 정기국회에서 4대 개혁 입법을 추진하는 등 비로소 국회를 통한 개혁 정치를 시도하지만, 이것도 2005년 3월 10일 여당의 과반수 의석이 붕괴되면서 추진 동력이 약해졌다.

국회 및 주요 정당과의 관계가 우호적으로 전개되지 않자 노무현 정권은 국회를 거쳐야 하는 「정부조직법」 대신 대통령령으로 가능한 우회 전략을 택했다.[14] 특히 4대 개혁 입법과 관련된 개혁정책을 추진하기 위해 기존 부·처·청 조직을 이용하는 대신에 각종 정부위원회를 집중적으로 설치했다. 과거사 진상 규명과 관련해 '진실·화해를 위한 과거사정리위원회', '친일반민족행위자진상규명위원회', '군의문사진상규명위원회', '일제강점하강제동원피해진상규명위원회', '민주화운동 관련자 명예 회복 및 보상심의위원회', '제주4·3사건진상 규명 및 희생자 명예회

14) 법제처 법령데이터베이스(DB) 검색 결과. 모두는 아니지만 대부분의 위원회는 대통령령 관할 사항이었다.

복위원회', '노근리명예회복위원회', '동학농민혁명참여자명예회복심의위원회', '국가정보원과거사위원회' 등을 설치했고, 언론관계법 개정과 관련해 '방송위원회'를 설치했다. 또한 지방분권 및 균형 발전과 관련해서는 '정부혁신지방분권위원회,' '국가균형발전위원회', '신행정수도건설추진위원회'를 설치해 매우 활발하게 운영했다.[15] 임기 말인 2008년 2월에 총 573개의 정부위원회를 운영할 정도였다.[16] 한편 중국의 역사 왜곡 문제에 대한 대응 전략을 생산하기 위해 재단을 설립하기도 했다. 2004년 3월 1일 고구려연구재단을 설립해 동북공정을 비롯한 고대사 문제를 다루게 했다. 그리고 2006년 9월 28일에는 중국 및 일본에 의한 역사 왜곡 문제에 대처하기 위해 고구려연구재단을 승계·확대해 '동북아역사재단'을 설립했다.

전반적으로 볼 때 노무현 정권의 성과는 그렇게 나쁜 편이 아니었다. 야당인 한나라당은 노무현 대통령을 '경제를 포기한 대통령'이라고 매우 강하게 비판했지만, 임기 5년 동안 평균 4.3%의 GDP 성장률을 실현했다.[17] 이것은 OECD 평균 성장률보다 높은 수준으로 OECD 가입국 중 거의 최고 수준이었다. 또한 임기 동안 환율을 낮게 유지해(900원~1000원) 수입품의 물가를 낮게 유지하면서 달러로 계산되는 국민소득을 높여 대한민국 최초로 1인당 국민소득 20,000달러 시대를 열었다. 여러 나라와 FTA를 추진한 것도 노무현 정권이 잘한 일로 보인다. 국내 시장이 좁은 한국은 경제 발전을 위해 수출시장 확보가 무엇보다 중요한 데 미래를 내다보고, 미국·EU 등 여러 나라들과 자유무역협정을 체결했다. IT사업 개발, 전자정부 추진 또한 긍정적 성과로 보인다.

반면 부동산 정책은 실패한 것으로 평가된다. 서민을 위한 정권임을 표방했으면서도 정작 서민들의 주거 문제에 관련된 아파트 값 상승을 잡지 못했다. 또한 대선 공약에서 비롯된 행정수도 이전은 추진 당시에도 논란이 매우 많았고, 10년이 지난 지금까지도 그 부작용이 결코 적지 않다. 또한 청년 실업 문제가 악화되고, 빈부 격차도 악화되는 결과를 초래하기도 했다(제13장 <표 13-4>, <표 13-5> 참조).

---

15) 정부혁신지방분권위원회, 2008: 67. <표 3-3>. 일부 수정.

16) 이 숫자는 1997년 김영삼 정권의 380개, 2001년 김대중 정권의 366개에 비해 현저히 많은 숫자다. 후임 이명박 정권이 정권 초기에 47.6%에 해당하는 273개 위원회를 정리할 정도였다(박통희, 2008: 13-14).

17) 한국은행 경제통계 시스템.

제 11 장 이명박 정권 출범기*

제 1 절 들어가며

2007년 12월 19일 대선에서 야당인 한나라당의 이명박 후보는 전체 투표 수의 48.7%를 득표하며 26.2%를 득표하는 데 그친 여당인 대통합민주신당의 정동영 후보에 압승을 거뒀다.[1)] 10년 만에 다시 정권이 교체된 것이다. 한나라당은 김대중, 노무현 정권 10년을 '잃어버린 10년'이라고 부르며 강하게 비판해 왔기 때문에 주요 정책에서 큰 변화가 예상되었다. 정부조직 측면에서도 한나라당 인사들과 여러 행정학자가 참여정부를 큰 정부라고 비판하고 차기 정부는 작고 강한 정부로 가야 한다고 제안했던 터라 정부조직이나 인력이 크게 줄어들 것으로 예상되었다.[2)]

예상대로 2008년 1월 16일 대통령직인수위원회는 노무현 정권의 4처 18부 17청을 2처 13부 16청으로 대폭 축소하겠다는 청사진을 발표했다. 장관급 직위 11개, 차관급 직위 8개, 고위공무원단 직위 93개를 축소하겠다고 했다. 여・야 협의를 거쳐 2월 20일에 도출된 최종 결과는 2처 15부 1특임장관 17청이었다. 당초 새 정권

* 이 장은 하태수(2009b)를 수정・보완한 것이다.

1) 전체 유권자 수 37,653,518명, 투표자 수 23,682,063명, 투표율 62.9%(디지털조선일보, 2007.12.19).

2) 이런 주장의 선봉에 선 대표적 인물은 행정학자 출신인 한나라당 박재완 의원이었다. 그 밖에 이원희(2007), 노화준(2007), 김관보(2007), 이주선(2007) 등도 '작은 정부론'을 설파했다.

의 의도대로 크게 축소된 것은 아니지만 작고 강한 정부라는 원칙이 그런대로 잘 반영된 것으로 보인다(조선일보, 2009.2.20).

제 2 절 행위자

1 이명박 대통령

이명박 대통령은 가난한 환경에서 태어나고 성장해 대통령까지 당선된 입지전적인 인물이다. 포항에서 야간 상업고등학교를 졸업한 후 서울로 이사해 환경미화원으로 일하면서 고려대학교를 다녔다. 그러나 그 힘든 와중에도 상과대학 학생회장을 지냈고, 한·일국교정상화에 반대해 6개월간 징역을 살기도 했다. 졸업 후 현대건설에 입사해 5년 만에 이사가 되었고, 12년 만인 만 35세에 사장이 되어 샐러리맨의 신화가 되었다. 1992년 현대건설 회장직을 그만두고 민주자유당에 입당해 14대 국회 전국구 의원, 15대 국회 지역구 의원으로 당선되었다. 1998년에는 서울시장 후보 경선을 위해 국회의원직을 사직했으나 국회의원 선거와 관련해 벌금형을 받아 중도에 포기하고 미국으로 유학을 떠났다. 2000년 8월 광복절 특사로 사면·복권된 뒤, 2002년 민선 3기 서울시장에 당선되었다. 서울시장으로 재직하면서 청계천 복원, 대중교통 환승 체계 구축, 서울숲 조성 등의 업적을 남겼다. 2007년 한나라당 대통령 후보 경선에서 박근혜 후보를 누르고 승리했으며, 12월 대선에서 '경제 대통령'을 표방하면서 정동영 후보를 역대 최대 표차인 521만 표차로 누르고 대통령에 당선되었다.

이후 '작은 정부, 큰 시장'을 근간으로 '경제살리기'를 내세웠고, 좌편향된 한국사회를 중도로 바꿔야 한다는 주장도 제기했다. 건설회사 사장 출신이라 협상에도 매우 노련했다. 정부조직 개편 관련 여·야 협상에서 야당 측을 강하게 압박해 자신이 원하는 바를 성취하면서도 결정적인 순간에는 한 발 양보하는 재치를 발휘해 시간을 오래 끌지 않고 정권 출범 이전에 정부조직 개편을 마무리했다. 양측의 힘이 비슷한 상황에서 전개되는 협상에서는 어느 한 측이 일방적 승리를 거두기 어렵다는 것을 잘 알고 있었고, 어느 정도 선에서 타협하고 마무리하는 것이 전체적으로 볼 때 바람직하다는 점도 잘 알고 있었다.

2 손학규 대통합민주신당 대표

서울에서 출생 후 경기중, 경기고를 거쳐 1965년 서울대 정치학과에 입학했다. 입학 직후 한·일국교정상화에 반대했고, 무기정학을 받았을 때는 강원도 함백탄광에서 광부로 일하기도 했다. 복학 후에는 조영래(변호사), 김근태(전 국회의원)와 함께 서울대 학생운동을 주도했다. 졸업 후 군에 입대해 1972년 제대했고, 제대 후에는 소설가 황석영과 함께 구로공단에서 노동운동을 했다. 수배와 투옥으로 1970년대를 보낸 후 1980년 세계교회협의회(WCC)로부터 장학금을 받아 영국 옥스퍼드대학교로 유학을 떠났다. 1987년 학위를 마치고 귀국한 후 노동운동을 재개하다가 1988~1990년 인하대 교수, 1990~1993년 서강대 교수를 역임했다. 1993년 민주자유당에 입당하면서 정계에 입문했고 보궐선거에서 경기도 광명에 출마해 당선되었다. 제15대 총선에서도 신한국당 후보로 재선되었고, 1996년 11월 보건복지부 장관에 임명되었다. 2000년 제16대 총선에서 3선에 당선되었고, 2002년에 경기도 도지사에 당선되었다. 2007년 9월에는 대통합민주신당에 입당해 대통령 후보 경선에 나섰으나 정동영 후보에게 패배했다. 대선 후 2008년 1월 대통합민주신당의 대표로 선출되었고, 2008년 2월 11일 민주당과 합당해 통합민주당을 창당했다. 경력에서 알 수 있듯이 그는 다소 기회주의적인 처신을 했다. 노동운동가 출신 교수이면서도 정치계 경력은 보수당인 민주자유당에서 시작했고, 이후에도 그 당의 후신인 신한국당, 한나라당에서 3선 의원, 경기도지사 등을 지냈다. 그러나 2007년에는 한나라당에서 이명박, 박근혜 후보에게 밀려 대통령 후보가 되기 어려울 것 같자 3월 중순에 탈당한 후 여권 쪽으로 넘어가 대통령직에 도전했다.

대선 후 정부조직 개편 과정에서는 노무현 정권이 남긴 정부기구를 가급적 많이 살리려고 노력했다. 관련 부처 공무원들, 관련 사회단체 인사들, 농촌 지역 지역구 출신 의원들, 반(反)이명박 기류가 강한 당내 소장파 의원들의 의견을 수렴해 최대한 많은 기구를 살리고자 노력했다.

3 개편안 작성자

대통령직인수위원회에서 정부조직 개편안을 주도적으로 만든 사람은 박재완 정부혁신/규제개혁 태스크포스 팀장(한나라당 의원), 기획조정분과위 박형준 한나라당 의원, 곽승준 고려대학교 교수, 임태희 한나라당 의원 네 명이다(동아일보, 2008.1.16). 이들은 작은 정부를 구현하기 위해 기존의 2~3개 부처를 1개 부처로 통합하는 안을 만들었다. 예를 들면 기획예산처와 재정경제부를 합쳐 기획재정부를 만들고, 건설교통부와 해양수산부를 합쳐 국토해양부를 만들었으며, 교육인적자원부와 과학기술부를 합쳐 인재과학부를 만들었다. 이런 아이디어는 대부처(大部處) 대국(大局) 대과(大課)를 추진했던 일본의 하시모토 류타로(橋本龍太郞) 행정 개혁(1996년 12월 말)을 모방한 것으로 보인다. 하시모토 행정 개혁은 작은 정부를 지향해 첫째 간소하고 효율적인 행정을 위해 중앙부처와 공무원을 대폭 축소하고 특수법인의 통합과 민영화를 추진했다. 둘째, 정부 규제 완화와 지방분권을 크게 확대했다. 셋째, 행정절차를 간소화하고 행정수수료를 경감했다. 넷째, 정부공개 법안을 만들어서 국민에게 열려 있고 신뢰받는 행정을 실현하고자 했다.[3] 이 행정 개혁은 2001년까지 완수를 목표로 했는데 결과를 보면 정부기구 숫자가 1994년 현재 1부 21성청에서 2001년 1부 12성청으로 크게 축소되었다(염재호, 2009: 87).

4 여 · 야 6인 협상 대표

여당인 한나라당은 국회에서 과반수 의석을 확보하지 못하고 있었기 때문에 정부조직 개편을 위해 야당과 불가피하게 협상을 해야만 했다. 한나라당과 대통합민주신당은 각 당에서 3명씩 협상 대표를 선정해 '여 · 야6인회의'를 구성한 후 이들에게 정부조직 개편 협상을 맡겼다. 한나라당에서는 안상수 원내대표, 이한구 정책위의장, 김형오 인수위부위원장이 선정되었고, 대통합민주신당에서는 김효석 원내대표, 김진표 정책위의장, 유인태 국회행정자치위원장이 선정되었다. 그러나 이들

3) http://imnews.imbc.com/20dbnews/history/1996/1973729_19466.html

이 협상의 전권을 위임받은 것은 아니었다. 이들이 결말을 맺지 못하자 이재오, 유인태 간 1:1 협상이 시작되었다.

5 이재오와 유인태

'여·야6인회의'를 통해 협상이 타결되지 않자 대통령 당선자와 야당 대표는 각자 자신을 대리할 수 있는 인사를 1명씩 정해 최종 협상을 전개했다. 한나라당에서는 이재오 의원이, 통합민주당에서는 유인태 의원이 최종 협상자로 선정되었다. 이 두 명은 협상 막바지에 파국을 막기 위해 대통령과 야당 총재에게 조금씩 의견을 바꾸도록 설득해 협상을 타결시키는 실질적 최종 협상자 역할을 수행했다.

이재오 의원은 진보 성향의 민중당 출신으로 김영삼 대통령에 의해 신한국당으로 영입되었다. 1960년대 한·일 국교정상화 반대운동을 하다가 구속·제적되었고, 이후에도 재야 민주화운동을 계속해 다섯 번의 수형 생활을 하는 고초를 겪었다. 신한국당 입당 후 이명박 서울시장 후보 선거대책본부장, 서울시장 직무인수위원장을 역임하는 등 이명박 대통령 만들기 1등 공신이었다.

유인태 의원은 1974년 민청학련 사건으로 사형 선고를 받았던 재야의 대표적인 민주화 인사다. 노무현 대통령 시절 청와대 초대 정무수석을 지냈는데 당시 회의를 하면서 대통령과 맞담배를 피울 정도로 진보 세력 내에서 위상이 높고 노무현 대통령의 신뢰가 깊었던 인물이다.

제 3 절 제도적 맥락

1 국회 본회의

국회 본회의는 2008년 2월 3일 현재 297명의 의원이 재적하고 있었다. 대통합민주신당 136명, 한나라당 130명, 민주노동당 9명, 민주당 6명, 국민중심당 4명, 참주인연합 1명, 창조한국당 1명, 무소속 11명이었다.[4] 그리고 2008년 2월 11일 대통합민주신당과 민주당이 합당해 142석의 통합민주당이 창당되었다. 당시 한나라당은 통합민주당을 제외하면 국회 다수(149/297)를 차지하는 최소 승자연합을 구성할 수 없었다. 한나라당 130석에 잠재적 우군으로 볼 수 있는 국민중심당 4석, 참주인연합 1석, 무소속 중에서 2석(곽성문, 최연희)을 모두 합해도 137석에 불과했다. 민노당과 무소속 중에서 18명을 연합에 끌어들이면 과반수를 넘길 수는 있었으나 이 경우 자칫 대통합민주신당(후의 통합민주당)과 협상하는 것보다 더 많은 것을 양보해야 할 수도 있어 이 대안은 사실상 불가능했다.[5]

2 국회 행정자치위원회

2008년 2월 당시 국회 행정자치위원회는 총 24명의 의원으로 구성되어 있었는데, 이 중 통합민주당 소속이 11명, 한나라당 소속이 9명, 무소속이 3명, 창조한국당 소속이 1명이었다. 위원장은 통합민주당 유인태 의원이었다(국회사무처, 2008: 191). 행정자치위원회에서 「정부조직법」 개정안을 심의할 권한이 있는 소위는 법안심사소위원회였다. 이 소위 소속 의원은 모두 8명이었다. 통합민주당 4명, 한나라당 3명, 무소속 1명. 소위원장은 통합민주당 박기춘 의원이었다.

3 국회 법제사법위원회

2008년 2월 당시 국회 법제사법위원회는 총 16명의 의원으로 구성되어 있었는데, 이 중 통합민주당 소속이 8명, 한나라당 소속이 6명, 기타 2명이었다. 위원장은 한나라당 최병국 의원이었다(국회사무처, 2008: 191).

4) 2008년 2월 3일 기준. www.assembly.go.kr

5) 당시 한나라당 내에서 박근혜 의원을 따르면서 이명박 세력과 대립각을 세우던 소위 '친박' 세력들은 30~40석을 차지하고 있었는데 거부권자로 볼 수는 없다. 어차피 140여 석을 보유한 통합민주당과 협상을 타결하기만 하면 한나라당 측에서는 130석이 찬성하든 친박 세력을 제외한 80~90석이 찬성하든 「정부조직법」 개정안 통과는 문제없었기 때문이다.

제 4 절 거시적 환경

1 국제 관계

1980년대 후반 동구 공산권 나라들이 붕괴되면서 세계는 미국 중심의 단극 체제로 변했고, 이것은 세계화라는 세계시장 통합 움직임으로 나타났다. 유럽에서 유럽연합(EU), 북중미 지역에서는 북미자유무역협정(NAFTA), 1995년에는 세계적 차원의 세계무역기구(WTO)가 출현해 자유무역을 본격화시켰다. 그러나 이런 패러다임으로 10년 이상의 시간이 흐르자 여러 가지 문제가 나타나기 시작했다. 특히 통신기술의 발달로 인해 광속으로 움직이던 초국적 잉여자본에 기반한 최신 금융상품들의 붕괴로 인해 세계 경제위기가 발생했다. 한국은 외환위기를 극복하느라 유럽과 북중미에 비해 한 박자 늦기는 했지만 노무현 정권이 세계화 추세에 동참해 칠레 및 싱가포르와 자유무역협정(FTA)을 체결했고, 이어 미국・EU 등 세계 여러 지역 여러 나라와 FTA를 체결하려고 했다. 하지만 후발주자인 한국이 본격적으로 FTA를 추진하자마자 선진국들은 경제위기에 직면해 오히려 세계화 및 FTA 체결 움직임에서 한 발 물러서고 있는 형국이었다. 외교 관계에서는 전임 노무현 정권이 한・미 관계, 한・일 관계, 한・중 관계를 우호적으로 유지한 것이 아니었기 때문에 이명박 정권은 주요국과의 관계를 우호적으로 만드는 것이 최우선 과제였다.

2 역사적 환경

한국 현대사의 흐름을 간략히 정리하면 1961년 5・16 쿠데타 이래 32년간은 성장중시－형평 경시 군부독재로 표현할 수 있고, 김영삼 정권 5년은 군부독재 통치에서 민주화된 민간정권으로 넘어가는 과도기로 볼 수 있으며, 김대중 정권과 노무현 정권은 민주화가 어느 정도 궤도에 오른 시기로 볼 수 있다. 특히 노무현 정권은 시각에 따라 이견(異見)이 있을 수 있지만 과잉 민주화된 시기로 이념이 지나치게 강조되고 실용 측면은 약화되어 경제양극화 등 여러 가지 사회 문제가 나타나기도 했던 시기였다. 이명박 정권은 (한나라당을 필두로 하는 보수 세력의 정치적 공세로 인해 더욱더 증폭된 감이 없지 않지만) 한국 현대사의 흐름 속에서 국민이 과잉 민주화에 대한 염증을 느끼는 가운데 등장했다. 현대사의 흐름을 진자운동으로 보면 한국 사회는 군부독재와 과잉 민주화라는 양 극단 사이를 왔다 갔다 하는 것으로 볼 수 있고, 이명박 정권의 출범 시기는 과잉 민주화라는 한 극단에 이른 추가 다시 반대 방향으로 움직임을 시작하는 변곡점이라고 볼 수 있다. 전임 노무현 정권이 성장률이나 물가인상률 등에서는 성과가 나쁘지 않았기 때문에 이것들과 관련해서는 이명박 정권이 특별히 차별화를 추구할 것은 없었다. 그러나 전임 정권이 양극화 문제와 집값 폭등 등의 문제를 남겼기 때문에 이명박 정권은 이런 문제들을 해결하기 위해 특별히 신경을 써야 하는 상황이었다.[6] 특히 경제대통령을 표방하면서 선거운동을 했기 때문에 제반 경제 문제를 해결해야 하는 부담도 안고 있었다. 또한 노무현 정권이 좌편향되었다고 규정하고 한국 사회를 중도로 돌려놔야 한다고 주장했기 때문에 여론에 막대한 영향을 미치는 언론계 개혁 등 이와 관련해 수행해야 할 과제들도 있었다.

3 당대의 지배적 사상

이 시기에는 역사적 환경과 국제적 환경이 복합적으로 작용해 한국에서는 '작지만 일 잘하는 정부'와 '사회 투자 국가 및 통일 지향 국가'라는 대척적인 두 개의 지배적 사상이 자리를 잡았다. 세계화 추세와 시장의 효용성을 인정하는 보수 세력은 김대중·노무현 정권 10년을 '잃어버린 10년'으로 규정하고 움직임, 즉 정부 규모를 축소시키되 효율적으로 일을 잘하는 정부를 주장했다. 반면에 지난 10년 동안 여당이었던 진보 세력은 최근 몇 년간 유럽 및 북중미에서 나타나는 경제 위기·사회 양극화 문제 등을 거론하며 한국도 이들과 같은 함정에 빠지지 않기 위해서는 인적 자원 개발, 특히 여성·서민 등 소외계층에 대한 투자를 증가시켜야 경제도 성장하고 궁극적으로 분배 및 형평의 문제도 해결할 수 있다는 사회투자국가론

6) 정권별 경제성장률, 물가인상률, 빈부 격차, 집값 변동 자료는 제13장의 <표 13-3>~<표 13-8>을 참고 바람.

을 주장했다(임채원, 2007; 유시민, 2007). 또한 일부 진보 세력은 남북 화해를 통한 남북 통일을 강조했다.[7] 두 사상을 좀 더 선명하게 대비시키기 위해 알기 쉽게 표현하면 [그림 11-1]과 같다.

그림 11-1 지배적 사상의 대비

제 5 절 정부조직 개편

앞의 거시적 환경 부문에서 논의된 내용들을 토대로 정부조직 개편 수요를 추출해 보면 한·미, 한·일, 한·중 관계를 관리하는 기구의 개편이 필요하고, 양극화·집값 폭등 등 국내 경제 문제를 해결하고 과잉 민주화를 되돌려놓을 기구 개편도 필요하다.

7) 이런 진보 세력 내에서 강조하는 바가 차이가 나는 것은 과거 1980년대 운동권의 NL-PD 노선 차이에서 비롯된 것으로 생각된다.

1 협상 시작 전 여 · 야 개편안

2007년 12월 26일 대통령직인수위원회가 구성되었고, 2008년 1월 16일 인수위는 기존의 '4처 18부 17청'을 '2처 13부 16청'으로 축소하는 정부조직 개편안을 발표했다. 이념 중심의 과잉 민주화보다는 실용, FTA 체결 등 자유무역에의 대비 등에 역점을 뒀다. 2008년 1월 19일 한나라당은 인수위안을 원안대로 통과시킨다는 당론을 정하고 국회에 같은 내용의 「정부조직법」 개정안을 제출했다. 부(部) 수준에서는 통일부, 해양수산부, 정보통신부, 여성가족부, 과학기술부 5개 부를 통 · 폐합하고, 이 부처를 흡수하는 외교통상부, 건설교통부, 산업자원부, 보건복지부, 교육인적자원부의 명칭을 외교통일부, 국토해양부, 지식경제부, 보건복지가족부, 인재과학부로 바꿨다. 처 수준에서는 국정홍보처와 기획예산처를 통 · 폐합하고, 청 수준에서는 농촌진흥청을 폐지하기로 했다. 청와대 조직도 기존의 대통령 비서실과 경호실을 대통령실로 축소시키고, 총리실 조직도 국무총리 비서실과 국무조정실을 국무총리실로 축소시키고, 부총리 제도도 폐지했다. 대신 특임장관을 1명 신설했다. 416개에 달하는 정부위원회도 201개로 대폭 축소했다(조선일보 · 서울신문 · 한겨레신문, 2008.1.16).

반면 대통합민주신당은 이명박 정권이 종합부동산세, 균형 발전, 사회복지 분야 예산 등 여러 분야에서 노무현 정권과 정반대의 정책 정향을 밝혔기 때문에 가능한 한 노무현 정권의 정부조직 편제를 그대로 유지시키고자 했다. 경제 성장, 자본주의 심화로 인해 과거보다 이해관계가 훨씬 더 다양해졌기 때문에 적은 숫자의 부처로 효율성만 강조하기보다 여러 위원회 및 많은 숫자의 부처로 대처해야 한다고 봤다. 또한 남북 분단을 극복하고 통일을 이루기 위해서는 과거 10년 동안 이뤄놓은 남북 화해 분위기를 유지시켜야 한다고 봤다. 「정부조직법」 개정안 협상을 시작하는 시점에서 대통합민주신당(후의 통합민주당)이 명시적으로 밝힌 대안은 기존 구조에서 기획예산처와 국정홍보처만 다른 기구로 통 · 폐합하고 나머지 부처는 그대로 두자는 것이었다. 정부구조가 유지된다고 해서 정책 기조가 그대로 유지된다는 보장은 없지만 그럴 가능성이 높기 때문에 이런 입장을 취한 것으로 보인다.

표 11-1 여 · 야의 개편안

	노무현 정권	통합민주당안	인수위/한나라당안
대통령	대통령비서실, 대통령경호실, 중소기업특별위원회	좌동	대통령실
국무총리	부총리, 국무조정실, 국무총리비서실	좌동	특임장관(1명), 국무총리실
처	기획예산처, 법제처, 국정홍보처, 국가보훈처(4)	법제처, 국가보훈처(2)	법제처, 국가보훈처(2)
부	재정경제부, 교육인적자원부, 과학기술부, 통일부, 외교통상부, 법무부, 국방부, 행정자치부, 문화관광부, 농림부, 산업자원부, 정보통신부, 보건복지부, 환경부, 노동부, 여성가족부, 건설교통부, 해양수산부(18)	좌동	기획재정부, 인재과학부, 외교통일부, 법무부, 국방부, 행정안전부, 문화체육관광부, 농림수산식품부, 지식경제부, 보건복지가족부, 환경부, 노동부, 국토해양부(13)
청	국세청, 관세청, 조달청, 통계청, 기상청, 검찰청, 병무청, 방위사업청, 경찰청, 소방방재청, 문화재청, 농촌진흥청, 산림청, 중소기업청, 특허청, 식품의약품안전청, 해양경찰청(17)	좌동	국세청, 관세청, 조달청, 통계청, 검찰청, 병무청, 방위사업청, 경찰청, 소방방재청, 문화재청, 산림청, 중소기업청, 특허청, 식품의약품안전청, 기상청, 해양경찰청(16)
위원회	416개	좌동	201개

2 여 · 야 협상의 전개

2008년 2월 5일에는 한나라당과 대통합민주신당이 그동안 수렴된 여론을 바탕으로 1차 협상을 벌였다. 한나라당은 인수위안을 그대로 통과시키자고 했고, 대통합민주신당은 기획예산처와 국정홍보처만 다른 부처로 합치고 통일부, 여성가족부, 과학기술부, 정보통신부, 해양수산부, 농촌진흥청은 그대로 존치시켜야 한다고 주장했다. 이날은 서로 입장차만 확인하고 헤어졌다(조선일보 · 동아일보, 2008.2.5).

2월 8일 2차 협상이 열렸다. 이날 협상에서는 통일부를 존치시키고 국가인권위원회를 대통령 직속이 아닌 독립기구로 유지시키는 데 사실상 합의했다. 그러나 일괄 타결 방식을 택함에 따라 일부 합의는 큰 의미가 없었다(조선일보, 2008.2.8).

2월 11일 3차 협상이 열렸지만 해양수산부, 여성가족부, 농촌진흥청 존치를 두고 양측의 의견이 조금도 좁혀지지 않아 협상이 결렬되고 추가 협상 일정도 잡지 못했다. 한나라당은 2차 협상에서 통일부와 인권위를 양보했으니 대통합민주신당도 상응하게 양보해야 한다고 주장했다. 그러나 대통합민주신당은 세 기관은 양보할 수 없는 협상 마지노선이라고 선언했다. 한편 이날 대통합민주신당과 민주당이 합당해 통합민주당이 설립되었다. 통합민주당의 총 의석 수는 142석이 되었다. 과반수에 이른 것은 아니지만 의석이 6석 증가해 심리적으로 대여(對與) 압박감을 강화했다.

2월 12일 이명박 당선자는 정부조직 개편안 협상이 장기화될 조짐을 보이자 현행법 테두리 안에서 존치시킬 부처를 중심으로 부분 조각을 검토하기 시작했고, 2월 18일을 협상 시한으로 제시했다. 야당의 양보를 이끌어내기 위한 압박술이었다.

2월 13일 통합민주당은 특임장관을 두지 말고, 해양수산부와 여성가족부를 존치시키자고 제안했다. 그러나 이명박 당선자는 이 제안을 거부하고 손학규 통합민주당 대표와 1 : 1로 만나서 담판짓자고 역제안을 했다. 그러나 손학규 대표는 협상이 진전된 것이 없는데 어떻게 만나느냐고 거부했다. 대신 통합민주당 유인태 의원과 한나라당 이재오 의원을 자신들의 대리인으로 내세워 1 : 1 협상을 전개하자고 제안했다.

2월 14일 이재오 의원과 유인태 의원이 각각 이명박 당선자와 손학규 대표로부터 전권을 위임받아 1 : 1 협상을 시작했다. 이들은 이날 밤 9시 양당은 통일부, 여성가족부, 농촌진흥청, 국가균형발전위원회를 존치시키는 선에서 타협하기로 하고 15일 '여 · 야6인회의'를 통해 발표하기로 합의했다. 그러나 이명박 당선자가 이 합의안에 대해 "부 대신 특위로 하라"며 반대를 표명하자 타협은 없던 일로 되돌아갔다.

이명박 당선자는 2월 16일부터 1박 2일 일정으로 대통령실장 및 수석내정자들과 워크숍을 가졌다. 조직개편안에 대해 강공으로 선회한 것이다. 그러자 통합민주당 손학규 대표도 2월 16일 부산에서 해양수산 전문가들과 간담회를 가지면서 "해양수산부는 반드시 지키겠다"고 발언하는 등 강경 노선으로 맞불을 놓았다. 양당 대변인들도 협상 결렬의 책임을 상대방에게 떠넘기는 비난전을 강화했다.

2월 17일 한나라당은 18일 오전까지 협상이 타결되지 않으면 아예 협상을 중단하겠다고 배수진을 쳤다. 이에 통합민주당은 거의 타결된 것을 이명박 당선인이 뒤집었으니 앞으로는 이명박 당선인 명의의 개편안을 제시하지 않는 한 협상 재개는 무의미하다고 하면서 한나라당 협상 대표들에 대한 깊은 불신을 표현했다.

2월 18일 이명박 당선자는 13개 부처 장관과 무임소 장관 2명의 명단을 발표했다. 그리고 이날 한나라당 안상수 원내대표와 통합민주당 김효석 원내대표가 양당의 최종안을 놓고 담판을 시도했지만, 역시 해양수산부 존치 문제를 놓고 협상이 결렬되었다. 그렇지만 오후에 이재오 의원이 이명박 당선자에게 "여성부를 존치시켜야 해양수산부 폐지를 얻어낼 수 있다"고 설득했고, 유인태 의원도 같은 내용을 손학규 대표에게 설득했다. 한편 안상수 원내대표도 이명박 당선자를 설득시켜 방송통신위원회 위원추천권을 야당에 하나 더 양보했다.

2월 20일 아침 손학규 통합민주당 대표가 기자회견을 열어 "정상적인 정부 출범을 위해 한나라당이 여성가족부를 존치시킨다면 해양수산부를 양보할 수 있다"고 표명했고, 오전 11시 45분 여·야 6인 협상이 재개되어 정부조직을 2처 15부 1특임장관 17청으로 개편한다는 합의가 타결되었다. 해양수산부는 폐지하고, 과기부·산자부·정보통신부를 통합해 지식경제부를 만들고, 여성가족부는 가족정책을 보건복지부로 이관시키고 명칭을 여성부로 바꾸기로 했다. 통일부는 그대로 유지시키되 조직을 축소시키기로 했다. 농진청은 이번 개편 대상에 포함시키지 않고 추후에 더 논의하기로 했다. 방송통신위원회는 대통령 직속으로 하되 의원 5명 가운데 2명을 사실상 야당이 추천할 수 있게 했다.

2월 22일 국회 본회의는 여·야 합의로 「정부조직법」 개정안을 법률로 통과시켰다. 재석의원 210명 중 찬성 164명, 반대 33명, 기권 13명이었다(조선일보, 2008.2.22). 일부 의원이 여성부 명칭 등을 놓고 다른 개정안을 제출했으나 모드 부결되고 말았다. 이 법률은 2월 29일 공포되어 시행되었다.

3 일괄 거래 협상

앞에서 봤듯이 인수위와 한나라당은 '2처 13부 16청' 개편안을 국회에 제출했고, 대통합민주신당(후의 통합민주당)은 기획예산처와 국정홍보처 두 기구만 통·폐합시키고 나머지 부처는 그대로 존치시키는 안을 가지고 협상에 임했다([그림 11-2]의 십자 무늬 부분). 그러나 최종 결과를 보면 당초 인수위안에 통일부, 여성가족부, 농촌진흥청이 추가되었고, 해양수산부, 정보통신부, 과학기술부 세 부처만 통·폐합되었다. [그림 11-2]에서 보면 한나라당의 선호 영역이 당초 실선 G1 좌측 부분에서 점선 G3 좌측 부분으로 확대된 것이다. 한나라당은 통합민주당의 동의를 이끌어내기 위해 「정부조직법」에 포함시킬 부처의 범위를 G1에서 G2로, 그리고 더 나아가 G3까지 확대시키지 않을 수 없었던 것이다. 한편 통합민주당은 한나라당의 선호 영역을 당초 G5까지 확장시키려고 의도했으나 지나친 요구로 인한 국정 혼란 우려 때문에 G3까지 확장시키는 데 만족한 것이다. 한나라당은 통일부, 여성가족부, 농촌진흥청 등에서 양보하고, 통합민주당은 해양수산부, 정보통신부, 과학기술부 등에서 양보한 것이다.

2008년 1월 16일 인수위가 조직개편안을 발표했을 때에만 해도 통합민주당은 통일부를 제외한 나머지 부처의 폐지는 협의가 가능하다는 입장이었다. 그러나 이후 여섯 차례에 걸친 공청회를 거치면서 대통합민주신당 지도부는 여러 부처를 추가로 존치시켜야 한다는 의견을 갖게 되었다. 관련 부처 공무원과 관련 사회단체

그림 11-2 합의 가능 영역

인사들의 필사적인 로비, 지역구가 농촌 지역인 의원들의 지역 여론 반영, 반(反)이명박 기류가 강한 당내 소장파 의원들의 반발 등이 한데 어우러져 나타난 결과였다(조선일보, 2008.2.14).

2월 4일 여・야 6인 협상에 한나라당 대표로 참여할 인수위 김형오 부위원장은 대통합민주신당의 초기 의견을 존중해 통일부 존치를 시사하며 더 이상의 양보는 없다는 의사를 표명했다. 2월 5일 한나라당 협상 참여자인 안상수 원내대표와 이한구 정책위의장도 또 한 번 통일부를 양보할 의사를 비쳤다.

그러나 김효석 대통합민주신당 원내대표는 "모든 부처를 다 살리자는 얘기는 아니고 통일부와 여성가족부를 존치시키면 다른 부처들에 대해서는 협상이 가능하다"고 발언해 협상 가능 영역을 넓혔다. 이외에도 또 다른 대통합민주신당 인사는 "통일부 하나로는 아예 협상이 어렵다. 통일부 외에 여성가족부와 농촌진흥청 존치, 방송통신위원회와 국가인권위원회의 대통령 직속기관화에 반대한다"고 더 많은 양보를 요구했다(조선일보・경향신문, 2008.2.5).

2월 8일 2차 6인 협상에서는 통일부 존치와 국가인권위원회의 독립기관화가 합의되었다. 그러나 같은 날 손학규 대통합민주신당 대표는 설 연휴를 이용해 부산항 신선대콘테이너 터미널에서 "해양수산부 존치를 위해 최선을 다할 것"이라고 발언하며 해양수산부 존치를 강하게 요구했다. 이제 통일부, 여성가족부, 농촌진흥청 이외에 해양수산부 존치까지 요구 사항에 추가한 것이다. 4월 9일 예정인 총선을 앞두고 해양 관련 이해 세력의 표심을 잡기 위한 의도였다. 그러나 한나라당은 통일부와 인권위를 양보했으니 추가 양보는 절대 없다고 선을 그었다(조선일보, 2008.2.8; 한겨레신문, 2008.2.10).

2월 11일 6인 회동에서는 양측의 의견이 하나도 좁혀지지 않아 추가 협상 일정도 잡지 못하고 헤어졌다. 대통합민주신당은 해양수산부, 여성가족부, 농촌진흥청 세 기관은 양보할 수 없는 마지노선이라고 선언했다. 여기서 주목해야 할 점은 대통합민주신당이 지금까지 여성가족부 존치를 강하게 주장하다가 이때부터 해양수산부 존치를 더 중요시하기 시작한다는 것이다. 이명박 정권은 대운하를 담당할 부처를 단일화하기 위해 해양수산부를 폐지하고 건설교통부에 통합시키려고 했는데 대통합민주신당이 이 의도를 간파하고 역이용했던 것이다. 이명박 당선자가 대운하에 큰 의미를 부여하고 있기 때문에 해수부 존치를 강하게 주장하면 더 많은 양보를 얻어낼 수 있으리라 생각한 것이다. 한나라당 안상수 원내대표는 대통합민주신당이 총선을 의식해 정략적으로 나온다고 감정 섞인 비난을 하기 시작했다. 동시에 한나라당 일각에서는 통일부 양보라는 협상 카드를 너무 빨리 썼다는 비판이 일기도 했다. 이날 저녁 대통합민주신당은 "한나라당이 여성가족부를 살리고 해양수산부를 폐지하는 타협안을 제시하면 협상의 돌파구가 열릴 수 있다"고 일종의 타협안을 제안했다(조선일보 · 동아일보, 2008.2.11; 한겨레신문, 2008.2.12).

2월 12일 이명박 당선자가 협상 결렬을 각오하고 부분 조각을 검토하자 다급해진 통합민주당은 특임장관을 폐지하는 대신 해양수산부와 여성가족부를 존치시키자는 제안을 했다. 그러나 이명박 당선자는 이 안을 거부하고 손학규 대표에게 둘이 만나서 담판을 짓자는 역제안을 했다. 그러나 손학규 대표는 실무선에서 합의된 것도 없이 대표들이 만날 필요가 없다며 양자 회동을 거부했다. 대신 유인태－이재오를 자신들의 대리인으로 내세워 전권을 위임한 후 1 : 1 협상에 임하자고 역제안을 했다. 한편 다음 날인 2월 13일 통합민주당 최고위원 회의에서는 "4월 9일 총선에서 국정의 발목을 잡았다는 비판으로 역풍을 맞을 우려가 있으니 좀 더 유연하게 협상에 임해야 한다"는 우려가 표명되기도 했다(한겨레신문, 2008.2.12, 13; 동아일보, 2008.2.13).

이처럼 양당 모두 협상 장기화에 심리적 부담감을 느끼게 되자 2월 14일 밤 9시에 통일부, 여성가족부, 농촌진흥청, 국가균형발전위원회는 존치시키고 기획예산처, 국정홍보처, 해양수산부, 정보통신부, 과학기술부 다섯 기관은 통 · 폐합시키자는 타협안에 합의하고 15일 오전 6인 회동을 통해 발표하자고 합의했다. 그러나 이명박 당선자가 "부 대신에 특위로 하라"며 이 합의안에 반대 의사를 표명해 협상은 다시 원점으로 돌아가고 말았다(조선일보, 2008.2.15). 이명박 당선자가 한나라당과는 별도의 거부권자로 나서는 순간이었다.

이명박 당선자는 2월 15일 오전 아예 지금까지 합의된 것도 없던 것으로 하고 인수위 원안대로 가자는 초강수를 들고 나왔다. 통합민주당이 여론의 역풍을 인식하고 약하게 나오자 통합민주당으로부터 더 많은 양보를 얻어내고자 초강수를 들고 나온 것이다. 그러나 이런 조치는 통합민주당으로부터 큰 반발을 부르고 말았다. 통합민주당 협상 대표들은 이제 한나라당 협상 대표들을 믿을 수 없으니 이명박 당선자 명의의 변경된 안을 가지고 나오라고 압박했고, 손학규 통합민주당 대표는 16일 부산에서 해양수산 전문가들과 간담회를 가지면서 "해양수산부를 반드시 존치시키겠다"는 발언을 했다. 협상이 이성적 논의를 떠나 감정 싸움으로 변질되기 시작했다(서울신문, 2008.2.18).

2월 18일 오후 1시 통합민주당 김효석 원내대표와 안상수 한나라당 대표가 양당의 최종안을 놓고 담판을 시도했으나 해양수산부 문제 때문에 또다시 결렬되고 말았다. 그러자 이명박 당선자는 통·폐합 부처를 제외한 13개 부처 장관과 특임장관 2명의 명단을 발표했다. 그는 이 발표를 통해 두 가지 효과를 노렸던 것이다. 첫째는 타협에 연연하지 않는다는 의지를 표현한 것이고, 둘째는 특임장관 2명으로 남주홍(대북전문가)과 이춘호(여성인사)를 지명해 통합민주당이 해양수산부를 양보한다면 통일부와 여성가족부를 존치시킬 수도 있음을 암시하는 것이었다. 그리고 이날 저녁 유인태-이재오 라인은 각각 손학규 대표와 이명박 당선자에게 '여성가족부 존치·해양수산부 폐지'라는 안을 설득시켜 사실상 협상을 타결시켰다(조선일보·중앙일보, 2008.2.18; 조선일보, 2008.2.21). 이런 타협을 통해 이명박 당선자는 궁극적으로는 한나라당과 별도의 거부권자로 작용하지 않게 된다.

2월 20일 아침 손학규 통합민주당 대표는 정상적인 정부 출범을 위해 양보하기로 결단했다며 한나라당이 여성가족부를 존치시킨다면 해양수산부를 양보할 의사가 있음을 발표했다. 이어 오전 11시 45분에 6인 협상이 재개되었고, 협상이 타결되어 정부조직이 15부 2처 17청으로 확정되었다.

양당이 2월 5일부터 20일까지 15일 동안 벌인 일괄 거래 협상을 요약해 보면 다음과 같다. 한나라당은 애초 통일부 존치와 위원회 몇 군데에서만 양보하고 협상을 타결하려고 했는데 통일부 양보 카드를 너무 일찍 쓰는 바람에 여성가족부와 농촌진흥청까지 양보하고 말았다. 통합민주당은 4월 9일 총선을 의식해 지지 세력들에게 정치적 상징성이 큰 통일부, 여성가족부, 농촌진흥청을 어떻게든 존치시키고자 마음먹고 해양수산부, 정보통신부, 과학기술부를 협상 자원으로 사용했다. 특히 해양수산부가 대운하와 관련해 이명박 당선자에게 가지는 의미를 최대로 이용해 협상을 유리하게 이끌어나갔다. 그 결과 애초 [그림 11-2]의 G1 조측 십자 무늬 표시 부분에서 시작된 합의 영역이 G3 곡선과 C곡선의 접점 부분까지 확대될 수 있었다.

4 쟁점 연계 협상

양당은 일괄거래 협상을 진행하면서 동시에 쟁점 연계 협상도 전개했다. 특히 한나라당은 외양상으로는 통합민주당의 요구를 수용해 정치적 체면을 살려주고, 기구 내부적으로 기능과 권한을 약화시키는 방식으로 자신들의 의도를 관철시켰다. 그 결과 부처 숫자는 당초 5개를 줄이려다 3개 줄이는 것으로 만족했지만, 실질적으로는 정원이 가장 많았던 정통부와 네 번째로 정원이 많았던 해수부를 해체시켰고, 대운하 담당 부서를 국토해양부로 단일화시켜 향후 4대강 사업 집행 능력을 극대화시키는 효과를 거뒀다.

먼저 통일부의 경우 한나라당은 가장 먼저 폐지에서 존치로 양보 의사를 밝혔지만 존치 후 조직을 크게 축소시켰다. 기존의 5본부 1지원단에서 1실 3국으로 축소시키고, 남북 화해의 대표적 상징이었던 개성공단사업지원단은 지식경제부로 이관시켰다(중앙일보, 2008.2.17). 알맹이는 없애고 껍데기만 남긴 것이나 다름없었다.

여성가족부의 경우도 마찬가지다. 인수위는 협상 과정에서 여성부를 폐지하는 대신 복지부 산하에 설치될 양성평등위원회를 대통령 직속장관급 기구로 격상시키겠다고 제안했었다. 이 제안이 거절되자 여성가족부에서 기능의 한 축이었던 보육, 가족정책 기능을 담당하던 2개 국을 보건복지부로 넘겨 보건복지가족부로 개칭하고 여성가족부도 여성부로 바꿨다. 이로 인해 여성부는 2001년 창설 당시의 정원인 102명 수준으로 축소되어 유명무실한 기구가 되었다(조선일보, 2008.2.20).

방송통신위원회의 경우 한나라당은 대통령 직속기구화라는 자신들의 의도를 달성한 후에는 수위를 조절해 통합민주당을 설득하는 협상 자원으로 사용했다. 인수위가 애초에 작성한 구성 방법은 위원 5명 중 4명을 여권이 추천하고, 1명을 야권이 추천하게 하는 것이었다. 그러나 안상수 한나라당 원내대표는 2월 17일까지도 협상이 타결되지 않자 이명박 당선자에게 방통위원 추천권을 야권에 하나 더 주어 3 : 2로 하자고 설득해 관철시켰다. 여권이 다수를 유지하는 선에서 야당에 양보함으로써 협상을 부드럽게 이끌어간 것이다(조선일보, 2008.2.21).

농촌진흥청의 경우에는 정부출연기관화에서 존치로 변경되어 인수위의 제안이 의미가 없었지만, 인수위는 통합민주당과 이해집단의 반발을 누그러뜨리고자 농촌진흥청을 정부출연기관화하되 연구개발 예산을 대폭 증액시키겠다는 제안을 한 바 있다.

제 6 절 결과 및 함의

이명박 정권이 출범하는 시기의 거시적 환경에서 비롯되는 정부조직 개편 수요를 보면 주요국과의 외교 관계를 관리할 기구들의 개편, 국내 경제 문제를 해결해야 할 기구의 개편, 과잉 민주화를 제자리로 돌려놓기 위한 기구 개편 등이었다. 더불어 전임 노무현 정권이 위원회를 많이 만들고, 기관장의 직급을 격상하는 등 정부 규모 확대를 특별히 경계하지 않으면서 '필요하면 만들거나 격상시킨다'는 접근법으로 정부조직을 관리했기 때문에 전반적으로 정부조직을 축소시키는 조치가 필요했다.

대통령직인수위원회는 일본 하시모토 행정 개혁을 본따 처급 기구 2개, 부급 기구 5개, 청급 기구 1개를 축소하려는 개편안을 제안했다. 그러나 최종적으로는 처급 기구 2개, 부급 기구 3개가 통・폐합되었다. 별도로 전개되기는 했지만 위원회 기구는 416개에서 201개로 대폭 축소되었다. 당초 안에 비해 기구 축소 폭이 줄어들어 실패한 개편이라고 생각할 수도 있지만, 당시의 국회 의석 분포를 보면 꼭 그렇게 볼 수만은 없다. 진보 정권이 10년간 통치를 했기 때문에 2008년 정권교체기에 새로 여당이 된 한나라당이 130석으로 야당이 된 구 여권의 142석보다 적었다. 보수 성향의 기타 군소 정당들 의석까지 다 포함해도 137석밖에 안 되었다. 「정부조직법」을 개정하기 위해서는 한나라당과 통합민주당의 정치적 타협이 불가피했고, 의석 수가 야당보다 적었기 때문에 최종 타협안을 유리하게 도출하는 것도 한계가 있었다. 이런 어려운 상황에서도 이명박 대통령 당선자는 협상 과정에서 노련함을 발휘해 협상 결과를 조금이라도 더 유리하게 만들고자 했다. 협상 기한을 제시해 상대를 압박하고, 조각 명단을 발표해 상대방을 압박함과 동시에 타협책의 내용을 암시했으며, 협상안이 자기 마음에 들지 않으면 거부해 재협상을 요구하고, 그러면서도 정권 출범 전에 조직 개편을 마무리하기 위해 막판에 가서는 과감하게 자신의 의사를 일부 수정하는 결단을 내리기도 했다. 그렇지만 한나라당 협상가들은 다소 미숙함을 보여 협상 결과를 불리하게 만들기도 했다. 그들은 통일부 양보 의사를 너무 일찍 공개했다. 의석 분포상 치열한 협상이 불가피했기 때문에 여당의 입장에서는 조금이라도 더 자신들의 의도대로 정부조직을 편제하고 정권을 출범시키고자 했다면 통일부를 양보하더라도 끝까지 협상 자원으로 쓴 다음에 양보했어야 했다.

변화된 기구를 살펴보면 '4처 18부'가 '2처 15부'로 축소되었다. 기획예산처와 재정경제부가 통합되어 기획재정부가 되었고, 국정홍보처가 폐지되었으며, 방송위원회가 대통령 직속 방송통신위원회로 개편되었고, 교육인적자원부와 과학기술부가 통합되어 교육과학기술부가 되었으며, 행정자치부가 행정안전부로 바뀌었고, 문화관광부가 문화체육관광부로 바뀌었으며, 농림부가 농림수산식품부로 바뀌었고, 산업자원부와 정보통신부가 통합되어 지식경제부가 되었으며, 보건복지부는 보건복지가족부로 바뀌었고, 여성가족부가 여성부로 바뀌었으며, 건설교통부와 해양수산부가 국토해양부로 통합되었다.[8] 통·폐합으로 전체적인 기구 숫자가 감소된 것 외에도, 부처 간 업무 이동으로 기존 기구의 이름이 변한 경우가 5건이나 되었다.

기구 개편 내용에 대해 평가해 보면 먼저, 기구 숫자가 전체적으로 감소해 전임 정권이 키워놓고 격상시켜 놓은 정부조직을 축소해야 한다는 개편 수요가 충족된 것으로 보인다. 다음으로 당시에 가장 큰 과제였던 경제 문제를 해결하기 위한 개편 수요도 충족된 것으로 보인다. 경제부처들이 거의 모두 변화되었다. 기획재정부, 지식경제부, 국토해양부가 새로 조직되었고, 농림수산식품부는 업무가 추가되면서 이름이 바뀌었다. 대통령이 강조하던 국토대운하 사업을 통한 경제활성화 정책을 추진할 체계가 정비되었다는 점에서 의의가 컸다.[9] 셋째, 국정홍보처 폐지와 방송통신위원회 대통령 직속기관화는 이명박 정권의 시각에서 한국 사회의 과잉 민주화 내지 좌편향 문제[10]를 해결하기 위한 기구 개편으로 보인다. 결과적으로

8) 「정부조직법」, 2009년 2월 29일 전부 개정판.
9) 국토대운하 사업은 반대가 강해 결론적으로는 4대강 사업으로 축소·변경되었다.
10) '과잉 민주화,' '좌편향' 등의 용어는 이명박 정권과 한나라당이 사용했던 어휘들이다. 노무현 정권 인사들과 통합민주당 인사들은 이런 상황 진단과 어휘 사용법에 동의하지 않을 것이다. 시각에 따라 차이가 있을 수 있음을 밝힌다.

보면 외교 관계를 관리할 기구 개편만 없었던 것으로 보인다. 이런 기그 개편이 있었기 때문에 집권 후에 대대적인 언론 개혁[11]이 가능했다고 생각된다. 아마도 외교 관계는 기구 개편 없이도 호전시킬 수 있다고 생각한 것으로 보인다. 100% 대통령직 인수위원회 원안대로 개편된 것은 아니지만 전반적으로 보면 당시의 거시적 개편 수요를 대부분 충족시킨 것으로 판단된다.

정권의 전반적인 성과는 긍정적 측면과 부정적 측면이 혼재한다. 먼저 긍정적 성과를 살펴보면 2008년 후반기에 발생한 글로벌 금융 위기,[12] 2010년 4월에 발생한 유럽 재정 위기, 2011년 8월에 발생한 미국의 국가신용등급 강등으로 촉발된 세계 경제위기 등을 모두 성공적으로 극복했다. 그 결과 한국은 2012년 8월 무디스, 피치, S&P등 3대 신용평가사로부터 사상 최고의 국가신용등급을 받았고, 특히 피치로부터 받은 국가신용등급은 사상 처음으로 중국과 일본을 앞섰다(경향비즈, 2012. 9.6.; 서울신문, 2012.9.7; 동아일보, 2012.9.22). 대미 외교, 대일 외교에서도 전임 정권보다 관계가 호전되었다. 미국과는 한·미 FTA 발효를 통해 한·미 군사동맹을 안보와 경제의 포괄동맹으로 발전시켰고, 미사일지침 개정을 통해 미사일 사거리를 800km로 연장했고,[13] 미국 비자 면제 프로그램(VWP)에 가입했다(정책브리핑, 2008.10.24.; 동아일보, 2012.2.22; 연합뉴스, 2012.10.8). 일본과의 관계에서는 일본 총리로부터 과거사 반성을 담은 간 나오토(菅直人) 총리 담화를 이끌어내고, 조선 왕실 의궤를 돌려받았다. 그리고 일본의 독도 도발에 대처하기 위해 대통령이 독도를 직접 방문하기도 했다. 이 밖에도 아랍에미리트에 원전 수출, 평창동계올림픽 유치 등의 성과를 올렸다.

그러나 부정적 성과 또한 적지 않다. 가장 논란이 많았던 것은 4대강 살리기 사업과 경인운하 사업이다. 경제 효과가 의문시되었고, 부실공사, 녹조 등 환경 파괴, 건설사들의 입찰 담합 등의 문제가 제기되었다. 북한과의 관계도 크게 악화되었다.

11) 진보 진영에서는 보수 정권의 언론 장악이라고 강하게 비판했다. 각 언론사 노조도 매우 강력하게 저항했다.

12) 2008년 9월에 미국발 글로벌 금융위기가 발생해 미국, 일본, 유럽 선진국들의 GDP 성장률이 일제히 마이너스로 돌아섰고, 10월 한 달 동안 아이슬란드, 파키스탄, 우크라이나, 헝가리, 벨로루시 등 5개국이 외환위기를 맞아 IMF 구제금융을 신청했지만, 한국은 OECD 국가 중 가장 성공적으로 글로벌 금융위기를 극복하며 "위기 통제에 만점을 받아 교과서적인 경제 회복을 이뤄낸 국가"라는 평가를 외신으로부터 받았다.

13) 미국 군산복합체들이 장거리 미사일을 판매하기 위한 사전 포석이라는 비판적 시각도 있다.

금강산 관광객 피격 사망 사건, 천안함·연평도 포격 사건, 북핵 문제 등으로 인해 남북 관계가 매우 악화되었다.[14] 또한 전임 노무현 대통령이 검찰 수사를 받는 도중 자살해 이명박 정권의 정치 보복 의혹이 제기되기도 했다.

14) 외양적으로는 남북 관계 악화이지만, 좀 더 장기적 시각에서 보면 북한을 압박하기 위한 의도적 관계 악화 전략과 그 파생 효과로 볼 수도 있다.

제12장 박근혜 정권 출범기*

제1절 들어가며

박근혜 정권은 일찌감치 정부조직 개편안을 국회에 제출했음에도 불구하고 대통령 취임 전까지 개편을 완료하지 못했고, 취임 후 한 달이 지나서야 완료했다. 역대 정권들을 봐도 개편을 하려고 했음에도 불구하고 제때 마치지 못해 대통령 취임 직후부터 국정이 흐트러진 전례가 없었다. 역대 정권들과 비교해 볼 때 전임 정권과 차별화를 추구할 이유가 그렇게 강하지 않았고 이해관계자들의 저항이 특별히 더 강했던 것도 아니었다. 1992년 군사정권에서 김영삼 문민정권으로 교체되었을 때, 1997년 외환위기로 여・야 간 정권이 교체되었을 때, 2007년 10년 만에 다시 정권이 교체된 이명박 정권이 들어설 때에는 직전 정권들과의 차별화를 위해 개편 폭이 상대적으로 컸고 그에 따라 야당과 이해당사자들의 반대가 만만치 않았다. 그렇지만 박근혜 정권의 경우에는 '여당 속의 야당'이라고 불릴 만큼 이명박 파벌(MB계)과 박근혜 파벌(친박계)이 같은 여당 내에서 치열한 정치 투쟁을 벌여왔지만 크게 보면 동일 정당과 대구・경북이라는 같은 지역을 정치적 텃밭으로 하는 정치 파벌들 간의 정권 승계에 불과한 것이었고, 정치 이념 측면에서도 정부조직

* 이 장은 하태수(2015)를 수정・보완한 것이다.

개편의 폭과 깊이도 진정한 의미의 정권 교체의 경우보다는 덜했다. 더구나 정부조직 개편이 어려운 것은 대부분 기구 축소를 시도하기 때문인데, 박근혜 정권은 오히려 기구의 증설을 추구했다. 관료들이나 이해관계자들이 소위 '밥그릇'을 새로 챙길 수 있는 기회였기 때문에 굳이 강하게 반대할 이유가 없었다. 정부와 여당이 국회에 발의한 초안과 최종 결과의 차이도 미미한 편이다. 농림축산부 명칭이 농림축산식품부로 변경된 것을 제외하고는 적어도 부처 수준에서는 수정이 없었다. 나머지는 모두 세부 업무의 주관부처 이관 문제였다. 역대 정권의 경우에는 변경 내용이 많기 때문에 협상하는 데 시간이 걸리곤 했지만, 박근혜 정권의 경우에는 수정한 내용도 많지 않은데 이상하게도 시간이 많이 소요된 것이다.

이처럼 박근혜 정권의 정부조직 개편은 제때 시작했고, 전임 정권과 강한 차별화를 시도하기 위해 대폭의 개편을 시도한 것도 아니었으며, 이해관계자들의 반발이 상대적으로 약한 기구 증설을 주로 추진했고, 초안과 최종 결과의 차이가 거의 없었음에도 불구하고 대통령 취임 후 한 달이 다 되어 갈 때까지 매듭을 짓지 못했다. 그에 따라 장관 인사 등 여러 국정이 표류하는 문제를 노정시켰다. 겉으로 봐서는 그렇게 될 이유가 크게 없었는데 시간이 너무 오래 걸렸다.

제 2 절 행위자

1 박근혜 대통령

박근혜 대통령 당선자는 고(故) 박정희 대통령의 첫째 딸로서 11세인 1963년부터 청와대 생활을 시작했고, 육영수 여사가 암살된 1974년 8월 15일부터 1979년 10 · 26 때까지는 사실상 영부인 역할을 수행했다. 10 · 26 이후에는 육영재단 이사장, 정수장학회 이사장을 지내다가 외환위기가 터진 1997년 말에 정계에 입문했고, 1998년 4월 2일 보궐선거로 국회의원에 처음 당선되었다. 아버지인 박정희 대통령의 업적을 재평가해 명예를 회복하는 것이 정치를 시작하는 가장 큰 이유라고 알려졌다. 2004년부터 2006년까지 한나라당 대표를 지냈고, 2007년에는 제17대 대통령 선거 후보 경선에 나섰지만 이명박 후보에게 패배했다. 이후 당내 비주류로 지내다가 2012년에 다시 새누리당의 대통령 후보가 되었고, 2012년 12월 19일 대통령 선거에서 51.6%의 득표로 48.0% 득표에 그친 민주통합당 문재인 후보에 승리했다. 대통령 선거운동 기간에는 경제민주화를 강조하는 김종인 전 의원을 영입해 사회 양극화 해소, 경제민주화 추진 의지를 강조했다. 그러나 재벌의 법인세와 관련해서는 가급적 낮게 유지하는 데 좋다는 의견을 피력해 사회 양극화와 경제민주화에 필요한 재원을 어떻게 조달하겠다는 것인지에 대한 의문을 낳기도 했다.

양친 부모를 모두 총탄에 잃은 특이한 경험 때문에 주위 사람들을 잘 믿지 않으며, 배신하는 사람들을 특히 싫어하는 것으로 알려졌다. 함께 일을 하면서 신뢰를 쌓는 것을 중시하고, 한 번 인간관계를 맺으면 배신하지 말아야 한다는 생각을 강하게 가지고 있기 때문에 집권 이후의 인사도 널리 인재를 구하기보다 소수의 신뢰하는 사람들을 중용할 것이라는 예상이 많았다.

2 개편안 작성자들

언론 보도에 따르면 대통령직인수위원회 국정기획조정분과 유민봉 간사,[1] 옥동석 위원,[2] 강석훈 위원[3] 3인이 주도적으로 정부조직법 개정안을 마련했다. 진영 인수위원회 부위원장[4]은 최종 조율 과정에만 참여했다. 이들은 인수위원회 사무실에서 10분 떨어진 곳에 비밀 작업실을 마련하고, 다른 인수위원들도 모르게 개편안을 마련했다. 옥동석 위원이 기초 작업을 맡고, 강석훈 위원은 옥 교수가 만든 큰 틀을 전문가들 의견을 수렴해 보완하면서 부처 간 업무 범위를 정밀하게 분장하는 작업을 맡았다. 유민봉 간사는 부처 의견까지 종합해서 최종적으로 결정하는 역할을 맡았으며, 진영 부위원장은 법제화 작업 등 현실적인 측면의 도움을 제공했다. 상기 소수 인원이 공청회도 한 번 열지 않고 일방적으로 개편안을 만들었기 때문에 심지어 인수위원회의 다른 인수위원들조차 자신이 관장하는 부서가 어떻게 변

1) 성균관대 행정학과 교수.
2) 인천대 무역학과 교수(국가미래연구원 출신. 새누리당 행복추진위원회 정부개혁추진단장).
3) 새누리당 국회의원(성신여대 경제학과 교수).
4) 새누리당 정책위의장(법조인).

하는지 몰랐다(조선일보, 2013.1.16). 행정부처 관료들은 실·국 기능들의 세부 재편 작업을 하는 옥동석 위원과 강석훈 위원을 만나 자기 부처의 입장을 피력하려고 노력했으나 모두 실패했다. 각 부처에서 인수위원회에 파견된 공무원들조차 이들을 만나지 못했을 정도였다(조선일보, 2013.1.19). 대통령 당선자와 인수위원회 참모들 간의 수직적 관계와 외부 의견들이 거의 투입되지 않은 상황들을 감안하면 인수위원회 개편안은 박근혜 대통령 당선자의 의중이 거의 100% 반영되었을 것으로 추정된다.

3 여·야 10인 협의체와 6인 협의체

여·야는 2013년 1월 31일 각각 3명의 협상 대표를 선정해 이들에게 협상을 맡기기로 했다. 여당(새누리당)은 진영 정책위의장, 김기현 원내수석부대표, 강석훈 의원을 선정했고, 야당(민주통합당)은 변재일 정책위의장, 우원식 원내수석부대표, 이찬열 의원을 선정했다.

이들은 2월 4일에 첫 협상을 벌였는데 여기서 여·야 각각 2명씩 더 추가해 5:5 협상을 하기로 했다. 여당은 권성동 의원(국회 법제사법위원회), 황영철 의원(행정안전위원회)을 추가했고, 야당에서는 이춘석 의원(국회 법제사법위원회)만을 추가했다. 이들은 국회 8개 상임위원회들에서 논의되는 내용을 이 협의체에서 조정한 후 다시 해당 상임위원회로 환류하기로 합의했다(조선일보, 2013.2.4).

그러나 10인 협의체도 협상을 타결짓지 못하자 여·야는 다시 2월 22일 각각 3인으로 구성되는 고위급 협의체를 만들었다. 여·야 모두 당대표, 원내대표, 원내수석부대표를 협상 대표로 선정해 협상을 벌였다. 여당 대표는 황우여 의원, 원내대표는 이한구 의원이었고, 야당 대표는 문희상 비상대책위원장, 원내대표는 박기춘 의원이었다.

4 기타 여당(새누리당) 의원들

앞에서 언급한 이한구 원내대표, 진영 정책위의장(인수위원회 부위원장), 강석훈 의원 외 새누리당 국회의원들은 인수위원회가 발표한 개편안과 다른 의견을 표출했다. 2013년 1월 28일 국회에서 새누리당과 인수위원회가 첫 연석회의를 열었는데 당 측에서 참여한 21명은 새누리당이 조직개편안 발의 하루 전까지도 상의를 받지 못했다고 불만을 제기했다. 그러면서 농림축산부, 미래창조과학부, 산업통상부, 원자력안전위원회, 유치원과 어린이집 담당 부처 문제 등과 관련해서 인수위원회안과 다른 의견을 제시했다. 인수위원회의 불통 문제는 황우여 대표와 유기준 최고위원이 인수위원회가 여당뿐만 아니라 야당, 국민, 언론과 좀 더 소통하라고 조언할 정도로 심각했었다(조선일보, 2013.1.28.~1.29).

제 3 절 제도적 맥락

1 「국회법」 개정 사항

정부조직 개편에 관련된 공식적 제도는 「국회법」과 「헌법」이다. 법률 개정안이 발의되면 국회의장은 소관 상임위원회에 회부하고,[5] 그 상임위원회는 안건을 상정한 후에 대체 토론을 거치고, 위원회 내에 구성되어 있는 소위원회로 보내 심사를 진행시킨다. 소위원회의 심사가 끝나면 소위원회의 보고를 바탕으로 소관 상임위원회 심사를 마친다.[6] 상임위원회 심사가 종결되면 법제사법위원회로 넘어가 체계 및 자구 심사를 받고, 이 심사가 종결되면 본회의에 회부되어 표결을 거친다.[7] 본회의 통과 후에는 정부로 이송되는데, 이때 대통령은 재의를 요구하거나 서명해서 시행한다.[8] 그런데 2012년에 주목할 만한 「국회법」 개정이 있었다.[9] 소위 「국회선

5) 「국회법」 제81조.
6) 「국회법」 제58조.
7) 「국회법」 제86조 및 제93조의 2.

진화법」이라는 것으로 법안 날치기 통과와 국회의원들의 몸싸움을 없애기 위해 '안건조정제', '직권상정 요건 강화', '안건신속처리제' 세 가지가 도입되었다. 「정부조직법」 개정과 관련해 특히 살펴볼 필요가 있는 것은 '안건조정제'와 '안건신속처리제'다.

안건조정제는 다수 여당의 날치기 통과를 방지하기 위해 각 상임위원회가 위원회 재적의원 1/3 이상(주로 소수당인 야당)의 요구로 이견 조정이 필요한 안건 심사를 위해 여·야 동수(여·야 3인씩 전체 6명)의 안건조정위원회를 구성해 최장 90일간 운영할 수 있게 한 제도다. 조정위원회는 조정 대상 안건을 재적의원 2/3 찬성으로 의결한다. 그리고 이 조정위원회 의결은 상임위원회 소위원회 심사와 같은 효력을 부여받는다. 상임위원회는 조정위원회 의결 30일 이내에 심사에 대한 의결을 해야 한다. 만약 조정위원회에서 그 활동 기한 내에 안건이 조정되지 아니하거나 조정안이 부결된 경우에는 조정위원장은 심사 경과를 상임위원회에 보고해야 하고, 이 경우 상임위원장은 해당 안건(소위원회의 심사를 마친 안건은 제외한다)을 소위원회에 회부한다.[10] 즉, 소수당도 상임위원회 의석 1/3 이상만 확보하고 있다면 최소 90일 이상은 안건 처리를 유보할 수 있게 된 것이다.

안건신속처리제는 소수 야당의 악의적인 무기한 발목잡기를 방지하기 위해 본회의와 각 상임위원회가 재적의원 과반수의 발의, 재적의원 3/5 이상의 찬성으로 신속처리안건을 지정할 수 있게 한 것이다. 어떤 사안이 신속처리안건으로 지정되면 상임위원회는 180일 이내에, 법제사법위원회는 90일 이내에 심사를 끝내야 한다. 만일 이 기간 내에 심사가 종료되지 않으면 그 사안은 상임위원회에서 법제사법위원회로, 법제사법위원회에서 본회의로 회부된 것으로 간주된다.[11]

---

8) 「헌법」 제53조.

9) 2012년 4월 11일에 있었던 국회의원 총선거를 위해 새누리당이 공약으로 내세운 것으로, 18대 국회 마지막 날인 2012년 5월 2일 국회 본회의에서 통과되었고, 동년 5월 30일 19대 국회 임시 개시일부터 시행되었다.

10) 「국회법」 제57조의 2.

11) 「국회법」 제85조의 2.

2 국회 의석 분포

2012년 4월 11일에 치러진 국회의원 총선거 결과는 총 300석 중 새누리당 152석, 민주통합당은 127석, 통합진보당은 13석, 자유선진당은 5석, 무소속 3석이었다. 여당인 새누리당은 단독으로 법률 개정안을 처리할 수 있는 의석을 확보했다(조선일보, 2012.4.12). 이런 의석 분포는 2013년 초까지 큰 변화 없이 유지되었다. 2013년 1월 2일 현재 상임위원회별 소속 의원 분포를 보면 먼저 행정안전위원회의 경우 새누리당 12석, 민주통합당 9석, 기타 1석이었고, 위원장은 새누리당 김태환 의원이었다. 법제사법위원회는 새누리당 8석, 민주통합당 7석, 기타 1석이고, 위원장은 민주통합당 박영선 의원이었다(국회사무처, 2013: 85).

앞에서 언급한 안건조정제는 상임위원회 1/3 이상 의석이면 발의가 가능하기 때문에 「정부조직법」 개정안을 가장 먼저 다루는 행정안전위원회의 41%의 의석(9석/22석)을 점하고 있던 민주통합당 의원들은 그것을 충분히 활용할 수 있는 상황이었다. 새누리당이 1월 30일에 「정부조직법」 개정안을 발의했기 때문에 민주통합당은 최소 4월 30일까지 법안 처리를 유보할 수 있게 된 것이다. 이런 야당의 합법적 발목잡기에 대해 여당이 대응할 수 있는 제도는 안건신속처리제였다. 이것을 발동하려면 상임위원회 과반수 의석, 지정하려면 상임위원회 3/5 이상 의석이 필요했다. 그런데 당시 새누리당은 행정안전위원회 의석의 과반수(54.5% 12석/22석)를 확보하고 있어서 안건신속처리제를 발동할 수는 있었지만, 3/5 이상(60% 이상)이 되지 않아 안건을 최종적으로 지정할 수는 없는 상황이었다. 개정된 「국회법」 하에서는 의석 분포가 야당에게 유리하게 되어 있어서 야당이 국회 협상에서 과거 정권 사례들보다 좀 더 유리한 위치에 서게 되었다.

3 거부점의 분포

「정부조직법」 개정안이 법률이 되기 위해 통과해야 하는 공식적 거부점은 국회 행정안전위원회 소위원회, 행정안전위원회, 법제사법위원회, 본회의, 대통령이었다. 그러나 민주화 이후의 역대 정권 사례들을 보면 사실상 여당, 야당 두 곳만 의미 있는 거부점이었다. 왜냐하면 법률안이 국회에 발의되고 해당 상임위원회에 회부된 후 여당과 야당은 각각 협상 대표팀을 구성해 전권을 위임하고 거기서 타협안이 나오면 행정안전위원회, 법제사법위원회, 본회의를 하루나 하루 반나절 사이에 일사천리로 통과시키기 때문이다.

이번 경우에도 특별한 사정이 없다면 사실상의 거부점은 여당과 야당 두 곳뿐이었을 것이다. 다만 다소 다른 점이 있다면 안전조정제도의 도입으로 이전과 다르게 야당의 협상력이 좀 더 강해진 것이었다. 그러나 이번에는 대통령 당선자의 의지가 너무나 강하고 조금도 생각을 바꾸려고 하지 않아 여당과 대통령이 별도의 거부점으로 작용했다. 즉, 여당 협상팀이 대통령 당선자로부터 협상의 전권을 위임받지 못했다. 여당 협상 대표들은 여·야 사이에 합의를 보더라도 대통령 당선자에게 보고하고 최종적인 결재를 받아야 했다. 만약 결재를 받지 못하면 합의를 번복하고 재협상을 해야만 했다.

요약하면 이번 「정부조직법」 개정은 과거 역대 정권과 달리 새로운 안건조정제도의 도입으로 인해 야당의 협상력이 과거보다 커졌고, 이에 더해 여당과 대통령 당선자가 한 몸이 아닌 두 몸이어서 거부점이 하나 더 추가된 상태로 추진되어야만 했다. 국회에서 개정안 통과를 진두지휘해야 하는 여당 원내대표의 입장에서는 과거보다 더 어려운 상황에 처하게 된 것이다.

그림 12-1 과거 상황

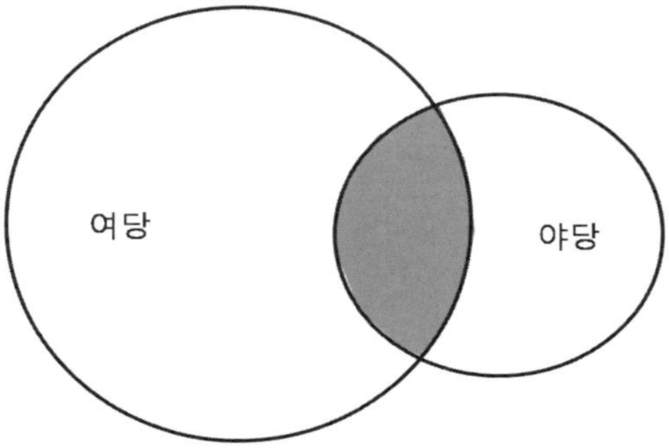

그림 12-2 2013년 상황

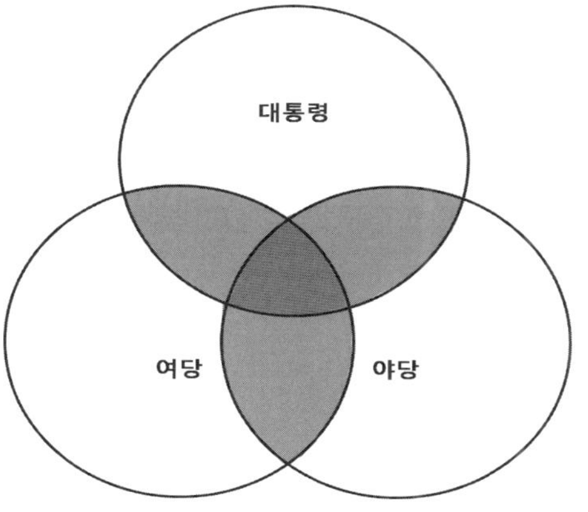

제 4 절 거시적 환경

1 국제 관계

박근혜 정권 출범기에 한·미 관계는 대체적으로 좋은 편이었다. 이명박 정권 초기에 한국에서 미국 쇠고기 수입 반대 운동이 전개되었지만 이명박 정권이 시위를 진압해 한·미 관계를 관리했다. 이후에도 한·미 FTA 자동차 부문 재협상, 아프가니스탄 한국군 파병 문제 등으로 한·미 관계에 위기가 있었지만 이명박 정부가 모두 잘 관리해 한·미 관계를 비교적 좋게 유지했다.

한·일 관계는 다소 좋지 않았다. 한·일 정상회담을 하는 등 우호적인 때도 있었지만 일본이 독도에 대해 영유권을 주장하고, 교과서에 그 내용을 포함하면서 한·일 관계는 냉각되었다. 급기야 2011년 8월에 일본 자민당 의원 3명이 일본의 독도영유권을 주장하면서 독도를 방문하고자 김포공항으로 입국하는 일이 벌어졌는데, 이명박 대통령은 이들의 입국을 불허해 공항에서 돌려보냈다. 이 일을 계기로 한·일 관계는 크게 냉각되었고, 이명박 정권 말기까지 그 상태가 유지되었다.

한・중 관계는 나쁜 편은 아니었다. 후진타오(胡錦濤) 주석이 방한해 이명박 대통령과 정상회담을 갖고 양국의 관계를 전략적 동반자 관계로 격상했으며, 차기 지도자인 시진핑(習近平) 부주석도 방한해 양국 관계를 돈독히 했다. 그러나 중국 측이 이명박 정권의 한・미동맹 강화정책을 비판하는 등 겉으로는 양국 관계가 좋았지만, 물밑에서는 계속 긴장이 흘렀다.

북한과의 관계는 매우 안 좋은 상황이었다. 2008년 금강산 관광 중단, 2010년 3월의 천안함 침몰 사건, 2011년 11월 25일 연평도 포격 사건 등으로 이명박 정권은 북한과 교류를 중단했고 임기 말까지 그 상태를 유지했다.

2 역사적 환경

대통령 선거 직후 전개되는 「정부조직법」 개정 과정에서 가장 중요한 행위자는 대통령 당선자이고, 그의 시대적 과제에 대한 인식은 「정부조직법」 개정에 매우 큰 영향을 미친다. 박근혜 당선자의 역사적 임무에 대한 인식을 총체적으로 보여주는 표현은 '국민행복 시대의 완성'이라고 볼 수 있다. 그는 이 목표를 위해 세부적으로 '안전,' '경제부흥,' '복지국가,' '경제민주화' 등을 추구했다. 박근혜 당선자는 아버지 박정희 전 대통령이 이루지 못한 꿈, 즉 '국민 모두가 잘사는 나라'를 완성시키고자 하는 의지가 강했다. 구체적으로 보면 첫째, 이명박 정권 말기에 불거졌던 사회 문제를 해결하는 것이었다. 박근혜 당선자는 성폭력,[12] 학교폭력, 가정 파괴, 불량식품 문제를 '4대악'으로 규정하고 강한 해결 의지를 피력했다. 둘째, 창조에 바탕을 둔 새로운 성장 동력 발굴이었다. 이명박 정권이 실패한 IT 정책을 교정해 경제 성장을 꾀하고,[13] 4대강 사업의 폐해를 바로잡으려고 했다.[14] 셋째, 복지국가 및 경

12) 이명박 정권 동안에 발생한 성폭력, 치안 사건들. 2008.3.11. 안양 초등생 2명 납치 살해 사건 시신 발견(정성현). 2008.12.11. 안산 초등생 나영이 성폭행 사건 발생(조두순). 2009.1.27. 경기도 서남부 일대 여성 7명 연쇄살인 사건 범인 체포(강호순). 2010.2.24. 부산 여중생 살인 사건(김길태). 2012.4.1. 수원 여성 토막 살인 사건(오원춘). 2012.7.3. 여주 4세 여자 어린이 성폭행 사건(임모씨). 2012.8.30. 나주 7세 어린이 성폭행 사건(고종석).

13) 이명박 정권은 정보통신부를 폐지하면서 IT 관련 기능을 방송통신위원회・지식경제부・행정안전부・문화체육관광부 등에 분산했다. 스마트폰 하나에 여러 가지가 융합되는 시대 추세에 역행하는 조치였다. 또한 통신요금 20% 인하 공약에도 불구하고 통신요금은 오히려 인상되었고, 야심차게 추진한 인터넷방송 사업도 성과가 미약했다. 나아가 단말기(지식경제부), 서비스(방송통신위

제민주화 추진이었다. 상위층과 하위층으로의 양극화, 재벌과 소기업으로의 양극화 등 노무현 정권 말기부터 심화되어 이명박 정권에서 정점에 달한 사회 양극화 문제를 해결하려고 했다.

「국회법」 개정으로 야당의 협상력이 제고되어 야당의 역사적 인식도 정부조직 개편에 영향을 미칠 가능성이 높아졌다. 그렇지만 야당은 2012년 대선에서 분명한 집권 청사진을 보여주지 못했고, 대선 패배 이후에도 별도의 청사진을 제시하지 않았다. 대선 전과 마찬가지로 이명박 정권이 행한 언론사 탄압 및 장악, 4대강 사업 비리 등과 유사한 일들이 재발하지 않도록 하는 데 집중했다.

3 당대의 지배적 사상

2010년을 전후해 미국과 영국에서 신자유주의 패러다임에 대한 반동적 움직임이 시작되었다. 가장 대표적인 것이 미국 오바마(Barrack H. Obama) 정권의 의료보험 개혁이다. 미국 하원은 2010년 3월 21일 논란이 강했던 의료보험 개혁안을 최종적으로 통과시켰다. 이 의료보험 개혁안은 향후 10년간 재정에서 9,400억 달러를 투입해 의료보험 혜택의 사각지대에 있던 3,200만 명에게 혜택을 제공함으로써 미국인들의 의료보험 수혜율을 95%로 올리는 것을 목표로 했다.

원회), 콘텐츠(문화체육관광부) 기능이 여러 부처로 나뉘어져 미국보다 스마트폰 출시가 2년이나 늦어졌다. 디도스 대란 때에도 제대로 대응하지 못했다. 방송통신위원회는 합의제 기구였고 여·야가 추천한 상임위원 5명이 이끌어갔는데, 이들 간 주도권 싸움으로 제대로 된 정책을 내놓지 못했다.

14) 국토해양부는 기존의 건설교통부 4,100명, 해양수산부 2,194명이 통합되어 탄생되었다. 정책의 효율성과 전문성을 높이기 위해 합병되었지만, 원래 의도와는 달리 공룡부처로 바뀌어 행정의 기민함과 경쟁력을 상실했다. 보금자리사업으로 추진된 공공 아파트는 미분양이 속출했다. 서울 강남, 경기 하남을 제외하면 대부분 청약 선호도가 낮은 지역에 건설되었기 때문이다. 이처럼 반값 아파트 공급으로 민간 건설사들이 어려워지자 건설 경기도 침체해 경제 전반이 어려워졌다. 또한 국토해양부는 기존의 건설, 교통, 해양 3부문이 합쳐진 것인데, 업무 무게 중심이 건설·교통에 쏠려 해양 분야는 해양수산부 시절보다 퇴보되었다는 비판을 받았다. 그 결과 건설·주택·교통·해양·물류 분야 정책 오류와 미숙함을 지적한 감사원 감사 건수가 노무현 정권 때(46건)보다 3배 가까이 급증(128건)했다. 국토해양부 산하기관들의 부채도 이명박 정권 동안에 급증했다. 2007년 말 110조 1,931억에서 2012년 말 228조 6,736억으로 크게 증가했다. 특히 4대강 사업을 주도한 수자원공사는 1조 5,755억에서 14조 6,961억 원으로 800% 이상 증가했다. LH공사는 130조 원대 부채를 보유했다(하태수, 2015: 60).

대서양 건너편 영국에서도 신자유주의에 대한 반발이 수면으로 부상했다. 2011년 8월에 런던 북부의 토트넘을 시작으로 버밍엄, 리버풀, 브리스톨 등지에서 폭동이 발생했다. 폭동 발생의 직접적 계기는 흑인 불법 이민자 검거 과정에서 사망 사건이 발생한 것이었지만, 그 배경에는 정부의 긴축재정이 자리 잡고 있었다. 당시 영국은 경제 상태가 안 좋아 실업률이 올라가고, 많은 실업자가 실업자 수당으로 연명하고 있었는데, 정부가 긴축재정으로 실업자 수당 지급을 감축하고, 공공 부문에서 일하던 사람들을 대거 해고해 실업자들이 더 늘어났다.

신자유주의 사조를 이끌었던 두 나라에서 일어난 상징적인 사건들은 이제 시대의 사조가 '정부의 적극적 역할 긍정'으로 바뀌고 있음을 암시했다. 정부의 시장으로부터 후퇴, 치열한 시장 경쟁에 대한 강조, 긴축재정을 강조하는 신자유주의가 전 세계적으로 저항에 직면했고, 이제는 그 본원지에서조차 거부당하고 있음이 증명된 것이다. 향후에는 정부의 적극적 역할, 빈부 격차에 대한 정부의 개입, 시장경쟁 패배자들에 대한 정부의 지원 등이 강조될 가능성이 높아졌다.

국내에서는 '사회 양극화 해소' 및 '경제민주화'가 시대의 지배적 요구로 회자되었다. 외환위기 이후 심화된 양극화 문제는 이명박 정권 말기에 극에 달했다. 특히 이태백(이십대 태반이 백수)이란 신조어로 표현되기 시작한 2030대의 청년실업 문제는 3포세대(연애, 결혼, 출산을 포기한 세대), 5포세대(연애, 결혼, 출산, 내집마련, 인간관계를 포기한 세대) 등으로 심화되면서 심각한 사회 문제로 부상했다. 어느 당이 집권하든 간에 차기 정권은 이 문제를 반드시 해결해야 하는 상황이었다. 양극화 문제의 또 다른 핵심은 재벌로의 경제력 집중이었다. 이명박 정권이 재벌의 법인세를 인하하는 정책을 쓴 결과 재벌은 막대한 내부유보금을 적립하고 있으면서도 경기가 좋지 않는다는 구실로 신규 투자를 거의 하지 않았다. 그 결과 재벌과 중소기업 간의 격차가 더 크게 벌어지고 청년들은 일자리를 구하지 못하게 되었다.

제 5 절 정부조직 개편

위의 거시적 환경에서 비롯되는 정부조직 개편의 수요를 파악해 보면 국제 관계에서는 남·북 관계 및 한·일 관계를 개선하기 위한 개편이 필요하고, 국내 차원에서는 성폭력, 학교폭력, 가정 파괴, 불량식품 문제들을 해결하기 위한 개편, IT 정책을 포함한 창조경제를 추진하기 위한 개편, 사회 양극화 해소 및 경제민주화를 추진하기 위한 개편 등이 필요했다. 그리고 전체적으로는 정부의 적극적 역할을 긍정해 거의 무조건적으로 정부기구를 축소 통폐합하는 과거의 추세를 재고할 필요가 있었다.

1 정부조직 개편 일지

박근혜 정권 대통령직 인수위원회는 2013년 1월 15일에 정부조직 개편안을 발표했고, 1월 30일 새누리당 이한구 의원이 대표로 「정부조직법」 전부개정안을 발의했다.[15] 2처 15부 18청을 3처 17부 17청으로 확대 개편하는 내용이었다. 여·야는 1월 31일 각각 3명씩 협상 대표를 뽑고 이들에게 협상을 맡겼다. 이들은 2월 4일부터 협상을 전개했는데, 첫 회의에서 각각 2명씩을 더 추가해 여·야 5:5 협상을 전개하기로 했다. 그리고 국회 8개 상임위원회에서 논의되는 내용을 여·야협의체에서 조정하고, 다시 상임위원회로 환류하기로 합의했다(조선일보, 2013.2. 4).[16] 2월 11일에는 여·야가 2월 14일이나 18일에 「정부조직법」 개정을 처리하기로 합의했다. 그러나 야당은 바로 다음날 "당선인 측에서 개편의 세부 내용인 직제표도 제시하지 않으면서 무작정 동의해달라고 하는 것은 예의가 아니다"고 공격했다. 또한 5:5 협의체가 2월 7일 3차 회의를 끝으로 중단된 후 다음 회의 일정도 잡지 못하는 등 뚜렷한 성과를 올리지 못하자, 야당은 2월 13일 '여·야 각 3인으로 구성

15) 이명박 정부 때보다 9일 늦게 제출. 1월 21일 제출, 3월 22일 본회의 통과.

16) 한편 국회에서는 업무를 넘겨주어야 하는 부처를 담당하는 상임위원회와 업무가 늘어나는 부처를 담당하는 상임위원회 사이에 경쟁이 벌어지기 시작했다. 예를 들면, 외교통상위원회 의원들은 통상 기능의 산업통상자원부 이관에 반대했다. 특히 새누리당 김종훈 의원은 여당이지만 같은 상임위원회 다른 의원들에게 반대 의견을 담은 메시지를 전달하는 적극성을 보였다. 민주통합당 유인태 의원도 반대 의견을 밝혔다. 그는 굳이 옮기려면 총리 밑 통상교섭처로 하자고 제안했다. 또한 지식경제위원회 소속 새누리당 의원들도 정부개편안에 이견을 제시했다. 이들은 우정사업본부는 민생경제 차원에서 보면 산업 쪽(산업통상자원부)에 있는 게 낫다고 주장했다. 한편, 박기춘 민주통합당 의원도 방송통신 기능 이관에 반대하면서 오히려 방송통신위원회의 독립성을 강화시켜야 한다고 주장했다(조선일보, 2013.1.31).

된 안건조정위원회'를 구성해서 문제를 풀자고 제안했다. 「국회선진화법」을 적용하려는 시도였다. 그러나 여당은 이같은 야당의 주장을 무시하고 2월 13일에 양당 대표 및 원내대표가 참석하는 4자 회담 구성을 역제안했다. 2월 17일에는 11개 부처 장관 내정자가 발표되었고, 미래창조과학부 설치를 제외한 나머지 개편안에 대해서는 여·야가 대체로 합의하는 분위기가 형성되었다. 그러나 미래창조과학부의 세부 기능에 대한 이견은 좀처럼 좁혀지지 않았다.[17] 2월 22일 여·야 각각 3인 고위급 대표(대표, 원내대표, 원내수석부대표)를 선정해 협상을 재개했지만 협상은 타결되지 않았다. 대통령이 취임한 2월 25일에도 정부조직 개편은 완료되지 않아 국정은 표류할 수밖에 없었다. 그런 와중에 김종훈 미래창조과학부 장관 내정자가 3월 4일 사퇴했고, 3월 5일 민주통합당이 제시한 3개 전제 조건들[18]을 새누리당이 전면 거부하면서 대치가 더욱 악화되었다. 3월 11일 인사청문회에서 13명의 장관 내정자 청문회보고서가 채택되었지만, 국방부 장관 내정자는 채택되지 않았고 미래창조과학부 장관은 제외되었다. 3월 12~13일에는 청와대 비서관 및 각 부처의 차관급 인사에 대한 후속 인사 조치가 발표되었지만, 장·차관들이 일할 정부조직은 아직도 정비되지 않았다. 그러다가 정부 출범 26일 후인 3월 22일이 되어서야 비로소 국회에서 「정부조직법」 개정안이 처리되었다. 이후에도 새로운 장관들이 최종적으로 임명될 때까지 대통령 취임 후 사실상 두 달 정도의 국정 공백이 발생했다(조선일보 각 해당 일자).

2 정부조직 개편 내용

정부조직 개편의 핵심 내용은 '새로운 성장 동력 발굴'과 '국민생활 안전 강화' 두 가지였다. 전자를 위한 대표적 개편은 경제부총리제를 부활시키고 미래창조과학부를 신설하는 것이었으며, 후자를 위한 대표적 개편은 행정안전부의 명칭을 안

17) 당초 새누리당은 "유선방송사업자 인·허가권은 방송통신위원회, 관련 법률 제·개정권은 미래창조과학부 이관"을 주장했고, 민주통합당은 "두 가지 모두 방송통신위원회"를 주장했었다. 그러나 새누리당은 합의 결렬 후에 "유선방송사업자 인·허가관마저 미래창조과학부로 이관해야 한다"고 입장을 바꾸면서 방송 장악이 우려된다면 그걸 막는 조항을 신설하면 된다고 주장했다.

18) ① 공영방송 이사 선임의 특별 정족수 마련, ② 언론청문회 즉각 실시, ③ MBC 김재철 사장에 대한 검찰조사 실시와 사퇴.

전행정부로 바꾸고 식품의약품안전처를 신설하는 것이었다. 이명박 정권 말기의 중앙정부 조직 편제는 2처 15부 18청이었는데, 박근혜 정권은 3처 17부 17청으로 개편하겠다고 제안했고, 최종적으로는 3처 17부 17청으로 결정되었다. 이런 결과는 기구 숫자 측면에서는 역대 정권과 비교해 볼 때 큰 정부에 속한다.[19] 전두환, 노태우, 김영삼, 김대중, 이명박 정권은 '작은 정부'를 주장했고, 노무현 정권은 명시적으로 큰 정부라고 주장하지는 않았지만 '할 일은 하겠다'는 접근법을 취했는데, 박근혜 정권은 노무현 정권에 가깝다고 볼 수 있다. 이명박 정권이 정부기구 숫자를 줄이기 위해 기존 2개 부처를 한 부처로 통합한 지식경제부를 미래창조과학부와 산업통상자원부로 나누고, 국토해양부를 국토교통부와 해양수산부로 나눴다. 그리고 식품의약품안전청을 국무총리 밑의 식품의약품안전처로 격상시켰다.

표 12-1 기구 개편 결과

	이명박 정권 말기	인수위원회 제안 내용	최종 결과
처	법제처, 국가보훈처	법제처, 국가보훈처, 식품의약품안전처	법제처, 국가보훈처, 식품의약품안전처
부	기획재정부, 교육과학기술부, 외교통상부, 통일부, 법무부, 국방부, 행정안전부, 문화체육관광부, 농림수산식품부, 지식경제부, 보건복지부, 환경부, 고용노동부, 여성가족부, 국토해양부	기획재정부, 미래창조과학부, 교육부, 외교부, 통일부, 법무부, 국방부, 안전행정부, 문화체육관광부, 농림축산부, 산업통상자원부, 보건복지부, 환경부, 고용노동부, 여성가족부, 국토교통부, 해양수산부	기획재정부, 미러창조과학부, 교육부, 외교부, 통일부, 법무부, 국방부, 안전행정부, 문화체육관광부, 농림축산식품부, 산업통상자원부, 보건복지부, 환경부, 고용노동부, 여성가족부, 국토교통부, 해양수산부
청	국세청, 관세청, 조달청, 통계청, 검찰청, 병무청, 방위사업청, 경찰청, 소방방재청, 문화재청, 농촌진흥청, 산림청, 중소기업청, 특허청, 식품의약품안전청, 기상청, 해양경찰청, 행정중심복합도시건설청	국세청, 관세청, 조달청, 통계청, 검찰청, 병무청, 방위사업청, 경찰청, 소방방재청, 문화재청, 농촌진흥청, 산림청, 중소기업청, 특허청, 기상청, 해양경찰청, 행정중심복합도시건설청	국세청, 관세청 조달청, 통계청, 검찰청, 병무청, 방위사업청, 경찰청, 소방방자청, 문화재청, 농촌진흥청, 산림청, 중소기업청, 특허청, 기상청, 해양경찰청, 행정중심복합도시건설청
종합	2처 15부 18청	3처 17부 17청	3처 17부 17청

주: 밑줄은 각 칼럼의 좌측 칼럼 대비 변화 내용.

19) 기구가 3개 증가. 그러나 공무원 정원은 99명 감소되었다(박영원, 2013: 278-279).

3 문제 풀기 협상

정부조직 개편에서 전임 이명박 정권으로부터 승계한 정부기구를 그대로 유지했음에도 불구하고 야당이 이의를 제기하지 않은 경우와 박근혜 당선자 측이 개편을 꾀했지만 야당이 흔쾌히 동의한 경우 두 가지는 문제 풀기 협상으로 볼 수 있다. 여당과 야당 모두 그렇게 하는 것이 국익에 도움이 된다고 생각한 것인데, 다만 해당 부처들의 내부 조직을 구체적으로 어떻게 짜는 것이 국익을 최대화할 수 있는 것인지에 대한 문제가 남아 있었다. 단 부처 내부조직은 대통령령인 직제나 장관령인 직제 시행규칙을 통해 정해지기 때문에 야당은 더 이상 이 문제들에 대해 영향력을 행사할 수 있는 공식적 방법은 없었다. 이런 협상의 대표적인 예는 국토해양부를 국토교통부와 해양수산부로 개편하는 것이 대표적인 예다. 국토해양부는 이명박 정권이 4대강 사업을 추진하기 위해 사전 정비 차원에서 창설한 조직이었다. 야당은 4대강 사업에 대해 반대가 심했고 해양수산부 폐지에도 반대했으며,[20] 박근혜 당선자도 이 사업에 대해 잘못된 점들을 짚고 넘어갈 입장이었기 때문에 양측 모두 쉽게 합의에 도달한 것으로 사료된다. 이 밖에도 경제부총리 제도 부활[21] 및 기획재정부, 통일부, 법무부, 국방부, 문화체육관광부, 보건복지부, 환경부, 고용노동부, 여성가족부, 법제처, 국가보훈처, 식품의약품안전청을 제외한 17개 청 등을 기존 상태로 유지시킨 것에 대해서는 여당과 야당이 같은 의견을 갖고 있었다. 다만 다른 기구들의 변화와 맞물려 세부 기능들의 조정은 있을 것으로 예상되는데, 이런 변화는 앞서 언급했듯이 정부와 여당의 몫이지, 야당이 개입할 수 있는 여지가 거의 없는 영역이다.

4 정부 측에 일방적으로 유리한 쟁점 연계 협상

교육과학기술부를 교육부로, 외교통상부를 외교부로, 행정안전부를 안전행정부

20) 민주통합당은 1월 11일에 인수위원회에 보낸 자체 정부조직 개편안에서 해양수산부 부활을 제안했다(조선일보, 2013.1.15).

21) 글로벌 금융 및 재정 위기 등 급변하는 대내외 경제 환경에 체계적으로 대응하기 위해 도입(국회, 2013).

로, 지식경제부를 산업통상자원부[22]로 개편하고 중소기업청을 그대로 유지시키는 문제는 대부분 당선자 측 의도대로 결정되었다. 야당은 협상 초기에 당선자 측과 다른 생각을 가지고 있었지만, 협상을 전개하면서 당선자 측이 소신껏 일할 수 있도록 양보를 했다. 여당과 야당의 애초 생각이 같았던 것(문제풀기 협상)이 아니었고, 그렇다고 해서 야당이 다른 사안들에서 양보를 얻어내면서 양보를 한 것(일괄거래 협상)도 아니었다. 새 정부 출범일인 2월 25일이 가까워지자 야당은 2월 22일 아무런 조건이나 대가 없이 순수하게 자신들이 처음에 표명했던 입장을 철회해 당선자 측이 소신껏 국정을 운영할 수 있게 배려한 것이다.[23]

다만 식품의약품안전청을 식품의약품안전처로 개편하고, 농림수산식품부를 농림축산식품부로 개편하는 문제에서는 여당 의원들 사이에서도 의견이 합의되지 않아 야당의 의견이 일부 반영되었다.[24] 당선자 측은 식품 관련 기능을 식품의약품

22) 이에 대해서는 여러 가지 반대 의견이 표출되었다. 1월 20일~21일 국회 안홍준 외통위원장(새누리당)이 통상교섭본부를 외교통상부에서 산업통상자원부로 이관하는 개편안에 반대했다. 반대 이유는 "150명 중 130명이 외무공무원인데, 이들을 어떻게 산업통상부 일반공무원으로 전환할 수 있는가?"였다. 사계(斯界) 전문가들도 우려했다. 우려의 내용들은 다음과 같다. "2013년 통상은 공산품, 농산물, 의약품, 금융, 법률 등 광범위한 개념을 포괄하고 있다. 1990년대 통상산업부 시절과 천지차이다. 과거로 회귀하는 것이다. 해외공관 이용하기도 나쁠 것이다. 현재 통상교섭본부장이 대부분의 통상교섭에 수석대표로 나서는데 이는 외교부 소속이기 때문에 가능한 것이다. 산통부가 되면 타 부처들이 이해하지 않을 것이다. 통상 정책은 넘겨도 최소한 교섭권은 가지고 있어야 한다. 교섭권까지 넘기면 재외공관장의 기능이 약화되어 외교력 저하르 이어진다." 이들은 17일에 공식적으로 인수위원회를 방문했고, 정치권에도 전방위적 로비를 전개했다. 김성환 외교부 장관도 해외 출장을 단축하고 18일 급거 귀국했다(조선일보, 2013.1.20~21). 그는 2월 4일부터 열린 국회 외교통상위원회에서도 정부조직 개편안에 대해 강한 반대 의견을 피력했다. 그러나, 이런 주장들에도 불구하고 박근혜 당선자와 인수위원회는 개편안을 수정하지 않았다(조선일보, 2013.1.31, 2.5). 2월 5일에는 국회 행정안전위원회가 속개되었는데, 여당인 새누리당 의원들조차 개편안에 대해 비판적 발언을 하거나 수정 의견을 제시했다. 물론 민주통합당 의원과 통합진보당 의원도 비판적 의견을 개진했다. 그러나 박근혜 당선자는 "중국이나 독일같이 무역 규모 1조 달러가 넘는 나라는 산업 쪽에서 통상을 담당한다. 통상은 기본적으로 산업전문가들이 주축이 되는 게 맞다"고 기존 입장을 굽히지 않았다(조선일보, 2013.2.5).

23) 야당인 민주통합당은 2013년 1월 14일 중소기업청을 중소상공부로 확대 개편하고, 지식경제부·교육과학기술부를 중소상공부·정보미디어부·과학기술부 체제로 개편하자는 의견을 인수위원회에 제출한 바 있고, 1월 31일에는 통상 기능 이관, 우정사업 기능 이관, 원자력안전위원회 이전, 농림부와 보건복지부의 식의약품 안전 및 검역 기능을 식품의약품안전처로 옮기는 것, 행정안전부의 안전행정부로의 개명 등에 반대 의견을 발표했다. 통상 기능은 미국처럼 총리 밑 독립기구로 하거나 그냥 외교통상부에 두는 게 맞다고 주장했다(조선일보, 2013.1.31).

24) 새누리당 박덕흠, 강석호, 신성범 의원 등은 "농림수산식품부의 식품 기능과 명칭을 그대로 유지해야 한다"고 주장했다(조선일보, 2013.1.31; 국회, 2013).

안전처로 이관시키기 때문에 농림수산식품부를 농림축산부로 개편하고자 했으나, 야당은 식품 관련 기능을 신설되는 식품의약품안전처로 이관하더라도 먹거리 생산에 관련된 업무는 농림축산부가 계속 수행할 수밖에 없기 때문에 식품 관련 검역 및 규제 기능을 수행하는 식품의약품안전처 명칭은 당선자 측 의도대로 하되, 식품 관련 생산 기능을 수행하는 농림축산부 명칭에도 계속 '식품'자를 유지하자고 제안했고 여당 의원들도 동의해 농림축산식품부로 합의가 되었다.

5 일괄 거래 협상

방송통신위원회의 방송 기능과 통신 기능을 신설되는 미래창조과학부로 이관하는 문제를 둘러싸고 여·야가 첨예하게 대립했다. 야당은 이명박 정권의 방송 장악에서 비롯된 피해 의식을 바탕으로 여당이 미래창조과학부를 통해 사실상 언론을 장악하는 것을 어떻게든 막고자 했다. 대의민주주의 사회에서 언론이 정부 및 여당에 의해 장악되는 순간 정권 교체는 어려워지는 정도가 아니라 사실상 불가능해지기 때문이다.

방송·통신 관련 기능의 미래창조과학부 이관을 둘러싸고 여·야 간에 일괄 거래 협상이 전개되었다. 여당은 대통령의 의지가 워낙 강해 정부조직 개편안에서는 거의 양보를 하지 않으려고 했다. 그러나 야당도 이명박 정권 시기에 정부·여당이 언론을 장악하기 위해 자행한 일들을 봤기 때문에 이 분야에서만큼은 절대 양보하려 하지 않았다.[25] 그러나 야당은 정부·여당 측이 새 정부 출범 시기가 가까워져도 전혀 양보의 기미를 보이지 않자 다른 안건들에서 여당의 양보를 얻어내는 쪽으로, 즉 쟁점 연계 협상에서 일괄 거래 협상으로 협상전략을 바꿨다. 좀 더 자세히 살펴보면 다음과 같다.

변재일 민주통합당 정책위의장은 2월 초 협상 시작 시점에서 "정보통신기술을

25) 이명박 대통령은 최측근인 최시중 씨를 방송통신위원장으로 임명한 후 KBS 김인규 사장, MBC 김재철 사장, YTN 배석규 사장을 낙하산으로 임명했다. 그리고 이렇게 임명된 사장들은 '뉴스 후' 등 시사 고발 성격의 프로그램들을 많이 폐지했다. 이에 대한 반발로 2012년 1월 25일 MBC 기자들은 뉴스 제작 거부로 파업을 시작했고, KBS, YTN, 연합뉴스 등도 파업에 동참했다. 이들은 파업에서 사장 퇴진, 불공정 보도 시정 등을 기치로 내걸었다.

미래창조과학부로 이관하면 이 기술을 신성장 동력산업으로 육성하는 데 어려움이 있다, 원자력안전위원회는 후쿠시마 사태 이후에 만들어진 것인데 규제를 담당하던 위원회를 진흥을 담당하는 부처 산하에 배치하면 규제 기능을 제대로 수행하지 못할 것이다, 방송통신위원회는 미래창조과학부로 보낼 것이 아니라 인권위원회 수준의 독립성을 부여해야 한다"고 주장했다(조선일보, 2013.1.31).[26] 이후 협상이 지속되었지만 핵심 쟁점에 대한 의견 차이가 해소되지 않았다. 야당의 핵심 주장은 "방송정책 방송통신위원회 존치, 통신 진흥 기능만 미래창조과학부 이관"이었지만, 협상에서 양보할 여지를 확보하기 위해 ① 반부패, ② 검찰 개혁, ③ 경제민주화, ④ 국민 안전, ⑤ 통상 기능의 독립기구화, ⑥ 인재 육성 등을 같이 요구했다. 그러면서 "일곱 가지를 다 받아달라는 것은 아니다"고 협상 의향을 시사하기도 했다. 덧붙여 "우리는 이미 개편안 원안의 90% 이상을 수용했기 때문에, 새누리당이 최소한의 성의(양보)를 보여줘야 한다", "원안을 절대 수정하지 못하겠다는 박근혜 당선자의 태도는 상당히 문제가 있다"고 공격했다. 상황이 이렇게 전개되고 있음에도 불구하고 박근혜 당선자는 새누리당 일각에서 나온 "민주통합당의 방송통신위원회 관련 요구를 받고 협상을 마무리하자"는 의견에 대해 그럴 뜻이 전혀 없음을 재차 밝혔다.[27]

여・야가 개편안 처리를 약속한 첫째 날인 2월 14일에는 정부조직 개편안 본회의 처리가 무산되었다. 이제는 빨라야 다음 본회의 예정일인 18일에나 처리가 가능한 상황이 되었다. 이날도 야당은 박근혜 당선자와 여당의 원안 고수 방침에 불만을 드러내면서 "안건조정제도를 통해 여・야 합의를 이끌어내겠다"고 사실상 협박을 했다.[28] 그러나 그럼에도 불구하고 2월 18일까지도 협상이 타결되지 않아 처리

26) ICT 관련 학계와 업계는 미래창조과학부 ICT 전담 차관이 문화체육관광부의 디지털콘텐츠・게임 등 콘텐츠 관련 기능, 지식경제부의 정보통신사업 정책, 행정안전부의 정보보호 정책 등을 흡수, 총괄해야 한다고 주장했다. 과학계도 ICT와 합쳐지는 것에는 우려를 표명했다. R&D예산 배분에서 선수가 심판을 겸직하게 되면 기초연구에 소홀해지고 특정 분야에 쏠림 현상 있을 것을 우려했다. 단기적 성과를 중시하는 ICT에 과학기술이 매몰될 우려가 있다고 지적했다. 교육과학기술부가 대학 기초연구 부문을 안 주려고 하니까 이들 과학단체들은 모두 미래창조과학부로 와서 대학의 기초연구와 산업원천기술이 연계되어야 한다고 주장했다(조선일보, 2013.1.16).

27) 반대 이유는 "방송과 통신은 결합되어야 하고, 이들을 진흥하는 부문은 규제하는 부문과 구별되어야 한다. 또한 진흥 부문은 합의제로 하면 안 된다. 결정에 시간이 오려 걸려 시장을 선점당한다"는 것이었다(조선일보, 2013.2.13).

28) 우원식 민주통합당 원내수석부대표는 "박근혜 당선자가 원안 고수 방침을 밝히면서 새누리당은

가 무산되었다. 2월 22일에도 여 · 야는 3 : 3(대표 · 원내대표 · 원내수석부대표) 협상을 벌여 야당의 양보로 다섯 가지에 대해 합의에 도달했지만, 원안 고수 입장 당선자와 일부라도 고치겠다는 야당이 팽팽하게 맞서 완전 타결에 이르지는 못했다. 민주통합당은 개편안 제출 직후 15개 조정안을 내놨다가 6개로 축소하고, 다시 이 중에서 다섯 가지를 양보했지만, 방송통신위원회 문제만큼은 끝까지 양보하지 않았다.[29] 이날 여당 협상 대표들은 "당선자가 여 · 야 간 절충에 따라 변경될 것을 염두에 두고 만든 안이 아니다"며 수정에 반대하는 입장을 밝히면서 사실상 자신들도 타협 재량이 없음을 밝혔다. 그러자 야당은 "백기투항할 수는 없다. 3~4개는 받아줘야 한다. 민주통합당은 22일 원래 채택할 예정이던 총리 후보자 청문 결과보고서 채택을 「정부조직법」 개편안 처리와 연계해 연기시킬 것"이라고 반발했다(조선일보, 2013.2.23). 2월 23일,[30] 24일[31]에도 협상이 지속되었으나 합의에 이르지 못했다. 대통령 취임일이자 새 정부 출범일인 2월 25일에도 오후 5시에 여 · 야 원

식물정당이 됐다. 김종훈 의원이 통상 관련 얘기를 했다가 부처이기주의라는 얘기를 듣자, 새누리당이 아예 얘기를 안 한다. 안건조정위원회가 구성되면 새누리당에게 더 불리해진다는 것을 알아야 한다"고 공격했다(조선일보, 2013.2.14).

29) 방송통신위원회 소관인 "방송광고, 주파수 관리, 인터넷TV 등 뉴미디어 분야 업무"를 신설되는 미래창조과학부로 이관하는 문제였다. 새누리당은 최소한 인터넷방송과 방송 광고 업무는 미래창조과학부로 넘겨야 한다는 입장이었고, 민주통합당은 주파수 관리 업무만 넘기고, 인터넷방송과 방송 광고 업무는 방송통신위원회에 존치해야 한다는 입장이었다.

30) 양측 모두 자기는 양보하지 않으면서 상대방에게만 양보를 요구했다. 황우여 새누리당 대표는 "야당이 비보도 방송을 미래창조과학부로 보내주면, 여당은 방송통신위원회가 독립 업무를 수행할 수 있도록 방송통신위원회의 법적 지위를 중앙행정기관으로 격상시키겠다. 정부조직 개편안과 인사청문회를 연계시키면(일괄 협상 전략) 안 된다"는 타협안을 제시했지만, 민주통합당은 "야당은 양보할 만큼 양보한 후 기다렸지만, 새누리당은 답이 없다. 정작 끌어 모아야 할 통신은 못 모았으면서 방송을 가지고 가려고 하는 것은 방송을 장악하기 위한 의도로밖에 볼 수 없다. 통상 기능 이관도 아직 합의된 것으로 보면 안 된다"고 응수했다(조선일보, 2013.2.24).

31) "지역케이블방송, 인터넷방송 등 뉴미디어 분야와 방송 광고 업무 등을 신설되는 미래창조과학부로 이관하느냐?" 여부가 쟁점이었다. 황우여 새누리당 대표는 "방송 광고 업무는 방송통신위원회에 남겨두되, 지역케이블방송과 인터넷방송 관할권은 미래창조과학부로 넘기자. 야당이 비보도 방송을 미래창조과학부로 보내주면, 여당은 방송통신위원회가 독립 업무를 수행할 수 있도록 방송통신위원회의 법적 지위를 중앙행정기관으로 격상시켜, 법령 제 · 개정권을 갖도록 하겠다. 한국방송광고진흥공사(KOBACO)를 비롯한 방송 광고 판매 분야를 방송통신위원회에 남기는 것도 적극적으로 검토하겠다"는 타협안을 제시했다. 이에 대해 민주통합당은 "방송의 공정성을 해치지 않으려면 해당 업무를 방송통신위원회에 남겨야 한다. 방송통신위원회는 이미 독자적인 법령 제 · 개정권 보유하고 있다. 중앙행정기관 승격도 이미 합의했던 부분이다. 비보도 방송을 미래창조과학부로 보내라는 요구는 받아들일 수 없다"고 응수했다(조선일보, 2013.2.25).

내수석부대표가 만나 논의할 예정이었지만, 4시까지 전화 통화로 입장차를 좁히지 못해 회동 자체가 취소되었다.

2월 26일 민주통합당 박기춘 원내대표는 "박근혜 대통령이 양보하면, 바로 해결된다. 민주통합당이 양보할 건 다 했다. 민주통합당안을 수용해도 창조경제에는 아무런 문제가 없다"고 주장했다(조선일보, 2013.2.24.~27). 그러나 연계를 공언했던 총리 청문보고서 문제는 실제로는 그렇게 하지 않아 정부조직 개편안이 통과되지 않았음에도 불구하고 정홍원 총리 임명에 동의했다. 새 정부 출범 후 초대 총리 임명까지 발목 잡는 것에 대해 여론의 역풍을 우려한 결정으로 보인다. 대통령 취임 2일 후인 2월 27일에도 「정부조직법」이 처리되지 않자 청와대 조직, 개편 대상 정부기구들이 모두 우왕좌왕하면서 업무를 중단했다. 개편의 핵인 방송통신위원회는 2월 20일 이후 6일 동안 전체회의를 한 번도 열지 못했을 정도였다(조선일보, 2013.2.27). 민주통합당 문희상 비대위원장은 "민주통합당은 양보를 거듭해도 박 대통령의 원안 고수로 한 발짝도 진전이 없다"고 비판했고, 박홍근 민주통합당 비대위원은 "민주공화국의 핵심 가치인 언론의 공정성과 독립성은 결코 흥정하거나 타협할 수 있는 것이 아니다. 박 대통령은 여당에게 협상자율권도 주지 않고 있다"고 주장하면서, 다시 "지역케이블방송은 채널배정권을 가지고 있어 미래창조과학부 이관이 불가능하다. 인터넷방송 인·허가권과 법령 제·개정권을 기존처럼 방송통신위원회에 두고, 인터넷방송 진흥 업무만 미래창조과학부로 이관하자. 방송공정성과 관련 없는 일반채널사업자 부분도 미래창조과학부로 넘길 수 있다"고 타협안을 제시했다. 방송의 공정성만 가져가지 않는다면 협조할 수 있다는 뜻이었다. 그러나 새누리당은 또다시 "인터넷방송 인·허가권은 이 사업의 요체다. 이것 없는 이관은 의미 없다. 지역케이블방송은 채널배정권이 없다고 법에 있다"며 민주통합당의 제안을 거부했다(조선일보, 2013.2.27).

2월이 지나고 박근혜 대통령이 양당 대표 및 원내대표에게 3월 3일 오후 2시에 청와대에서 만나 「정부조직법」 문제를 논의하자고 초대했으나 야당은 "지금까지 계속 양보해 왔고, 한 번 더 양보했기 때문에 더 이상 물러설 데가 없다"고 하면서 거부했다(조선일보, 2013.3.2). 이에 여당은 국회의장 직권 상정 카드를 고려하기 시작했으나, 그렇게 하면 야당이 인사청문회를 전면 보이콧할 가능성이 높아서 그렇게 하지도 못했다. 3월 3일 오전 10시에 1시간 30분 동안 여·야 원내대표, 원내수석부대표 회의가 개최되었지만 타결에 실패했다. 민주통합당이 미래창조과학부를 제외하고 나머지 사항들만으로 「정부조직법」을 처리하자고 했으나, 새누리당이 원안 고수 입장을 밝히면서 거부했다. 김행 청와대 대변인은 정부도 ① 공영방송의 임원 선임, ② 지상파·종합편성채널·보도전문채널 등 보도 관련 정책 방송통신위원회 존치, ③ 방송통신 금지행위 사후 규제 방송통신위원회 존치, ④ 방송 내용 심의 및 평가 규제 등의 방송통신위원회 존치, ⑤ 방송통신위원회의 중앙행정기관 지위 보장, ⑥ 방송통신위원회의 독자적 법령 제·개정권 유지, ⑦ 인터넷방송 직접 사용 채널의 보도 금지 등을 야당의 주장대로 양보했다고 강조했다(조선일보, 2013.3.3). 박기춘 민주통합당 원내대표는 "인터넷방송, 지역케이블방송, 위성방송 사업자 인·허가권을 미래창조과학부가 가지게 되면 결국 방송 장악 음모가 있는 것으로 볼 수밖에 없다. 민주통합당은 이명박 정권 때 있었던 언론 장악에 대해 피해 의식이 있다"고 응수했다(조선일보, 2013.3.3). 새누리당은 18대 국회에서 「국회선진화법」을 자기들이 주도해서 만들었기 때문에 이러지도 저러지도 못하는 상황에 빠졌다. 임시국회는 3월 5일에 끝나기 때문에, 그때까지 타결을 하지 못하면, 언제 열릴지도 모르는 다음 임시국회[32]로 법안을 넘겨야만 하는 상황에 봉착했다. 그런데 설상가상으로 3월 4일 오전 9시에 야당의 공격을 강하게 받아오던 김종훈 미래창조과학부 장관 내정자가 사퇴하는 일이 발생했다. 박 대통령은 이날 오전 '대국민 담화'를 발표해 원안 통과를 촉구했지만, 문희상 민주통합당 비대위원장은 곧바로 기자회견을 열어 박 대통령 담화[33]는 국회를 무시하는 처사라고 비판했다. 또한 대통령의 회동 요청에 대해서도 "「정부조직법」은 청와대가 아닌 국회에서 처리해야 한다"고 응수했다.

3월 3일 밤 협상에서 여·야 간 협상이 사실상 타결되었는데 박근혜 대통령 담화와 김종훈 씨의 사퇴로 상황이 더 악화되었다.[34] 마지막 관건은 지역케이블방송

---

32) 임시국회 개회는 재적 1/4 요구로 가능하지만, 본회의 개최 등 의사일정은 여·야의 합의가 없으면 확정이 사실상 불가능하다.

33) 박근혜 대통령 담화 내용의 핵심은 "야당은 정부가 방송을 장악할 것이라고 주장하지만 방송의 공정성, 공익성의 핵심인 지상파 종편 보도채널 주제를 모두 방송통신위원회에 그대로 두기로 했다. 뉴미디어 방송사업자가 보도방송을 하는 것은 기존에도 금지되어 있다. 그것만으로 부족하다고 해 더 엄격히 금지하는 방안도 제시했다"였다(한국경제신문, 2013.3.4).

34) 여·야는 3일(일요일) 온종일 밤늦게까지 협상해서 합의에 도달했었다. 10시 경 합의서까지 작성하고 10시 10분에 서명하기로 했었다. 주요 합의 내용은 "인터넷방송은 미래창조과학부로 이관,

의 제・개정권으로 좁혀졌지만 입장 차이는 여전했다. 야당은 비대위 체제라 잘못 되어도 책임질 사람이 없는 상황이었다. 아쉬운 것은 여당이었기 때문에 여당이 야당에 명분을 줘야 했는데 그렇질 않았다. 오히려 대통령은 담화에서 국회의 입법권을 무시하는 듯한 태도였다. 인터넷방송, 위성방송은 합의하고 지역케이블방송만 남았는데, 김종훈 내정자가 사퇴하면서 정치 현실 운운한 것도 오히려 야당을 자극했다. 야당은 협상 지속 의지를 상실했다. 3월 5일 여당이 일방적으로 임시국회를 소집했다. 야당은 먼저 협상을 마치고 임시국회를 열자고 했으나 소용이 없었다. 여당은 "지역케이블방송은 보도 채널을 운영할 수 없기 때문에 언론보다 산업의 성격이 크다, 방송 장악을 걱정한다면 그런 특별법을 따로 만들자"고 제안했다. 그렇지만 민주통합당은 "믿을 수 없다"고 거부했다. 여당은 인터넷 TV, 유선방송 등 뉴미디어, 지역케이블방송을 떼어서 하나씩 처리하려 했지만 대통령은 그런 방침에 강하게 반대했다. 그러자 야당은 지역케이블방송을 미래창조과학부에 이관하는데 동의해 줄 테니 ① KBS 사장 임명할 때 방송통신위원 2/3 동의를 얻게 하고 국회 인사청문회를 거치게 할 것, ② 4대강사업과 국정원 여직원 대선 개입 의혹에 대한 국정조사 두 가지를 조건으로 요구했다(조선일보, 2013.3.5). 6일에는 ③ 지난해 MBC 파업 사태를 다룰 국회 언론청문회 즉시 개최, ④ MBC 김재철 사장 검찰조사 실시 및 사장직 사퇴 두 가지 조건을 더 추가했다. 3월 7일 새누리당 이한구 원내대표는 4대강사업에 대한 국정조사를 수용했다. 야당이 여러 가지를 제안했는데 하나도 안 받을 수 없어서 한 가지는 수용한 것이다. 이와 더불어 새누리당은 이미 2월 말에 '4대강 입찰 관련 의혹'과 '한식 세계화 지원사업'에 대한 감사요구안도 야당의 요구를 받고 수용했었다.[35] 3월 8일에는 황우여 새누리당 대표와 문희상 민주통합당 비대위원장이 만나 "미래창조과학부 설치를 원안대로 통과시키되 공영방송의 정치적 중립성 강화를 위해 방송공정성을 위한 특별법과 「정부조직법」을 동시에 통과시키자"고 합의했다(조선일보, 2013.3.9).

지역케이블방송은 방송통신위원회 소관, 법률 제・개정권은 방송통신위원회에 존치"였다. 그러나 박근혜 대통령의 의중이 반영되고부터 합의가 무산되는 분위기로 바뀌었다. 그리고 4일 날 아침에 대통령이 담화문을 발표한 것이다. 야당은 "모두 양보하고 2개 과 정도만 방송통신위원회에 존치하겠다는 것인데, 그마저도 미래창조과학부로 가져가려고 한다"고 격앙되었다(조선일보, 2013.3.5).

35) 이에 대해 새누리당 이한구 원내대표는 정부조직 개편안 관련 협상 차원에서 수용한 것은 아니라고 부인했다(조선일보, 2013.3.7).

그렇지만 3월 9일부터 12일 사이에 여·야 간 상호 비방 여론전만 전개되었고, 15일에 대통령과 여당 대표단이 정부조직 개편안과 관련해 다시 한 번 만나 의견을 조율했다. 이후 16일부터 여·야는 다시 실무 협상을 전개해 17일에야 비로소 협상을 타결지었다. 최종 타결 내용을 보면 지역케이블방송을 미래창조과학부로 넘기되,[36] 야당이 주장해 온 방송의 공정성 담보 방안[37]을 만들기로 했다(조선일보, 2013.3.17).[38] 또한 야당의 요구 중 국정원 여직원 댓글 의혹 검찰 수사 후 국정조사, 4대강 감사 미진 시 국정조사 두 가지가 합의되었고, 여당의 요구로 통합진

---

36) 지역케이블방송과 위성TV 등 뉴미디어 관련 사항은 미래창조과학부 이관. 다만 미래창조과학부 장관이 이 사업들을 허가·재허가 하는 경우와 관련 법령을 제·개정 하는 경우에는 방송통신위원회의 사전 동의 얻어야 함. 만일 방송통신위원회가 동의하지 않는 경우에는 허가 및 재허가를 시행하지 않음.

37) 「방송법」 제18조 1항 12호 신설, 70조 4항 단서 신설 등은 「정부조직법」 개정안과 동시에 처리. 선거관련 토론·보도의 공정성 확보 및 지역케이블방송 채널 배정의 공정성 확보를 위한 관련법은 상임위원회에서 논의해 4월 임시국회에서 처리.

38) 그 밖의 세부 합의 내용은 다음과 같다. ① 상설특검제 및 특별감찰관제 도입, 대검중수부 폐지, 법무부 주요 보직에 검사의 임용 제한, 검찰인사위원회에 실질적 권한 부여, 비리 검사의 변호사 개업 제한, 차관급 검찰 직제 연내 축소, 국가청렴위원회 설치, 반부패 등 제도 개혁을 위한 사법제도개혁 특별위원회 설치. ② 중소기업청장의 국무회의 배석. 독점규제 및 공정거래에 관한 법률에 따른 담합행위 고발 요청권을 중소기업청장에게 부여. 이 경우 공정거래위원장은 의무적으로 고발. 금융소비자보호원 신설을 포함한 금융감독체계 개편에 관해 정부가 상반기에 계획서 제출하게 하고, 「공정거래법」에 따른 담합행위 고발 요청권을 조달청장과 감사원장에게 부여. 이 경우 공정거래위원장은 의무적으로 고발. ③ 방송통신위원회는 기존처럼 합의제 중앙행정기관 법적 지위 유지, 소관 업무에 관해 법령 제·개정권, 예산의 관리 및 편성권 보유. 방송통신발전기금 관리 및 편성권은 미래창조과학부 장관과 방송통신위원장이 공동으로 관장하되, 6월 임시국회에서 소관 사항 분리. 비보도 등 방송의 공공·공정·공익성과 관련 없는 일반채널사업자 관련 사항은 미래창조과학부로 이관. 전파, 주파수 관련 사항은 미래창조과학부로 이관하되, 통신용 주파수 관리는 미래창조과학부 소관, 방송용 주파수 관리는 방송통신위원회 소관. 미래창조과학부가 ICT 산업 진흥 정책 종합 조정. ④ 3월 임시국회에서 여·야 동수의 국회 방송공정성 특위 설치. 위원장은 민주통합당. 활동 시한 6개월. 지역케이블방송과 일반채널사업자의 공정한 시장 점유를 위한 장치 마련, 공영방송 지배구조 개선, 방송의 보도·제작·편성의 자율성 보장 등의 방안 논의. ⑤ 원자력안전위원회는 국무총리 소속으로 하되, 합의제 중앙행정기관으로서 독립성 유지. 위원은 국회와 행정부가 동수로 추천하여 구성. 교과부 소관 원자력 기초 R&D 기능은 미래창조과학부로 이관. ⑥ 교육부와 미래창조과학부의 산학협력 기능은 예전에 교과부가 되기 전 구 교육부와 과학기술부가 관장했던 업무들로 복귀. ⑦ 우정사업본부는 미래창조과학부와 별도로 우정사업본부 직제를 둠. 「우정사업 운영에 관한 특례법」 개정. ⑧ 농림축산부 명칭을 농림축산식품부로 하기로. 축산물 안전관리 업무 중 농장, 도축장 및 집유장의 위생·질병·품질관리·중점관리 기존 운영에 관한 사항은 대통령령으로 정하는 바에 따라 농림축산식품부 장관에게 위탁.

보당 이석기 · 김재연 의원 자격심사안 3월 임시국회 내 발의, 인사청문회 제도 개선 두 가지가 합의되었다(조선일보, 2013.3.17). 여당은 정부조직 개편 내용에서 거의 원안을 살리는 실리를 택했고, 야당은 정부조직 개편안에서 당선자의 의견을 수용하는 대신 다른 정치적 사안들에서 실리를 챙기는 일괄 거래 협상을 했다.

제 6 절 결과 및 함의

거시적 환경에서 비롯되는 정부조직 개편 수요와 실제 개편 내용을 비교해 보면 안전 문제를 해결하기 위한 개편, 불량식품 문제를 해결하기 위한 개편, 창조경제를 추진하기 위한 개편, 전반적으로 정부의 적극적 역할 인정 등은 충족되었다. 그러나 한 · 일 관계와 남 · 북 관계 개선, 복지국가 구현, 경제민주화 실천, 사회양극화 해소를 위한 조치들은 취해지지 않았다. 박근혜 당선자는 선거에서 승리한 후 경제민주화, 사회 양극화 해소, 복지국가 구현 등의 공약을 사실상 폐기했고 이것들을 실천하기 위한 기구 개편은 인수위원회가 마련한 개편안에 포함되지 않았다.[39]

최종 협상 결과를 보면 인수위원회가 마련한 원안에서 네 가지 정도만 변했다. 첫째 농수산식품부를 농림축산부로 바꾸려던 것을 농림축산식품부로 변경시킨 것, 둘째 원자력안전위원회를 미래창조과학부 산하 기관으로 하려던 것을 국무총리 밑 독립기구로 변경시킨 것, 셋째 교육부의 산합 협력 기능을 미래창조과학부로 이관하려던 것을 산합 협력 중 과학 관련 업무만 미래창조과학부로 이관시킨 것, 넷째, 방송통신위원회 소관 방송진흥정책 전체를 미래창조과학부로 이관하려던 것을 지역케이블방송과 인터넷방송 등 뉴미디어와 주파수 관할권은 미래창조과학부로 이관하되 방송광고 업무는 방송통신위원회에 존속시키기로 한 것 등이다.

원안과 최종안의 차이가 그리 크지 않았음에도 불구하고 법률 개정에 소요된 시간은 과거 어느 정권의 경우보다도 길었다. 여기에서는 이런 현상이 나타나게 된 원인을 크게 네 가지로 파악한다. 첫째, 「국회법」 개정으로 국회 다수당인 여당이

39) 경제민주화를 상징하던 김종인 공동선거대책위원장은 대선 후 인수위원회에도 들어가지 못하고 바로 팽(烹)당하고 말았다.

과거처럼 일방적인(혹은 날치기) 처리를 할 수 없게 되어 하는 수없이 야당의 동의를 얻을 때까지 협상을 할 수밖에 없었다. 둘째, 여당과 대통령의 선호 불일치로 인해 과거의 경우보다 거부점과 거부권자가 하나 더 추가되었다.40) 셋째, 추가된 거부권자인 대통령이 비타협적인 자세를 견지해 자기 의견을 끝까지 굽히지 않았다. 넷째, 야당도 전임 정권 때 당한 일로 인해 강한 피해 의식을 가지고 있어서 쉽게 양보하지 않았다.

박근혜 정권의 성과는 정권이 끝난 후에 좀 더 객관적으로 평가되겠지만 정권 4년차인 2016년 현재 시점에서는 부정적 분위기가 압도적이다. 먼저 국제 관계가 좋지 않다. 위안부 문제로 일본과 3년 정도 냉각 상태였고, 중국에 경도된 듯한 외교로 미국과 다소 소원해진 측면이 있으며, 그러면서도 북한 핵문제나 사드(THAAD: 고고도 미사일 방어 체계) 배치와 관련해서는 중국으로부터 거의 얻어낸 것이 없다. 사회 양극화나 청년실업은 개선되기는커녕 더욱더 심화되어 가고 있다. 정권 초에 크게 강조했던 창조경제는 효과를 보지 못했다. 경제성장률은 노무현 정권은 5년 동안 연평균 4.5%, 이명박 정권이 3.2%였던 반면에 박근혜 정권은 2013~2015년 동안 연평균 2.9% 정도밖에 안 되었다. 창조경제를 통한 경제 활성화에 꼭 필요하다며 취임식 이후에까지 조금도 양보하지 않고 개편한 미래창조과학부는 대한민국 경제에 큰 기여를 하지 못한 것으로 보인다.

설상가상으로 2016년 후반기에 비선 실세에 의한 국정 농단이 밝혀져 박근혜 대통령은 국회에서 탄핵소추를 당했고, 임기를 다 채우지 못할 위기에 처해 있다.

---

40) 이 점은 여당 의원들의 비판에서 잘 나타난다. 새누리당 정몽준 의원은 "여당이 무기력하게 청와대에 끌려가고 있다", "새누리당이 청와대의 눈치만 보게 된다면 국민들에게 버림을 받을 것"이라고 비판했다. 한편 민주통합당 박기춘 원내대표도 이 점을 확인시켜 줬다. 그는 여·야 협상이 계속 결렬되자 "협상이 되려면 청와대 가이드라인이 없이 해야 된다"고 대통령 당선자를 직접 공격한 적이 있다. 거부권자가 한 명 증가하고, 대통령이 여·야 간 합의 사항에 대해 반대하면서 재협상을 요구하는 바람에 개편안 처리에 시간이 많이 걸린 것이다.

제 13 장 정부조직 개편 흐름에 대한 해석*

제 1 절 들어가며

지금까지는 각 정권의 정부조직 개편을 개별 장으로 나눠 살펴봤다. 그렇다면 이런 정부조직 개편은 전체적으로 어떤 흐름을 보였을까? 그리고 우리는 그 흐름을 어떻게 이해할 수 있을까? 이것은 과거에 있었던 사실들에 대한 해석이고 그 결과는 불가피하게 한 종류의 역사가 되기 때문에 다양한 시각과 방법으로 시도될 수 있다.

이 책은 역사적 제도주의에서 논의된 제도의 생성, 유지, 변화에 관한 이론들에 근거해 역대 정권의 정부조직 개편을 해석해 보려고 한다. 제도(institution)란 "행위자의 행동을 제약하는 것"이다. 그런데 이 개념의 외연에 대해서는 의견이 분분하다. 누구는 법률 같은 공식적 규칙만 제도라고 보고, 누구는 문화나 지배적 사고방식 같은 비공식적인 것들도 제도라고 본다. 또한 조직이 제도인지 아닌지, 정책이 제도인지 아닌지에 대해서도 의견이 갈린다. 이런 내용을 다룬 논문들이 이제는 국내에서도 제법 많이 발표되었고, 연구서로도 정리되어 있기 때문에 여기서 또다시 다룰 필요는 없다고 생각된다. 다만 논의의 명확화를 위해 이 책의 입장을 밝히

* 이 장은 1절은 하태수(2010c)를 수정 · 보완한 것이다.

면 「정부조직법」에서 다루는 처, 부, 청 수준 중앙정부기구들의 집합'을 제도로 간주하고 그것의 개편 흐름을 해석할 것이다. 그리고 앞의 개별 장들에서 국회나 기타 정부조직 개편을 결정한 기제들을 지칭할 때 '제도적 맥락'이라는 표현을 사용했기 때문에 그 '제도적 맥락'과 여기서 말하는 중앙정부 기구의 집합인 '제도'를 구분할 필요가 있음을 밝힌다.

이하에서 제시되는 이론들은 제도의 생성, 유지, 변화를 설명하는 것으로, 세부 내용을 보면 그 논의의 대상이 매우 다양하다. 반드시 정부조직을 대상으로 한 것이 아니다. 그럼에도 불구하고 이런 이론들을 상세히 소개하는 이유는 이 이론들이 주장하는 '논리'를 이 책에 응용하기 위함이다.

제 2 절 제도의 생성, 유지, 변화

1 제도의 생성

1) 의도적 창조

이 시각은 제도가 어떤 행위자(들)의 의도적인 창조(intentional creation) 행위에 의해 새로 만들어진다고 본다. 예를 들어 새로운 아이디어를 주장하는 정치인들이 권력을 잡았을 때 기존 제도가 끝나고 새로운 제도가 시작된다고 주장한다 (Haydu, 1998; Peters, Pierre, & King, 2006). 이 시각을 주장하는 학자들은 제도 창조를 위해 모험을 선호하는 기업가적(entrepreneurial) 행위자들이 자신들이 뿌리를 내리고 있는 구조로부터 고의적으로 벗어나는 의도적 이탈(mindful deviation)이 필요하다고 본다(Garud & Karnoe, 2003: 7). 혁신은 우연의 산물이 아니라, 어느 누군가의 일관되고 끈질긴 노력의 산물이라는 것이다. 그런 행위자는 사건들의 흐름 속에서 수동적 관찰자로 남는 것이 아니라 기존 사회 규칙 혹은 당연시되는 기술적 인공물이 처방하는 방식과 다른 방식으로 행동하는 능력을 가지고 있다. 그는 의도적 이탈이 단기적으로는 비능률을 낳지만 새로운 제도를 창조하기 위해서는 그런 조치가 필요하다는 것을 잘 알고 있다. 새로운 경로 창조가 성공하기 위해서는 ① 기존의 물건이나 물리적 지식 바꾸기(mobilizing molecules), ② 타인들의 저항과 무관심을 극복하고 그들을 동참시키기(mindful minds), ③ 장기적 시계로 단기적 불이익을 극복하기(mobilizing time) 세 가지 조건이 충족되어야 된다(Garud & Karnoe, 2003: 12). 3M사의 포스트잇(Post−it Note) 개발을 예로 들어 설명하면 다음과 같다.[1)]

(1) 기존의 물건이나 물리적 지식 바꾸기

대부분의 설명은 포스트잇 발명을 우연한 사고(accident)의 산물이라고 묘사하지만, 정작 그것을 발명한 실버(Spencer Silver)는 그것이 사고의 산물이 아니라 의도적 이탈의 결과라고 주장한다. 그는 분자들을 혼합하는 기존의 공식을 의도적으로 깬 다음 무슨 일이 일어나는지를 보는 실험을 했다(Garud & Karnoe, 2003: 13−14).

(2) 타인들의 저항과 무관심을 극복하고 그들을 동참시키기

기업가적 행위자가 기존 경로에서 이탈하는 의도적인 움직임을 보이면 타인들은 대부분 저항하거나 무관심을 보인다. 이때 그 행위자가 이런 저항과 무관심을 어떻게 다루냐에 따라 새로운 경로가 창조되는지 여부가 결정된다. 3M사의 실버는 이런 저항에 굴하지 않았다. 그는 자신의 아이디어를 살리려고 열성적으로 노력했다. 자신의 얘기를 들어보고자 하는 사람은 누구든지 만나서 얘기를 했고, 여러 사람의 지지를 동원하기 위해 갖은 노력을 다했다(Garud & Karnoe, 2003: 15). 그러나 동시에 자신의 아이디어를 공유하고 기꺼이 수정하고자 하는 유연한 태도도 가지고 있었고, 자신의 생각에 동의하는 사람이 나타나면 동참도 시켰다. 3M에서 신제품 창조의 결정적 계기가 된 것은 실버가 동료 과학자였던 올리베이라(Robert Oliveira)를 동참시킨 일이다. 그리고 새 물질이 개발된 지 10년쯤 되는 1974년에 또 다른 3M 과학자인 프라이(Arthur Fry)도 동참시켰다. 프라이는 새 물질의 용처를 생각하는 데에서 큰 도움을 줬다. 프라이는 자주 찢어지는 노래책에서 종이 조각에 신물질을 발라 임시적인 북마크로 쓸 수 있겠다고 생각했다. 그런데 이런 프

---

1) 포스트잇은 앞에서 말하는 제도는 아니다. 다만 이 신제품 개발 과정에 대한 설명이 제도의 창조에 많은 함의를 가지고 있기 때문에 학자들이 이 예를 사용하는 것으로 보인다.

라이의 생각도 시작에 불과했다. 프라이의 생각 이후에도 포스트잇이 평탄하고 직선적인 경로를 따라 발전된 것은 아니었다(Garud & Karnoe, 2003: 16-17). 후에 마케팅 부서의 니콜슨(Geoffrey Nicholson)과 래미(Joseph Ramey)가 추가로 동참했고, 이 두 사람이 만든 샘플을 보고 3M의 사장인 레(Lew Lehr)가 동참했다. 신제품 창조는 장시간에 걸쳐 여러 사람이 엮이면서 전개된다. 1~2명이 단기간에 해치울 수 있는 것이 아니다. 실버와 그의 동료들은 기술의 변화, 사람들의 의식 변화에서 선순환 공진화 과정을 일으켰던 것이다(Garud & Karnoe, 2003: 16-21).

(3) 장기적 시계로 단기적 불이익을 극복할 것

신제품을 창조하는 일은 단시간에 완성되지 않는다. 실버의 첫 신물질 개발에서부터 포스트잇의 대량 생산까지는 12년이라는 긴 시간이 걸렸다. 신제품의 경로를 창조하기 위해서는 자원으로서의 시간을 동원할 수 있는 능력이 필요하다. 새로운 생각의 탐색에는 장기적 시계(mobilizing time)가 필수적이다(Garud & Karnoe, 2003: 22).

2) 선택 국면

제도의 창조를 설명하는 두 번째 이론은 선택 국면(critical juncture)이다. 선택 국면이란 새로운 제도가 선택되어 시작되는 시점을 말한다. 좀 더 구체적으로는 여러 가지 대안 가운데에서 어떤 한 대안이 채택되는 시기를 말한다.[2] 이 시점의 가장 큰 특징은 외부 충격에 의한 우발성(contingency)이다.[3]

선택 국면에 대해 논의할 때에는 다음 몇 가지 점을 유의해야 한다. 첫째, 분석단위를 분명히 해야 한다. 어떤 제도에 대해 논의하는지를 명확하게 제시해야 한

2) 마호니(Mahoney, 2000)는 자기강화적 사건 진행이 생기는 시기는 선택 국면(critical juncture), 반응적 사건 진행이 생기는 시기는 차합(conjuncture)이라고 구별한다.

3) 우발성 개념은 몇 가지로 세분화된다(Bennett & Elman, 2006: 255; Mahoney, 2000: 511-514; Schwartz, 2004: 4-6). 첫째, 아예 방법론적으로 측정조차 불가능한 사건이 발생한 경우다. 둘째, 측정은 가능하지만 통계적인 확률 혹은 무작위적으로(random) 발생하는 사건으로 기존의 어떤 조건들이나 이론을 가지고도 설명할 수 없는 경우다. 셋째, 측정이 가능하고 잠재적으로는 설명할 이론들도 있지만, 논의가 되는 분석틀로는 설명할 수 없는 경우다. 경제사학자들은 신고전적 경제이론으로는 설명할 수 없는 비능률적인 기술의 채택을 우발적이라고 해석하는 경우가 많다(Mahoney, 2000: 513-514). 다만 이 경우에는 다른 분석틀을 적용하면 우연으로 치부하는 것이 아니라 설명을 할 수도 있다.

다. 한 제도와 관련된 선택 국면이 다른 제도와 관련해서는 선택 국면이 아닐 수도 있기 때문이다(Capoccia & Kelemen, 2007: 349; Howlett & Rayner, 2006: 13). 둘째, 선택 국면의 시계(time span)는 제도가 유지되는 시기보다 짧게 선정되어야 한다. 선택 국면의 시계가 길어지면 길어질수록 선택이 구조에 의해 제약될 가능성이 높아져, 선택 국면이 아니게 될 가능성이 높아진다(Capoccia & Kelemen, 2007: 349). 셋째, 선택 국면이라고 해서 반드시 어떤 변화가 일어나야만 하는 것은 아니다. 구조적 유동성(structural fluidity)과 고양된 우발성(heightened contingency)만 있으면 되는 것이다. 이처럼 선택 국면이기는 했지만 변화가 없었던 경우를 부정적 사례라고 부른다(Capoccia & Kelemen, 2007: 352). 넷째, 권력 불균형과 핵심 행위자들의 움직임에 주목해야 한다. 선택 국면이란 겉으로는 이론적 모형으로 설명할 수 없는 작은 사건들이 누적되어 변화가 일어나는 것 같지만(Arthur, 1989: 123-124; Arthur, 1990: 94), 실제로는 핵심 행위자들의 선택이 제도를 새로운 균형 쪽으로 방향짓기 때문이다. 이 핵심 행위자들은 우발적으로 발생하는 변화를 그저 지켜보기만 하는 구경꾼이 아니라, 어떻게 하던 자기들에게 유리한 상황을 만들려고 하는 전략적 행위자들이다(Cowan, 1990: 559; Capoccia & Kelemen, 2007: 354).

선택 국면에 대한 분석은 불확실성 조건 하에서의 의사 결정 분석과 유사하다. 크게 대항 사실 분석(counterfactual analysis), 이론 기반 이야기(theory-guided narrative), 복수의 선택 국면 비교 세 가지로 나눠 볼 수 있는데,[4] 이들은 상호배타적이

4) ① 대항 사실 분석 방법: 채택 가능성은 높았으나 채택되지 않은 대안들에 대해 채택되었다고 가정하고 시나리오를 쓴 다음에 실제 채택된 변화와 비교하는 방법이다. 그런데 아무렇게나 상상해서는 안 된다. 정교한 논리와 방법론에 근거해야 한다. 시나리오 작성의 첫째 기준은 이론적 일관성이다. 이론에 의하면 당연히 채택되었어야 할 대안에 대해 상상해야 한다. 둘째 기준은 역사적 일관성이다. 관련 행위자들이 실제로 이용할 수 있었고, 실제로 고려했지만, 근소한 차이로 채택하지 않은 정책 대안들만을 대상으로 해야 한다(Capoccia & Kelemen, 2007: 355-356). ② 이론 기반 이야기 방법: 채택된 대안들과 그것들의 결과에 대해 이론 모형에 기반한 이야기를 만들어 분석하는 방법이다. 주요 행위자, 그들의 목표, 그들의 선호, 결정, 직접적 영향을 미친 사건 등을 이야기에 포함해야 한다(Capoccia & Kelemen, 2007: 357). 나아가 채택되지 않은 대안들에 대해서도 이야기를 구성해 채택된 대안들과 비교할 필요가 있다. 즉, 대항사실 분석과 연계될 필요가 있다. 이야기를 쓸 때 이용되는 이론적 접근법은 게임이론 같이 수학적 공식을 쓰는 형식적 접근법, 과정 추적(process tracing) 같이 수학적 공식을 쓰지 않는 비형식적(nonformal) 접근법 두 가지가 있다. 형식적 접근법을 쓸 경우 행위자들의 보수 및 그들의 전략들을 엄격하게 구체화시켜야 한다. 과정 추적은 여러 개의 대안이 열려 있는 상황에서 새로운 균형으로 나아가는 과정을 추적하는 것이다(Capoccia & Kelemen, 2007: 357-359). ③ 복수의 선택 국면 비교: 복수의 선택

지 않아 서로 연결되어 사용될 수도 있다.

3) 차합

제도가 생성되는 세 번째 방법은 차합(叉合, conjucture)이다. 이것은 복수의 독립적 사건의 흐름들(sequence)이 교차하면서 새로운 제도나 기술이 시작되는 것을 말한다. 각 사건 흐름은 매우 예측 가능한 인과적 패턴을 따른다고 하더라도, 그것들이 충돌하면 예측하기 어려운 하나의 새로운 제도나 기술이 생겨날 수 있다. 골드스턴(Goldstone, 1998: 271-275)은 영국 산업혁명이라는 새로운 경로의 생성을 '환경적 사건들 흐름'과 '문화적 사건들 흐름'의 차합으로 설명한다. 영국의 환경적 사건 흐름은 "추운 날씨 → 석탄 난방 의존 → 표면 석탄 고갈 → 지하 석탄 개발 → 탄광에 지하수 유입 → 석탄 추출 문제 시급"이었다. 한편 문화적 사건 흐름은 "강력한 군주의 부재 → 새로운 경제 활동이나 사고방식을 용인하는 개방적 가치 체계 → 초기 산업화 발달"이었다. 이 두 가지 사건 흐름이 1712년에 교차해 탄광에 고인 물을 퍼내기 위한 노력의 결과로 증기기관이 발명되었다. 골드스턴의 표현을 빌리면 증기기관 발명은 확률이 1/1,000,000 정도밖에 안 되는 예상하기 어려운 사건이었다.

2 제도의 유지

새로운 제도가 생성되거나 채택되면 그것은 상당 기간 유지되는 경향이 있다. 선행 연구들에 의하면 선택 국면에서 생성된 제도는 자기강화적 전개(self-reinforcing sequence)에 의해 유지되고, 차합으로 생성된 제도는 반응적 전개(reactive sequence)로 유지된다. 그러나 반드시 그렇다거나 그렇게 될 확률이 높다고 볼 근거는 약하

국면을 비교하는 방법도 있다. 여기서도 두 가지 방법이 있다. 첫째, 수평적으로 비슷한 상황이지만 상이한 선택 때문에 상이한 결과를 초래한 여러 공간에서 일어나는 복수의 선택 국면을 비교하는 방법이다. 세계적인 경제 위기가 닥쳤을 때 상이한 방향으로 대처한 두 나라의 사례를 비교하는 것이 좋은 예다. 둘째, 같은 결과를 초래한 결정들이지만 서로 상이한 선택 국면이 원인이라고 생각하는 학자들이 서로 상이한 시점의 선택 국면을 비교하는 방법이다(Capoccia & Kelemen, 2007: 359-361).

다. 선택 국면에서 생성된 제도가 얼마든지 반응적 전개로 연결될 수 있고, 반대로 차합으로 생성된 제도도 얼마든지 자기강화적 전개에 의해 유지될 수도 있다. 한편 의도적 창조에 의해 생성된 제도가 어떻게 유지되는가에 대한 언급은 없는데 이 제도 또한 자기강화적 기제에 의해 유지될 수도 있고, 반응적 전개로 연결될 수도 있을 것이다. 자기강화적 기제에 의한 제도 유지는 수확 체증, 순환적 전개, 부정적 환류 등으로 세분화되고, 수확 체증은 다시 네 가지 세부 내용으로 구분된다.

1) 수확 체증

수확체증(increasing returns of scale)이란 동일한 제도(A)가 지속적으로 유지 혹은 재생산되는 것을 의미한다. $A_t \rightarrow A_{t+1} \rightarrow A_{t+2} \rightarrow A_{t+3} \rightarrow A_{t+4} \rightarrow A_{t+5}$. 컴퓨터 QWERTY 자판이 대표적인 예로 자주 거론된다(David, 1985: 334−335). 이 밖에도 경제사학자들은 자동차, 비디오 녹화기, 시계, IC회로, TV, 경수로 핵발전소, 철도폭, 살충제, 오염통제 시스템같이 몇몇 잠재적으로 비능률적인 기술이 지속적으로 유지되는 이유로 수확 체증 논리를 든다(Arthur, 1989: 126−127; Arthur, 1990: 92−99; Cowan, 1990; Mahoney, 2000: 512). 제도의 선택과 제도의 유지는 서로 다른 논리에 의해 작동되기 때문에 제도 생성 시점에서 제도들을 선택한 행위자나 세력이 없어져도 제도는 지속될 수 있다. 제도의 재생산 기제들이 주어진 제도적 패턴을 잠금(lock−in)으로써 그것을 폐지하는 것을 매우 어렵게 만들고 궁극적으로는 제도의 재생산을 아주 효과적이게 만들기 때문이다(Mahoney, 2000: 515). 나아가 사회학자들은 신고전경제학을 넘어서 좀 더 다양한 경로 유지 기제들을 제시했다.

(1) 공리주의 기제

공리주의(utilitarian) 기제 이론은 어떤 경로를 다른 경로로 전환해서 얻을 수 있는 혜택이 경로의 전환에 들어가는 비용보다 적기 때문에 그 경로가 유지된다고 본다. 노스(North, 1990) 같은 경제사학자들이 주로 이런 입장을 취한다. 경로 잠금 효과의 원천은 크게 두 가지다. 첫째, 망 기반(network−based) 잠금 효과다. 이메일을 예를 들면, 특정 행위자는 자기가 쓰고 있는 이메일망에 타인들이 많이 가입하면 할수록, 그 망의 가치가 올라가 더욱더 기존 망에 집착하게 된다. 둘째, 행태적 잠금 효과다. 이것은 행위자가 특정 기술을 학습하면 다른 기술을 배우려고 하지 않으려고 하는 행태에 기반한 잠금 효과다. 행위자는 제도의 영향력 때문이거나, 자신의 권력 혹은 통제력을 유지하기 위해서거나, 그냥 단지 현 상태 타성 때문에 기존 경로를 고집한다. 이런 양상은 소비자뿐만 아니라, 생산자에게서도 나타난다(Mahoney, 2000: 517－518; Pierson, 2000b: 492; Barnes, Gartland, & Stack, 2004: 371－373).

(2) 기능주의 기제

기능주의(functional) 기제 이론은 일단 우발적으로 선택된 제도가 자신이 입지한 배후 사회에 무엇인가 기능(적응/목표 달성/통합/잠재성 유지)을 수행하기 때문에 유지된다고 본다. 제도가 어떤 기여를 하면 그것은 확장되고 공고화되기 쉽다. 나아가 하나의 제도가 다른 제도들과 상호보충성을 가지면서 사회의 유지와 발전에 기여한다면 그 제도는 더욱더 강하게 유지된다. 이 입장 역시 초기에 우발적으로 선택된 제도가 장기적으로 보면 다른 대안들보다 덜 기능적(less functional)일 수 있는 가능성을 인정한다. 왈러스타인(Immanuel Wallerstein)이 세계체제론에서 세계 자본주의 제도들의 500년에 걸친 재생산을 설명하는 것이 대표적인 예다(Mahoney, 2000: 519; Djelic & Quack, 2007: 167).

(3) 권력 기제

제도는 일단 생성되면 어떤 행위자들에게는 불이익을 주고, 다른 행위자들에게는 혜택을 제공한다. 그러면 이때 유리해진 행위자들이 자신들의 우월한 권력 자원을 이용해 그 제도를 더욱 강화시킨다. 그러면 그 제도는 그 행위자들의 권력을 더 강화시키고, 그 행위자들은 다시 그 제도를 더 강화시킨다. 1830년대 이후 미국에서 전개된 민간 대기업의 발전과 지배성이 대표적인 예다(Roy, 1997). 또한 공기업 민영화 후 혜택을 보기 시작한 새로운 기업가 계층이 민영화된 기업을 민간 기업 형태로 공고화하는 것도 권력(power) 기제에 의한 경로 유지의 예다(Mahoney, 2000: 521－522; Thelen, 2003: 215－216).

(4) 정당화 기제

이 이론은 '무엇이 적절하고 도덕적으로 옳은가'에 대한 행위자들의 주관적 정향과 믿음 때문에 제도가 지속적으로 유지된다고 본다. 행위자들이 어떤 제도를 정당하다고 보고 자발적으로 그것을 재생산하면 그 제도는 자기 강화된다. 제도가 생성 시점에서 우발적으로 선택되었다고 하더라도 정당화 과정을 거치면서 자기 강화된다고 본다. 정당화(legitimation) 과정의 가장 두드러진 특징은 긍정적인 환류다(Mahoney, 2000: 523-524; Thelen, 2003: 216-217).

2) 과정 진행적 유지

수확체증 이론은 많이 논의되기는 하지만 현실에서 모형에 딱 맞는 예는 많지 않다. 대부분의 현실 사례들은 과정 진행(process sequencing) 이론들로 좀 더 잘 설명된다(Howlett & Rayner, 2006: 1-2). 과정 진행은 크게 순환적 전개(circulative sequence)와 부정적 환류(negative feedback) 두 가지로 나눠 볼 수 있다.

순환적 전개는 두 가지 제도(A와 B)가 번갈아가면서 나타나는 경우를 말한다. $A_t \rightarrow B_{t+1} \rightarrow A_{t+2} \rightarrow B_{t+3} \rightarrow A_{t+4} \rightarrow B_{t+5}$. 미국의 낙태정치가 대표적인 예로 언급된다.

부정적 환류는 어떤 제도를 끊임없이 다른 제도로 변화시키고자 하는 노력들이 나타나지만 계속 본래의 제도로 되돌아오는 현상을 말한다. $A_t \rightarrow B_{t+1} \rightarrow A_{t+2} \rightarrow C_{t+3} \rightarrow A_{t+4} \rightarrow D_{t+5} \rightarrow A_{t+6}$. 베스트팔렌 민족국가 체제가 전형적인 예다.

3 제도의 변화

새로운 제도가 채택되면 상당히 오랫동안 유지될 수도 있지만, 얼마 안 있어 변화되기 시작해 사실상 다른 제도가 되거나, 그 정도는 아니더라도 조금씩 계속 변화되어 갈 수도 있다. 선행 연구들은 전자를 반응적 전개(reactive sequence)라고 부르고, 후자를 진화(evolution)로 구분한다.

1) 반응적 전개

이것은 시간적으로 순서가 정해지고 인과적으로 연결된 사건들(events)의 사슬을 말한다. 사건들의 전개 속에서 각 사건(E_t)은 선행 사건(E_{t-1})에 대한 반응이고, 후속 사건(E_{t+1})의 원인이 된다. $E_t \rightarrow E_{t+1} \rightarrow E_{t+2} \rightarrow E_{t+3} \rightarrow E_{t+4}$. 선행 사건과 후속 사건 사이에 인과적 고리, 즉 내재적 진행성(inherent sequentiality)이 성립하기 위해서는 다음 세 가지 요건이 충족되어야 한다. 첫째, 선행 사건이 후속 사건의 필요 혹은 충분 조건이 되어야 한다. 둘째, 초기 조건과 최종 결과를 연결하는 인과 기제에 대한 세밀한 분석이 가능해야 한다. 셋째, 사건 사이에서 시간적 순서가 명확해야 한다. 초기 단계의 작은 변화들이 최종 결과에서는 큰 차이를 유발하므로 초기 단계의 사건들이 특히 중요하다. 초기 사건을 변형시키거나(transform) 뒤집는 반발 과정(backlash processes)이 특징이다. 초기 사건이 후속 사건들의 전개를 촉발시키지만 주어진 패턴을 재생산해서 그렇게 하는 것이 아니라, 강하게 연결된 반응과 역반응의 사슬을 작동시켜서 그렇게 하는 것이다. 행위와 반응이 시스템을 다른 방향으로 이동시킨다(Abott, 1992: 435-436; Griffin, 1993: 1125-1126; Mahoney, 2000: 526-527; Howlett & Rayner, 2006: 6-7).

산업혁명의 예를 보면, 일단 증기기관이 발명되자 예측 가능한 사건 전개가 촉발되었다. 즉, 추가적 혁신과 개선이 일어났다. 뉴코먼(Thomas Newcomen)이 처음 만든 비능률적 엔진이 와트(James Watt)에 의해 개선되었다($E_1 \rightarrow E_2$). 이 개선된 엔진이 석탄 추출을 극적으로 증가시켰고($E_2 \rightarrow E_3$), 석탄 추출 증가는 석탄 가격을 하락시켰다($E_3 \rightarrow E_4$). 저렴한 석탄 가격은 철과 철강의 가격을 낮췄고($E_4 \rightarrow E_5$), 저렴한 철강 가격은 철도 건설이나 배 건조를 가능하게 만들었다($E_5 \rightarrow E_6$) (Goldstone, 1998: 271-275).

2) 진화

현실에서 볼 수 있는 많은 사례는 제한된 혁신(bounded innovation)을 겪는다(Weir, 1992a). 즉, 얼핏 보면 안 변하는 것 같으면서도, 실상은 변화를 겪고 있다. 예를 들어 영국 상원이나 미국 대법원은 상당히 오랫동안 안 변하는 것 같지만, 사실은 핵심 특징만 유지하면서 엄청난 변화를 겪었다. 이런 변화를 설명하기 위해서는 "무엇이 변하고, 무엇이 변하지 않는지"를 동시에 설명해야 한다. 제도의 변하지 않음을 설명하기 위해서는 수확체증 개념을 사용하면 되지만, 제도의 변화를 설명하기 위해서는 무엇인가 새로운 개념적 도구들이 필요하다. 최근 이러한 점진적이지만 변형적인 변화로 제도의 변화를 설명하는 연구들이 많이 발표되었다. 많은 학자가 수확체증, 잠금, 전환비용 같은 개념과 거리를 두면서 제도의 변화를 설명한다(Boas, 2007: 34; Djelic & Quack, 2007: 166).

이 시각에 의하면 어떤 단일의 충격으로 제도 변화가 일어나는 것은 아니다. 공산주의의 붕괴 같은 결정적인 충격들도 새로운 제도를 바로 만들어내지 못하고, 기존 제도의 유산들이 미래로의 변화에 계속적으로 영향을 미쳤다(Stark, 1992, 1996). 제도 경로의 전환은 어떤 단일의 충격으로 시작되기보다는 일련의 실험(experiment)이나 그냥 주변에서 이용 가능한 물건들을 가지고 새로운 문제들을 해결하려는 시도(bricolage)[5]들이 누적되어가면서 일어난다. 그래서 단일의 선형 경로 혹은 단일의 곡선 경로가 나타나기보다는 여러 가지 경로가 나타나 훨씬 더 복잡하다. 복수의 의사결정점들과 선택 국면들의 총합이다(Djelic & Quack, 2007: 163).

표 13-1 제도 진화 양식

		제도 운영자의 재량	
		적음	많음
거부권자	많음	표류(drift)	재정향(redirection)
	적음	가피(layering)	공식적 수정(revision)

제도의 진화 양식은 '제도 변화에 대한 거부권자 수,' '제도 운영자들의 재량' 두 가지 기준을 적용해 표류(drift), 가피(layering), 재정향(redirection), 공식적 수정(revision) 네 가지로 구분할 수 있다. 표류는 제도의 구조에서는 의미있는 변화가 일어나지 않고 제도의 운영이나 운영 효과 측면에서 일어나는 변화를 의미한다. 제도를 둘러싼 맥락이 변화되어 제도가 애초에 의도했던 방식으로 운영되지 않거나, 의도했던 효과를 발휘하지 못하는 상황을 의미한다. 제도가 구조적 변화를 겪으면

5) bricolage는 'DIY, do-it-yourself'의 프랑스어 표현이다. 프랑스 인류학자인 레비스트로스(Claude Lévi-Strauss)는 『야생의 사고(*The Savage Mind*)』라는 책에서 엔지니어들의 창의적 사고(목표-수단 연계 사고 방식)에 반대되는 상황을 표현하기 위해 bricolage라는 단어를 사용했다. 그에 의하면 이것은 전형적인 신화적 사고 패턴인데, 핵심적 특징은 새로운 문제를 해결하기 위해 이용 가능한 재료를 재사용하려는 시도들이다.

서 환경 변화에 대응해야 하는데, 제도의 구조적 변화에 대한 거부권자가 많아서 필요한 제도 변화가 가능하지 않을 때 나타나는 현상이다. "미국에서 의료비 상승으로 인해 취약 계층인 메디케어(Medicare) 수혜자들이 자부담해야 하는 의료비가 점점 늘어나는 현상"이 전형적인 예다(Hacker, 2004: 246, 248, 253).

가피는 기존 제도의 대부분은 그대로 있고 일부 규칙들 혹은 구조들이 추가되어 제도가 점진적으로 변화되는 것을 의미한다. 주로 복합적 제도의 하위/미시 수준에서 일어난다(Boas, 2007: 51). 추가되는 요소들은 제도 전체적으로 보면 아주 작은 부분에 불과하지만, 누적되면 제도의 본질을 궁극적으로 변화시킨다(Boas, 2007: 46-47). "미국 의회 제도가 기존 구조들 위에 새로운 장치가 덧붙여지는 방식으로 진화된 것"(Schickler, 2001), "영국 보수당이 공적 연금 체제를 해체시키지 않고 민간 연금 제도를 도입해 사회보장 시스템을 변화시킨 것"(Pierson, 1994), "인터넷 시스템의 성격 변화"[6] 등이 대표적인 예들이다.

재정향은 본래 어떤 특정 목표를 위해 설계된 제도가 그 목표가 아닌 다른 목표에 봉사하거나 권력 관계 변화를 반영하기 위해 방향이 전환되는 것을 의미한다.

6) 인터넷은 1960년대에 처음 나타났을 때에는 굉장히 무정부적(anarchic) 기술이었지만, 오늘날에는 정부와 기업이 이용자들을 통제하기 쉬운 기술로 바뀌었다. 인터넷은 처음에는 전화망과 비교해 의도적으로 중앙집중적 통제가 어렵도록 설계되었다. 전화는 중앙집중적 교환소가 모든 전화(call)를 중개해줬지만, 인터넷은 뇌(brain)가 수백만 대의 컴퓨터와 그것에 부가된 네트워크에 위치해 있었다. 오로지 TCP/IP라는 핵심 프로토콜이 사전에 처리된 자료들의 전송을 맡고 있었다. 그러나 기술이 발전하면서 인터넷은 여러 개의 하위 구성 요소를 가진 복합 표준 모형이 되었다. 그 안에는 이메일, 검색, 암호, 소리 등 여러 가지 정보를 전달해주는 하위 시스템이 존재한다. 예를 들면 www를 연결해주는 HTTP는 초기 인터넷에서는 없었다가 나중에 생긴 것이고, 오늘날에는 인터넷의 핵심 요소가 되었다. 거시 수준에서 보면 인터넷의 복합 표준을 구성하는 부분들의 조합은 시간이 흐르면서 크게 변했다(Boas, 2007: 39-40). 인터넷의 하위 부분으로서 이메일이나 www 같은 새로운 표준(standard)이 하나 증가하면 인터넷 사용자들이 누리는 네트워크 효과가 크게 늘어났고 이런 양적인 변화를 넘어서 질적인 변화도 일어났다. 이제는 정부나 기업이 인터넷을 통해 이용자를 통제하기도 쉬워졌다. 예를 들어, 기업의 컴퓨터 망 관리자는 종업원들의 인터넷 사용을 용이하게 감독할 수 있는 기술들을 추가하려고 노력한다. 심지어 음악 사이트 같은 업무와 관련이 없는 앱에 대한 접근을 봉쇄하기도 한다. 중국과 사우디아라비아의 권위주의 레짐은 자신들에게 해로운 웹사이트를 봉쇄하기도 한다. 인터넷에 대한 통제 능력을 제고하는 조치는 근저의 핵심 프로토콜을 바꾸는 것이 아니라, 그것들은 그대로 두고, 새로운 기술을 추가하는 방식을 따랐다. 기존의 부분들은 그대로 두고 새로운 것을 추가하는 가피(layering) 방식으로 인터넷 전체의 본질을 바꿨다. 미시 수준의 표준은 바꾸기 어렵기 때문에 그대로 두고, 그 위에 새로운 표준을 추가시켰다. 기존 제도의 경로를 변화시키기 위해서는 기존의 구성 요소들은 그대로 두고, 새로운 요소를 추가해 전체적인 요소의 조합을 변화시키면 된다(Boas, 2007: 42-44).

주로 복합적 제도의 상위/거시 수준에서 일어난다(Boas, 2007: 51). 크게 기존 행위자들이 당면한 환경이 변해서 새로운 문제들을 해결해야 하는 상황에서 기존 제도들을 새로운 방식으로 사용하는 경우와 이전에는 주변부에 있던 행위자들이 주류 세력 내부로 진입해 기존 제도들을 새로운 목적으로 전환시키는 경우 두 가지로 나눠 볼 수 있다(Thelen, 2003: 228; Boas, 2007: 46－47). "아르헨티나 연방주의가 처음에는 하나의 국가였던 부에노스아이레스가 내륙 지방을 지배하기 위해 만든 제도였지만 시간이 지나면서 다원적 연방주의가 득세해 다른 지역들이 부에노스아이레스를 복종시키는 쪽으로 변화된 것", "전시에 전쟁 조건에 맞게 창조된 제도들이 전후에 평화 목적으로 변화되는 것", "독일에서 매우 가부장적이고 반노조적인 회사들에서 만들어진 근로위원회(works councils)가 시간이 흐르면서 유럽에서 가장 강력한 노조로 변화된 것"[7] 등이 대표적인 예들이다(Thelen, 2003: 228－230).

공식적 수정은 기존 제도에 대한 공식적 개혁, 대체, 제거 등을 의미한다. 이런 공식적 수정은 자주 일어나지는 않는다. '1996년에 있었던 미국의 복지 개혁'이 대표적인 예다.

이상에서 논의된 제도의 생성, 유지, 변화 관련 이론들을 요약하면 <표 13－2>와 같다.

표 13-2 제도 생성, 유지, 변화

제도 생성	제도 유지	제도 변화
– 의도적 창조 (creation) – 선택 국면 (critical juncture) – 차합 (叉合, conjuncture)	– 수확체증 네 가지 기제 ① 공리 기제 ② 기능 기제 ③ 권력 기제 ④ 정당성 기제 – 순환적 전개 (circulative sequence) – 부정적 환류 (negative feedback)	– 반응적 전개 (reactive sequence) – 진화 네 가지 양상 ① 표류(drift) ② 가피(layering) ③ 재정향(redirection) ④ 공식 수정(revision)

7) 독일의 직업 훈련 시스템은 처음에는 장인(匠人)들에게 혜택을 주고 노조의 영향력을 차단하기 위해 설립된 것인데, 노조의 힘이 늘어나고 노조가 이 직업훈련 제도 안으로 포섭되자 직업 훈련 시스템이 근본적으로 재정향되었다.

제 3 절 해석에 대한 유보 필요성과 해석의 틀 구성

1 해석에 대한 유보 필요성

여기서는 앞의 각 장들에서 개별적으로 논의된 각 정권의 정부조직 개편을 종합해 그들 사이에 어떤 흐름이 있었는지 그리고 그것을 이해하는 것이 조금이라도 더 적절할지에 대해 탐색해 보고자 한다. 이 책은 각 장에서 다룬 중앙정부 기구의 집합을 제도로 전제하고, 11개 시기에 걸친 제도들이 나타내는 흐름을 찾아보려고 하는 것이다. 개별 사실의 실재(實在) 여부, 정오(正誤) 여부를 논하는 것이 아니라 여러 시기에 걸쳐 나타난 복수의 사실을 놓고 그 흐름에 의미를 부여하는 해석 작업이기 때문에 불가피하게 필자의 주관성이 개입되지 않을 수 없다. 해석을 놓고 여러 이견이 제시될 수 있기 때문에 몇 가지 유보와 제한 하에서 논의할 필요가 있다.

첫째, 정부조직이라는 변수가 정부를 둘러싸고 있는 환경에 비교적 큰 영향을 미친다고 본다. '가장 큰' 영향을 미친다고까지는 보지 않지만 결코 작지 않은 영향을 미친다고 본다. 정부조직보다는 인사가 더 큰 영향을 미친다고 보거나, 정부조직이 영향을 미친다고 하더라도 궁극적인 원인은 정부정책이라고 보는 독자들은 이 장의 해석과 다른 견해를 가질 가능성이 높다. 또한 정부가 아니라 재벌을 비롯한 민간기업이 대한민국 역사 발전에 가장 큰 영향을 미쳤다고 보는 독자들도 이 장의 해석과 다른 견해를 가질 가능성이 높다.

둘째, 필자는 중앙정부기구, 즉 '조직'의 집합을 제도라고 전제한다. 조직을 제도에 포함하는 것에 동의하지 않는 독자들은 이 장의 해석과 다른 견해를 가질 가능성이 높다.

셋째, 개별 부 · 처 · 청 조직이 아니라 복수 정부조직의 '집합'을 논의의 단위로 한다. 그렇기 때문에 개별 부 · 처 · 청을 대상으로 하면 이 장의 해석과 다른 견해를 가질 가능성이 매우 높다.

넷째, 제도 변화의 흐름을 해석하는 것이지만 제도만의 흐름을 다루는 것이 아니라, 제도와 환경의 변증법적 작용을 다룬다. 앞의 각 장은 정부조직 개편의 수요를 거시적 환경에서 추출하는 방식을 취했다. 즉, 정권을 획득한 행위자가 해당 시점에서 정부를 둘러싼 환경이 가지고 있는 제반 문제를 해결하기 위해 그 일에 가장 적합한 정부조직을 구현하려 한다고 가정했다. 그렇기 때문에 어느 특정 시점(t)에서 개편된 정부기구의 집합은 그 전임 정권(t−1) 정부조직의 집합으르부터 직접 영향을 받는다기보다는 전임 정권의 정부조직이 환경에 미친 영향과 그에 의해 초래된 결과에 반응하는 방식으로 간접적 영향을 받을 가능성이 높다. 제도와 환경을 같이 다루는 것에 동의하지 않는 독자들, 환경의 우선성에 동의하지 않는 독자들은 이 장의 해석과 다른 견해를 가질 가능성이 높다.

다섯째, 이 장의 2절에서 인용한 선행 연구들의 원문을 보면 기술, 신제품, 정부정책, 국가기구 등 다양한 대상을 다루고 있다. 그렇기 때문에 독자들 중 일부는 제도가 아닌 것의 역사적 전개를 다룬 것이라고 비판할 수도 있다. 그럼에도 불구하고 필자가 이렇게 다양한 내용을 다룬 문헌들을 참고하는 이유는 각 원문이 다루는 구체적 대상보다 그 연구들이 제시하는 역사 해석에 대한 '형식 논리'를 참고하기 위함이다. 이런 접근법에 동의하지 않는 독자들은 이 장의 해석과 다른 견해를 가질 가능성이 높다.

여섯째, <표 13−2>에서 정리된 어떤 단일의 세부 이론도 정부조직 개편의 흐름을 설득력있게 설명하거나 묘사하지 못한다. 1948년 이승만 정권 수립 시의 정부기구 개편 작업은 차합으로 설명할 수 있을지 몰라도 이후에 전개되는 흐름은 어느 한 이론만으로 설명하기 어렵다. 수확체증이 계속 나타나는 것도 아니고, 순환적 전개나 부정적 환류가 계속 나타나는 것도 아니다. 어떤 시기에는 가피가 나타나고, 어떤 시기에는 재정향이 나타난다. 반응적 전개는 나타나기는 하지만 어느 특정 시기 정부조직 편제와 다음 시기 정부조직 편제 사이에 나타나는 것이 아니라 "전임 정권 정부조직 편제 → 환경에서의 변화 → 다음 정부조직 편제 → 환경에서의 변화……"처럼 환경을 매개로 해서 일어난다. 그렇기 때문에 이 책은 2절에서 제시된 이론들을 취사선택하고 수정하면서 사용할 것이다. 이런 접근법에 동의하지 않는 독자들은 이 장의 해석과 다른 견해를 가질 가능성이 높다.

2 해석의 틀 구성

필자는 이승만 정권 출범기의 정부조직 편제 작업이 차합(叉合, conjuncture)에 의한 제도의 생성이라고 본다. 1948년 정부 수립과 이승만 정권 출범은, 3·1운동 이후 구성된 상하이(上海) 임시정부 역사가 있기는 하지만, 본격적인 의미에서 대한민국 정부의 역사가 시작되는 시점이다. 역사에 대한 이해를 돕기 위해 시대를 구분한다면 1948년 시점을 새 시대의 시작점으로 보는 것이 비교적 설득력이 있다고 생각한다. 덧붙여 제2장에서 밝혔듯이 필자는 이승만 정권이 1948년에 구성한 정부조직 편제는 일제, 조선총독부, 미국, 중국 등 당대 어느 한 나라나 체제를 대폭 모방한 것이 아니라 여러 나라의 제도를 취사선택적으로 포함하고 있는 독창적인 것이라고 본다. 즉, 내용 측면에서도 새로운 제도가 생성된 것이라고 본다. 그리고 이 생성은 의도적 창조나 선택 국면이라기보다는 차합에 좀 더 가깝다고 본다. 1945년 이후 소련과 북한, 임시정부, 미국, 이승만이라는 복수 주체들의 독립적인 노선 추구가 1948년 5월 10일 남한 단독 선거로 교차되면서 한국 정부가 수립되었다.

제도 생성 이후에 전개되는 흐름을 해석하는 데에는 반응적 전개가 다른 이론들보다 더 설득력 있다고 본다.

첫째, 정부조직 편제의 흐름을 보면 자기강화적 유지는 아니다. 11개 정권을 거치면서 정부조직이 상당한 변화를 겪었다. 거의 변화 없이 유지되었다고 볼 근거가 약하다.

둘째, 65년 동안 변화가 많았는데 그것들을 진화의 네 가지 양상 중 어느 하나로 설명하는 것도 적절하지 않다. 분석 대상인 중앙정부 기구의 집합이 분석 수준이 매우 높은 것이기 때문에 여러 가지 진화 양상이 동시에 나타나는 경우가 많다. 그리고 시기도 한두 시기가 아니라 11개 정권에 걸쳐 있기 때문에 어느 한 양상으로 설명하는 것이 사실상 불가능하다. 어떤 한 정권에서 그 다음 정권으로 넘어갈 때는 진화의 네 가지 진화 양상 중 한두 가지로 설명이 가능하지만 11개 정권을 통시적으로 볼 때에는 그렇게 설명하기가 어렵다.

셋째, "정권들은 임기 초에는 정부기관을 축소했다가 시간이 지나면서 정부기관을 확대해 임기 말에는 정부기관이 증가되어 있다"는 정치적 주기설(김연수·이명석, 2007; 염재호, 2009: 85－86 재인용)도 타당하지 않다. 먼저, 전임 정권 말기의 기관 수와 다음 정권 초기의 기관 수를 비교해 통계 분석을 해보면 '정권 교체 후 정부기관을 축소한다'는 명제는 타당하지 않다.[8] 또한, 각 정권의 첫 번째 정부

8) {(각 정권 초기의 기관 수)－(직전 정권 말기의 기관 수)}를 가지고 Wilcoxon Signed－Rank Test

조직 개편 직후의 기관 수와 정권 말기의 기관 수를 비교해 통계 분석을 해보면 '정권의 시간이 지나면서 기관 수가 증가한다'는 명제도 타당하지 않다.[9]

그나마 가장 적절해 보이는 것은 반응적 전개인데, 이것도 2절에서 제시된 것을 그대로 사용하는 것은 적절하지 않다. 우선, 앞에서 잠시 언급한 것처럼 제도만의 흐름이 아니라 제도와 환경 간의 상호작용을 다뤄야 하기 때문에 단선적 전개 대신 '변증법적 전개'로 수정할 필요가 있다. 둘째, 2절에서 제시된 이론의 예처럼

표 13-3 각 정권 초기와 말기의 정부기관 수

정권	정권 초기	정권 말기
1공	4처, 11부, 2위원회	1원 12부 1청
2공	1처, 12부, 3청, 2위원회	
3공	1원, 3처, 13부, 6청, 7외국	중앙정보부, 2원, 4처, 13부, 11청, 7외국
4공	중앙정보부, 2원, 4처, 13부, 13청, 5외국	중앙정보부, 2원, 4처, 14부, 14청, 4외국
5공	국가안전기획부, 2원, 4처, 15부,14청, 1외국	국가안전기획부, 2원, 4처, 16부, 13청, 3외국
6공	국가안전기획부, 2원, 5처, 16부, 12청, 3외국	국가안전기획부, 2원, 6처, 16부, 14청, 2외국
김영삼	국가안전기획부, 2원, 6처, 14부, 14청, 2외국	국가안전기획부, 2원, 5처, 14부, 13청, 1외국
김대중	국가안전기획부, 3위원회, 2처, 17부, 16청, 1외국	국가정보원, 1위원회, 4처, 18부, 16청
노무현	국가정보원, 1위원회, 4처, 18부, 17청	국가정보원, 1위원회, 4처, 18부, 17청
이명박	국가정보원, 2처, 15부, 17청	국가정보원, 2처, 15부, 17청
박근혜	국가정보원, 3처, 17부, 16청	국가정보원, 5처, 17부, 14청, 1본부

(가설 중앙값 0)를 실시해 본 결과 다음과 같은 결과를 얻었다. 유의확률이 57.13%로 귀무가설을 기각하지 못했다. 즉, 전임 정권 말기의 기관 수와 다음 정권 초의 기관 수는 통계적으로 유의미한 차이를 보이지 않았다. 증감의 빈도 수를 봐도 정권 교체 후 기관 수가 증가하는 경우(5회)가 감소하는 경우(3회)보다 더 많았다.

sign	obs	sum ranks	expected
positive	5	31.5	26
negative	3	20.5	26
zero	2	3	3
all	10	55	55

unadjusted variance 96.25
adjustment for ties −0.63
adjustment for zeros −1.25
adjusted variance 94.38
H_0: institute = 0
z = 0.566
Prob > | z | = 0.5713

9) [{(각 정권 말기의 기관 수) − (동일 정권 초기의 기관 수)}/각 정권의 기간(연수)]를 가지고 Wilcoxon Signed−Rank Test(가설 중앙값 0)를 실시해 본 결과 다음과 같은 결과를 얻었다. 유의확률이 29.88%로 귀무가설을 기각하지 못했다. 즉, 정권 초의 기관 수와 정권 말의 기관 수는 통계적으로 유의미한 차이를 보이지 않았다.

그림 13-1 차합과 반응적 전개

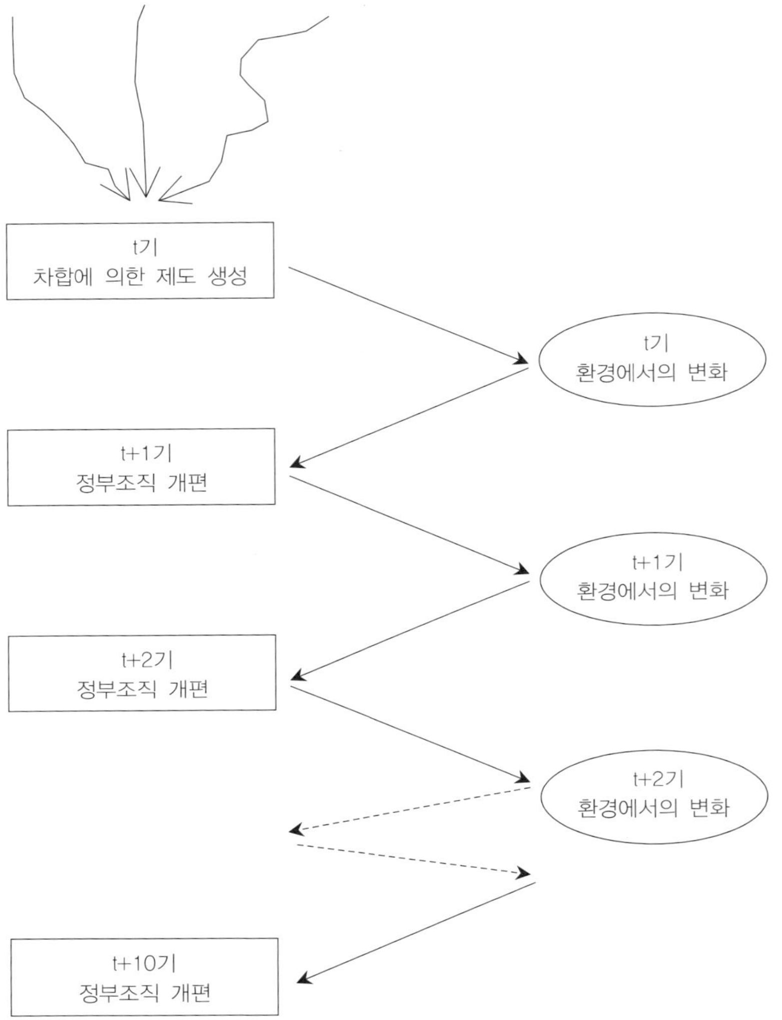

sign	obs	sum ranks	expected
positive	5	34.5	24.5
negative	2	14.5	24.5
zero	3	6	6
all	10	55	55

unadjusted variance 96.25
adjustment for ties −0.13
adjustment for zeros −3.50
adjusted variance 92.63
H_0: institute = 0
z = 1.039
Prob > | z | = 0.2988

어떤 개별 사건이 다음 시기에 어떻게 전환되고 하는 식으로 개별 사건을 다루면 정부조직 개편 흐름에 적용할 수가 없다. 이 책의 분석에 적용하기 위해서는 "어느 정권이 A와 B라는 정책들을 특히 강조했고, 그것들을 위해 어떠어떠한 조직 개편을 추진했다, 그리고 그런 개편은 환경에 어떠어떠한 영향들을 미쳤고, 이런 영향들은 다시 다음 정권 조직 개편에 어떠어떠한 영향을 미쳤다"는 식으로 논의의 초점을 사건(event)의 시간적 전개가 아니라 주요 정책의 변증법적 전개에 맞출 필요가 있다. 셋째, 2절에서는 차합을 설명하면서 독립적 사건들의 흐름이 교차하면 '예측하기 어려운' 새로운 제도가 생성된다고 하는데, 1948년 정부조직 편제의 경우 예측하기 어렵지 않았다. 이승만이 오래전부터 미국식 정부 체제를 선호했기 때문에 그가 정권을 잡으면 미국 정부와 유사한 체제가 들어설 것이라는 점은 어느 정도 예상할 수 있었다. 이상에서 논의된 '차합'과 수정된 '반응적 전개'가 결합된 제도 변화 양식을 알기 쉽게 표현하면 [그림 13-1]과 같다.

제4절 정부조직 개편 흐름에 대한 해석

1 이승만 정권

1) 차합에 의한 제도 생성

1948년 이승만 정권 출범 및 정부조직 편제는 이승만의 반러·반소·반공 노선 전개와 트루먼 독트린 발표 후 한국 문제에 대한 입장을 바꾼 미국의 노선 전개가 교차되면서 생성되었다. 소련 및 북한은 해방 직후부터 북한 단독 정부 수립을 추진했고, 김구와 임시정부 세력은 좌우합작 및 한반도 통일정부 수립을 목표로 했기 때문에 1948년 5월 10일 총선에 불참했다.

소련은 러·일전쟁 이후 상실한 한반도에 대한 영향력을 회복하기 위해 매우 신속하게 군사 활동을 전개했다. 1945년 8월 8일 선전포고와 동시에 북한 지역으로 진군한 후 6일 만에 38선까지 밀고 내려왔고, 8월 27일에 북한 지역에 군사 배치를 완료했다. 그리고 9월 20일부터 북한 지역에서 단독정부를 수립하기 위한 조치들을 시작했다. 1945년 10월 8일~10일에 걸쳐 '북조선5도인민위원회연합회의'를 개최했고, 이후 '조선공산당 북조선분국', '북조선5도행정국', '북조선중앙은행' 등을 창설했다. 1946년 1월 초에는 신탁통치를 반대하던 우익 인사들을 제거했고, 2월 초에는 '북조선임시인민위원회'를 설립했으며, 3월 5일에는 토지 개혁도 시작했다. 단독정부를 수립하기 위한 작업은 계속되었고, 1948년 1월 8일 유엔한국임시위원단이 한국에 도착한 후 이들의 입북을 거부했으며, 2월 8일 50만 명 규모의 조선인민군을 창설했고, 5월 10일 총선거 참여를 거부했다.

김구와 임시정부 세력은 민족의 분열을 막기 위해 시종일관 좌우합작 노선을 추구했다. 1945년 11월 23일 귀국한 후 이승만을 견제하고 임시정부의 좌우합작 노선을 지키기 위해 좌익 박헌영(조선인민공화국)과 좌우합작을 추진했다. 그러나 박헌영이 임시정부를 부인하는 성명을 발표하는 바람에 좌우합작에 실패했다. 신탁결정이 내려진 후인 1946년 1월 2일에는 미군정으로부터 행정권을 접수하기 위한 포고령을 발표했으나 성공하지 못했고, 오히려 미군정으로부터 '사실상 쿠데타를 일으킨 것'이라고 낙인이 찍혔다. 이후에는 김규식과 연대해 좌우합작을 추진했으나, 이승만에 비해 주목받을 만한 움직임을 보이지 못했다. 1948년 4월 19일에는 남한만의 단독 선거에 반대하면서 북한을 방문했으나 실질적인 성과를 거두지 못했다.

미국은 1945년 제2차 세계대전 말기에 거의 국력의 한계점에 도달해 단독으로 한반도를 점령할 수가 없었다. 그래서 소련에 협조를 요청했는데 소련이 예상외로 빨리 진군하자 부랴부랴 38도선을 설정해 소련의 남하를 저지했다. 해방 이후에도 미국은 1945년 12월 29일 모스크바 3상회의를 통해 소련과 공동으로 5년간의 신탁통치(1945년 12월 말)를 추진했다. 국내 인사들의 강한 반대로 신탁통치가 불가능해지자 1946년 6월 11일에는 중도우파 김규식과 중도좌파 여운형을 앞세워 좌우합작을 추진했다. 그리고 동시에 극좌 세력을 대대적으로 탄압했다.[10] 그러다가 1947년 3월 12일 트루먼 독트린 발표로 지중해 지역의 그리스와 터키를 대대적으로 지원해야 할 상황이 오자 9월 17일에 한국의 독립 문제를 제3차 UN총회 의제로 제출하면서 한국 문제에서 사실상 손을 떼었다. 유엔에서는 남북한에서 총선거를 통한

10) 극우 성향의 대동신문 발행 정지 조치 등 극우 세력도 탄압했으나, 극좌 세력 탄압이 더 많았다.

정부 수립을 의결하고, 1948년 1월 8일 선거를 관리할 유엔한국임시위원단이 서울에 도착했다. 그러나 북한이 이들의 입북을 거부하는 바람에, 남한 지역에서만 5월 10일에 총선거를 실시하기로 했다.

이승만은 구한말에 아관파천 이후 벌어진 러시아의 조선 침탈을 목격하고, 자신은 기독교로 개종한 후 반러·친미 노선을 형성했다. 이후 일제 강점기 시절에도 이 노선에서 벗어나지 않았다. 오히려 미국에 살면서 이 노선을 더욱더 확고히 했다. 그는 미국 주류의 시각을 벗어나지 않았다. 미국이 일본과 사이가 좋을 때에는 하와이에서 반일 태도를 누그러뜨렸고, 진주만 사건 이후 미국과 일본이 적대 관계에 놓였을 때에는 입장을 표변해 반일투쟁 노선을 표명했다. 1945년 해방 정국에서는 맥아더(Douglas MacArthur) 장군에게 접근하기 위해 반소노선을 적극 피력했고, 결국 그의 지원을 얻어내 귀국 직후 미군정으로부터 큰 지원을 받았다(민족문제연구소, 2012a). 그러나 1945년 12월 말 신탁통치 결정을 기점으로 소련과 협력하려고 하는 미국 및 미군정과 멀어졌고, 반소 노선을 더욱 강하게 주장했다. 1946년 6월 3일 정읍 발언 이후에는 소련의 북한 및 한반도 침탈에 맞서기 위해 남한만이라도 단독정부를 세워야 한다는 주장을 일관성있게 제기했다. 1946년 6월 11일 이후 미군정이 좌우합작을 추진하면서 자신을 배제시키자 미국 본토로 가서 자신의 주장을 관철시키려는 승부수를 띄웠다. 1947년 3월 트루먼 독트린 발표 후 미국의 입장이 자신의 주장과 동일해지자 선지자적인 명성을 얻으며 귀국했고, 귀국 후 제2차 미·소공위 기간 동안 미군정으로부터 가택연금을 당하기도 했지간, 압도적인 지지 속에서 남한 지역 단독선거를 관철시켰다.

선거 후 이승만은 최대 경쟁자인 김구의 선거 불참, 좌파 세력의 축소, 원내 최대 정파 확보 등으로 인해 압도적인 초대 대통령 후보가 되었다. 국회 개원 후 국회의장으로 당선되었고, 압도적 영향력을 발휘해 「헌법」과 「정부조직법」을 자신의 의도대로 관철시켰다. 1948년에 수립된 이승만 정권 초기 정부조직의 목표는 ① 신생국의 안보 확보, ② 건국 초기의 체제 안정을 위한 대통령과 중앙정부로의 권력 집중, ③ 국민들의 낮은 의식 수준을 제고하기 위한 교육 강화, ④ 식량 확보, ⑤ 부족한 생필품 확보 및 물가 안정 등이었다. 독립국에 필요한 외무부와 국방부를 신설했고, 감찰위원회·고시위원회·심계원을 대통령 직속으로 두어 대통령의 행정부 및 공무원 장악력을 극대화했으며, 지방행정을 담당하는 내무부에 경찰력을

그림 13-2 차합에 의한 제도 생성

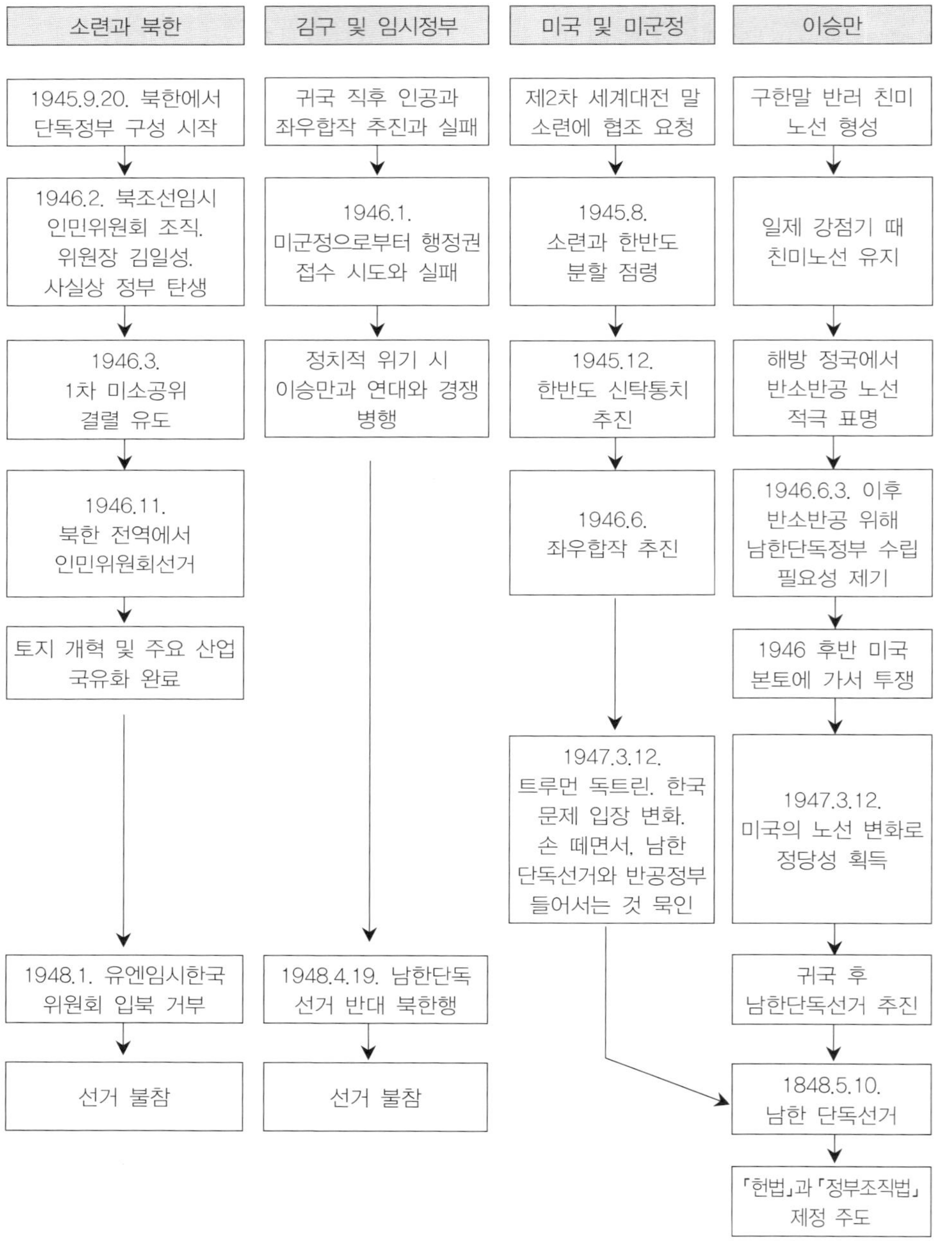

결합해 지방에 대한 중앙의 지배력을 강화했다. 문교부에 보통교육국, 고등교육국, 과학교육국을 설치해 국민들의 교육 수준을 제고하고자 했고, 농림부에 농정국, 양정국, 축산국을 설치해 농지 개혁 및 식량 증산을 꾀했다. 또한 생필품 부족과 인플레이션 문제에 대처하기 위해 기획처에 물동계획국과 물가계획국을 신설했다.

2) 환경에서의 변화

1948년 편제 이후 3회의 개편을 겪은 이승만 정권 정부조직은 1960년 즈음에 다음과 같은 결과를 낳았다. 먼저 한·미군사동맹을 체결해 북한을 비롯한 공산주의의 침략을 막고 있었다.[11] 일본과의 관계에서는 기존의 맥아더 라인보다 일본 쪽으로 더 나간 평화선을 그어 수산자원을 보호했으며, 독도를 평화선 안에 포함시키고 등대를 건설해 실효적 지배의 기초를 다졌다(KBS, 2013b). 또한 교육정책 강화로 중학교, 고등학교, 대학교 숫자가 크게 증가해 국민들의 교육 수준이 크게 향상되었다.[12] 4·19 의거의 핵심인 학생들과 교수들 역시 따지고 보면 교육정책 강화의 산물이었다. 그리고 한국 최초의 원자로가 건설되기 시작해 훗날 산업 발전의 기반이 되는 저가 원자력 발전의 씨앗이 뿌려졌다.[13]

그러나 대통령의 카리스마적 리더십과 독재의 부작용으로 인해 각종 부정부패

11) 이승만은 휴전 협상이 한창이던 1953년 6월 18일 거제도에 수용되어 있던 포로 중 반공 의사를 밝히며 북한으로의 송환을 거부하던 반공포로 27,000명을 유엔과 상의 없이 일방적으로 석방했다. 이에 놀라 미국이 7월 11일 극동 담당 국무차관보 로버트슨(Walter Robertson) 특사를 한국으로 보냈다. 이승만은 14차례에 걸친 협상을 통해 북진 대신 휴전협정에 동의하는 조건으로 세 가지를 제시해 받아냈다. ① 2억 달러 원조, ② 한국지상군 20개사단 증강, ③ 한미상호방위조약(한미동맹) 체결. 이때 맺어진 조약으로 인해 미군이 다시 한반도에 주둔하게 되었고, 이후 전쟁 억지력으로 기능했다(KBS, 2013b).

12) 해방 당시 초등생이 136만 명, 대학생(전문학교, 대학)이 8천 명이었다. 1960년에는 초등생이 360만 명, 대학생(초급대학, 대학, 대학교)이 10만 명이었다. 이 대학생 숫자는 당시 인구가 5천만 명이던 영국의 대학생 숫자와 맞먹을 정도였다(KBS, 2013b).

13) 이승만 대통령은 제2차 세계대전 후 유럽의 전력 재건을 담당했던 시슬러(Walker L. Cisler)가 내한했을 때 한국의 전력난(電力難) 해소 방안을 물었고, 그는 원자력 개발을 제안했다. 이후 이승만은 1956년 4월 원자력 국비유학생을 선발해 당시로서는 파격적 액수인 1인당 6천 달러씩 지원해 미국과 영국 등에 10개월씩 유학을 보냈다. 4년간 8차에 걸쳐 총 150명이 유학을 다녀왔다. 이후 1958년 10월 7일에 원자력원, 원자력위원회, 원자력연구소를 설립했고, 1959년 7월 14일에 국내 최초의 원자로 건설 기공식을 가졌다. 가동은 1962년 3월 30일에 있었다(KBS, 2013b; http://blog.naver.com/PostView. nhn?blogId=2hoshik&logNo=100099822526).

에 시달리고 있었다. 이승만의 집권을 연장하기 위한 각종 선거 부정과 그것을 뒷받침하기 위한 「국가보안법」 개악,[14] 경찰과 군의 부정부패[15]가 특히 심각하게 나타났고, 결국에는 4·19 의거로 끝을 맺었다. 또한 경제가 크게 개선되지 않아 대다수 국민은 여전히 보릿고개를 넘겨야 하는 어려운 상황이었다.[16] 더불어 취업할 수 있는 기업들이 적어 대학을 졸업한 사람들 중 상당수가 실업 상태로 있어 심각한 사회 불안 요소가 되기도 했다.

2 2공화국 정권

1) 정부조직 개편

4·19의거는 당시 사회에 팽배했던 부정부패 및 선거 부정과 중등교육과 고등교육 보급 확대로 초래된 국민들의 높은 의식 수준이 교차되면서 폭발한 사건이다. 이후 들어선 허정 과도정부 시기에 내각제로의 「헌법」 개정이 일어나고, 그것을 뒷받침하기 위한 「정부조직법」 개정이 있었다.

행정부 수반이 대통령에서 국무총리로 변경되었고, 그에 따라 국무원 조직(사무처)이 강화되었으며, 감찰위원회가 대통령 소속에서 국무총리 소속으로 변경되었다. 선거 부정의 주범으로 찍힌 경찰을 개혁하기 위해 내무부 치안국이 국무원 공안위원회로 변경되었다. 그러나 이 정도 변화가 전부였다. 총선 이후 민주당 정권이 들어선 후에 본격적으로 정부조직을 개편할 계획이었지만, 총선에서 민주당이 압승을 거두자 신파와 구파 간에 파벌싸움이 크게 일어나 정부조직 개편은 국

14) 「국가보안법」은 1948년 12월 1일에 최초 제정되었는데, 이승만 정권이 정권 연장의 도구로 악용하기 위해 1958년 12월 26일에 기존법을 폐지하고 새로 제정했다. 가장 눈에 띄는 변화는 국가기밀의 범위가 군사에서 정치, 경제, 사회, 문화, 군사 분야로 확대된 것이다. 개악 후 첫 조치가 1959년 4월의 경향신문 폐간이었다. 경향신문은 가톨릭 재단이 소유한 보수파 신문으로 당시 이승만 대통령의 정치적 라이벌이던 장면 씨에 가까운 것으로 여겨졌다. 신문사 사장 딸이 장면 씨의 며느리였다(KBS, 2013b; https://ko.wikipedia.org/wiki/경향신문 폐간사건).

15) 선거 부정을 위한 지역별 대책회의는 경찰이 주관 기관이었고, 이승만 정치자금의 주 원천 중 하나가 군이었다.

16) 1950년대 미국의 경제 원조는 군사안보, 전후 복구, 한국인들의 최저생계 유지에 집중되었다. 경제 개발을 위한 원조는 아니었다(민족문제연구소, 2012b).

정 과제 우선순위에서 밀려났고, 5·16쿠데타로 정권마저 무너졌다.

2) 환경에서의 변화

2공화국 정권은 단명해 환경에 큰 변화를 일으키기 못했다. 선거 부정에 관련되었던 인사들을 제거한 것 외에는 가시적인 변화를 꼽기 어렵다. 이승만 정권이 남긴 사회의 부정부패 만연은 그대로 방치되었고, 군대 내 인사 적체 문제 및 부정부패도 해결되지 않았고, 경제 상황도 개선되지 않았다.

그럼에도 불구하고 전에 없던 사회 문제가 추가되어 사회 혼란은 더욱더 심해졌다. 대학생들이 6·25 전쟁이 끝난 지 채 10년도 지나지 않은 상황에서 통일을 주장했고, 민주화 분위기에 편승해 급증한 사이비 기자들이 횡포를 부리는 문제도 발생했다.

3 박정희 3공 정권

1) 정부조직 개편

1961년 5·16 쿠데타 직후부터 1963년 12월 14일까지 2년 반 동안 당시 당면하고 있던 사회 문제를 해결하기 위해 거의 모든 정부조직을 개편했다. 주요 내용은 외교·안보 강화, 경제 성장 준비, 정권의 통제력 강화 세 가지로 정리할 수 있다. 외무부에서는 정무국을 아주국과 구미국으로 나눠 미국과 일본에 대한 외교력을 강화했다. 국방부에서는 차관보 3인과 국 2개를 추가하고, 원호처를 신설했다. 군의 자존심을 제고하고, 승진 기회를 확대하며, 제대군인들을 대우해 군을 정권의 지지 세력으로 만들려는 목적이 있었다.

경제 성장을 위한 체제 준비 차원에서 경제기획원이 신설되었다. 기획, 예산, 외자, 구매, 통계 기능이 한 기관으로 집중되어 국가 경제를 총괄하는 통제탑 역할을 수행했다. 기관장은 부총리급으로 국가관료제의 내적 응집성을 확보했다. 상공부도 대폭 정비되었다. 상업과 광공업이 두 기둥으로 설정되었고, 산업화를 뒷받침하기 위해 산하 외국으로 특허국, 중앙계량국, 표준국이 설치되었다.

정권의 정부관료제 통제력을 강화하기 위해 기존의 감찰위원회와 심계원이 통합되어 감사원이 신설되었다. 공보부도 확대 신설되어 사이비 기자 등의 사회 문제를 해결하고 쿠데타 및 정권의 정당성 홍보를 담당했다. 노동청은 노동자들의 저항을 통제할 목적으로 보건사회부 산하에 신설되었고,[17] 경찰 기능은 지방행정을 담당하는 내무부로 복귀되어 4·19 의거 후 등장한 성급한 통일 논의와 정치폭력배 같은 사회 혼란 요소들을 관리했다.

2) 환경에서의 변화

박정희 3공의 정부조직은 1970년대 초 즈음에 다음과 같은 결과를 낳았다. 국제 차원에서 기존의 한·미안보동맹에 한·미·일 경제동맹을 추가해 외교 지형의 변화를 일으켰고, 이 과정에서 한·일 관계를 정상화했다. 일본으로부터 일제의 식민 지배에 대한 배상금과 상업차관을 받아 경제 성장에 필요한 재원으로 사용했다. 또한 외화를 확보하기 위해 베트남전에 참전했는데 북한이 이를 계기로 남한 지역에서 게릴라전을 시작해 안보 불안에 시달렸다.[18] 박정희 정권은 미국에 안보 보강을 요청했으나 베트남전으로 국력이 한계에 달했던 미국은 한국의 요청을 거절하면서 독자적으로 안보를 책임질 것을 요구했다. 그렇지 않아도 어려운 상황에서 안보를 독자적으로 확보해야 하는 중대한 문제가 새로 생겨났다.

국내 차원에서는 경제 성장을 위해 경공업 위주의 산업화가 본격적으로 추진되어 연평균 10.4%라는 높은 경제성장률을 실현했다(뒤 <표 13-4> 참조). 이승만 정권기의 부정 축재자들은 사실상 면죄부를 받고 경제 성장에 적극 동원되었다. 그러나 전반적인 경제 수준은 여전히 북한에 뒤처진 상태였고 가난을 완전히 극복한 것도 아니어서 계속적인 경제 성장이 필요했다.

---

17) 수출상품 가격 낮추려면 인건비를 낮춰야 했고, 그렇게 하면 노동자들의 반발 증가가 거의 확실시되었다.

18) 당시 중공 마오쩌둥(毛澤東)의 궁극적 계획은 북한이 남한에서 베트남식 게릴라전을 전개하게 함으로써 한국이 자국의 국방을 위해 베트남 파병 군대를 철수하게 만드는 것이었다.

4 박정희 유신 정권

1) 정부조직 개편

미국이 군사 원조 보강 요청을 거부하자 박정희 정권은 자주국방 노선을 택할 수밖에 없었다. 그러나 당시 한국의 산업은 경공업 위주여서 중화기를 만들 수 없었다. 대포나 전차를 만들기 위해서는 제철, 제강, 화학, 특수강 등 중화학공업이 필수적으로 요청되었다. 그래서 어려운 여건임에도 불구하고 중화학공업화가 추진되었고, 이에 반대하는 국민들의 저항을 억압하기 위해 개헌이 추진되었다.

정부조직에서는 미국 대상 외교력 강화를 위해 1973년 1월에 외무부 구미국·아주국 체제를 미주국·구아국으로 변경했다. 더불어 자주국방과 그와 연관된 중화학공업화를 추진하기 위한 기구 개편도 있었다. 먼저, 핵무기 개발과 관련해 과학기술처 산하 원자력청을 원자력국으로 축소 조정했고, 종합기획국과 기술협력국을 신설했다. 미국의 의심을 피하고, 프랑스 등 미국 이외의 나라들로부터 기술을 도입하기 위한 포석이었다. 중화기 생산을 담당할 중화학공업을 육성하기 위해 상공부 내부조직을 개편하고 대폭 확대했다. 차관보 숫자를 늘리고, 국(局)의 숫자도 크게 증가시켰다. 국의 명칭도 제1, 제2공업국 체제에서 중공업국, 기계공업국, 화학공업국, 섬유공업국 등으로 분리 확대했다. 그리고 방위산업관을 신설했다. 경제기획원 내부에도 물가정책국, 투자진흥국, 외자관리국 등이 신설되었지만 중화학공업화를 추진하는 경제정책의 주도권은 상공부로 넘어갔다. 또한 국방부 내부에 방위산업국을 신설해 민간 산업과 무기 생산의 연관성을 관리했다. 이외에도 문교부, 건설부 등이 중화학공업화를 지원하는 데 필요한 내부 개편을 겪었다.[19)]

2) 환경에서의 변화

1970년대 말 즈음의 결과를 보면, 중화학공업화가 시작되어 민수와 군수가 8 : 2 비율로 생산되었다. 대규모 공장들과 산업별 산업단지들이 남·동해에 조성되었다. 울산, 온산, 구미, 창원, 거제도, 여수 등에 산업별로 중화학공업단지가 건설되

19) 경찰, 검찰 등 억압기구들은 기존 체제에서 이미 충분히 성장되어 있었기 때문에 더 이상 강화되지 않았다.

었고, 중화기가 자체 생산되기 시작했다. 나아가 국제적으로 민감한 사안이었던 핵무기와 미사일 개발도 시작되었다. 나라 경제도 유례없는 연평균 11%라는 높은 성장률을 실현했다(뒤 <표 13-4> 참조).

그러나 중화학공업화의 부작용이 만만치 않게 나타났다. 중복 투자로 인해 잉여시설이 발생하는 비효율, 원유가격 급상승에 따른 어마어마한 물가 인상 같은 문제들이 발생했다. 소수 대기업으로 나라 안의 모든 투자재원이 집중되어 1970년대 초반에 잠시 호전되었던 소득 분배 상황도 1970년대 중반 이후 급격하게 악화되었다. 환경 문제도 심각해지기 시작했다. 산업단지 조성으로 인해 산업공해와 도시공해가 동시에 발생했다. 또한 중화학공업화로 인한 해외 차관 증가, 국제수지 적자,[20] 원유가격 급상승이 겹쳐 외채가 눈덩이처럼 불어나는 문제가 발생했다. 이런 제반 문제는 결국 정치 불안으로 이어졌다. 노동자들과 야당의 반발이 극에 달했고, 정부・여당은 대처 방식을 놓고 강경파와 유화파, 중화학공업화 지속파와 수정파로 분열되었으며, 결국 10・26이라는 비극으로 끝을 맺고 말았다.

5 전두환 정권

1) 정부조직 개편

10・26 이후 12・12 사태, 5・18 광주민주화운동 진압 등 비민주적 정치 사변들을 거치면서 전두환 정권이 출범했다. 박정희 대통령 사후 정책 기조는 미군 철수 중단과 한미동맹 복원, 한국의 자주국방 추진 중단, 중화학공업화 부작용 처리 등으로 바뀌었다. 정부의 외교안보정책, 국내 경제정책이 180도 바뀌는 것이기 때문에 최소한 중규모 이상의 정부조직 개편이 예상되었다. 그렇지만 정권이 비민주적으로 탄생되었고, 대규모 공무원 숙정이 단행된 후여서, 행정의 안정을 위해 조직 개편은 최소화되었다.[21] 전두환 정권은 기구 개편을 가급적 자제하고 인사(人

20) 수출증가율이 높기는 했지만, 수출액과 수입액을 비교해 보면 수입액이 훨씬 더 컸다. 1973~1979년 사이의 무역수지는 연평균 2,138,138,000달러의 적자를 보였다(한국무역협회 수출입통계).

21) 조직 개편까지 추가되면 정부가 불안정해져 정권이 사회를 통제하는 것이 어려워질 수 있었기 때문이다.

事)를 통한 국가정책 변화를 꾀했다.

박정희 사후 전개된 정부조직 개편은 크게 두 범주로 구분된다. 첫째 범주는 전임 박정희 정권이 추진했던 중화학공업화의 후유증을 처리하기 위한 것이다. 환경청 신설, 공정거래위원회와 공정거래실 신설, 노동청의 노동부로의 승격 및 업무 확대 등이 대표적이다. 또한 경제기획원의 업무도 일부 조정해 외자 기능을 재무부로 넘기고, 심사분석 업무를 국무총리 기획조정실로부터 가져왔다. 경제기획원의 기구 개편은 소폭이었지만 김재익을 중심으로 하는 시장주의자들이 득세해 경제정책의 기조가 정부 주도의 산업화에서 시장 자율로 바뀌었다. 둘째 범주는 비민주적 정권 획득의 후유증을 처리하기 위한 개편이었다. 전두환 정권은 국민 통합을 위해 아시안게임, 올림픽게임 등 커다란 체육 행사를 유치했는데 이것을 준비하기 위해 세계적으로 선례가 드문 체육부를 신설했다.

2) 환경에서의 변화

위와 같은 정책 전환과 정부조직 개편으로 인해 우선, 전두환 정권의 핵무기 및 미사일 개발 포기로 미군 철수가 중단되고 한·미동맹이 강화되었으며, 한·미·일 삼각 신안보동맹이 형성되었다. 둘째, 국내 경제 측면에서 경제정책의 방향 전환으로 인해 여러 가지 문제가 많이 해결되었다. 1979~1980년의 혼란 상황을 극복하고 다시 연평균 10% 경제성장률을 거뒀다(뒤 <표 13-4> 참조). 1986년부터는 국제수지가 흑자로 돌아섰고, 외채 문제도 개선되었다. 또한 정권의 집중적인 노력으로 1980년에 28.7%까지 올라갔던 물가인상률도 연평균 6.1% 수준으로 안정되었다(뒤 <표 13-8> 참조).

그러나 모든 사물에는 이면이 있듯이 긍정적 효과 뒷면에는 부정적 효과도 있었다. 소득 수준 향상으로 국민들의 민주화 열망이 강해져 정권에 대한 반대 시위가 점점 더 강화되었고, 국제수지 흑자로 국내 통화량이 증가해 물가 인상 압력이 발생했으며, 선진국들의 견제와 시장 개방 압력이 시작되었다.

6 노태우 정권

1) 정부조직 개편

1988년에 출범한 노태우 정권은 임기 첫 해인 1988년에는 정부조직을 개편하지 않았다. 전두환 정권의 강한 영향력, 올림픽 개최, 5공 유산 처리 등으로 정부조직을 개편할 여유가 없었다. 1989년에도 여소야대 상황, 이해관계자들의 반발 등으로 인해 최소한의 실무적 개편만 추진했다. 건설부에 주택 문제 담당 차관보 신설, 문화공보부를 공보처와 문화부로 분리, 보건사회부 환경청을 환경처로 격상, 체육부 학교 급식 업무 교육부 이관 등이다. 「정부조직법」 관할 대상은 아니지만 전두환의 영향력 행사 기제였던 국가원로자문회의, 과거 삼청교육대 문제를 일으켰던 사회정화위원회도 1989년 상반기에 폐지했다.

3당 합당으로 거대 여당이 탄생된 이후에 추진한 1990년 12월 개편에서는 국토통일원을 통일원으로 바꿨고, 내무부 치안본부를 경찰청으로 확대했으며, 중앙기상대를 기상청으로 격상했고, 경제기획원 조사통계국을 통계청으로 격상했으며, 문교부를 교육부로 바꿨고, 체육부를 체육청소년부로 바꿨다. 충분한 의석을 확보했음에도 불구하고 정부와 여당은 격상 확대 위주의 개편을 했다. 경찰 기능은 정권으로부터 독립성 확보를 위해 국무총리 밑 경찰위원회로 하자는 행정개혁위원회 건의안이 있었지만 정부 측의 반대로 경찰청으로 별도 기관화하는 선에서 어정쩡하게 끝났다. 체육부는 올림픽 종료 후 폐지 대상이었음에도 불구하고 노태우 대통령이 과거 장관을 지냈다는 이유로 청소년 업무가 오히려 추가되는 일이 벌어졌다.

노태우 정권은 북방정책을 활발하게 추진하고, 고속철도 · 인천국제공항 등 대형 SOC 건설을 결정했지만 이와 관련해 정부조직을 개편하지는 않았다. 기존 조직을 그대로 유지하면서 정책만 바꿨다. 건설부 주택차관보 신설만 주택 200만 호 건설 정책을 뒷받침하기 위해 추가되었다. 야당은 주택청으로까지 하자고 했으나 여당은 이 정도 수준으로 매듭지었다. 선진국들의 시장 개방 압력에 대응하기 위한 정부조직 개편도 없었다.

2) 환경에서의 변화

국제 측면에서는 대한민국이 구(舊) 공산권 국가들과 국교를 수립한 것이 가장 큰 성과였다. 독일 통일, 소련 붕괴 후 동유럽의 여러 나라와 수교해 북한을 외교적으로 포위했고 중국과도 국교를 수립해 북한 포위, 저임금을 이용하기 위한 공장 이전, 수출시장 개척이라는 효과를 거뒀다. 2016년 현재 한국의 국제무역 구조를 보면 노태우 정권의 북방정책 추진이 얼마나 큰 의의가 있는지 알 수 있다. 다른 한편으로는 1986~1989년에 걸쳐 경상수지가 흑자로 전환되어 미국을 비롯한 선진국들로부터 국내 시장 개방 압력을 크게 받았다. 금융서비스, 쇠고기와 쌀을 비롯한 농산물, 자동차 시장 개방 압력이 특히 강했다.

국내 측면에서는 분당·일산으로 대표되는 신도시가 건설되어 새로운 생활 방식이 시작되었고, 사회 문제화되었던 부동산 가격 폭등[22]에 대응하기 위해 주택 200만 호 건설 이외에 재벌의 비업무용 부동산 강제 매각 조치가 취해졌다. 이것은 전두환 정권에 이은 노태우 정권의 부정축재와 결부되어 재벌들의 반발을 샀고, 결국 현대그룹 정주영 회장의 대통령 선거 출마로 이어졌다. 정치 분야에서는 노태우 대통령의 민주화 의지가 강해 여당 내에서 민정계가 약해지고 김영삼의 민주계가 세를 불렸다.

7 김영삼 정권

1) 정부조직 개편

김영삼 정권이 국제 측면에서 취한 대표적 정책은 1980년대 말에 시작된 국제사회의 시장 개방 압력을 수용해 1993년 12월 쌀시장 개방을 시작으로 국내 시장을 개방한 것이다. 국내 시장 개방의 백미는 OCED 가입을 위한 금융시장 개방이었다. 국내 측면에서는 문민정권임을 강조하면서 전임 군사정권들과 차별성을 부각시키기 위해 규제 완화와 시장자유화를 추진했다. 그리고, 대선에 연관된 현대그

22) 전두환 정권 말기인 1987년과 비교해 볼 때 노태우 정권 기간에 전국 아파트 매매 가격이 크게 상승했다. 전국 아파트 매매가격 지수를 2011년 6월을 100으로 볼 때 1987년은 25.90인 반면, 노태우 정권 5년 동안은 42.52로 크게 상승했다.

룹은 처벌했지만, 다른 재벌들에게는 전임 노태우 정권과 달리 자율을 부여했다.

이러한 정책 전환은 정부조직 개편에 고스란히 반영되었다. 임기 첫 해인 1993년에는 금융실명제 추진 등 더 시급했던 국정 추진을 위해 소폭의 개편만 단행했다. 문화부와 체육청소년부를 합쳐 문화체육부를 만들고, 상공부와 동력자원부를 합쳐 상공자원부를 만든 것이 전부였다. 그러나 임기 2년차인 1994년 말에는 '규제 완화'와 '작은 정부'를 구현하기 위한 대대적인 정부조직 개편을 기습적으로 단행했다. 경제기획원과 재무부를 통합해 재정경제원을 만들었고, 상공자원부를 통상산업부로 개편했으며, 체신부를 정보통신부로 개편했고, 건설부와 교통부를 통합해서 건설교통부를 만들었으며, 환경처를 환경부로 격상시켰다. 공정거래위원회는 중앙행정기관으로 독립시켰다.

2) 환경에서의 변화

김영삼 정권의 정책 전환 및 정부조직 개편은 참담한 결과를 낳았다. 무분별한 규제 완화로 인해 종합금융사들이 우후죽순처럼 난립했고, 포화 상태였던 자동차 시장에 삼성그룹이 진입해 기아자동차를 합병하려고 하는 혼란이 있었다. 호전 기미를 보이던 경상수지도 다시 악화되었고 적자 폭은 전례 없이 커졌다(뒤 <표 13-4> 참조). 결국 정부조직 개편 후 3년 만인 1997년 말에 외환위기가 발생해 IMF에 구제금융을 신청했고, IMF의 권고대로 국내 경제를 구조조정해야 하는 참담한 지경에 이르렀다. 김영삼 대통령이 전임 군사정권들과 차별화하는 데 집중해 신중하지 못하게 규제 완화를 추진한 점, 나라 경제 상황을 정확하게 파악하지 않은 채 OECD 가입 등 자신의 임기 내에 많은 업적을 달성하려고 했던 정치적 과욕, 주변 강대국과의 관계에서 다소 지나치게 자신감을 표현한 것 등이 결합되어 6·25 이후 최대 변란이라는 외환위기가 일어난 것이다. 한편 국제적으로는 한·미와 한·일 관계가 악화되었고, 북한은 핵무기 개발을 시작하는 문제가 발생했다.

다만 부정적 결과들만 있었던 것은 아니다. 정보통신부 출범 후 정보화가 강력하게 추진되어 정보고속도로가 건설되는 등 'IT 강국'의 토대가 이 시기에 구축되었다. 또한, 역사적으로 양면적 평가를 받아야 할 일이긴 하지만, 미국 클린턴(Bill Clinton) 정권의 북한 영변 핵시설 폭격을 강하게 반대해 한반도에서 또 한 번의 전쟁 발발을 저지하기도 했다.

8 김대중 정권

1) 정부조직 개편

외환위기 발발 후 구조조정, 이념상 극과 극의 결합이었던 김대중 · 김종필 연합, 여소야대 상황 하에서 탄생한 김대중 정권은 정부조직 개편에 이 모든 상황을 고스란히 반영했다. 경제 위기 극복을 위해서는 김대중 대통령이 경제정책을 주도할 필요가 있었으나 새정치국민회의와 자민련이 연합 시 맺은 밀약 때문에 경제부처 장관직 인사권을 김종필 총리에게 넘길 수밖에 없었다. 그래서 정부 예산권만이라도 확보하려고 했으나 이것은 야당의 반대에 막혀 어정쩡하게 부분적으로만 확보할 수 있었다. 예산 기능이 대통령 밑 기획예산위원회와 재정경제부 예산청으로 분리되었다. 대통령 밑에는 대통령이 중시했던 여성과 중소기업 관련 특별위원회가 생겼고, 김종필 국무총리 예우 차원에서 국무조정실이 신설되고 국무조정실장이 장관급으로 정해졌다. 해양수산부는 폐지 대상이었는데 국회 다수당인 한나라당의 반대로 존치되었다. 민간경제 구조조정에 앞서 정부가 모범을 보이기 위해 내무부와 총무처를 통합해 행정자치부를 만들었다. 수출 증가와 국제수지 개선을 위해 통상 기능이 외무부로 이전되어 외교통상부가 신설되었고, 그 내부에 통상교섭본부가 신설되었다. 그러나 김대중 정권이 가장 중점을 두었던 남북 화해의 햇볕정책은 정부조직 개편 없이 정책적 전환으로 추진되었다.

2) 환경에서의 변화

김대중 정권은 국제수지를 빠른 시간 내에 호전시키고 IMF 지원금을 조기에 상환하며 남북정상회담을 열고 노벨상을 수상하는 등 긍정적 성과를 많이 거뒀지만, 단기적 시계(視界)로 국정을 운영해 부정적 결과들을 초래하기도 했다. 소비 촉진을 통한 경제 활성화를 위해 신용카드를 남발하도록 조장해 신용불량자를 양산했고, 구조조정을 가속화하기 위해 비정규직 제도를 도입해 고용 불안을 초래했으며,

구조조정 와중에 국내의 굵직한 기업과 금융기관에 외국자본 진출을 허용해 사실상 국부를 유출시키는 결과를 초래하기도 했다. 햇볕정책도 단기적으로는 남북 긴장 완화에 도움이 되었지만 북한의 핵개발을 저지하지 못해 남·북 간 갈등의 씨앗을 키웠다. 또한 한·일어업협정이 다소 신중하지 못하게 추진되어 독도에 대한 일본의 영유권 주장이 더욱더 강해졌다.

9 노무현 정권

1) 정부조직 개편

권위주의 청산과 지역 감정 해결 기치를 내걸고 출범한 노무현 정권은 전임 정권이 남긴 사회 문제를 해결하는 데 초점을 맞추기보다 지역 균형 추진, 분권화 추진, 과거 권위주의 잔재 청산(과거사 정리) 등 새로운 개혁을 여러 가지 추진했다. 국제 측면에서도 활발한 FTA 추진, 전시작전권 환수와 자주국방 추진, 동북아 균형자 역할 선언 등 여러 가지 변화를 꾀했다. 새로 추진한 정책이 많았기 때문에 대규모의 정부조직 개편이 있었을 것 같지만 실제로 있었던 조직 개편은 매우 미미하다. 개편 내용도 정권이 역점적으로 추진했던 정책들과는 직접적 연관이 없다. 소방방재청 신설, 과학기술혁신본부 신설, 철도청 민영화, 방위사업청 신설, 4개 부처에 복수차관제 도입 정도 등이다. 정권이 역점적으로 추진한 정책은 대부분 「정부조직법」 관할 대상이 아닌 대통령 직속위원회 신설을 통해 추진되었다. 국회 내에서 대통령 지지 세력이 소수 정당이었고 때로는 여당 내에서조차 소수파로 전락해 국회의 지원을 거의 받지 못하는 상황이었기 때문에 정부조직 개편을 통한 주요 정책 추진을 포기하고 대통령령으로 신설할 수 있는 위원회를 많이 만들어 국회의 반대를 회피했다.

2) 환경에서의 변화

노무현 정권은 FTA를 추진해 수출시장을 확대하고, 국내적으로는 권위주의를 타파했으며, 과거에 정부에 의해 자행된 억울한 일들을 파헤쳐 서민들의 울분을 대변해주고 관련자들의 한도 풀어주는 긍정적 성과를 거뒀다.

그렇지만, 여러 가지 부정적 결과도 많이 초래했다. 우선 국제적으로 북한의 핵 개발을 저지하지 못했고, 한·미 관계와 한·일 관계도 다소 악화시켰다. 국내적으로는 열린우리당 창당, 대통령 탄핵소추, 대연정 제안, 열린우리당 붕괴 등에서 보듯이 거의 임기 내내 정치를 불안하게 만들었고, 이로 인해 김대중 정권 때부터 시작된 사회 문제를 해결하지 않은 채 계속 악화시켰다. 청년 실업과 비정규직 문제가 대표적인 예다(뒤 <표 13-6>, <표 13-7> 참조). 여기에 더해 노무현 정권이 새로 추진한 국정 의제들로 인해 새로운 사회 문제들이 생겨났다. 지방분권 추진에 따른 혁신도시 건설로 사실상 전국이 투기장화되는 부작용이 나타났고, 집값을 급등시켜 서민들의 내 집 마련 꿈을 좌절시켰으며(뒤 <표 13-9> 참조), 행정수도 이전을 추진해 단기적으로는 큰 정쟁을 일으키고 장기적으로는 정부의 능률성을 크게 저하시켰다.

10 이명박 정권

1) 정부조직 개편

김대중·노무현 정권이 해결하지 못한 경제 문제들, 특히 비정규직으로 대표되는 고용 불안과 청년 실업 심화 문제는 경제전문가 이명박을 대통령으로 당선시켰다. 이명박 정권은 전임 두 정권을 좌파정권으로 규정하고 좌경화되었던 한국 사회를 중도화시키려고 했다. 국제 측면에서 한·미 관계를 개선시키려 노력했고, 국내 측면에서는 주요 언론을 중도화시키려고 노력했으며, 북한과는 다시 대결 노선으로 돌아갔다. 경제활성화 방법에서도 IT산업을 강조했던 전임 두 정권과 달리 4대강사업이라는 토건을 강조했다.

정부조직 개편에서도 경제활성화와 사회중도화에 초점을 두는 이명박 대통령의 시각이 잘 반영되었다. 4대강사업을 통한 경제활성화를 위해 국토교통부와 해양수산부를 통합해 국토해양부를 신설했고, 산업정책의 통합적 추진을 위해 산업자원부와 정보통신부를 통합해 지식경제부를 만들었다. 사회중도화를 위해서는 국정홍보처를 폐지하고, 방송위원회에 통신 기능을 추가해 대통령 직속 방송통신위원회로 만들었다. 또한 작은 정부를 구현하기 위한 개편도 있었다. 노무현 정권 때 급증한 위원회 조직을 대폭 정리했고, 기존 2개 기관들을 1개로 통합했다. 기획재정부, 교육과학기술부, 지식경제부, 국토해양부는 이렇게 해서 생겨난 기관들이다.

2) 환경에서의 변화

이명박 정권은 국제 경제 측면에서 좋은 성과를 보였다. 정권 임기 동안 세계적으로 경제 위기가 2~3차례 있었는데 모두 잘 넘겨 국제적으로도 이명박 정권은 유능하다는 평가를 받았다. 외교에서도 한·미 관계를 다시 우호적으로 개선했고, 한·일 관계를 노무현 정권 때보다 개선했다.

그러나 남북 관계와 국내 경제 측면에서는 문제가 많았다. 남북 관계는 금강산 관광 중단, 천안함 사태 등으로 극도로 나빠졌고, 북한은 핵무기 개발을 더욱 가속화했다. 산업 측면에서도 건설산업은 4대강사업으로 인해 호황을 누렸지만 IT산업은 주춤했다. 국제적으로 앞서가던 한국의 스마트폰 출시가 몇 년 뒤처지는 등의 문제가 발생했다. 연평균 경제성장률도 김대중 정권, 노무현 정권 때보다 낮았다(뒤 <표 13-4> 참조). 소득 분배도 전임 노무현 정권 때보다 악화되었다(뒤 <표 13-5> 참조). 재벌들은 법인세 감면, 4대강사업 등으로 많은 혜택을 누렸지만 이윤을 재투자하지 않아 청년 실업 문제와 비정규직 문제를 해결하는 데 기여하지 못했다(뒤 <표 13-6>, <표 13-7> 참조). 집값 상승 폭도 노무현 정권보다는 낮았지만 역대 다른 정권과 비교하면 결코 낮은 수준이 아니었다(뒤 <표 13-9> 참조). 설상가상으로 잔인한 강력 사건들이 자주 발생해 행정자치부를 행정안전부로 바꾼 취지가 무색해졌다.

11 박근혜 정권

1) 정부조직 개편

박근혜 대통령은 이명박 정권이 남긴 문제들을 해결하겠다는 공약을 내걸고 당선되었다. 경제민주화를 표방해 재벌-중소기업 간 양극화 문제, 청년 실업 문제, 정규직-비정규직 간 양극화 문제 등을 해소하려는 의지를 보였고, 안전을 강조하여 4대악을 척결하려고 했고, 전임 정권에서 주춤했던 IT산업을 다시 살려 경제를 활성화시키려 했다.

당선 후 정부조직 개편 과정에서도 이런 방침은 그대로 반영되었다. 경제활성화 정책을 창조경제라 명명하고 과거 정보통신부와 과학기술부를 통합한 미래창조과학부를 만들어 추진하려고 했다. 또한 안전을 강조해 행정안전부를 안전행정부로 변화시켰다.

그러나 가장 해결이 시급했고 국민들도 가장 기대를 걸었던 경제민주화 공약은 폐기되어 정부조직 개편에 전혀 반영되지 못했다. 아버지인 박정희 전 대통령의 궁극적인 목표가 복지국가 완성이었다고 하면서 선거운동을 하던 모습은 온 데 간 데 없이 사라졌고, 경제민주화의 상징적 인물이던 김종인은 버림을 받아 인수위에도 참여하지 못했다.

2) 환경에서의 변화

박근혜 정권은 2016년 현재 임기 4년차를 보내고 있는데 현재까지의 성과에 대해 부정적 평가가 압도적으로 강하다. 국제 측면에서 취임 초기 친중국 입장을 보여 기존의 우방이던 미국·일본과 소원해졌지만 정작 북한 핵실험 등 위기가 발생했을 때에는 중국으로부터 아무런 도움도 받지 못했다. 임기 후반부에 미국의 사드(THAAD) 배치를 수용하는 결정을 내렸을 때에도 거의 협박에 가까운 중국의 반발에 직면해 친중국 정책은 아무런 성과를 거두지 못한 것으로 판명되었다. 일본과도 위안부 문제를 둘러싸고 임기 3년 동안 관계가 좋지 않았는데, 최종 타협 내용에 대해서는 정작 위안부 할머니들조차 반대하는 상황이 초래되었다. 남북 관계에서는 북한의 핵무기 개발을 저지하지 못했다.

국내 측면 역시 성과가 좋지 않았다. 대통령 취임 즈음에 창조경제 추진에 꼭 필요하다며 잠시 국정을 마비시키면서까지 미래창조과학부에 대해 조금도 양보하지 않았는데 4년이 지난 2016년 현재 시점에서 보면 창조경제는 크게 실패했다. 이명박 정권이 김대중 정권과 노무현 정권 때보다 낮은 경제성장률을 보였는데, 박근혜 정권은 이명박 정권보다도 더 낮은 성과를 보이고 있다(<표 13-4> 참조). 또한 외환위기 이후 한국 사회의 가장 큰 문제로 인식되어온 20대 청년들의 실업률은 전임 정권 때보다 크게 악화되었다(<표 13-6> 참조). 가계부채도 1,000조 원을 넘어 큰 문제로 부상하고 있다. GDP 대비 가계 신용의 비율을 보면 이명박 정권에서 크게 증가했는데, 박근혜 정권은 3년 만에 이명박 정권 5년의 증가폭을 넘어섰다(<표 13-10> 참조). 그나마 다행인 것은 비정규직 비중이 조금 감소한 것(<표 13-5> 참조)과 경상수지 흑자가 큰 폭으로 증가한 것인데 성장률이 크게 낮아지고 실업률이 큰 폭으로 높아진 상황에서 개선된 것이라 사실상 의미가 없다(<표 13-4> 참조). 경상수지 흑자는 기업들의 투자 감소로 원자재 수입 증가율이 감소한 것에 기인하는 불황형 흑자이고,[23] 비정규직 비중 감소는 정규직 비중 증가 때문이 아니라 투자 감소로 인한 신규 일자리 감소로 비정규직 취업이 감소했기 때문이다.

대통령의 국정 운영 능력에 대해서는 더욱더 심각한 비판이 제기되고 있다. 그렇게 강조했던 사회 안전 영역에서 임기 1년 2개월 만에 세월호 사고가 발생해 박근혜 대통령의 국정 장악 능력에 의구심이 제기되었고, 대통령의 사고 당일 의문스러운 행적과 사고 수습 과정에서 드러난 무능력은 피해 당사자들뿐만 아니라 온 국민을 분노하게 만들었다. 또한 2016년 10월에는 대통령이 사적 지인들에게 국정과 관련해 지나치게 의존해 온 정황과 이들의 비리 및 국정 농단이 폭로되어 국민들이 대통령 하야를 요구하고 국회는 탄핵을 소추하는 상황에까지 이르렀다.[24]

표 13-4 정권별 경제성장률, 수출액, 수입액, 무역수지

정권	경제성장률	수출액	수입액	무역수지
이승만(1956~59)	5.8%	20,765	377,552	-356,787
2공(1960)	2.3%	32,827	343,527	-310,700
박정희 3공(1964~1972)	10.4%	607,722	1,418,584	-810,862
박정희 유신(1973~1979)	11.0%	8,327,758	10,465,896	-2,138,138

23) 전임 이명박 정권과 비교해 볼 때 수입액 증가율이 수출액 증가율보다 낮다.

24) 문화일보가 2016년 11월 1일 발표한 바에 따르면 국민들은 '대통령의 자발적 하야'를 가장 많이 원하고 있다(36.1%). 대통령이 거국 중립내각을 구성하고 국무총리에게 권한을 대폭 이양해야 한다는 의견은 26.1%, 청와대 참모진과 내각 교체 뒤 대통령 중심으로 국정을 정상화해야 한다는 의견은 22.5%, 탄핵해야 한다는 의견은 12.1%였다.

전두환(1981~1987)	10.1%	29,867,941	30,135,041	−267,101
노태우(1988~1992)	9.1%	67,318,186	69,283,839	−1,965,653
김영삼(1993~1997)	7.8%	113,837,286	123,244,545	−9,407,258
김대중(1998~2002)	5.3%	152,235,157	133,347,806	18,887,351
노무현(2003~2007)	4.5%	285,806,958	266,151,195	19,655,764
이명박(2008~2012)	3.2%	471,001,620	445,513,796	25,487,824
박근혜(2013~2015)	2.9%	553,017,848	492,532,998	60,484,850

출처: 한국무역협회 수출입통계. 무역액 단위는 천 달러.
통계청. http://kosis.kr/ 해당 기간 각 연도의 성장률을 정권 연수로 산술평균한 값.

표 13-5 Gini 계수 추이

정권	Gini 계수
노태우(1990~1992)	0.250
김영삼(1993~1997)	0.253
김대중(1998~2002)	0.279
노무현(2003~2007)	0.281
이명박(2008~2012)	0.290
박근혜(2013~2015)	0.275

출처: 통계청. http://kosis.kr/
해당 기간 각 연도의 계수를 정권 연수로 산술평균한 값.

표 13-6 20대 인구의 실업률 추이

정권	20~29세 인구의 실업률
김대중(2002~2002)	7.1%
노무현(2003~2007)	7.6%
이명박(2008~2012)	7.5%
박근혜(2013~2015)	8.7%

출처: 통계청. http://kosis.kr/
해당 기간 각 연도의 실업률을 정권 연수로 산술평균한 값.

표 13-7 비정규직 비중의 추이

정권	비정규직 비중
노무현(2003~2007)	35.5%
이명박(2008~2012)	33.9%
박근혜(2013~2015)	32.6%

출처: 통계청. http://kosis.kr/
해당 기간 각 연도의 비정규직/임금근로자 비중을 정권 연수로 산술평균한 값.

표 13-8 소비자물가 추이

정권	소비자물가증가율	정권	소비자물가증가율
박정희 3공(1965~1972)	12.5%	김영삼(1993~1997)	4.9%
박정희 유신(1973~1979)	15.9%	김대중(1998~2002)	3.5%
1980년	28.7%	노무현(2003~2007)	2.9%
전두환(1981~1987)	6.1%	이명박(2008~2012)	3.3%
노태우(1988~1992)	7.4%	박근혜(2013~2015)	1.1%

출처: 통계청. http://kosis.kr/
해당 기간 각 연도의 소비자물가지수 증가율을 정권 연수로 산술평균한 값.

표 13-9 전국 아파트 매매가격 지수 추이

정권	지수	정권	지수
전두환(1987)	25.90	김대중(1998~2002)	51.16
노태우(1988~1992)	42.52	노무현(2003~2007)	79.08
김영삼(1993~1997)	46.42	이명박(2008~2012)	96.62

2011년 6월 = 100.0
출처: 통계청. http://kosis.kr/
해당 기간 각 연도의 전국 아파트 매매가격 지수를 정권 연수로 산술평균한 값.

표 13-10 가계신용

	김대중*	노무현	이명박	박근혜**
'가계신용/GDP' 연평균	0.61	0.60	0.68	0.74

*김대중 정권은 2002년도 분.
**박근혜 정권은 3년치 산술평균 값.
출처: 한국은행 경제통계시스템. http://ecos.bok.or.kr/flex/EasySearch.jsp
가계신용 = 가계대출 + 가계신용

12 반응적 전개에 대한 요약 및 총평

이승만 정권부터 박근혜 정권까지 각 정권의 정부조직 개편(및 주요 정책)과 그로 인한 환경에서의 결과 간의 반응적 전개를 정리하면 [그림 13-3]과 같다. 정부조직 개편 측면에서는 대부분 전임 정권들이 남긴 문제들을 해결하기 위한 반응

그림 13-3 반응적 전개 요약

정부조직 개편	환경에서의 변화

〈이승만 정권〉
- 미국식 대통령제 정부(내각제 가미)
- 신생국 안보 확보(외교부, 국방부)
- 국내 체제 안정 위한 집권화
  (감찰위원회, 심계원 등)
- 경제 안정(농림부, 기획처)
- 국민 교육 수준 향상(교육부)

〈이승만 정권 말기〉
- 경제 사회 부정부패
- 정치 선거 부패
- 경제적 빈곤
- 사회 불안 가중
  (실업 상태 고등교육 졸업자 증가)

〈2공 정권〉
- 분권화(내각제 개헌)
- 선거 부정 방지(공안위원회 신설)

〈2공 정권 말기〉
- 경제 · 사회 부정부패
- 경제적 빈곤
- 사회 불안 가중
  (실업 상태 고등교육 졸업자 증가)

〈박정희 3공 정권〉
- 외교안보 강화
  (외무부, 국방부, 원호처)
- 경제 성장 추진
  (경제기획원, 상공부)
  ※베트남전 참전
- 정권의 정부 및 사회통제력 강화
  (감사원, 공보부, 경찰)

〈박정희 3공 정권 말기〉
- 경제 성장 지속 필요
- 안보 불안과 자주국방 추진 불가피

〈박정희 유신정권〉
- 유신개헌
- 외교력 강화(외무부)
- 자주국방 및 중화학공업 추진
  (과기처, 상공부, 국방부)

〈박정희 유신 정권 말기〉
- 나라 경제 비효율화
- 수출 부진, 외채 증가
- 물가 인상
- 소득 분배 악화
- 환경 문제 발생
- 정치 불안 가중

〈전두환 정권〉
- 환경 문제 개선(환경청)
- 시장거래 활성화(공정거래위원회)
- 소득 분배 악화, 정치 불안 대처 (노동청)
- *올림픽 준비(체육부)*

〈전두환 정권 말기〉
- 민주화 요구 강화
- 통화량 증가에 따른 물가 인상 압력 강화
- 선진국들의 국제화 및 시장 개방 압력 강화

〈노태우 정권〉
- 민주화 요구 수용 (국가원로자문회의 및 사회정화 위원회 폐지, 공보부, 경찰청)
- 집값 상승 대책 (주택 문제 담당 차관보 신설)

※ 북방정책, 재벌정책, SOC 투자 (관련 기구 개편 없음.)

〈노태우 정권 말기〉
- 시장 개방 압력 계속
- *정부-재벌 관계 악화*

〈김영삼 정권〉
- 작은 정부와 시장자율 추진 (재경원)
- 통상 기능 강화(통상산업부)
- IT정책 추진(정보통신부)

〈김영삼 정권 말기〉
- 국내 대기업들의 비효율화
- 한·미, 한·일 관계 악화
- 경상수지 악화
- 외환위기
- 북한 핵 개발 시작

〈김대중 정권〉
- 경제 위기 극복(기획예산위원회, 예산청, 외교통상부)
- 구조조정 모범 보이기(행정자치부)
- *DJP 연합 구현(여성특위, 중소기업특위, 국무총리실 강화)*

※ *햇볕정책(관련 기구 변화 없음.)*

〈김대중 정권 말기〉
- 비정규직 증가
- 청년 실업 증가
- 신용불량자 급증
- 외국 자본 유입으로 국부 유출
- 북한 핵 개발 지속

〈노무현 정권〉
- 정부조직 개편 미미 (소방방재청, 방위사업청)

※ *새로운 국정 의제들 추진* (위원회 조직 대량 신설)

〈노무현 정권 말기〉
- 비정규직 문제 지속
- 청년 실업 문제 지속
- 북한 핵 개발 문제 지속
- 집값 급등
- 행정수도 이전 관련 혼란
- 한·미, 한·일 관계 악화

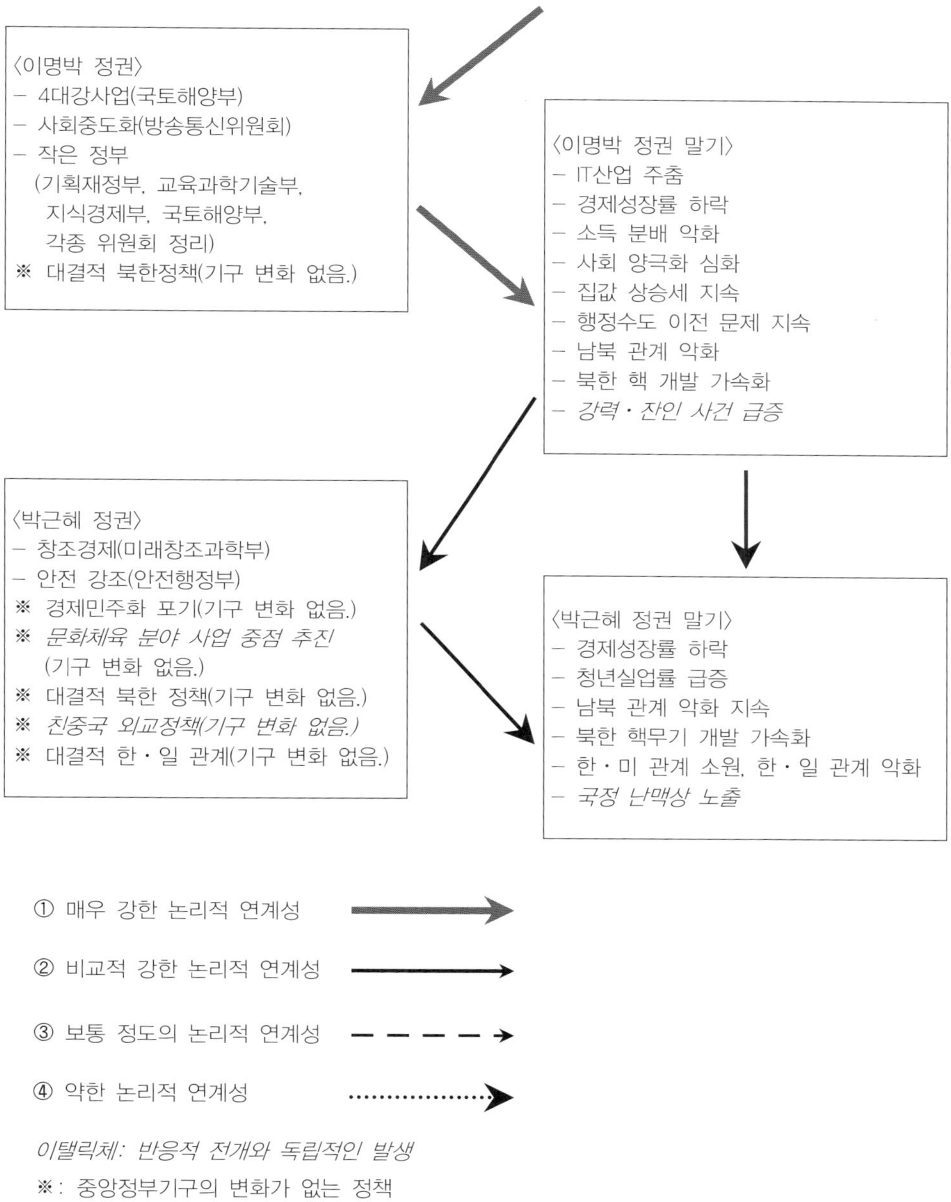
〈이명박 정권〉
– 4대강사업(국토해양부)
– 사회중도화(방송통신위원회)
– 작은 정부
(기획재정부, 교육과학기술부, 지식경제부, 국토해양부, 각종 위원회 정리)
※ 대결적 북한정책(기구 변화 없음.)
〈이명박 정권 말기〉
– IT산업 주춤
– 경제성장률 하락
– 소득 분배 악화
– 사회 양극화 심화
– 집값 상승세 지속
– 행정수도 이전 문제 지속
– 남북 관계 악화
– 북한 핵 개발 가속화
– *강력·잔인 사건 급증*
〈박근혜 정권〉
– 창조경제(미래창조과학부)
– 안전 강조(안전행정부)
※ 경제민주화 포기(기구 변화 없음.)
※ *문화체육 분야 사업 중점 추진* (기구 변화 없음.)
※ 대결적 북한 정책(기구 변화 없음.)
※ *친중국 외교정책(기구 변화 없음.)*
※ 대결적 한·일 관계(기구 변화 없음.)
〈박근혜 정권 말기〉
– 경제성장률 하락
– 청년실업률 급증
– 남북 관계 악화 지속
– 북한 핵무기 개발 가속화
– 한·미 관계 소원, 한·일 관계 악화
– *국정 난맥상 노출*
① 매우 강한 논리적 연계성
② 비교적 강한 논리적 연계성
③ 보통 정도의 논리적 연계성
④ 약한 논리적 연계성
이탤릭체: 반응적 전개와 독립적인 발생
※: 중앙정부기구의 변화가 없는 정책

적 개편이었지만 2공 정권, 노태우 정권, 노무현 정권의 경우 이런 논리적 연계성이 비교적 약했다. 노태우 정권의 경우 기구 개편 없이 주어진 사회 문제를 해결하려고 노력했던 반면, 노무현 정권은 유산으로 물려받은 사회 문제 이외에 많은 독자적 국정 과제를 새로 설정해 위원회 조직 중심으로 추진했다.

환경에서의 변화 측면에서는 2공 정권이 단명해 환경에 미친 영향이 미미했고 그 결과 이승만 정권이 남긴 환경상의 문제들이 상당 정도 그대로 유지되었다. 노태우 정권의 경우에도 전두환 정권 때 시작된 시장 개방 압력이 그대로 유지되었고, 노무현 정권의 경우에는 김대중 정권이 남긴 사회 문제가 거의 그대로 유지되었다. 박근혜 정권의 경우에도 정부의 방치와 무능력으로 인해 이명박 정권이 남긴 사회 문제가 그대로 유지되었다.

참고 문헌

국내 문헌

강만길(2007). 「고쳐 쓴 한국 현대사」. 서울: 창비.

강명세(1999). IMF 위기, 한국 모델의 파탄, 그리고 새로운 모색. 「동아시아 발전모델은 실패했는가?」. 한국정치연구회(편). 서울: 삼인.

강 민(1983). 관료적 권위주의의 한국적 생성. 「한국정치학회보」 17: 341－362.

강원택(2001). 행정개혁과 관료 저항. 「한국사회와 행정연구」 12(3): 3－17.

강정구(2000). 김영삼 정권의 민족사적 평가. 「한국사회학」 34(겨울호): 833－865.

강준식(2010a). 정치비사: 대통령 이야기 전두환. 「월간중앙」 10월호: 194－213.

______(2010b). 정치비사: 대통령 이야기 노태우. 「월간중앙」 10월호: 214－223.

강창희(2009). 「열정의 시대」. 서울: 중앙books.

강혜경(1998). 국가형성기 이승만정권의 행정기구 구성과 관료 충원 연구. 「국사관논총」 79: 219－256.

경찰청. 각 연도. 「경찰통계연보」.

______. 각 연도. 「범죄통계연보」.

고정휴(2005). 대한민국 임시정부 임시대통령으로서의 이승만. 「한국논단」 183: 133－153.

고창훈(1993). 김영삼 정부의 행정개혁: 개혁 논리와 현실 타협 논리의 혼용. 「한국사회와 행정연구」 4(12월호): 30－49.

교과서포럼(2008). 「대안교과서 한국 근・현대사」. 서울: 기파랑.

구도완 외(2004). 「우리 눈으로 보는 환경사회학」. 서울: 창비.

국가법령정보센터. 「정부조직법(연혁법령)」.

______. 「행정개혁위원회규정」(대통령령제12435호). [제정/시행 1988. 4.20].

국가보위입법회의사무처(1980a). 「국가보위입법회의 경제제1위원회회의록 제21호」.
______(1980b). 「국가보위입법회의 경제제1위원회회의록 제23호」.
______(1980c). 「국가보위입법회의 경제제1위원회회의록 제26호」.
______(1980d). 「국가보위입법회의 법제사법위원회회의록 제19호」.
______(1980e). 「국가보위입법회의 본회의회의록 제12호」.
______(1981a). 「국가보위입법회의 내무위원회회의록 제20호」.
______(1981b). 「국가보위입법회의 법제사법위원회회의록 제35호」.
______(1981c). 「국가보위입법회의 본회의회의록 제25호」.
국정브리핑 특별기획팀(2008). 「참여정부 경제5년」. 서울: 한스미디어.
국회(1989a). 「제145회 국회 행정위원회회의록 제1호」.
______(1989b). 「제146회 국회 행정위원회회의록 제3호」.
______(1989c). 「제147회 국회 행정위원회회의록 제10호」.
______(1989d). 「제147회 국회 행정위원회회의록 제12호」.
______(1989e). 「제147회 국회 법제사법위원회회의록 제16호」.
______(1989f). 「제147회 국회 국회본회의회의록 제18호」.
______(1990a). 「제151회 국회 행정위원회회의록 제8호」.
______(1990b). 「제151회 국회 법제사법위원회회의록 제11호」.
______(1990c). 「제151회 국회 국회본회의회의록 제19호」.
______(1993a). 「제160회국회 행정위원회회의록 제1호」.
______(1993b). 「제160회국회 행정위원회회의록 제2호」.
______(1993c). 「제160회국회 법제사법위원회회의록 제3호」.
______(1993d). 「제160회국회 국회본회의회의록 제7호」.
______(1994a). 「제170회국회 행정경제위원회회의록 제6호」.
______(1994b). 「제170회국회 행정경제위원회회의록 제7호」.
______(1994c). 「제170회국회 행정경제위원회회의록 제8호」.
______(1994d). 「제171회국회 행정경제위원회회의록 제1호」.
______(1994e). 「제171회국회 행정경제위원회회의록 제2호」.
______(1994f). 「제171회국회 법제사법위원회회의록 제1호」.
______(1994g). 「제171회국회 국회본회의회의록 제2호」.
______(1998a). 「제188회국회 행정위원회회의록 제1호」.
______(1998b). 「제188회국회 행정위원회회의록 제2호」.
______(1998c). 「제188회국회 행정위원회회의록 제4호」.
______(1998d). 「제188회국회 법제사법위원회회의록 제7호」.
______(1998e). 「제188회국회 국회본회의회의록 제8호」.
______(2003a). 「제243회 국회 보건복지위원회 회의록 제9호」.

______(2003b). 「제243회 국회 여성위원회 회의록 제6호」.
______(2003c). 「제243회 국회 행정자치위원회 회의록 제11호」.
______(2003d). 「제243회 국회 법제사법위원회 회의록 제1호」.
______(2003e). 「제243회 국회 국회본회의 회의록 제3호」.
______(2004a). 「제245회 국회 행정자치위원회 회의록 제1호」.
______(2004b). 「제245회 국회 법제사법위원회 회의록 제9호」.
______(2004c). 「제245회 국회 국회본회의 회의록 제11호」.
______(2004d). 「제249회 국회 행정자치위원회 회의록 제1호」.
______(2004e). 「제249회 국회 행정자치위원회 법안심사소위 회의록 제1호」.
______(2004f). 「제249회 국회 과학기술정보통신위원회 회의록 제1호」.
______(2004g). 「제249회 국회 행정자치위원회 회의록 제2호」.
______(2004h). 「제249회 국회 법제사법위원회 회의록 제1호」.
______(2004i). 「제250회 국회 행정자치위원회 회의록 제12호」.
______(2004j). 「제250회 국회 행정자치위원회 법안심사소위 회의록 제10호」.
______(2004k). 「제250회 국회 행정자치위원회 회의록 제13호」.
______(2004l). 「제250회 국회 법제사법위원회 회의록 제12호」.
______(2004m). 「제250회 국회 본회의 회의록 제12호」.
______(2005a). 「제252회 국회 행정자치위원회 회의록 제1호」.
______(2005b). 「제252회 국회 행정자치위원회 법안심사소위 회의록 제1호」.
______(2005c). 「제252회 국회 행정자치위원회 법안심사소위 회의록 제2호」.
______(2005d). 「제252회 국회 행정자치위원회 회의록 제2호」.
______(2005e). 「제252회 국회 법제사법위원회 회의록 제6호」.
______(2005f). 「제252회 국회 본회의 회의록 제8호」.
______(2005g). 「제253회 국회 행정자치위원회 회의록 제1호」.
______(2005h). 「제253회 국회 행정자치위원회 법안심사소위 회의록 제1호」.
______(2005i). 「제253회 국회 행정자치위원회 법안심사소위 회의록 제2호」.
______(2005j). 「제253회 국회 행정자치위원회 회의록 제2호」.
______(2005k). 「제253회 국회 행정자치위원회 회의록 제3호」.
______(2005l). 「제253회 국회 행정자치위원회 법안심사소위 회의록 제3호」.
______(2005m). 「제254회 국회 행정자치위원회 회의록 제2호」.
______(2005n). 「제254회 국회 행정자치위원회 회의록 제3호」.
______(2005o). 「제254회 국회 법제사법위원회 회의록 제7호」.
______(2005p). 「제254회 국회 본회의 회의록 제8호」.
______(2013). 「행정안전위원회 회의록」. 2013년 2월 5일자.
국회사무처(1960a). 「제4대 국회 제35회 제22차 국회본회의 회의록」.

______(1960b). 「제4대 국회 제35회 제32차 국회본회의 부록」.
______(1979a). 「제103회 국회 내무위원회회의록 제1호」.
______(1979b). 「제103회 국회 내무위원회회의록 제4호」.
______(1979c). 「제103회 국회 보건사회위원회회의록 제2호」.
______(1979d). 「제103회 국회 보건사회위원회회의록 제3호」.
______(1979e). 「제103회 국회 법제사법위원회회의록 제7호」.
______(1979f). 「제103회 국회 본회의회의록 제9호」.
______(1980). 「제10대 국회 경과보고서」.
______(1981a). 「국가보위입법회의 경과보고서」.
______(1981b). 「제108회 국회 내무위원회회의록 제18호」.
______(1981c). 「제108회 국회 내무위원회회의록 제22호」.
______(1981d). 「제108회 국회 법제사법위원회회의록 제13호」.
______(1981e). 「제108회 국회 법제사법위원회회의록 제14호」.
______(1981f). 「제108회 국회 본회의회의록 제19호」.
______(1982a). 「제110회 국회 내무위원회회의록 제1호」.
______(1982b). 「제110회 국회 내무위원회회의록 제4호」.
______(1982c). 「제110회 국회 법제사법위원회회의록 제4호」.
______(1982d). 「제110회 국회 법제사법위원회회의록 제5호」.
______(1982e). 「제110회 국회 본회의회의록 제7호」.
______(1985). 「제11대 국회 경과보고서」.
______(1988). 「제138－140회 국회(임시회) 경과보고서」.
______(1989). 「제145회 국회(임시회) 경과보고서」.
______(1990). 「제147회 국회(정기회) 경과보고서」.
______(1991). 「제151회 국회(정기회) 경과보고서」.
______(1993). 「제160회 국회(임시회) 경과보고서」.
______(1995). 「제170회(정기회), 제171회(임시회) 경과보고서」.
______(1995). 「국가보위입법회의사료」.
______(1998). 「제187회~제192회 국회 경과보고서」.
______(2004). 「경과보고서(제243회 국회~제246회 국회)」.
______(2008). 「제17대 국회 경과보고서」.
______(2013). 「제19대 국회 경과보고서: 제313－315회 국회(임시회)」.
______. [국회속기록] 제1회 26호. http://likms.assembly.go.kr/record/index.jsp
______. [국회속기록] 제1회 32차. http://likms.assembly.go.kr/record/index.jsp
권순원 외(1992). 「분배불균등의 실태와 주요 정책과제」. 서울: KDI.
권해수(1998). 한국의 행정 개혁에 대한 비판적 고찰: 노태우, 김영삼, 김대중 정부를 중심으로. 「한국사회와 행정연구」 9(2): 29－40.
김경재(1991). 「김형욱회고록: 혁명과 우상 2」. 서울 : 전예원.
김관보(2007). 현 18부를 1원 10부로, 작지만 효율적인 강한 정부 만들어야. 「선진화 혁명, 지금이 마지막 기회」. 서울: 한반도선진화재단.
김광두(1996). 외채 현황과 그 대응 방향. 「시장경제연구」 26: 53－66.
김광웅(1998). 김대중 정부 초기 정부조직개편에 관한 비판적 성찰. 「한국행정학보」 32(2): 97－112.
김광일(2001). 비서실장의 경험담: 김영삼 대통령의 집권 후반기. 「김영삼 정부의 성공과 실패」(함성득 편). 서울: 나남출판.
김권집 · 이봉락(2001). 김대중 정부의 중앙행정 조직개혁에 관한 연구. 「사회과학연구」 12: 35－59.
김근세 · 권순정(1997). 작은 정부?: 김영삼행정부의 정부 규모에 대한 실증적 분석. 「한국행정학보」 31(3): 275－293.
김기환(2003). 김재익 수석과 국제화. 「80년대 경제개혁과 김재익 수석」. 서울: 삼성경제연구소.
김대중(1997a). 「대중참여경제론」. 서울: 산하.
______(1997b). 「김대중의 21세기 시민경제 이야기」. 서울: 산하.
______(2010). 「김대중자서전 Ⅰ」. 서울: 삼인.
김명섭 · 김석원(2009). 김구와 이승만의 지정인식: 일제강점기를 중심으로. 「한국정치학회보」 43(3): 51－75.
김미경 · 라휘문 · 정용덕(1998). 한국 공정거래정책의 제도화 과정. 「규제연구」 7(1): 155－184.
김상태(1965). 군수산업제도의 개선방안: 군수공창의 운영 형태를 중심으로. 「국방연구」, 18: 369－403.
김석야 · 고다니 히데지로(1997). 「실록 박정희와 김종필」. 서울: 프로젝트 409.
김석준(1996). 「미군정 시대의 국가와 행정」. 이화여자대학교출판부.
김성윤(1996). 김영삼 정부 개혁, 무엇이 문제인가: 정책과정을 중심으로. 한국정치학회 96년 월례발표회 1.
김세중(2003). 2공 민군관계 역전의 구조와 과정. 「장면과 제2공화국」. 서울: 국학자료원.
김연수 · 이명석(2007). 한국 행정개혁의 경로의존성 분석: 최근 3대 정부의 정부조직 개편 및 인력 변화를 중심으로. 「한국정책학회 하계학술대회 발표논문집」: 41－64.
김영명(1992). 「한국현대정치사」. 서울: 을유문화사.
김영삼(2001a). 「김영삼 대통령 회고록(상)」. 서울: 조선일보사.
______(2001b). 「김영삼 대통령 회고록(하)」. 서울: 조선일보사.
김용갑(2008). 「굿바이여의도」. 서울: 중앙books.

김용서(1992). 노태우 · 전두환 · 박정희. 「한국논단」 5월호: 54－86.
김용환(2002). 「임자, 자네가 사령관 아닌가」. 서울: 매일경제신문사.
김운태(2001). 한국 행정 근대화 100년의 회고: 미군정의 과도기를 중심으로. 「한국행정학보」 35(2): 1－17.
김인걸 외(2004). 「한국현대사 강의」. 파주: 돌베개.
김인철(1983). 외채의 이론적 모형과 한국의 외채관리. 「한국개발연구」 5(3): 96－124.
김정남(2009). 「4 · 19혁명」. 서울: 민주화운동기념사업회.
김정렴(1997). 「아, 박정희」. 서울: 중앙 M&B.
김정운(2014). 「에디톨로지: 창조는 편집이다」. 파주: 21세기북스.
김정원(1985). 「분단한국사」. 서울: 동녘.
김종미 · 이성로(2000). 경제력 집중에 대한 규제정책의 성과 요인: 김영삼 · 김대중 정부를 중심으로. 「한국행정학회 추계학술대회 발표논문집」.
김종성(1999). 「한국행정제도의 지속성에 관한 연구」. 서울대학교 박사학위 논문.
______(2015). 대한민국 행정조직의 뿌리: 제1공화국 행정조직의 형성. 「한국행정학회 하계학술대회발표논문집」: 3817－3837.
김종철(2001). 관료국가에서 계약국가로?: 김대중 정부의 정부혁신정책에 내포된 국가 기능의 변화. 「법과 사회」 20: 67－95.
김창기(2000). 김영삼론. 「한국의 대통령과 권력」(함성득 편). 서울: 나남출판.
김태룡(1997). 김영삼 정부 시기의 정치개혁과 정당 기능의 변화. 한국정치학회 9월 월례발표회: 1－20.
김현구(1993). 국가경쟁력 강화를 위한 정부조직 개편: 산업경제행정의 대응체제. 「한국행정학보」 27(1): 33－55.
김흥기(편)(1999). 「영욕의 한국경제: 비사 경제기획원 33년」. 서울: 매일경제신문사.
김흥수(2008). 이승만의 비전, 기독교국가 건설. 「성결교회와 신학」 19: 58－68.
나중식(1999). 한국 중앙재정기구 변천의 역사적 분석: 박정희, 김영삼, 김대중 정부의 재무행정조직 개편에 관한 사례분석을 중심으로. 「한국행정논집」 11(3): 541－561.
남광규(2014). 제2장 김구 통일운동의 기본 성격과 현실적 한계. 「민족사상」 8(3): 35－70.
남궁근 · 황성돈(2001). 김대중 정부 행정개혁 3년 평가. 「한국행정학회 2001년도 춘계학술대회 발표논문집」: 1－23.
남덕우 외(2003). 「80년대 경제개혁과 김재익 수석」. 서울: 삼성경제연구소.
노무현(2001). 「노무현이 만난 링컨」. 서울: 학고재.
______(2002). 「노무현의 리더십 이야기」. 서울: 행복한 책읽기.
노화준(2007). 왜 정부 축소 혁명을 해야 하는가. 「선진화 혁명, 지금이 마지막 기회」. 서울: 한반도선진화재단.
도진순(2010). 김구: 임시정부를 이끈 민족주의 독립운동가. 「한국사시민강좌」 47: 36－50.

동아일보. 인물 검색DB www.donga.com/역대 장차관 명단.
동아일보사(2004). 소방방재청 신설 잡음 완전 진화? 「주간동아」 432호: 56-57.
마상윤(2003). 안보와 민주주의, 그리고 박정희의 길: 유신체제 수립 원인 재고. 「국제정치논총」, 43(4) : 171-195.
명계남(2012). 이라크 파병, 미국의 북한 폭격 막으려고. www.chosun.com 2012.05.16.
문재인(2011). 「문재인의 운명」. 서울: 가교출판.
민족문제연구소(2012a). 백년전쟁 Part1: 두 얼굴의 이승만. YouTube 동영상.
_____(2012b). 백년전쟁 스페셜 에디션: 프레이저보고서 1부. YouTube 동영상.
민진(1993). 중앙행정기구의 분화에 관한 연구. 「한국행정학보」 27(3): 793-805.
_____(1995). 정부조직 개편에 관한 연구. 1994년 12월 중앙행정기구 개편 사례를 중심으로. 「한국행정학보」 29(3): 1003-1016.
박관용(2001). 혁명보다 어려운 개혁과 비서실장. 「김영삼 정부의 성공과 실패」(함성득 편). 서울: 나남출판.
박대식(2001). 정부조직 개편에 대한 제도: 선택적 분석: 국민의 정부조직 개편을 중심으로. 「한국행정학보」 35(3): 1-20.
_____(2004). 정부조직 개편 입법 과정의 유형과 변화: 한국 역대 정부의 조직 개편을 중심으로. 「한국정치학회보」 28(2): 237-262.
박동서(1989). 「한국행정론」(제3전정판). 서울: 법문사.
_____(1990). 6공하의 행정개혁. 「행정논총」 28(1): 79-91.
박동운(1968). 자주국방과 제2경제의 과제. 「지방행정」 17(176): 44-51.
박명림(2009). 대한민국 건국과 한국 민족주의: 김구 노선을 중심으로. 「한국정치외교사논총」 31(1): 177-209.
박명수(2008). 대한민국의 건국, 기독교, 그리고 이승만. 「성결교회와 신학」 20: 98-116.
박성진(2009). 서재필과 이승만의 만남과 갈등. 「대동문화연구」 67: 595-628.
박수경(2003). 김대중 정부의 조직개혁 분석. 「한국사회와 행정연구」 14(1): 77-96.
_____(2005). 김대중 정부와 노무현 정부의 행정개혁 비교: 정부조직 변화를 중심으로. 「한국행정학회 하계공동학술대회 발표논문집」: 411-436.
_____(2006). 역대 한국 정부의 조직개혁 변천사. 「한국행정사학지」 19: 81-120.
_____(2013). 박근혜 정부조직개편의 시론적 논의. 「한국공공관리학보」 27(2): 129-152.
박수현(2010). 미군정 공보기구 조직의 변천. 「한국사론」 56: 367-436.
박영원(2013). 정부조직법 개편 과정. 「의정연구」 19(2): 273-282.
박우순(1998). 정부조직 개편의 통념적 논리에 대한 몇 가지 이견. 한국정치학회 98년 국가전략 특별학술회의 발표 논문.
_____(2002). 김대중 정부조직 개편의 성과와 전망. 「한국행정연구」 11(2): 41-75.
박은화(2012). 「왜 4·19 혁명이 일어났을까?」. 서울: 자음과모음.

박정희(1974). 전략산업의 육성 방안과 문제점. 「국방연구」 17(2): 333－375.
박찬표(2007). 「한국의 국가 형성과 민주주의」. 서울: 후마니타스.
박철언(2005). 「바른 역사를 위한 증언1」. 서울: 랜덤하우스 중앙.
박태균(2007). 「원용과 변용: 한국경제개발계획의 기원」. 서울대학교출판부.
박통희(2008). 저신뢰(불신)의 맥락에서 정책 과정 참여와 정부위원회. 한국행정학회 동계 학술대회 발표 논문.
박효종(2000). 의회의 다수당과 소수당 협상 행태에 대한 정치경제학적 연구: 김영삼 정부 아래서 이루어진 세 가지 협상 사례를 중심으로. 「국민윤리연구」 44: 191－214.
백범학술원(2003). 「백범과 민족운동연구」 제1집.
백환기(1971). 한국방위산업의 육성 방향. 「국방연구」 30: 71－91.
______(1972). 국방산업에 대한 이론적 고찰: 그의 개념, 특질 및 선택 문제를 중심으로. 「국방연구」 15(2): 71－91.
백환기(1978a). 북한의 군수산업에 관한 고찰. 「안보연구」 8: 89－102.
______(1978b). 한국방위산업의 현재와 장래. 「국방연구」 21(1): 47－60.
법제처DB. [정부조직법].
______. 「국회법」. 법률 제5293호.
______. 「정부조직법」. 법률 제5153호, 법률 제5529호.
______. 「국가보위입법회의법」.
______. 「경제기획원직제」(1994.2.21. 시행판).
______. 「보험업법」(1995.4.1. 시행판).
______. 「신용관리기금법」(1995.4.6. 시행판).
______. 「재경경제원과 그 소속기관직제」(1994.12.23. 시행판).
______. 「재무부와 그 소속기관직제」(1994.5.4. 시행판).
______. 「정부조직법」(각 해당 일자 판).
______. 「종합금융회사에 관한 법률」
______. 「증권거래법」(1996.7.11. 시행판).
______. 「한국은행법」(1996.8.8. 시행판).
서진영(2001). 정책기획위원장이 본 문민정부 5년. 「김영삼 정부의 성공과 실패」(함성득 편). 서울: 나남출판.
선거관리위원회. http://info.nec.go.kr/.도선우파는 반공 우선으로 조병옥과 정일형이 대표적 인물.
손호철(1997). 「현대한국정치: 이론과 역사」. 서울: 사회평론.
송의달(2000). 「세계를 움직이는 미국 의회」. 서울: 한울아카데미.
송재복(1989). 한국산업화 과정에서의 국가역할에 관한 연구: 제3・4・5공화국의 비교분석. 「한국행정학보」 23(2): 873－889.

신병식(2000). 한국현대사와 제3의 길: 여운형, 김구, 조봉암의 노선을 중심으로. 「한국정치학회보」 34(3): 61－81.
신종대(2005). 유신체제 수립 원인에 관한 재조명: 북한 요인의 영향과 동원을 중심으로. 「사회과학연구」 13(1): 128－162.
신현만(1993). 신경제 5개년 계획 앞이 안 보인다. 「월간 길을 찾는 사람들」(7월호): 56－61.
심지연 (2001). 민주당 결성과 윤보선의 리더십 연구: 1960년대 초를 중심으로. 한국정신문화연구원(편), 「장면 · 윤보선 · 박정희」. 서울: 백산서당.
안서원(2006). 「사이먼&카너먼」. 서울: 김영사.
안진(1996). 「미군정기억압기구연구」. 서울: 새길.
안충영(1978). 방위산업을 위한 정부의 지원정책 확대 방안 및 선진국의 방위산업 육성정책. 「국방연구」 21(2): 259－288.
안해균(1978). 입법부에 의한 행정통제: 제1, 2, 3, 4 공화국. 「행정논총」 16(1): 111－138.
______(1980). 제2공화국의 행정체제분석: 민주당정권하의 정치 행정 과정. 「행정논총」 18(1): 1171－1201.
______(1981). 위기관리정부의 행정체계분석: 제5공화국 수립 전의 과도기를 중심으로. 「행정논총」 19(2): 53－90.
______(1982a). 제1공화국 행정체제분석. 「행정논총」 20(1): 1164－1198.
______(1982b). 제5공화국의 행정체제분석(Ⅰ): 1981.3~1982.3. 「행정논총」 20(2): 34－59.
______(1983). 5 · 16군사혁명정부의 행정체제분석: 1961.5.16~1963.12.16. 「행정논총」 21(1): 1001－1042.
______(1986). 행정개혁의 이론화를 위한 한 시론. 「행정논총」 24(2): 1－16.
______(1988). 사회변동과 행정 기능. 「행정논총」 26(1): 26－47.
______(1989). 제6공화국의 행정개혁안에 대한 반론과 제언. 「행정논총」 27(2): 1－8.
양동안(2002). 45~48년 기간에 있어서 이승만의 정치활동에 관한 연구. 「정신문화연구」 25(3): 187－227.
______(2004). 여운형의 민족통일노선. 「정신문화연구」 27(4): 141－174.
양승태 · 전재호(2007). 미군정기 한국의 자유주의: 이승만의 '반공적' 자유주의. 「한국철학논집」 21: 241－270.
양재진(2007). 유신체제하 복지연금제도의 형성과 시행 유보에 관한 재고찰. 「한국거버넌스학보」 14(1): 87－108.
연규홍(2013). 몽양 여운형의 통일독립론. 「신학연구」 62: 165－185.
염재호(2009). 한일 행정개혁의 비교연구: 정부조직 개편의 제도론적 접근. 「정부학연구」 15(2): 71－106.
오낙영(1973). 국방산업, 산업 동원 및 군산복합. 「국방연구」 16(1): 145－168.
오석홍(2008). 「행정개혁론」. 서울: 박영사.

오연호(2009). 「노무현, 마지막 인터뷰」. 서울: 오마이뉴스.
오원철(2006). 「박정희는 어떻게 경제강국 만들었나」. 서울: 동서문화사.
오준근(2013). 정부조직 개편에 대한 입법 정책적 고찰. 「한국행정학보」 47(3): 75-99.
오창헌(2001). 「유신체제와 현대 한국정치」. 서울: 오름.
유시민(2002). 3김 이후의 정치적 리더십과 노무현. 「노무현의 리더십 이야기」. 서울: 행복한 책읽기.
______(2007). 「대한민국개조론」. 파주: 돌베개.
______(2010). 「노무현 자서전: 운명이다」. 파주: 돌베개.
유영익(2006a). 이승만 국회의장과 대한민국 헌법 제정. 「역사학보」 189: 101-137.
______(2006b). 이승만 대통령의 업적①. 「한국논단」 202: 86-107.
______(2006c). 이승만 대통령의 업적②. 「한국논단」 203: 64-95.
______(2008). 이승만, 건국대통령. 「한국사시민강좌」 43: 1-24.
______(2010). 이승만: 건국과 집권에 성공한 외교독립운동가. 「한국사시민강좌」 47: 16-35.
윤영관(1999). 「21세기 한국정치경제모델」. 서울: 신호서적.
윤응렬(1971). 국방과 국방기술. 「국방연구」 30 : 95-116.
이강로(1992). 대통령의 지도력과 정책결정 요인의 비교. 한국정치학회 발표 논문집.
______(1993). 김영삼의 지도력 유형. 「한국정치학회보」 27(2): 145-163.
______(2004). 정치사적 맥락에서 본 박정희·전두환의 쿠데타와 집권 과정 비교. 「사회과학논총」 19(1): 175-197. 전주대학교 사회과학연구원.
이경은(1989). 정치체제와 복지정책의 산출: 제3·4공화국의 경우. 「한국행정학보」 23(1): 91-121.
이달곤(1995). 「협상론: 협상의 과정, 구조, 그리고 전략」. 서울: 법문사.
이도형(2010). 현대사의 거목 이승만 바로알기. 「한국논단」 12월호: 120-143.
이명석(2001). 신공공관리론, 신거버넌스론, 그리고 김대중 정부의 행정개혁. 「한국행정학회 춘계학술대회 발표 논문집」: 305-321.
이미애·박윤성(2011). 제2공화국 행정권력에 대한 소고. 「한국행정사학지」 28: 27-54.
이병규(2003). 제2공화국 헌법의 성립에 관한 연구. 「장면과 제2공화국」. 서울: 국학자료원.
이병태(2001). 한국 중앙정부조직개편의 성격. 「한국정책과학학회보」 5(3): 225-252.
이상호(2008). 이승만과 맥아더 그리고 대한민국 정부 수립. 「정신문화연구」 31(3): 103-130.
이시원·김찬동(역)(1995). 「일본의 정책과정: 자민당, 야당, 관료」. 서울: 대영문화사.
이영석(1987). 「정구영회고록: 실패한 도전」. 서울: 중앙일보사.
이영조(1997). 김영삼 정부 개혁정치의 딜레마. 한국정치학회 6·10민주화운동 학술회의 발표 논문.
이용웅(1993). 기득권 반발에 밀린 문민정부의 행정개혁. 「말」 8월호: 44-48.

이용원(1999). 「제2공화국과 장면」. 서울: 범우사.
이원종(2001). 정무수석의 회고. 「김영삼 정부의 성공과 실패」(함성득 편). 서울: 나남출판.
이원희(2007). 작은 정부로 예산도 5% 이상 줄여야. 「선진화 혁명, 지금이 마지각 기회」. 서울: 한반도선진화재단.
이윤섭. 제3공화국의 수립: 5.16군사쿠데타. http://keyword.pressian.com/ articlek.asp?guide_idx=4648. 2009년 9월 26일.
이장규(2008). 「경제는 당신이 대통령이야」. 서울: 올림.
이장규 외(1995). 「실록6공경제: 흑자경제의 침몰」. 서울: 중앙일보사.
이정복(1985). 산업화와 정치체제의 변화. 「한국정치학회보」 19 : 61－75.
이정식(2009). 박정희의 역사 인식과 생사관. 중앙일보 2009년 10월 25일자. www.joins.com.
______(2006). 이승만의 단독정부론 제기와 그 전개. 「한국사시민강좌」 38: 40－73.
이종석(2000). 남북대화와 유신체제: 체제 형성에 대한 분단구조의 영향. 한국정치사 기획 학술회의 발표 논문. 한국정치학회.
이종수(1999). 김영삼 행정부의 행정 쇄신 및 규제 완화 작업의 성과 분석. 「한국사회와 행정연구」 10(2): 21－41.
이종찬(2003). 국가 능력과 자본가 집단행위: 박정희 정권 하에서 중화학공업 투자를 위한 제도 변화. 「한국정치외교사논총」 25(1): 141－165.
______(2004). 국가주도산업조정의 정치적 관리: 고도경제성장기에 일본과 프랑스의 비교 사례연구. 「국제지역연구」 8(1): 152－182.
이주선(2007). 공무원 감축은 선택 아닌 필수. 「선진화 혁명, 지금이 마지막 기회」. 서울: 한반도선진화재단.
이준식(2009). 박정희의 식민지 체험과 박정희 시대의 기원. 「역사비평」 89: 236－256.
______(2013). 뉴라이트 한국사 교과서의 독립운동사 왜곡과 이승만 미화. 「내일을 여는 역사」 52: 117－137.
임채원(2007). 「사회투자국가: 미래 한국의 새로운 길」. 서울: 한울아카데미.
임혁백(1995). 한국 권위주의의 실패와 한국 민주주의의 공고화: 제도, 문화, 엘리트. 「국제정치논총」 35(1): 289－299.
______(2000). 유신의 역사적 기원: 박정희의 마키아벨리적인 순간. 한국정치학회 한국정치사 기획학술회의 발표 논문.
임현진(2005). 비교발전 경험에서 본 박정희의 유신체제(1): 중남미 경험에 비춘 역학과 모순. 「세계지역연구논총」 23(2): 269－302.
______(2007). 비교발전 경험에서 본 박정희의 유신체제(Ⅱ): 중남미 경험에 비춘 역학과 모순. 「세계지역연구논총」 25(1): 297－332.
장규식(2010). 『한국교회 핍박』에 나타난 이승만의 정교 인식과 외교독립론. 「한국사상문학」 35: 211－244.

______(2011). 미군정하 흥사단 계열 지식인의 냉전 인식과 국가 건설 구상. 「한국사상사학」 38: 245－285.
장성호(2000). 박정희 정권과 전두환 정권의 정치 권력 획득에 관한 비교 연구. 「사회과학연구」 13(별쇄본): 2－30. 상명대학교 사회과학연구소.
장창국(1984). 「육사졸업생」. 서울: 중앙일보사.
전병원(1971). 우리나라 방위산업 육성의 당면과제. 「국방연구」 30: 31－68.
전수일(2001). 공직윤리에 대한 역대 정권별 조명. 「한국행정사학지」 10: 231－250.
전영평(2007). 노무현의 위원회 정부와 지식인. www.khan.co.kr. 2007.05.20.
정경환(2007). 제10장 백범 김구의 자주적 독립국가론에 관한 연구. 「통일전략」 7(3): 393－435.
정무권(1993). 국가자율성, 국가 능력, 사회보장정책: 유신체제의 연금제도와 의료보험정책을 중심으로. 「한국행정학보」 27(2): 493－516.
정병준(1995). 「몽양 여운형 평전」. 서울: 한울.
______(2005). 백범 김구 암살 배경과 백의사. 「한국사연구」 128: 257－296.
______(2006). 미국 자료를 통해 본 백범 김구 암살의 배경과 미국의 평가. 「역사와 현실」 61: 313－346.
______(2010). 여운형: 좌우와 남북의 통일독립국가를 지향했던 진보적 민족주의자. 「한국사시민강좌」 47: 149－165.
정부혁신지방분권위원회(2008). 「참여정부의 혁신과 분권(2003~2008)」. 정부백서.
정승건(1994). 한국의 행정개혁과 변동: 정치권력과 관료정치. 「한국행정학보」 28(1): 55－79.
______(2003). 「한국의 행정개혁: 정치 권력과 관료제의 관계」. 부산: 부산대학교출판부.
정영태(1995). 김영삼 정권의 개혁과 국가자율성. 「동향과 전망」 25(1): 22－46.
정용덕(1995). 한국의 정부조직 개편. 「한국정책학회보」 4(1): 58－84.
정원오(1995). 지난 20년의 임금불평등의 변화 추세. 「사회복지연구」 6: 70－90.
정윤재(1992). 노태우 대통령의 정치리더십에 관한 한 연구. 한국정치학회 발표논문집.
______(2000). 전두환 대통령의 정치리더십 분석. 「정치・정보연구」 3(1): 135－165.
정의창(2006). 정부조직 개편의 역사제도주의적 분석: 김대중 정부의 사례. 「한국정책과학학회보」 10(3): 1－25.
정일준(1999). 안보국가에서 발전국가로: 미국의 대한 정책 변화와 발전 기제의 형성. 「경제와 사회」 42(여름): 223－237.
정정길(1994). 「대통령의 경제리더십」. 서울: 한국경제신문사.
______(2002). 행정과 정책연구를 위한 시차적 접근 방법. 「한국행정학보」 36(1): 1－19.
정태환(2005). 김영삼 개혁정치의 성격과 정치적 동원. 「한국학연구」 23: 281－306.
______(2006). 김영삼 정권 하의 정치사회적 갈등: 자본과 노동 그리고 지역주의를 중심으로. 「한국학연구」 25: 445－472.

조갑제(2007). 「노태우 육성 회고록」. 조갑제닷컴.
조석준(1966). 미군정과 제1공화국의 수반관리기구에 관한 연구. 「행정논총」 4: 113-136.
______(1967). 미군정 및 제1공화국의 중앙부처 기구의 변천에 관한 연구. 「행정논총」 5: 121-159.
______(1968a). 한국 군사정부하에 있어서의 두 개의 행정개혁에 관한 비교연구: 제1차 경제개발 5개년계획과 기본운영계획제도. 「행정논총」 6(1): 95-120.
______(1968b). 군사혁명정부와 조직개편. 「행정논총」 6: 215-235.
______(1980). 사회·보건·노동행정조직의 문제점 및 이들의 경제개발조직과의 관계. 「행정논총」 18(2): 136-152.
______(1985). 국 설치의 입법사항화: 정부조직 개편 과정의 설계. 「행정논총」 23(1): 180-191.
______(1987). 신헌법과 정부조직 개편의 방향. *Korean Journal of Policy Studies* 2: 123-131.
______(1989). 한국정부의 정책결정 과정에 관한 연구: 조직개편 과정을 중심으로. 「행정논총」 27(1): 1219-1234.
______(1990). 행정개혁위원회의 조직 방법과 성과에 관한 연구. 「행정논총」 28(2): 75-93.
조선일보. 인물 검색DB www.chosun.com/인물 검색
조영기(2008). 「노무현 정권하 정부위원회 주요 인사 성향 분석」. 서울: 자유기업원.
조한성(2015). 「해방 후 3년: 건국을 향한 최후의 결전」. 서울: 생각정원.
중앙선거관리위원회 역대 선거정보DB www.nec.go.kr
차상철(2009). 이승만과 미국 그리고 대한민국 정부 수립. 「미국사연구」 29: 91-121.
참여정부 대통령비서실(2009). 「노무현, 한국정치 이의 있습니다」. 서울: 역사비평사.
천대윤(2005). 「갈등관리와 협상전략론」. 서울: 선학사.
최명·백창재(2000). 「현대 미국정치의 이해」. 서울대학교출판부.
최병선(1993). 1990년대 산업통상 행정조직의 개편 방향. 산업연구원 정책협의회 자료(2월).
최연식·정지혜(2013). 『독립정신』에 나타난 이승만의 만국공법 인식과 독립국가 구상. 「한국정치외교사논총」 34(2): 5-35.
최완규(1988). 권위주의 체제 성립의 정치경제학적 분석: 유신체제의 경우. 「한국과국제정치」 4(1): 97-176.
최장집(1985). 과대성장국가의 형성과 정치 균열의 구조. 「한국사회연구」 3: 183-216.
______(1989). 「한국 현대정치의 구조와 변화」. 서울: 까치.
최진(2010). 「대통령의 독서법」. 서울: 지식의 숲.
하연섭(2013). 새 정부의 구성과 정책선택. 「한국정책학회 춘계학술대회 발표논문집」.
하태수(2001). 제도 변화의 형태: 역사적 신제도주의를 중심으로. 「행정논총」 39(3): 113-137.

______(2002a). 세계화, 외환위기 그리고 정부-기업 관계에 대한 재고. 「한국행정논집」 14(4): 917-938.
______(2002b). 제도의 이전, 토착화 그리고 신제도주의. 「행정논총」 40(4): 45-69.
______(2004). 공정거래위원회의 성장에 대한 분석. 「한국사회와 행정연구」 15(2): 225-254.
______(2006). 가외성 시각에서 본 경쟁정책기구의 효과성 제고 방안에 대한 시론적 탐색. 「한국공공관리학보」 20(2): 157-188.
______(2008). 정권교체 후 정부조직 구조 개혁을 분석하기 위한 이론 탐구. 「한국사회연구」 11: 117-137.
______(2009a). 김대중 정권 출범 시기의 정부조직법 개정 분석. 「한국행정논집」 21(2): 457-489.
______(2009b). 이명박 정권 출범 시기의 정부조직법 개정 분석: 수정된 행위자 중심 제도주의 시각에서. 「한국공공관리학보」 23(2): 33-69.
______(2010a). 박정희 정권 출범 시기의 정부조직법 개정 분석: 발전국가 형성의 역사적 정치경제 배경을 중심으로. 「한국사회와행정연구」 21(1): 229-273.
______(2010b). 유신 정권 출범기의 정부조직법 개정 분석: 정치경제 배경 중심의 추론과 해석. 「한국정책연구」 10(2): 419-455.
______(2010c). 경로변화: 경로의존, 경로진화, 경로창조. 「2010년 한국행정학회 동계학술대회 논문발표집」.
______(2011a). 전두환 정권 출범 시기의 중앙정부조직 개편 분석. 「한국정책연구」 11(1): 89-122.
______(2011b). 노태우 정권의 정부조직법 개정 분석. 「한국사회와행정연구」 22(1): 1-26.
______(2011c). 김영삼 정권 전반기의 중앙정부조직 개편 분석. 「한국정책연구」 11(2): 367-402.
______(2012). 노무현 정권의 정부조직법 개정 분석. 「한국정책연구」 12(4): 609-629.
______(2014). 제2공화국 중앙정부조직 개편 분석. 「사회과학연구」 25(1): 35-54.
______(2015). 박근혜 정부 출범 시기의 중앙정부조직 개편 분석. 「한국정책연구」 15(1): 51-74.
______(2016). 이승만 정권 출범 시기의 정부조직설계 분석. 「공공정책과 국정관리」 10(2): 65-100.
한겨레신문 정치부(1998). 「김대중 집권비사: 정권교체, 그 숨가빴던 순간들」.
한국은행 경제통계시스템 http://ecos.bok.or.kr
한국정치연구회(편). 1999. 「동아시아 발전모델은 실패했는가」. 서울: 삼인.
한국지방행정공제회(1988). 제13대 노태우 대통령 취임사.
한배호(1997). 「한국정치변동론」. 서울: 법문사.
한상진(1983). 관료적 권위주의와 한국사회. 「한국사회의 전통과 변화」. 서울: 범우사.

______(1985). Bureaucratic-Authoritarianism in Korea. 서울대학교 사회과학연구소 주최 Conference on the Dependency Issue in Korea Development 발표 논문.

한세억(1999). 정부조직 개편 소고: 한계와 가능성. 「한국사회와 행정연구」 10(1): 15-29.

행정개혁위원회(1989). 「행정개혁에 관한 건의」.

행정쇄신위원회(1995). 「행정쇄신백서 제2집: 1994.5~1995.4」.

홍석률(2006). 닉슨 독트린과 박정희 유신 체제. 「내일을 여는 역사」 26: 71-82.

홍성걸(2004). 과학기술 분야 정부조직 개편. 「한국행정학회·한국조직학회 공동기획세미나 발표논문집」: 121-132.

______(2013). 박근혜 정부의 정부조직 개편: 평가와 전망. 「한국정책학회하계학술대회 발표논문집」.

황성돈(1998). 정부조직 개편 이대론 안 된다: 정치 타협으로 좌초한 행정개혁의 심장부. 「월간 사회평론 길」 98(3): 60-65.

KBS(2013a). 초대 대통령 이승만: 건국과 분단. 다큐멘터리 프로그램.

____(2013b). 초대 대통령 이승만: 6·25와 4·19. 다큐멘터리 프로그램.

국외 문헌

Abbott, A(1992). From Causes to Events: Notes on Narrative Positivism. *Sociological Methods and Research* 20(4): 428-455.

Abolafia, M. Y.(1996). *Making Markets: opportunism and restraint on wall street*. London: Harvard University Press.

Ahn, T. K., Ostrom, E., & Walker, J. M.(2003). Heterogeneous preferences and collective action. *Public Choice* 117: 295-314.

Ahn, Y.(1992). The Political Economy of Foreign Aid: The Nature of American Aid and Its Impact on the State-Business Relationship in South Korea, 1945-1972. Ph.D. diss., Yale University.

Alavi, H.(1972). The State in Post-Colonial Societies: Pakistan and Bangladesh. *New Left Review* I/74, July-August : 59-81.

Alexander, G.(2001). Institutions, Path Dependence, and Democratic Consolidation. *Journal of Theoretical Politics* 13(3): 249-70.

Allison, G. T.(1969). Conceptual Models and the Cuban Missile Crisis. *The American Political Science Review* 63(3): 689-718.

______(1971). *Essence of Decision: explaining the Cuban missile crisis*. Little Brown.

Allison, G. T. & Halperin, M. H.(1972). Bureaucratic Politics: A Paradigm and Some Policy Implications. *World Politics* 24: 40－79.

Amin, S.(1974). *Accumulation on a World Scale*. New York: Monthly Review Press.

Amsden, A. H.(1989). *Asia's Next Giant: South Korea and Late Industrialisation*. New York: Oxford University Press.

Aoki, M., Kim, H., & Okuno－Fujiwara, M.(1996). *The Role of Government in East Asian Economic Development: Comparative International Analysis*. Oxford: Clarendon Press.

Arceneaux, C. L.(1997). Institutional Design, Military Rule, and Regime Transition in Argentina (1976－1983): An Extension of the Remmer Thesis. *Bulletin of Latin American Research* 16(3): 327－350.

Art, R. J.(1973). Bureaucratic Politics and American Foreign Policy: A Critique. *Policy Sciences* 4: 467－490.

Arthur, W. B.(1989). Competing Technologies, Increasing Returns, and Lock－In by Historical Events. *The Economic Journal* 99(394): 116－131.

______(1990). Positive Feedbacks in the Economy. *Scientific American* 262: 92－99.

Axelrod, A.(1984). *The Evolution of Cooperation*. New York: Basic Books.

Baker, S. H.(2000). Does enhanced veto authority centralize government? *Public Choice* 104: 63－79.

Barnes, W., Gartland, M., & Stack, M.(2004). Old Habits Die Hard: Path Dependency and Behavioral Lock－in. *Journal of Economic Issues* 38(2): 371－377.

Beeson, M.(2001). Globalization, Governance, and the Political－Economy of Public Policy Reform in East Asia. *Governance* 14(4): 481－502.

______(2003). Japan's reluctant reformers and the legacy of the developmental state. *Governance and Public Sector Reform in Asia*(A. B. L. Cheung & I. Scott eds.). New York: RouteledgCurzon.

Bendor, J. & Hammond, T. H.(1992). Rethinking Allison's Models. *The American Political Science Review* 86(2): 301－322.

Bennett, A. & Elman, C.(2006). Complex Causal Relations and Case Study Methods: The Example of Path Dependence. *Political Analysis* 14: 250－267.

Bensel, R. F.(1990). *Yankee Leviathan: The Origins of Central State Authority in America, 1859－1877*. New York: Cambridge University Press.

Birchfield, V. & Crepaz, M. M. L.(1998). The impact of constitutional structures and collective and competitive veto points on income inequality in industrialized democracies. *European Journal of Political Research* 34: 175－200.

Bjur, W. E. & Caiden, G. E.(1978). On Reforming Institutional Bureaucracies. *International*

Review of Administrative Science 44(4): 359–365.

Boas, T. C.(2007). Conceptualizing Continuity and Change: The Composite–Standard Model of Path Dependence. *Journal of Theoretical Politics* 19(1): 33–54.

Bonoli, G.(2001). Political Institutions, Veto Points, and the Process of Welfare State Adaptation. *The New Politics of the Welfare State*(Paul Pierson ed.). New York: Oxford University Press.

Budge, I.(1994). A New Spatial Theory of Party Competition: Uncertainty, Ideology and Policy Equilibria Viewed Comparatively and Temporally. *British Journal of Political Science* 24(4). Cambridge: Cambridge University Press.

Buzo, A.(2002). *The Making of Modern Korea*. New York: Routledge.

Caiden, G. E.(1969). *Administrative Reform*. New Brunswick: Aldine Transaction.

______(1982). Reform or Revitalization? *Strategies for Administrative Reform*(G. E. Caiden & H. Siedentopf eds.). MA: Lexington Books.

Cammack, P.(1992). The new institutionalism: predatory rule, institutional persistence, and macro–social change. *Economy and Society* 21(4).

Caplan, B.(2001). Rational Irrationality and the microfoundations of political failure. *Public Choice* 107: 311–331.

Capoccia, G. & Kelemen, R. D.(2007). The Study of Critical Junctures: Theory, Narrative, and Counterfactuals in Historical Institutionalism. *World Politics* 59: 341–369.

Cardoso, F. H.(1972). Dependency and Development in Latin America. *New Left Review* 74: 83–95.

Cary, W. L.(1953). Government Financing of Essential Contractors: The Reorganization of the Glenn L. Martin Company. *Harvard Law Review* 66(5) : 834–863.

Castells, M.(1992). Four Asian Tigers with a Dragon Head: A Comparative Analysis of the State, Economy, and Society in the Asian Pacific Rim. *States and Development in the Asian Pacific Rim*(R. P. Appelbaum & J. Henderson eds.). London: Sage.

Castley, R.(1997). *Korea's Economic Miracle: The Crucial Role of Japan*. London: Macmillan Press Ltd.

Chang, H–J.(1998). South Korea: Anatomy of a Crisis. *Current History* 97: 437–441.

Chang, H–J., Park, H–J., & Yoo, C–G.(1998). Interpreting the Korean crisis: Financial liberalization, industrial policy and corporate governance. *Cambridge Journal of Economics* 22(6): 735–746.

Charkham, J. P.(1994). *Keeping Good Company: A Study of Corporate Governance in Five Countries*. Oxford: Clarendon Press.

Chaudhry, K. A.(1994). Economic Liberalization and the Lineages of the Rentier State.

Comparative Politics 27(1): 1-25.

Cheng, T., Haggard, S., & Kang, D.(1998). Institutions and growth in Korea and Taiwan: The Bureaucracy. *Journal of Development Studies* 34(6): 87-111.

Chibber, V.(1999). Building a Developmental State: The Korean Case Reconsidered. *Politics and Society* 27(3): 309-346.

______(2002). Bureaucratic Rationality and the Developmental State. *American Journal of Sociology* 107(4): 951-989.

Chu, Y.(1989). State Structure and Economic Adjustment of the East Asian Newly Industrializing Countries. *International Organization* 43(4): 647-672.

Clifford, M. L.(1994). *Troubled Tiger: Businessmen, Bureaucrats, and Generals in South Korea*. New York: M. E. Sharpe.

Clift, B., Gamble, A., & Harris, M.(2000). The Labour Party and the Company, in J. Parkinson, A. Gamble & G. Kelly(eds.). *The Political Economy of the Company*. Oxford: Hart: 51-82.

Cole, D. & Lyman, P.(1971). *Korean Development: The Interplay of Politics and Economics*. Cambridge: Harvard University Press.

Cowan, R.(1990). Nuclear Power Reactors: A Study in Technological Lock-in. *Journal of Economic History* 50: 541-567.

Crouch, C. & Farrell, H.(2004). Breaking the Path of Institutional Development? Alternatives to the New Determinism. *Rationality and Society* 16(1): 5-43.

Cumings, B.(1984). The Origins and Development of the Northeast Asian Political Economy: Industrial Sectors, Product Cycles, and Political Consequences. *International Organization* 38(1): 1-40.

Dahl, R.(1947). The Science of Public Administration: Three Problems. *Public Administration Review* 7(1): 1-11.

Danopoulos, C. P.(1983). Military Professionalism and Regime Legitimacy in Greece, 1967-1974. *Political Science Quarterly* 98(3): 485-506.

David, P. A.(1985). Clio and the Economics of QWERTY. *The American Economic Review* 75(2): 332-337.

Deeg, R.(2001). Institutional Change and the Uses and Limits of Path Dependency: The Case of German Finance. MPIfG Discussion Paper 01/6. Max-Planck-Institut: 1-39.

Demetriades, P. O. & Fattouh, B. A.(1999). The South Korean Financial Crisis: Competing Explanations and Policy Lessons for Financial Liberalization. *International Affairs* 75(4): 779-792.

Deyo, F. C.(1987). State and Labor: Modes of political exclusion in East Asian development.

The Political *Economy of the New Asian Industrialism*. Ithaca: Cornell University Press.
DiMaggio, P. J. & Powell, W. W.(1991). The Iron Cage Revisited: Institutional Isomorphism and Collective Rationality in Organisational Fields. *The New Institutionalism in Organizational Analysis*. Chicago: The University of Chicago Press.
Djelic, M. & Quack, S.(2007). Overcoming path dependency: Path generation in open systems. *Theory and Society* 36(2): 161－186.
Downs, A.(1967). *Inside Bureaucracy*. Boston: Little, Brown and Company.
Epstein, D. & O'Halloran, S.(1996). Divided Government and the Design of Administrative Procedures: A Formal Model and Empirical Test. *The Journal of Politics* 58(2): 373－397.
Evans, P.(1979). *Dependent Development: The Alliance of Multinational, State, and Local Capital in Brazil*. New Jersey: Princeton University Press.
______(1987). Class, State, and Dependence in East Asia: Lessons for Latin Americanists. *The Political Economy of the New Asian Industrialism*(F. C. Deyo ed.). Ithaca: Cornell University Press.
______(1995). *Embedded Autonomy: States and Industrial Transformation*. New Jersey: Princeton University Press.
Fligstein, N.(1991). The Structural Transformation of American Industry: An Industrial Account of the Causes of Diversification in the Largest Firms, 1919－1979. *The New Institutionalism in Organizational Analysis*. Chicago: The University of Chicago Press.
Forester, J.(1984). Bounded Rationality and the Politics of Muddling Through. *Public Administration Review* 44(1): 23－31.
Frumkin, P. & Galaskiewicz, J.(2004). Institutional Isomorphism and Public Sector Organizations. *Journal of Public Administration Research and Theory* 14(3): 283－307.
Fujita, N. & James, W. E.(1989). Export Promotion and the "Heavy Industrialization" of Korea, 1973－83. *The Developing Economies* 27(3): 236－250.
Galbraith, J. K.(1952). *American Capitalism: The Concept of Countervailing Power*, Cambridge: The Riverside Press.
Gamble, A. & Kelly, G.(1999). Shareholder Value and the Stakeholder Debate in the UK: A Historical Perspective. paper presented for the seminar on the Public Interest and the Company in Germany and the UK. Max－Planck－Institut fuer Gesellschaftsforschung, Cologne. October 9, 1999.
______(2000a). The Politics of the Company, in J. Parkinson, A. Gamble & G. Kelly(eds.).

The Political Economy of the Company. Oxford: Hart: 21－50.

Gamble, A., Kelly, G. & Parkinson, J.(2000b). Introduction: The Political Economy of the Company, in J. Parkinson, A. Gamble & G. Kelly(eds.). *The Political Economy of the Company*. Oxford: Hart: 1－20.

Gamm, G. & Shepsle, K.(1989). Emergence of Legislative Institutions: Standing Committees in the House and Senate, 1810－1825. *Legislative Studies Quarterly* 14(1): 39－66.

Gartland, M. P.(2005). Interdisciplinary views of sub－optimal outcomes: Path dependence in the social and management sciences. *The Journal of Socio－Economics* 34: 686－702.

Garud, R. & Karnoe, P.(2001). Path Creation as a Process of Mindful Deviation. *Path Dependence and Creation*(Garud & Karnoe eds.). New Jersey: Lawrence Erlbaum Associates.

______(2003). Bricolage versus breakthrough: distributed and embedded agency in technology entrepreneurship. *Research Policy* 32: 277－300.

Gasiorowski, M. J.(1995). Economic Crisis and Political Regime Change: An Event History Analysis. *American Political Science Review* 89(4): 882－897.

Geddes, B.(1995). The Politics of Economic Liberalization. *Latin America Research Review* 30(2): 195－214.

Gerschenkron, A.(1962). *Economic Backwardness in Historical Perspective: A Book of Essays*. Cambridge, MA: Harvard University Press.

Goldstone, J. A.(1998). The Problem of the Early Modern World. *Journal of Economic and Social History of the Orient* 41(3): 249－275.

Gould, S. J. & Eldredge, N.(1977). Punctuated Equilibria: The Tempo and Mode of Evolution Reconsidered. *Paleontology* 3(2): 115－151.

Granovetter, M.(1985). Economic Action and Social Structure: The Problem of Embeddedness. *American Journal of Sociology* 91(3): 481－510.

Green, D. P. & Shapiro, I.(1994). *Pathologies of Rational Choice Theory: A Critique of Applications in Political Science*. New Haven: Yale University Press.

Griffin, L. J.(1993). Narrative, Event－Structure Analysis, and Causal Interpretation in Historical Sociology. *The American Journal of Sociology* 98(5): 1094－1133.

Ha, T.(2001). A *Comparative Study of the Reform of Corporate Governance in the UK and Korea*. Ph.D. Dissertation, University of Exeter.

______(2012). Impacts of Political Factors on the Government Bureaucracy: The Korean Case 1998－1999. Paper presented at the MPSA 70th Annual Conference, Chicago, Illinois.

Hacker, J. S.(2004). Privatizing Risk Without Privatizing the Welfare State: The Hidden Politics of Social Policy Retrenchment in the United States. *The American Political Science Review* 98(2): 243–260.

Hadenius, A. & Teorell, J.(2007). Pathways from Authoritarianism. *Journal of Democracy* 18(1): 143–156.

Haggard, S.(2000). *The Political Economy of the Asian Financial Crisis*. Washington, DC: Institute For International Economics.

Haggard, S. & Cheng, T.(1987). State and foreign capital in the East Asian NICs. *The Political Economy of the New Asian Industrialism*(F. C. Deyo ed.). Ithaca: Cornell University Press.

Haggard, S., Kang, D., & Moon, C.(1997). Japanese Colonialism and Korea Development: A Critique. *World Development* 25(6): 867–881.

Hall, P. A.(1986). *Governing the Economy: The Politics of State Intervention in Britain and France*. Oxford: Oxford University Press.

______(1992). The movement from Keynesianism to monetarism: Institutional analysis and British economic policy in the 1970s. in Seven Steinmo, Kathleen Thelen & Frank Longstreth(eds.), *Structuring Politics: Historical Institutionalism in Comparative Analysis*. New York: Cambridge University Press.

______(1993). Policy Paradigm, Social Learning, and the State: The Case of Economic Policymaking in Britain. *Comparative Politics* 25(3): 275–296.

Hall, P. A. & Taylor R. C. R.(1996). "Political Science and the Three New Institutionalisms." *Political Studies* XLIV: 936–957.

Hammond, T. H.(1996). Formal Theory and the Institutions of Governance. *Governance* 9(2): 107–185.

Hammond, T. H. & Knott, J.(1996). Who Controls the Bureaucracy?: Presidential Power, Congressional Dominance, Legal Constraints, and Bureaucratic Autonomy in a Model of Multi–Institutional Policy–Making. *Journal of Law, Economics, and Organization* 12(1): 119–166.

Hammond, T. H. & Miller, G. J.(1987). The Core of the Constitution. *The American Political Science Review* 81(4): 1155–1174.

Hannah, L.(1983). *The Rise of the Corporate Economy*. London: Methuen.

Hardin, R.(1976). Hollow Victory: The Minimum Winning Coalition. *The American Political Science Review* 70(4): 1202–1214.

Haverland, M.(2000). National Adaptation to European Integration: The Importance of Institutional Veto Points. *Journal of Public Policy* 20(1): 83–103.

Haydu, J.(1998). Making Use of the Past: Time Periods as Cases to Compare and as Sequences of Problem Solving. *The American Journal of Sociology* 104(2): 339－371.

Hershey, M. R.(1973). Incumbency and the Minimum Winning Coalition. *American Journal of Political Science* 17(3): 631－637.

Hirst, P.(1998). Ownership and Democracy. *The Political Quarterly* 69(4): 354－364.

Hooks, G.(1992). The Rise of the Pentagon and U.S. State Building: The Defense Program as Industrial Policy. *The American Journal of Sociology* 96(2): 358－404.

______(1994). Regional Processes in the Hegemonic Nation: Political, Economic, and Military Influences on the Use of Gregory Space. *American Sociological Review* 59(5): 746－772.

______(2003). Military and Civilian Dimensions of America's Regional Policy, 1972－1994. *Armed Forces & Society* 29(2): 227－251.

Hooks, G. & Bloomquist, L. E.(1992). The Legacy of World War Ⅱ for Regional Growth and Decline: The Cumulative Effects of Wartime Investments on U.S. Manufacturing, 1947－1972. *Social Forces* 71(2): 303－337.

Horikane, Y.(2005). The Political Economy of Heavy Industrialization: The Heavy and Chemical Industry(HCI) Push in South Korea in the 1970s. *Modern Asian Studies* 39(2): 369－397.

Horn, M. J.(1995). *The Political Economy of Public Administration: Institutional choice in the public sector*. New York: Cambridge University Press.

Howlett, M. & Rayner, J.(2006). Understanding the Historical Turn in the Policy Sciences: A Critique of Stochastic, Narrative, Path Dependency and Process－Sequencing Models of Policy－Making over Time. *Policy Sciences* 39(1): 1－18.

https://ko.wikipedia.org.

http://ko.wikipedia.org/wiki/ 검색일 2009년 11월 25일, 27일.

Huneeus, C.(2000). Technocrats and Politicians in an Authoritarian Regime: The ODEPLAN Boys and the Gremialists in Pinochet's Chile. *Journal of Latin American Studies* 32(2): 461－501.

Hunt, C.(1936). *The Development of the Business Corporation in England* 1800－1867. Mass.: Harvard University Press.

Hutchful, E.(1997). Reconstructing Civil－Military Relations and the Collapse of Democracy in Ghana, 1979－81. *African Affairs* 96(385): 535－560.

Hwang, K. K.(1996). South Korea's Bureaucracy and the Informal Politics of Economic Development. *Asian Survey* 36(3): 306－319.

Im, H. B.(1987). The Rise of Bureaucratic Authoritarianism in South Korea. *World Politics*

39(2): 231-257.

Immergut, E. M.(1990). Institutions, Veto Points, and Policy Results: A Comparative Analysis of Health Care. *Journal of Public Policy* 10(4): 391-416.

______(1998). The Theoretical Core of the New Institutionalism. *Politics and Society* 26(1): 5-34.

Janis, I. L.(1972). *Victims of Groupthink*. Boston: Houghton Mifflin Company.

Janowitz, M.(1964). *The Military in the Political Development of New States: An Essay in Comparative Analysis*. Chicago: The University of Chicago Press.

Johnson, B.(1992). Institutional Learning. *National Systems of innovation: Towards a theory of innovation and interactive learning*(Bengt-Ake Lundvall ed.). London: Pinter.

Johnson, C.(1982). *MITI and the Japanese Miracle*. California: Stanford University Press.

______(1987). Political Institutions and Economic Performance: the Government-Business Relationship in Japan, South Korea, and Taiwan. *The Political Economy of the New Asian Industrialism*(F. C. Deyo ed.). Ithaca: Cornell University Press.

______(1995). Japan: *Who Governs? The Rise of the Developmental State*. New York: W. W. Norton & Company.

Johnson, J.(2001). Path Contingency in Postcommunist Transformations. *Comparative Politics* 33(3): 253-274.

Jones, B. D.(2001). *Politics and the Architecture of Choice: Bounded Rationality and Governance*. Chicago: The University of Chicago Press.

______(2003). Bounded Rationality and Political Science: Lessons from Public Administration and Public Policy. *Journal of Public Administration Research and Theory* 13(4): 395-412.

Jun, S.(1992). The Origins of the Developmental State in South Korea. *Asian Perspective* 16(2): 181-204.

Kang, D. C.(1995). South Korean and Taiwanese Development and the New Institutional Economics. *International Organization* 49(3): 555-587.

Kapstein, E. B.(1994). *Governing the Global Economy: International Finance and the State*. Cambridge, MA: Harvard University Press.

Kasza, G. J.(1987). Bureaucratic Politics in Radical Military Regimes. *The American Political Science Review* 81(3): 851-872.

Kato, J.(1996). Review Article: Institutions and Rationality in Politics-Three Varieties of Neo-Institutionalists. *British Journal of Political Science* 26(4).

Katzenstein, P. J. & Okawara, N.(1993). Japan's National Security: Structures, Norms, and Policies. *International Security* 17(4): 84-118.

Kay, A.(2005). A Critique of the Use of Path Dependency in Policy Studies. *Public Administration* 83(3): 553－571.

Kim, E. M.(1989－90). Foreign Capital in Korea's Economic Development, 1960－1985. *Studies in Comparative International Development* 24(4): 24－45.

Kim, K. W.(1995). Inherent Limits to Administrative Reform in Korea. Paper prepared for delivery at the KAPA/the SOG joing conference, Hoam Faculty Club, Seoul National University.

Knill, C.(1999). Explaining Cross－National Variance in Administrative Reform: Autonomous versus Instrumental Bureaucracies. *Journal of Public Policy* 19(2): 113－139.

Koelble, T. A.(1995). The New Institutionalism in Political Science and Sociology. *Com－parative Politics* 27(2).

Kohli, A.(1994). Where Do High Growth Political Economic Come From? The Japanese Lineage of Korea's Development State. *World Development* 22(9): 1269－1293.

______(1997). Japanese Colonialism and Korean Development: A Reply. *World Development* 25(6): 883－888.

______(1999). Where Do High－Growth Political Economies Come From? The Japanese Lineage of Korea's Developmental State? *The Developmental State*(Meredith Woo－Cumings, ed.). Ithaca: Cornell University Press.

Koo, H.(1984a). The Political Economy of Income Distribution in South Korea: The Impact of the State's Industrialization Policies. *World Development* 12(10): 1029－1037.

______(1984b). World System, Class, and State in Third World Development: Toward an Integrative Framework of Political Economy. *Sociological Perspectives* 27(1): 33－52.

______(1987). The Interplay of State, Social Class, and World System in East Asian Development: The Cases of South Korea and Taiwan. *The Political Economy of the New Asian Industrialism*(F. C. Deyo ed.) Ithaca: Cornell University Press.

Koß, M.(2007). Party Goals, Institutional Veto Points and the Discourse on Political Corruption. Paper Presented at the 57th Political Studies Association Annual Conference Bath 11－13 April 2007.

Krasner, S. D.(1972). Are Bureaucracies Important? *Foreign Policy* 7: 159－179.

______(1984). Approaches to the State: Alternative Conceptions and Historical Dynamics. *Comparative Politics* 16(2).

______(1988). Sovereignty: An Institutional Perspective. *Comparative Political Studies* 21(1).

Kurth, J. R.(1979). The Political Consequences of the Product Cycle: industrial history and political outcomes. *International Organization* 33(1): 1－34.

Lane, C.(1994). European Business System: Britain and German Compared, in R. Whitley (ed.). *European Business System: Firms and Markets in their National Contexts*. London: Sage.

LaPorte, T. R. & Metlay, D. S.(1996). Hazards and Institutional Trustworthiness: Facing a Deficit of Trust. *Public Administration Review* 56(4): 341－347.

Lee, C.(1985). *Japan and Korea: The Political Dimension*. Hoover Institution, Stanford University Press.

Lee, Y.(2000). The failure of the weak state in economic liberalization: liberalization, democratization and the financial crisis in Korea. *The Pacific Review* 13(1): 115－131.

Levy, D. & Egan, D.(1988). Capital Contests: National and Transnational Channels of Corporate Influence on the Climate Change Negotiations. *Politics and Society* 26(3).

Lieberman, E. S.(2001). Casual Inference in Historical Institutional Analysis: A Specification of Periodization Strategies. *Comparative Political Studies* 34(9): 1011－1035.

Lieberman, R. C.(2002). Ideas, Institutions, and Political Order: Explaining Pclitical Change. *The American Political Science Review* 96(4): 697－712.

Lim, H.(1985). *Dependent Development in Korea 1963－1979*. Seoul National University Press.

Lindblom, C. E.(1965). *The Intelligence of Democracy*, New York: The Free Press.

______(1979). Still Muddling, Not Yet Through. *Public Administration Review* 39(6): 517－526.

Lindner, J.(2003). Institutional Stability and Change: Two Sides of the Same Coin. *Journal of European Public Policy* 10(6): 912－935.

Lindner, J. & Rittberger, B.(2003). The Creation, Interpretation and Contestation of Institutions－Revisiting Historical Institutionalism. *Journal of Common Market Studies* 41(3): 445－473.

Long, N. E.(1949). Power and Administration. *Public Administration Review* 9(4): 257－264.

______(1952). Bureaucracy and Constitutionalism. *The American Political Science Review* 46(3): 808－818.

Lynn, L. E.(1982). Government Executives as Gamesman: A Methaphor for Analyzing Managerial Behavior. *Journal of Policy Analysis and Management* 1(4): 482－495.

MacDougall, J. A.(1982). Patterns of Military Control in the Indonesian Higher Central Bureaucracy. *Indonesia* 33: 89－121.

Mahoney, J.(2000). Path Dependence in Historical Sociology. *Theory and Society* 29(4): 507－548.

______(2004). Comparative－Historical Methodology. *Annual Review of Sociology* 30: 81－101.

March, J. G. & Olsen, J. P.(1989). *Rediscovering Institutions: The Organisational Basis of Politics*. New York: The Free Press.

McLauchlan, G. & Hooks, G.(1995). Last of the Dinosaurs? Big Weapons, Big Science, and the American State from Hiroshima to the End of the Cold War. *The Sociological Quarterly* 36(4): 749−776.

Mesquita, B. B., Morrow, J. D., Siverson, R. M., & Smith, A.(2002). Political Institutions, Policy Choice and the Survival of Leaders. *British Journal of Political Science* 32: 559−590.

Meyer, U. & Schubert, C.(2007). Integrating path dependency and path creation in a general understanding of path constitution: The role of agency and institutions in the stabilisation of technological innovations. *Science, Technology & Innovation Studies* 3: 23−44.

Miles, R.(1978). The Origin and Meaning of Miles' Law. *Public Administration Review* 38(Sept./Oct.): 399−403.

Miliband, R.(1969). *The State in Capitalist Society*. New York: Basic Book.

Moe, T.(1989). The Politics of Bureaucratic Structure, in Chubb & Peterson (eds.). *Can the Government Govern?* Washington: The Brookings Institution.

______(1991). Politics and the theory of Organization. *Journal of Law, Economics, and Organization* 7: 106−129.

______(1995). The Politics of Structural Choice: Toward a Theory of Public Bureaucracy. *Organizational Theory: from Chester Barnard to the present and beyond*(Williamson, O. ed.). New York: Oxford University Press.

______(1997). The Positive Theory of Public Bureaucracy, in Dennis Mueller(ed.), *Perspectives on Public Choice*. New York: Cambridge University Press.

Nelson, M.(1982). A Short, Ironic History of American National Bureaucracy. *The Journal of Politics* 44(3): 747−778.

Niskanen, W. A.(1971). *Bureaucracy and Representative Government*. New York: Aldine · Atherton.

Nordlinger, E. A.(1977). *Soldiers in Politics: Military Coups and Governments*. New Jersey: Prentice-Hall.

North, D. C.(1990). *Institutions, Institutional Change and Economic Performance*. Cambridge University Press.

O'Donnell, G.(1973). *Modernization and Bureaucratic−Authoritarianism*. Berkeley: University of California Press.

______(1978). Reflections on the Patterns of Change in the Bureaucratic−Authoritarian State.

Latin American Research Review 13(1): 3–38.
Önis, Z.(1991). Review: The Logic of the Developmental State. *Comparative Politics* 24(1): 109–126.
O'Reilly, R.(2005). Veto Points, Veto Players, and International Trade Policy. *Comparative Political Studies* 38(6): 652–675.
Perlmutter, A.(1969). The Praetorian State and the Praetorian Army: Toward a Taxonomy of Civil–Military Relations in Developing Politics. *Comparative Politics* 1(3): 382–404.
Peters, B. G.(1995). *The Politics of Bureaucracy.* New York: Longman.
______(1999). *Institutional Theory in Political Science: The New Institutionalism.* London: Pinter.
Peters, B. G., Pierre, J., & King, D. S.(2006). The Politics of Path Dependency: Political Conflict in Historical Institutionalism. *The Journal of Politics* 67(4): 1275–1300.
Pierson, P.(2000a). Increasing Returns, Path Dependence, and the Study of Politics. *The American Political Science Review* 94(2): 251–267.
______(2000b). The Limits of Design: Explaining Institutional Origins and Change. *Governance* 13(4): 475–499.
Pilat, D.(1994). *The Economics of Rapid Growth: The Experience of Japan and Korea.* Glasgow, UK: Edward Elgar Publishing Limited.
Poulantzas, N.(1973). *Political Power and Social Class.* London: New Left Books.
Powell, W. W. & DiMaggio, P. J.(1991). *The New Institutionalism in Organizational Analysis.* Chicago: The University of Chicago Press.
Remmer, K. L.(1989). *Military Rule in Latin America.* Boston: Unwin Hyman.
Rhodes, E.(1994). Do Bureaucratic Politics Matter?: Some Disconfirming Findings from the Case of the U.S. Navy. *World Politics* 47(1): 1–41.
Riker, W.(1962). *The Theory of Political Coalitions.* New Haven: Yale University Press.
Rona–Tas, A.(1997). Path Dependence and Capital Theory: Sociology of the Post–communist Economic Transformation. *East European Politics and Societies* 12: 107–131.
Rosenbloom, D. H.(1983). Public Administrative Theory and the Separation of Powers. *Public Administration Review* 43: 219–227.
Rourke, F. E.(1993). Whose Bureaucracy is This, Anyway? Congress, the President and Public Administration. *PS: Political Science and Politics*: 687–692.
Roy, W. G.(1997). *Socializing Capital: The Rise of the Large Industrial Corporation in America.* New Jersey: Princeton University Press.
Scharpf, F. W.(1997). *Games Real Actors Play.* Westview Press.

Schneiberg, M.(2007). What's on the path? Path Dependence, organizational diversity and the problem of institutional change in the US economy, 1900–1950. *Socio–Economic Review* 5: 47–80.

Schwartz, B.(2004). *The Paradox of Choice: Why More Is Less.* New York: Ecco.

Scott, W. R.(1994). Institutions and Organisations: Toward a Theoretical Synthesis, in W. Richard Scott & John W. Meyer et al (eds.). *Institutional Environments and Organizations.* London: Sage.

______(1995). *Institutions and Organisations.* London: Sage.

Sen, G.(1984). *The Military Origins of Industrialization and International Trade Rivalry.* New York: Pinter.

Shepsle, K. A.(1989). Studying Institutions: Some Lessons from the Rational Choice Approach. *Journal of Theoretical Politics* 1(2): 131–47.

Shepsle, K. A. & Weingast, B. R.(1985). Policy Consequences of Government by Con-gressional Subcommittees. *Proceedings of the Academy of Political Science* 35(4): 114–131.

Siedentopf, H.(1982). Introduction: Government Performance and Administrative Reform. *Strategies for Administrative Reform*(G. E. Caiden & H. Siedentopf eds.). MA: Lexington Books.

Simon, H. A.(1955). *Administrative Behavior.* New York: The Macmillan Company.

______(1976). *Administrative Behavior*(Third edition with New Introduction). New York: The Free Press.

Skocpol, T.(1985). Bring the State Back In: Strategies of Analysis in Current Research. *Bring the State Back In.* Evans, Rueschemeyer & Skocpol(eds.). New York: Cambridge University Press.

Skowronek, S.(1982). *Building a New American State: The Expansion of National Admin–istrative Capacities, 1877–1920.* New York: Cambridge University Press.

Song, B.(1994). *The Rise of The Korean Economy.* Hong Kong: Oxford University Press.

Spicer, M.(2004). Public Administration, the History of Ideas, and the Reinventing Govern-ment Movement. *Public Administration Review* 64(3): 353–362.

Stack, M. & Gartland, M. P.(2003). Path Creation, Path Dependence, and Alternative Theories of the Firm. *Journal of Economic Issues* 37(2): 487–494.

Stark, D.(1992). Path Dependence and Privatization Strategies in East Central Europe. *East European Politics and Science* 6(1): 17–54.

______(1996). Recombinant Property in East European Capitalism. *The American Journal of Sociology* 101(4): 993–1027.

Stillman, Ⅱ, R.(1990). The Peculiar Statelessness Origins of American Public Administration and the Consequences for Government Today. *Public Administration Review* 50(2): 156－167.

Stinchcombe, A. L.(1968). *Constructing Social Theories*, New York: Harcourt, Brace & World, Inc.

Stryker, R.(1996). Beyond History Versus Theory: Strategic Narrative and Sociological Explanation. *Sociological Methods and Research* 24(3): 304－352.

Svara, J. H.(1998). The Politics－Administration Dichotomy Model as Aberration. *Public Administration Review* 58(1): 51－58.

Thelen, K.(1999). Historical Institutionalism in Comparative Politics. *American Review of Political Science* 2: 369－404.

______(2000). Timing and Temporality in the Analysis of Institutional Evolution and Change. *Studies in American Political Development* 14(Spring): 101－108.

______(2003). How Institutions Evolve: Insights from Comparative Historical Analysis. *Comparative Historical Analysis in the Social Sciences*(J. Mahoney & D. Rueschemeyer eds.). New York: Cambridge University Press.

______(2004). *How Institutions Evolve: The Political Economy of Skills in Germany, Britain, the United States, and Japan*. New York: Cambridge University Press.

Thelen, K. & Steinmo, S.(1992). Historical institutionalism in comparative politics. in the book of Seven Steinmo, Kathleen Thelen, & Frank Longstreth(eds.). *Structuring Politics: Historical Institutionalism in Comparative Analysis*. New York: Cambridge University Press.

Tilly, C.(1990). *Coercion, Capital, and European States, AD 990－1990*. Oxford: Basil Blackwell.

True, J. L., Jones, B. D., & Baumgartner, F. R.(2007). Punctuated－Equilibrium Theory: Explaining Stability and Change in Public Policymaking. *Theories of the Policy Process*(Paul A. Sabatier ed.). Boulder: Westview Press.

Tsebelis, G.(1999). Veto Players and Law Production in Parliamentary Democracies: An Empirical Analysis. *The American Political Science Review* 93(3): 591－608.

Twight, C.(1994). Political Transaction－Cost Manipulation: An Integrating Theory. *Journal of Theoretical Politics* 6(2): 189－216.

Vogel, S. K.(1996). *Freer Markets, More Rules: Regulatory Reform in Advanced Industrial Countries*. Ithaca: Cornell University Press.

Wade, R.(1990). *Governing the Market: Economic Theory and the Role of Government in East Asian Industrialization*. New Jersey: Princeton University Press.

Wallerstein, I.(1974). *The Modern World-System I*. New York: Academic Press.

______(1980). *The Modern World-System II*. New York: Academic Press.

Watanabe, T.(1978). Heavy and Chemical Industrialization and Economic Development in the Republic of Korea. *The Developing Economies* 16: 385-407.

Weaver, R. K. & Rockman, B. A.(1993). Assessing the Effects of Institutions, in R. Kent Weaver & Bert A. Rockman(eds.). *Do Institutions Matter?: Government Capabilities in the United States and Abroad*. Washington, DC: The Brookings Institutions.

Weingast, B. A.(2002). Rational-Choice Institutionalism, in Ira Katznelso & Helen V. Miller (eds.). *Political Science: The State of the Discipline*. New York: W. W. Norton & Co.

Weingast, B. R. & Marshall, W. J.(1988). The Industrial Organization of Congress: or Why Legislature, Like Firms, Are Not Organized as Markets. *Journal of Political Economy* 96(1): 132-163.

Weiss, L.(1998). *The Myth of the Powerless State*. Ithaca: Cornell University Press.

Welch, D. A.(1992). The Organizational Process and Bureaucratic Politics Paradigms: Retrospect and Prospect. *International Security* 17(2): 112-146.

Whitley, R.(1994). *Business Systems in East Asia: Firms, Markets and Societies*. London: Sage.

Whyte, W. H.(1952). Groupthink. *Fortune*. March.

Wilks, S. R. M.(1998). Utility Regulation, Corporate Governance and the Amoral Corporation. in B. Doern & S. R. M. Wilks(eds.). *Changing Regulatory Institutions in Britain and North America*. Toronto: Toronto University Press.

Woo, J.(1991). *Race to the Swift*. New York: Columbia University Press.

Wood, B. D. & Waterman, R. W.(1991). The Dynamics of Political Control of the Bureaucracy. *The American Political Science Review* 85(3): 801-828.

World Bank(1993). *The East Asian Miracle: Economic Growth and Public Policy*. New York: Oxford University Press.

Wu, Y.(1994). *Comparative Economic Transformations: Mainland China, Hungary, the Soviet Union, and Taiwan*. Stanford: Stanford University Press.

Zysman, J.(1983). *Governments, Markets, and Growth: Financial Systems and the Politics of Industrial Change*. Ithaca: Cornell University Press.

______(1996). The Myth of a 'Global' Economy: Enduring National Foundations and Emerging Regional Realities. *New Political Economy* 1(2): 157-181.

찾아보기

ㄱ

ㄴ

ㄷ

ㅁ

ㅂ

ㅅ

ㅇ

ㅈ

저자 소개

하태수

청주대학교 행정학사
서울대학교 행정학석사
서울대학교 대학원 박사과정 재학 중 도영(渡英)
영국 엑스터대학교(University of Exeter) 행정학박사
서울대학교 BK21 박사후연구원
경기대학교 행정학과 교수

정권교체기의 정부조직 개편

펴낸날 제1판 제1쇄 2017년 2월 15일
지은이 하태수
펴낸이 임춘환
펴낸곳 도서출판 대영문화사
주소 서울특별시 용산구 청파로 61길 5(청파동 1가) 제일빌딩 2층
등록 1975년 12월 26일 제3-16호
전화 (02)716-3883, (02)714-3062
팩스 (02)703-3839
홈페이지 http://www.dymbook.co.kr

ISBN 978-89-7644-582-7
값 23,000원